Peter Kropotkin

Gegenseitige Hilfe

Peter Kropotkin

Gegenseitige Hilfe in der Tier- und Menschenwelt

Übersetzung von Gustav Landauer

Mit einem Vorwort von Franz M. Wuketits

Alibri Verlag
Aschaffenburg

2021

Die englischsprachige Originalausgabe des vorliegenden Buches erschien 1902 unter dem Titel *Mutual Aid. A Factor of Evolution*. Die Übersetzung besorgte Gustav Landauer. Anmerkungen Landauers sind mit eckigen Klammern [ ] hervorgehoben.

Alibri Verlag
www.alibri.de
Aschaffenburg
Mitglied in der Assoziation Linker Verlage (aLiVe)

Neuauflage 2021

Umschlaggestaltung: Claus Sterneck
unter Verwendung von Photo 90671079, © Atit Phetmuangtong | Dreamstime.com
Druck und Verarbeitung: Interpress, Budapest

ISBN 978-3-86569-305-1

Inhalt

Vorwort

Von Franz M. Wuketits

Die Theorie der Evolution durch natürliche Auslese oder Selektion, mit der Charles Darwin (1809–1882) einen wahren Erdrutsch in der Geschichte unserer Gedankenwelt auslöste, vermittelt ein düsteres Naturbild. Im Schlusskapitel seines epochalen Werkes aus dem Jahr 1859 resümierte er: „Aus dem Kampf der Natur, aus Hunger und Tod geht also unmittelbar das Höchste hervor, das wir uns vorstellen können: die Erzeugung immer höherer und vollkommenerer Wesen.“[1] „Höherentwicklung“ und „Vollkommenheit“ suggerieren einen Fortschritt in der Evolution, der sich bei näherer Betrachtung nicht erkennen lässt.[2] Entscheidend im vorliegenden Zusammenhang aber ist, dass Darwin anstelle eines übergeordneten, planenden Prinzips (Teleologie) lediglich Hunger und Tod als maßgebliche Triebfedern der Evolution annahm. Von zentraler Bedeutung in seiner Theorie ist der Wettbewerb, der natürliche Wettbewerb um Raum und Nahrung, dem sich kein Lebewesen entziehen kann und in dem viele Lebewesen ihren Konkurrenten unterliegen. Sein *struggle for existence* mit „Kampf ums Dasein“ zu übersetzen war zwar falsch – oder zumindest irreführend –, weil Darwin keinen buchstäblichen Kampf mit Zähnen, Hörnern und Klauen meinte und ausdrücklich auf Pflanzen verwies, die nicht miteinander kämpfen und dennoch im Wettbewerb zueinander stehen; aber romantischen Vorstellungen von der Natur bietet Darwins (Selektions-)Theorie keinen Platz. Dass diese Theorie schließlich für ideologische Zwecke verzerrt und verdreht wurde, ist ihrem Urheber nicht zur Last zu legen.

---

1 Ch. Darwin: Die Entstehung der Arten durch natürliche Zuchtwahl (1859). Stuttgart 1967, S. 678.

2 Vgl. F. M. Wuketits: Evolution ohne Fortschritt. Aufstieg oder Niedergang in Natur und Gesellschaft. Aschaffenburg 2009.

Im Jahr 1902 erschien aus der Feder des russischen Revolutionärs Peter Kropotkin (1842-1921) in England das Buch *Mutual Aid*, später in einer deutschen Übersetzung, deren Titel eine der Theorie Darwins entgegengesetzte Naturkonzeption annehmen lässt.[3] In der Tat bemühte sich Kropotkin zu zeigen, dass gegenseitige Hilfe als Naturgesetz anzusehen sei. Legte er damit also den Gegenentwurf zu Darwin vor? Bevor ich auf diese Frage eingehe, sind ein paar Worte zu Kropotkin selbst, zu seinem bemerkenswerten Lebenslauf angebracht.[4]

Fürst Peter (Pjotr Aleksejewitsch) Kropotkin wurde in Moskau geboren. Als Fünfzehnjähriger wurde er in die Pagen-Corps-Schule in Petersburg aufgenommen und vier Jahre später zum Sergeanten dieses Corps und zum Kammerpagen des Zaren befördert. Danach trat er als Offizier in ein am Amur stationiertes Kosakenregiment ein und bereiste in den folgenden fünf Jahren Sibirien und die Mandschurei, wo er zahlreiche geographische und zoologische Beobachtungen anstellte und die Lebensweise der dort ansässigen Völker studierte. 1867 legte Kropotkin seinen Offiziersrang nieder und schrieb sich an der mathematischen Fakultät der Petersburger Universität als Student ein. In der Hauptsache widmete er sich aber geographischen Studien und wurde 1871 von der geographischen Gesellschaft auf eine Studienreise nach Schweden und Finnland geschickt. Die Gesellschaft war aufgrund seiner Arbeiten zu den großen Strukturlinien Südasiens auf ihn aufmerksam geworden; diese Arbeiten soll er selbst als seinen bedeutendsten Beitrag zur Wissenschaft gesehen haben. Nach seiner Skandinavien-Reise wuchs Kropotkins Sympathie für die revolutionären Strömungen in der russischen Jugend, und auf einer Reise in die Schweiz 1872 schloss er sich verschiedenen Gruppen der Sozialistischen Internationale an. Um die Situation der Arbeiter kennen zu lernen, lebte er in Genf selbst als Arbeiter. Danach lebte er bei den Uhrmachern im Jura, die einen der ersten Kerne einer anarchistischen Organisation bildeten. Nach einem kürzeren Aufenthalt in Brüssel kehrte er – noch 1872 – nach Petersburg zurück und schloss sich einem revolutionären Geheimbund an. Zwei Jahre

3 P. Kropotkin: Gegenseitige Hilfe in der Tier und Menschenwelt (1904). Ungekürzte Volksausgabe. Leipzig 1910.

4 Siehe zum Folgenden U. Ratsch: Vom guten und vom bösen Menschen. Der „wissenschaftliche Anarchismus“ von Peter Kropotkin. In: H. Diefenbacher (Hrsg.): Anarchismus. Zur Geschichte und Idee der herrschaftsfreien Gesellschaft. Darmstadt 1996, S. 52-66.

später wurde er verhaftet und wartete in der Peter-und-Paul-Festung auf seinen Prozess, dem er sich aber durch Flucht entziehen konnte.

Sein Fluchtweg über Schweden und England führte Kropotkin wieder in die Schweiz. In Genf begann er 1879 die Zeitschrift *Le Révolté* herauszugeben, die denn auch einigen Einfluss auf die anarchistische Bewegung haben sollte. Zwei Jahre danach wurde er allerdings aus der Schweiz ausgewiesen und ließ sich in Frankreich nieder, wo die Anarchisten immer zahlreicher wurden, jedoch auch durch Sprengstoffattentate auf sich aufmerksam machten. 1883 wurde Kropotkin abermals verhaftet und saß drei Jahre lang im Gefängnis von Clairvaux. Nach der Enthaftung ging er nach London, wo er zunächst Ökonomie studierte und eine Anzahl von Artikeln schrieb. In England lebte Kropotkin fast dreißig Jahre lang. Dort begann und vollendete er auch seine Studien über gegenseitige Hilfe. Seinen Lebensunterhalt bestritt er im Wesentlichen durch wissenschaftliche und journalistische Artikel. Erst nach der russischen Revolution, 1917, kehrte Kropotkin wieder in seine Heimat zurück, wo er von den Bolschewiken – die ein neues, zentralistisch strukturiertes Machtsystem aufbauten – sehr enttäuscht wurde. Die Zerschlagung der anarchistischen Bewegung erlebte Kropotkin nicht mehr, er starb ein halbes Jahr davor.

An dieser Stelle kann auf den Anarchismus im Allgemeinen und seine verschiedenen Strömungen im Besonderen nicht eingegangen werden. Sehr wohl aber ist kurz darzulegen, wie Kropotkin den Anarchismus verstand. Schon während seiner Offizierszeit in Sibirien schloss er aus dem Vergleich der Stammesstrukturen der dortigen Bevölkerung mit den starren, hierarchischen Befehlsstrukturen des Militärs, dass verordneter Gehorsam weniger zu gemeinschaftlichen Leistungen motiviere als freiwillige Einordnung des einzelnen in eine Gemeinschaft. In der Schweiz fiel ihm der Unterschied zwischen den Fabrikarbeitern und den Uhrmachern auf: Diese organisierten ihre Arbeit selbst und entwickelten daher mehr geistige Freiheit und Beweglichkeit, während jene sich in ein hierarchisches System einzuordnen hatten, um Befehle „von oben" zu befolgen. Kropotkin lehnte die Herrschaft von Menschen über andere Menschen ab – was ja ein grundlegender Wesenszug anarchistischer Vorstellungen ist –, doch sein „originärer Beitrag zur Entwicklung der Ideen des Anarchismus besteht in einem Versuch, diesem ein wissenschaftliches Fundament zu bauen".[5] Konsequenterweise war er gegen eine metaphysische Begründung von Moralprinzipien. Solche Prinzipien organisieren sich in seiner Sichtweise

5 U. Ratsch: Vom guten und vom bösen Menschen, S. 54.

gleichsam von selbst, wenn Menschen in Gemeinschaft aufeinander angewiesen sind. Geselligkeit erkannte Kropotkin als einen grundlegenden Wesenszug des Menschen. Und damit kommen wir zum vorliegenden Buch.

Wie schon gesagt wurde, sollte man meinen, dass dieses Buch als Gegenentwurf zu Darwins Naturtheorie konzipiert wurde. Aber diese Meinung wäre verfehlt. Kropotkin selbst schreibt gleich im ersten Kapitel dieses Buches (S. 31) folgendes: „Es ging mit Darwins Theorie, wie es allen Theorien geht, die irgendwie sich auf menschliche Einrichtungen beziehen. Anstatt sie seinen eigenen Winken entsprechend zu erweitern, haben sie seine Nachfolger noch enger gemacht." Kropotkin wendet sich also nicht gegen Darwin, sondern gegen eine zu enge Interpretation der Theorie des Engländers. Nun findet sich in Darwins Buch über die Entstehung der Arten keinerlei Hinweis auf „menschliche Einrichtungen", sondern bloß die vielzitierte, beinahe kryptische Bemerkung, dass Licht fallen werde auf den Menschen und seine Geschichte. Man muss aber Darwins zwölf Jahre später erschienenes Werk über die Abstammung des Menschen[6] lesen, um viele Ähnlichkeiten zwischen seinen und den Ideen Kropotkins zu entdecken. Dem akribischen Beobachter Darwin konnte es nicht entgehen, dass es in der Natur neben dem überall waltenden Wettbewerb auch das Phänomen der Geselligkeit gibt, und dass zwischen den zu Sozietäten zusammengeschlossenen Individuen auch Kooperation und gegenseitige Hilfe herrschen. Und genau darauf gründete er beim Menschen – einem von Natur aus sozialen Lebewesen – schließlich die Fähigkeit zu sittlichem beziehungsweise moralischem Handeln. Wenn Kropotkin meint, Geselligkeit sei genauso ein Naturgesetz wie der „Kampf" gegeneinander, dann kann man ihm aus Darwins Perspektive voll beipflichten.

Natürlich nicht bei allen, aber bei sehr vielen Tierarten hat sich der Zusammenschluss von Individuen zu Gruppen als eine hervorragende Überlebensstrategie erwiesen. Mit den evolutionsbiologischen und genetischen Grundlagen des sozialen Lebens bei Tieren und beim Menschen befasst sich die moderne Soziobiologie, deren Protagonisten selbstverständlich früh erkannt haben, dass die Gruppenbildung für die jeweils involvierten Individuen bestimmte Vorteile bringt und dass gerade deshalb auch ein Mindestmaß an Kooperation und gegenseitiger Hilfe vonnöten ist.[7] Man mag dabei an Wolfsrudel denken, an Elefantenherden, an Horden von Pavi-

6 Vgl. Ch. Darwin: Die Abstammung des Menschen (1871). Frankfurt/M. 2005.

7 Siehe zur knappen Übersicht etwa F.M. Wuketits: Was ist Soziobiologie? München 2002.

anen, an Wildschweinrotten oder viele andere tierischen Sozietäten – überall zeigt sich, dass die Individuen, salopp gesagt, besser dran sind, wenn sie mit ihren Gruppengenossen zusammenarbeiten, ja, dass die Gruppe als solche nur auf der Basis von Kooperation und Gegenseitigkeit existieren kann. Kropotkin meinte, dass „das Gesellschaftsleben im Kampf ums Dasein – im weitesten Sinne des Wortes – die mächtigste Waffe ist" (S. 72). Tatsächlich zeigen sich die Vorteile der Gruppenbildung (um hier von den zweifelsohne auch vorhandenen Nachteilen für das Individuum abzusehen) nicht zuletzt bei der kollektiven Verteidigung gegen Feinde: In der Gruppe findet das Individuum einen relativen Schutz, in dessen Genuss es auf sich allein gestellt nicht kommen würde. Auch kollektives Jagen und gemeinsame Jungenaufzucht sind unter die Vorteile des sozialen Lebens zu zählen. Dass Sozialität bei keineswegs allen Arten entwickelt ist (zu erinnern ist nur, um bei den Säugetieren zu bleiben, beispielsweise an Braunbären, Tiger oder Igel), steht auf einem anderen Blatt. Ob eine Spezies Geselligkeit aufweist oder nicht, hängt von verschiedenen, nicht zuletzt ökologischen Faktoren ab.

Kropotkins Buch befasst sich über weite Strecken – und in erster Linie – mit der sozialen Evolution des Menschen. Die gegenseitige Hilfe als „Naturgesetz", das er in den beiden ersten Kapiteln des Buches anhand von Beispielen aus der Tierwelt erörtert, dient ihm als Voraussetzung für ein Verständnis der Notwendigkeit gegenseitiger Hilfe beim Menschen in ganz unterschiedlichen sozialen Strukturen und in verschiedenen Epochen der Geschichte. Wie Darwin, glaubte auch Kropotkin an den Fortschritt in der gesellschaftlichen und moralischen Entwicklung des Menschen. „Wir sehen auch", schreibt er „dass die Betätigung der gegenseitigen Hilfe und ihre Entwicklungsstufen recht eigentlich die Zustände des Gesellschaftslebens geschaffen haben, worin der Mensch imstande war, seine Künste, sein Wissen und seinen Geist auszubilden" (S. 265). Kropotkin spricht von einem „Gefühl" oder „Instinkt" für gegenseitige Hilfe, was im Wesentlichen Darwins Begriff der „sozialen Instinkte" entspricht. Und Kropotkin gibt seine Überzeugung davon zum Ausdruck, dass das Prinzip der gegenseitigen Hilfe sich in der sozialen Evolution des Menschen auf immer mehr Mitglieder der Spezies ausgedehnt habe. Er schreibt: „Vom Clan dehnte es sich zur Völkerschaft aus, zum Bund der Völkerschaften, zum Volk und schließlich – wenigstens im Ideal – zur ganzen Menschheit. Zugleich wurde es auch veredelt" (S. 267). Man lese parallel dazu folgende Worte Darwins: „Wenn der Mensch in der Kultur fortschreitet und kleine Stämme zu größeren Gemeinwesen sich vereinigen, so führt die einfachste Überlegung jeden Einzelnen schließlich zu der Überzeugung, dass er seine sozialen Instinkte und Sympathien auf alle ... Glieder desselben Volkes auszudehnen habe. Wenn er einmal an diesem Punkte angekommen ist, kann ihn nur noch eine künstliche Schranke hindern, seine Sympathien auf die Menschen aller Nationen und aller Rassen auszudehnen."[8]

Wer also Darwin nur mit der Formel vom „Kampf" ums Dasein assoziiert und seine Vorstellungen von der Entwicklungsgeschichte des Menschen auch darauf reduziert, der übersieht einen ganz entscheidenden Aspekt in seinem Werk. Beseelt von der Möglichkeit eines moralischen Fortschritts der Menschheit, war er eigentlich ein Sozialromantiker,[9] der, genauso wie Kropotkin, an das Gute im Menschen glaubte und für die Entwicklung desselben sogar ein „Naturgesetz" gefunden zu haben dachte. Es kann also keine Rede davon sein, dass ihm Kropotkins Buch widerspricht.

Die Lebensläufe Darwins und Kropotkins könnten unterschiedlicher nicht sein. Da steht auf der einen Seite ein Gentleman des britischen Establishments, dem es auf seinem weitläufigen Landsitz in der Nähe Londons gegönnt ist, frei von allen existentiellen Sorgen seinen Gedanken nachzugehen;[10] und auf der anderen Seite ein Mann zwar fürstlicher Herkunft, der aber gleichsam herumgetrieben und sogar zweimal in Arrest genommen wird. Aber beide waren Revolutionäre, jeder auf seine Art. Und ihre Gedankenwelt läuft, in letzter Konsequenz, auf dieselbe Idee hinaus, nämlich die einer humanen Menschheit. Beide versuchen diese Idee auf der Basis evolutionstheoretischer Überlegungen zu begründen. Beide schöpften ihre humanistischen Ideale aus ihren Beobachtungen der Lebenssituation verschiedener Völker – Darwin während seiner fünfjährigen Weltreise mit dem Vermessungsschiff „Beagle" (1831–1836) insbesondere in Südamerika, Kropotkin zunächst, und vor allem, während seiner Offizierszeit in Sibirien (die, eine bemerkenswerte Koinzidenz, ebenfalls fünf Jahre lang dauerte). Beide waren sehr aufmerksame Beobachter und in verschiedenen wissenschaftlichen Disziplinen gebildet. Überflüssig zu betonen, dass Darwin Kropotkin an nachhaltiger Bekanntheit und Ruhm bei weitem übertrifft. Aber das kommt nicht weiter überraschend, zumal der Engländer

8 Ch. Darwin: Die Abstammung des Menschen, S. 155.

9 Vgl. F. M. Wuketits: Der sanfte Darwin. In: Psychologie heute 36 (3), 2009, S. 60-63.

10 Siehe beispielsweise A. Desmond, J. Moore und J. Browne: Charles Darwin – kurz und bündig. Heidelberg 2008.

unser Weltbild in einem Ausmaß geformt hat, wie es nur ganz wenigen Gelehrten – von der Antike bis zur Gegenwart – gelungen ist.

Kropotkins Buch, das hiermit – erfreulicherweise – neu aufgelegt wird, ist allerdings als ein Meilenstein in der Geschichte der Biologie und der Anthropologie zu betrachten. Zum einen beseitigt es manche, damals wie heute, gängige „darwinistische“ Missverständnisse, zum zweiten kann es als einer der ersten Beiträge zur Soziobiologie gelesen werden, einer (biologischen) Disziplin, die zu Beginn des 20. Jahrhunderts als solche noch nicht einmal ihrem Namen nach bekannt war. Schließlich aber – und vielleicht noch wichtiger – zeigt dieses Buch einige Linien auf von der Evolutionstheorie zu einem säkularen Humanismus und einer „realistischen“ Ethik, die einer metaphysischen oder theologischen Begründung der Moral nicht (mehr) bedürfen und vor deren Hintergrund sich eine solche „Begründung“ mit Recht als obsolet und in vieler Hinsicht als gefährlich herausstellen lässt. Kropotkin begriff sehr wohl, dass der Mensch von Natur aus keineswegs bloß „böse“ sei, ebenfalls aber war es ihm klar, dass er, der Mensch, von Natur aus auch nicht ausschließlich „gut“ sein könne. Menschen sind, wie alle anderen Tiere, naturgemäß Egoisten, auf ihr eigenes (genetisches) Überleben programmiert. Aber gerade im Dienste dieses Überlebens sind sie, als soziale Lebewesen, geradezu gezwungen, mit ihren eigenen Artgenossen zu kooperieren und diesen zu helfen, weil sie umgekehrt – wiederum im Dienste ihres Überlebens – auf die Kooperation und Hilfe anderer zählen.

Daher widerspricht Kropotkins Menschenbild deutlich auch jener alten Vorstellung, der entsprechend der Mensch als der geborene Totschläger erscheint, welcher seit alters nichts anderes im Sinne hatte, als seinen Artgenossen die Köpfe einzuschlagen. Mit Kropotkins eigenen Worten: „Der Trieb des Menschen zu gegenseitiger Hilfe hat einen so uralten Ursprung und ist so tief mit der ganzen vergangenen Entwicklung der Menschenrasse verbunden, dass er von dem Menschengeschlecht bis in unsere Zeit trotz allen Wechselfällen der Geschichte bewahrt worden ist“ (S. 205). Sicher, hätten sich Menschen von Anfang an nur gegenseitig bekämpft, hätten unsere frühen Vorfahren – schon vor Jahrmillionen – nicht ein Mindestmaß an kooperativem, helfendem Verhalten entwickelt, dann wäre unsere Gattung früh ausgestorben – und wir wären also längst nicht mehr da.

Wer Kropotkin nur als einen Revolutionär oder Anarchisten kennt, sollte sich – weil schon der Ausdruck „Anarchismus“ im Allgemeinen mit negativen Assoziationen behaftet ist – zweierlei vergegenwärtigen. Erstens ging es dem russischen Gelehrten darum, die damals in seinem Heimatland (und auch anderswo) herrschenden miserablen gesellschaftlichen Zustände zu verbessern. Damit wird der Anarchismus schon einmal relativiert beziehungsweise ins Positive gewendet. Zweitens wollte Kropotkin seine Ideen einer „besseren", jedenfalls gerechteren Gesellschaft evolutionstheoretisch unterstützen, womit er sich von jenen Finsterlingen positiv abhebt, die Darwins Theorie zu einer Ideologie umgedeutet haben, die das „Recht des Stärkeren" und die „Ausmerzung unwerten Lebens" propagiert und unzählige Millionen von Menschen in den Tod getrieben hat.

Es versteht sich von selbst, dass die Forschung auf jenen Gebieten, auf die Kropotkins Buch sich bezieht (Evolutionsbiologie, Verhaltensforschung, Geschichtswissenschaft) mittlerweile beträchtliche Ergebnisse erzielt hat, von denen der Russe nichts wissen oder ahnen konnte. Auch in der wissenschaftlichen Terminologie haben sich seit Beginn des letzten Jahrhunderts viele – teils beträchtliche – Veränderungen vollzogen. Aber Darwins Werk enthält im Detail genauso vieles, was man heute anders sieht. Es sollte überflüssig sein zu betonen, dass man jedes Werk, wie revolutionierend es auch sein mag, nicht zuletzt als Dokument des Zeitalters lesen muss, in dem es entstand. Umso bemerkenswerter ist die Aktualität der Grundideen, die einerseits Darwins Buch über die Evolution des Menschen und andererseits das hier vorliegende Buch Kropotkins enthält. Diese Ideen betreffen vor allem die Möglichkeiten der gesellschaftlichen und moralischen Fortentwicklung unserer Gattung. Und wenn man bedenkt, dass heute noch viele Philosophen krampfhaft bemüht sind, diese Entwicklungsmöglichkeiten metaphysisch zu begründen und eine Moral „von oben" propagieren (womit sie herrschenden Politikern nur eine Legitimation ihres Handelns liefern), dann sind jene Bücher geradezu erfrischend: nicht nur ihrer eigenen Zeit voraus, sondern auch Kontraste zum vielerorts um sich greifenden Obskurantismus unserer Tage. Sie stützen sich auf die Tatsache, dass der Mensch nicht von der Hand eines gütigen und allmächtigen Schöpfers in einem Guss geformt wurde, sondern – in seinem Erkennen, Denken, Handeln, Fühlen und Wollen – tief in der Naturgeschichte des Lebens verwurzelt ist und seine (stammesgeschichtliche) Vergangenheit mit sich herumträgt. Wie Darwin, ging auch Kropotkin davon aus, dass menschliches Verhalten, einschließlich seines Moralverhaltens, nicht vom Himmel gefallen sei, sondern natürliche Ursprünge habe. In seinem Buch erfolgt daher der Übergang von den Beispielen in der Tierwelt zum Menschen nahtlos: „Da gibt es keinen Bruch und keinen Knick in der Linie der

Argumentation: Auch beim Menschen gilt, was bei Tieren für wahr erkannt wurde!“[11]

Der Neuausgabe der „Gegenseitigen Hilfe in der Tier- und Menschenwelt“ sind viele Leser zu wünschen, nicht zuletzt jüngere Leser, die aus der Lektüre des Buches die Einsicht gewinnen können, dass manche Ideen wesentlich älter sind als uns heutzutage eine auf Sensationsmeldungen und Kurzlebigkeit bedachte Medienwelt vorgaukelt; und dass manche Ideen gerade deshalb Bestand haben, weil sich bestimmte Grundprobleme des Menschen und seiner Gesellschaften im Wandel der Geschichte nicht verändern und immer noch auf eine Lösung warten. In unserer Zeit, in der das Individuum wieder zunehmend eine Ohnmacht gegenüber unterschiedlichen sozialen Institutionen verspürt und sich in undurchschaubaren (von Politik und Wirtschaft festgelegten) Hierarchien zu verlieren droht, ist Kropotkins Buch eine gewinnbringende Lektüre: zumindest für all jene, denen persönliche Freiheit, ein selbstbestimmtes Leben und zugleich Freude am Zusammenleben etwas bedeuten. Es hilft auch zu begreifen, was Anarchismus, gleichsam als eine gesellschaftliche Vitalkraft gegen verkrustete und inhumane Strukturen, bedeutet und wie er zum Wohl des Individuums und auch zum Wohl der Gemeinschaft positiv eingesetzt werden kann.

Das Buch ist schließlich auch Verhaltensforschern und Soziobiologen zu empfehlen, die an der Geschichte der Konzepte ihrer eigenen Disziplinen interessiert sind und bei der Lektüre erkennen werden, wie „modern“ sein Autor bereits argumentiert hat. In der Geschichte der Biologie hat sich, soweit ich sehe, Kropotkin noch nicht seinen Platz gesichert. Maßgebliche Werke zur Biologiegeschichte – jedenfalls im deutschen Sprachraum – erwähnen nicht einmal seinen Namen. Vielleicht stellen ihn die meisten Biologiehistoriker, sofern sie ihn überhaupt wahrnehmen, von vornherein in eine falsche Ecke. Die vorliegende Neuausgabe seines Buches könnte etwas daran ändern; es wäre wünschenswert.

11 U. Ratsch: Vom guten und vom bösen Menschen, S. 63.

Vorwort

Auf den Reisen, die ich in meiner Jugend durch das östliche Sibirien und die nördliche Mandschurei machte, empfing ich zwei starke Eindrücke aus dem Reiche des Tierlebens. Der eine war die außerordentliche Härte des Kampfes um die Existenz, den die meisten Tierarten wider eine rauhe Natur zu führen haben; die in ungeheuren Dimensionen stattfindende Vernichtung von Lebewesen, die periodisch aus natürlichen Ursachen erfolgt, und die daraus sich ergebende spärliche Verteilung von Lebewesen über jenes weite Gebiet, das Gegenstand meiner Beobachtungen wurde. Den anderen Eindruck zeitigte folgende Bemerkung: selbst an den wenigen Orten, wo das Tierleben üppig gedieh, konnte ich, obwohl ich emsig darauf achtete, nicht jenen erbitterten Kampf um die Existenzmittel zwischen Tieren, die zur gleichen Art gehören, entdecken. Und es war dieser Kampf, der seitens der meisten Darwinisten – keineswegs aber ständig von Darwin selbst – als das typische Kennzeichen des Kampfes ums Dasein und als der Hauptfaktor der Entwicklung betrachtet wurde.

Die furchtbaren Schneestürme, die über das nördliche Eurasien im Spätwinter toben, und das Glatteis, das ihnen häufig folgt; die Fröste und Schneestürme, die alljährlich in der zweiten Hälfte des Mai wiederkehren, wenn die Bäume bereits in voller Blüte stehen und das Insektenleben sich überall regt; die zeitigen Fröste sowie die schweren Schneefälle, die vielfach im Juli und August eintreten und mit einem Schlage Myriaden von Insekten, sowie die zweite Brut der Vögel in den Prärien vernichten; die starken Regen – eine Folge der Monsune –, die in den milderen Gegenden im August und September niedergehen und Überschwemmungen hervorrufen, wie man sie nur in Amerika und im östlichen Asien kennt und die auf den Hochebenen Flächen von der Größe der europäischen Staaten in Morast verwandeln; und endlich die schweren Schneefälle im Anfang Oktober, die vielfach ein Gebiet so groß wie Frankreich oder Deutschland völlig unbewohnbar für Wiederkäuer machen und sie zu Tausenden vernichten – dies waren die Bedingungen, unter denen ich das Tierleben im nördlichen Asien ringen sah. Sie lehrten mich frühzeitig verstehen, welch überwiegende Bedeutung das von Darwin als „die natürlichen Hemmnisse gegen die Übervölkerung" bezeichnete Moment hat im Verhältnis zu dem Kampfe um die Existenzmittel zwischen Individuen der gleichen Art, einem Kampfe, der hie und da in einem gewissen Umfange statt hat, aber niemals die Bedeutung des ersten Moments erreicht. Spärliche Verteilung von Lebewesen auf weitem Raum, Untervölkerung und nicht Übervölkerung war das deutliche Charakteristikum jenes ungeheuren Teiles der Erde – Nordasiens –, und so regten sich damals in mir ernsthafte Zweifel – die nachfolgende Studien bestätigten – an der Wirklichkeit jenes furchtbaren Kampfes um Nahrung und Leben innerhalb jeder Spezies, der für die meisten Darwinisten ein Glaubensartikel war und nach ihnen eine ausschlaggebende Rolle in der Entwicklung neuer Arten spielte.

Auf der anderen Seite, wo ich auch immer das Tierleben in reicher Fülle auf engem Raum beobachtete, wie z. B. auf den Seen, wo unzählige Arten und Millionen von Individuen zusammenkamen, um ihre Nachkommenschaft aufzuziehen; wie in den Kolonien der Nagetiere; wie bei den Wanderungen von Vögeln, die zu jener Zeit in wahrhaft amerikanischem Maßstabe dem Usuri entlang erfolgten; wie namentlich bei einer Wanderung von Damhirschen, die ich am Amur beobachten konnte und während deren Tausende dieser intelligenten Tiere von einem unermeßlichen Gebiete sich sammelten, um dem drohenden Schnee zu entfliehen und den Amur an seiner schmalsten Stelle zu überschreiten – in all diesen Szenen des Tierlebens, die sich vor meinen Augen abspielten, sah ich gegenseitige Hilfe und gegenseitige Unterstützung sich in einem Maße betätigen, dass ich in ihnen einen Faktor von größter Wichtigkeit für die Erhaltung des Lebens und jeder Spezies, sowie ihrer Fortentwicklung zu ahnen begann.

Endlich sah ich bei den halbwilden Rindern und Pferden in Transbaikalien, überall bei den wilden Wiederkäuern, bei den Eichhörnchen und in zahlreichen anderen Fällen, dass, wo Tiere infolge der oben erwähnten Ursachen mit Mangel an Futter zu kämpfen hatten, der gesamte Teil der Spezies, der von dem Unglück betroffen war, aus der Prüfung derartig gebrochen an Kraft und Gesundheit hervorgeht, dass *keine fortschrittliche Entwicklung der Art auf solche Perioden heftigen Kampfes zurückgeführt werden kann.*

Ich konnte daher, als später meine Aufmerksamkeit auf die Beziehungen zwischen Soziologie und Darwinismus gelenkt wurde, mit keinem der Werke oder Schriften, die über diesen wichtigen Gegenstand geschrieben waren, übereinstimmen. Sie suchten alle zu beweisen, dass die Menschheit dank ihrer höheren Intelligenz und Kenntnis die Stärke des Kampfes ums Dasein unter den Menschen wohl mildern könne; aber sie erkannten zur gleichen Zeit an, dass der Kampf um die Existenzmittel bei jedem Tier gegen seine Artgenossen und bei jedem Menschen gegen seine Mitmenschen ein „Naturgesetze“ sei. Diesen Standpunkt konnte ich nicht akzeptieren, da ich überzeugt war, dass die Annahme dieses erbarmungslosen Bürgerkrieges in jeder Spezies und die Wertung dieses Krieges als Bedingung des Fortschrittes etwas zugeben hieß, was nicht nur nicht bewiesen war, sondern auch der Bestätigung durch direkte Wahrnehmung ermangelte.

Demgegenüber war ein Vortrag „Über das Gesetz der gegenseitigen Hilfe“, der im Januar 1880 auf einem russischen Naturforscherkongress von dem berühmten Zoologen Professor Kessler, dem damaligen Dekan der Petersburger Universität, gehalten wurde und den ich im Jahre 1883 las, für mich von Bedeutung. Er warf ein neues Licht auf die Frage. Kesslers Ansicht war, dass neben dem *Gesetz des gegenseitigen Kampfes in der Natur das Gesetz der gegenseitigen Hilfe* walte und dass dieses letzte für den Erfolg des Kampfes ums Leben und speziell für die fortschreitende Entwicklung der Arten bei weitem wichtiger sei als das Gesetz des gegenseitigen Streites. Diese Anregung, die in Wirklichkeit nichts anderes als eine Fortentwicklung der von Darwin in der Abstammung des Menschen selbst ausgesprochenen Idee war, erschien mir so richtig und von so großer Wichtigkeit, dass ich seitdem Material zum weiteren Ausbau dieser Idee zu sammeln begann, die Kessler in seinem Vortrag nur flüchtig skizziert hatte, deren eingehende Bearbeitung ihm jedoch nicht vergönnt war. Er starb im Jahre 1881.

Nur in einem Punkt konnte ich Kesslers Ansichten nicht völlig akzeptieren. Ihm erschien das „Elterngefühl“ und die Sorge für die Nachkommenschaft als die Quelle der gegenseitigen Neigungen bei Tieren. Ich glaube, die Bestimmung, inwieweit diese beiden Gefühle wirklich zu der Entwicklung von sozialen Instinkten beigetragen haben und inwieweit andere Instinkte in der gleichen Richtung tätig waren, ist eine ganz neue und eine zu weitgreifende Frage, als dass wir sie jetzt schon diskutieren könnten. Erst wenn wir das Tatsachenmaterial für die gegenseitige Hilfe bei den verschiedenen Tierklassen gesammelt und die Bedeutung dieser Hilfe für die Entwicklung klargestellt haben, werden wir untersuchen können, was in der Entwicklung der sozialen Gefühle auf Elterngefühle oder auf reinen sozialen Trieb zurückzuführen ist. Dieser hat offenbar seinen Ursprung in den frühesten Stadien der Entwicklung der Tierwelt, vielleicht schon im Stadium der „Koloniebildung“. Ich richtete also mein Hauptaugenmerk darauf, vor allem die Bedeutung der gegenseitigen Hilfe als Entwicklungsfaktor nachzuweisen, und überlasse es späterer Forschung, den *Ursprung* des Instinkts der gegenseitigen Hilfe aufzuklären.

Die Bedeutung des Faktors der gegenseitigen Hilfe – „wenn seine Allgemeinheit nur bewiesen werden könnte" – entging nicht einem Naturforschergenie wie Goethe. Als Eckermann einst Goethe erzählte – es war im Jahre 1827 –, dass ihm zwei kleine, flügge gewordene Zaunkönige davongeflogen seien und dass er sie am nächsten Tage in dem Nest eines Rotkehlchens gefunden hatte, das die beiden mit seinen eigenen Jungen zusammen fütterte, geriet Goethe über dieses Faktum in förmliche Erregung. Er sah darin die Bestätigung seiner pantheistischen Anschauungen und sagte: „Wäre es wirklich, dass dieses Füttern eines Fremden als etwas Allgemeingesetzliches durch die Natur ginge, so wäre damit manches Rätsel gelöst."[1] Er kam am gleichen Tage auf die Angelegenheit zurück und legte es Eckermann dringend nahe, eine Spezialstudie über diesen Gegenstand zu machen, und fügte hinzu, er würde sicherlich „zu ganz unschätzbaren Resultaten" gelangen. Leider wurde diese Studie niemals gemacht. Immerhin ist es aber möglich, dass Brehm, der in seinen Werken eine solche Fülle von Material bezüglich der gegenseitigen Hilfe unter Tieren aufgehäuft hat, durch Goethes Bemerkung angeregt worden ist.

Mehrere Werke von Bedeutung wurden in den Jahren 1872 bis 1886 veröffentlicht, die von der Intelligenz und dem Geistesleben der Tiere handelten. Drei derselben beschäftigen sich spezieller mit unserem Gegenstand, und zwar *Des sociétés animales* von Espinas (Paris 1877); *La lutte pour l'existence et l'association pour la lutte*, ein Vortrag von J. Lanessan (April 1881), und Ludwig Büchners Buch *Liebe und Liebesleben in der Tierwelt*, dessen erste Ausgabe im Jahre 1879, dessen zweite, um vieles erweiterte Ausgabe 1885 erschien. Doch so ausgezeichnet jedes einzelne dieser Werke ist, so bleibt doch Raum für ein Werk, in dem „die gegenseitige Hilfe" nicht allein als Argument zugunsten eines vormenschlichen Ursprungs moralischer Instinkte, sondern auch als Naturgesetz und als Faktor der Entwicklung betrachtet werden soll. Espinas widmete seine Aufmerksamkeit namentlich solchen tierischen Gesellschaften (Ameisen, Bienen), die auf einer physiologischen Arbeitsteilung beruhen; und obgleich sein Werk voller trefflicher Winke nach allen möglichen Richtungen ist, so war es doch zu einer Zeit geschrieben, wo die Entwicklung menschlicher Gesellschaften noch nicht vom Standpunkt der Kenntnisse, die wir heute be-

1 [Eckermann, *Gespräche mit Goethe in den letzten Jahren seines Lebens*, Dritter Teil 1822-1832. Die Bemerkung ist unter dem 8. Oktober 1827 aufgezeichnet.]

sitzen, behandelt werden konnte. Lanessans Vortrag hat mehr den Charakter einer geistreich entwickelten allgemeinen Disposition zu einem Werke, das das Prinzip der gegenseitigen Unterstützung behandeln, mit den Felsen im Meere beginnen und dann die Pflanzenwelt, Tierwelt und endlich die Menschheit an sich vorüberziehen lassen würde. Auch dem Werke Büchners, so anregend und so reich es an Tatsachen ist, konnte ich wegen seines Grundgedankens nicht zustimmen. Das Buch beginnt mit einem Hymnus auf die Liebe, und nahezu alle Ausführungen und Beispiele bezwecken, die Existenz der Liebe und der Sympathie zwischen Tieren nachzuweisen. Den sozialen Trieb bei Tieren auf Liebe und Sympathie zurückzuführen, heißt aber seine Allgemeinheit und Bedeutung herabsetzen. Auch die menschliche Ethik, sofern sie sich auf Liebe und persönliche Sympathie gründete, hat nur bewirkt, dass der Begriff des Moralgefühls zu eng genommen wurde. Es ist nicht Liebe zu meinem Nachbarn – den ich vielfach gar nicht kenne –, was mich treibt, den Wassereimer zu ergreifen und nach seinem brennenden Hause zu eilen; was mich treibt, ist ein viel weiteres, wenn auch unklares Gefühl, es ist ein menschlicher Solidaritäts- und Sozialtrieb. Ebenso ist es bei den Tieren. Es ist nicht Liebe oder etwa Sympathie (im eigentlichen Sinne), was eine Herde von Wiederkäuern oder Pferden einen Ring schließen lässt, um dem Angriff von Wölfen zu widerstehen, nicht Liebe, was die Wölfe sich zu Jagdzwecken zusammenrotten lässt, nicht Liebe, was Kätzchen oder Lämmer zum Spiel treibt oder ein Dutzend verschiedener Arten von Vögeln die Tage im Herbst gemeinschaftlich verleben heißt, und es ist weder Liebe noch persönliche Sympathie, was viele Tausende, über ein Gebiet von der Größe Frankreichs zerstreut lebende Damhirsche treibt, zahlreiche getrennte Herden zu bilden, die alle einem bestimmten Orte zueilen, um dort gemeinschaftlich den Fluss zu überschreiten. Es ist ein Gefühl, unendlich weiter als Liebe und persönliche Sympathie – ein Instinkt, der sich langsam bei Tieren und Menschen im Verlaufe einer außerordentlich langen Entwicklung ausgebildet hat und der Menschen und Tiere gelehrt hat, welche Stärke sie durch die Betätigung gegenseitiger Hilfe gewinnen und welche Freuden sie im sozialen Leben finden können.

Wer die Tierpsychologie oder die menschliche Ethik studiert hat, wird bereitwillig die Wichtigkeit dieser Unterscheidung anerkennen. Liebe, Sympathie und Selbstaufopferung haben sicherlich einen großen Anteil an der fortschreitenden Entwicklung unserer Moralgefühle. Doch ist es nicht Liebe und auch nicht Sympathie, worauf die menschliche Gesellschaft beruht. Es ist das Bewusstsein – und sei es nur in dem Entwicklungsstadium eines Instinkts – von der menschlichen Solidarität. Man hat erkennen gelernt – mag es auch nicht über die Schwelle des Bewusstseins getreten sein –, welche Stärke jedes Glied der Gesellschaft der Betätigung gegenseitiger Hilfe verdankt, welche enge Abhängigkeit zwischen dem Glück des einen und dem aller besteht und welche Achtung vor den Rechten anderer sich bei den Individuen infolge eines Sinnes für Gerechtigkeit oder Gleichheit entwickelt hat. Auf dieser breiten und unerlässlichen Grundlage haben sich die höheren Moralgefühle entwickelt. Aber dieser Gegenstand liegt nicht im Bereich des vorliegenden Werkes und ich begnüge mich damit, hier auf eine Vorlesung über „Gerechtigkeit und Moral“ hinzuweisen, die ich als Erwiderung auf Huxleys „Ethik“ gehalten habe und worin der Gegenstand einigermaßen ausführlich behandelt ist.

In Erwägung alles dessen glaubte ich, dass ein Buch über *gegenseitige Hilfe als Naturgesetz und Entwicklungsfaktor* eine wesentliche Lücke ausfüllen würde. Als Huxley im Jahre 1888 sein „Kampf ums Dasein“-Manifest (Struggle for Existence and ist Bearing upon Man) erscheinen ließ – es war nach meiner Meinung eine völlige Entstellung der wirklichen Tatsachen der Natur, wie man sie in Feld und Wald beobachtet –, setzte ich mich mit dem Herausgeber des *Nineteenth Century* in Verbindung und fragte, ob er mir für eine ausführliche Antwort auf die Ansichten jenes hervorragenden Darwinisten den Raum seiner Zeitschrift zur Verfügung stellen wollte. Mr. James Knowles empfing meinen Vorschlag mit voller Sympathie. Ich sprach auch mit W. Bates darüber. „Ja, gewiss, das ist wahrer Darwinismus“ – war seine Antwort. „Es ist schrecklich, was ‘man’ aus Darwin gemacht hat. Schreiben Sie die Artikel, und wenn sie gedruckt sind, werde ich Ihnen einen Brief zwecks Veröffentlichung übergeben.“ Leider brauchte ich sieben Jahre, diese Artikel zu schreiben, und als der letzte veröffentlicht wurde, war Bates nicht mehr am Leben.

Nachdem ich in meinen Artikeln die Bedeutung der gegenseitigen Hilfe in den verschiedenen Tierklassen besprochen hatte, war ich naturgemäß gezwungen, die Bedeutung dieses Faktors für die Entwicklung der Menschheit zu erörtern. Dies war um so notwendiger, als eine ganze Zahl von Anhängern der Entwicklungstheorie wohl die Bedeutung der gegenseitigen Hilfe bei den Tieren anerkennen, sie aber, wie Herbert Spencer, für die Menschheit leugnen. Für den primitiven Menschen war – so behaupten sie – der Krieg aller gegen alle das Gesetz des Lebens.

Inwiefern diese Behauptung, die seit Hobbes’ Tagen ohne genügende Kritik immer wiederholt worden ist, durch das, was wir über die ersten Stadien der menschlichen Entwicklung wissen, unterstützt wird, ist in den

Kapiteln über die Wilden und Barbaren untersucht. Die zahlreichen und wichtigen Institutionen der gegenseitigen Hilfe entwickelten sich infolge des schöpferischen Geistes der wilden und halbwilden Massen während der frühesten Periode, wo noch der Stamm die Gesellschaftsform war, und weiter in den Zeiten der Dorfgemeinde. Der ungeheure Einfluss, den diese frühzeitig geschaffenen Institutionen auf die nachfolgende Entwicklung bis zu den heutigen Tagen herab ausgeübt haben, veranlaßte mich, meine Forschungen auch auf spätere historische Perioden auszudehnen, im Besonderen jene höchst interessante Epoche der freien mittelalterlichen Städterepubliken zu studieren, deren Allgemeinheit und Einfluss auf unsere heutige Zivilisation noch nicht genügend gewürdigt wurde. Endlich habe ich auch kurz auf die wichtige Rolle hingewiesen, die die Instinkte der gegenseitigen Unterstützung – erworben und vererbt in einer ungeheuer langen Entwicklung – noch in unserer gegenwärtigen Gesellschaft spielen, die vermeintlich auf dem Prinzip: „jeder für sich, und der Staat für alle“ beruht, doch der es nie gelang noch gelingen wird, dieses Prinzip durchzusetzen.

Man mag gegen dieses Buch den Vorwurf erheben, dass darin Tiere wie Menschen in einem zu günstigen Lichte dargestellt werden, dass ihre sozialen Fähigkeiten hervorgehoben, während ihre antisozialen Instinkte und der Instinkt individueller Selbstbehauptung kaum berührt werden. Dies war indessen unvermeidlich. Wir haben in den letzten Jahren so viel von dem „harten, erbarmungslosen Kampf ums Dasein“ gehört, der von jedem Tier gegen alle anderen Tiere, von jedem „Wilden“ gegen alle anderen „Wilden“ und von jedem zivilisierten Menschen gegen alle seine Mitbürger geführt wird, und diese Behauptungen sind in einem Grade Glaubensartikel geworden, dass es erst einmal notwendig war, ihnen eine lange Reihe von Tatsachen gegenüberzustellen, die Tier- und Menschenleben in einem anderen Lichte zeigen. Es war notwendig, auf die überwältigende Bedeutung hinzuweisen, die soziale Gewohnheiten für die Natur, sowie für die fortschreitende Entwicklung der Tierarten und der menschlichen Wesen haben, zu beweisen, dass sie den Tieren einen wirksameren Schutz vor ihren Feinden, sehr häufig eine Erleichterung für die Beschaffung der Nahrung (Winterproviant, Wanderungen usw.), Langlebigkeit und damit eine größere Möglichkeit für die Entwicklung geistiger Fähigkeiten gesichert haben, und dass sie den Menschen neben solchen Vorteilen die Möglichkeit gewährt haben, jene Institutionen auszuarbeiten, auf Grund deren sie in dem harten Kampfe wider die Natur überleben und trotz aller Wechselfälle ihrer Geschichte fortschreiten konnten. Es ist ein Buch über das Gesetz der gegenseitigen Hilfe als eines der hauptsächlichsten Entwicklungsfaktoren und nicht ein Buch über *alle* Entwicklungsfaktoren und deren Wert. Dieses Buch musste erst geschrieben werden, bevor das andere möglich sein wird.

Ich bin sicherlich der Letzte, der die Rolle unterschätzte, die die Selbstbehauptung des Individuums in der Entwicklung der Menschheit gespielt hat. Dieser Gegenstand erfordert indessen, wie ich glaube, eine tiefer dringende Behandlung, als ihm bisher zuteil geworden ist. In der Geschichte der Menschheit war häufig und ist jetzt noch die individuelle Selbstbehauptung etwas ganz anderes und etwas viel Weiteres und Tieferes als jene kleinliche, törichte Kurzsichtigkeit, welche für eine große Klasse von Schriftstellern als „Individualismus" oder „Selbstbehauptung" gilt. Auch gehörten die Individuen, die die Geschichte gemacht haben, nicht allein zu der Klasse von Menschen, die die Historiker als Heroen hingestellt haben. Aus diesen Gründen ist es meine Absicht, falls die Umstände es erlauben, den Anteil, den die Selbstbehauptung des Individuums in der fortschreitenden Entwicklung der Menschheit gehabt hat, in einem besonderen Buche zu erörtern. Ich kann an dieser Stelle nur die folgende allgemeine Bemerkung machen. Als die Institutionen der gegenseitigen Hilfe – der Stamm, die Dorfgemeinde, die Gilden, die mittelalterliche Stadt – im Laufe der Geschichte ihren ursprünglichen Charakter verloren und sich infolge parasitischen Wachstums zersetzten und auf diese Weise ein Hindernis des Fortschritts wurden, nahm die Rebellion der Individuen gegen diese Institutionen zwei verschiedene Formen an. Die einen erhoben sich, um die alten Institutionen zu reinigen oder eine höhere Form der Gemeinschaft auf Grund eben der Prinzipien gegenseitiger Hilfe auszuarbeiten. Sie versuchten beispielsweise, das Prinzip der „Entschädigung" an Stelle der *lex talionis* oder später die Verzeihung für Vergehungen oder ein noch höheres Ideal der Gleichheit vor dem menschlichen Gewissen an Stelle der „Entschädigung" nach Maßgabe des Klassenwertes einzuführen. Zur gleichen Zeit bemühte sich aber stets ein anderer Teil individueller Rebellen, die schützenden Institutionen der gegenseitigen Hilfe niederzureißen in der Absicht, ihren eigenen Reichtum und ihre eigene Macht zu vermehren. In dem Streit zwischen diesen drei Komponenten, zwischen den beiden Klassen revoltierender Individuen und den Verteidigern des Bestehenden, liegt die Wirklichkeitstragödie der Geschichte. Aber die Aufgabe, diesen Streit zu schildern und die Rolle festzustellen, die jede der drei Kräfte in der Entwicklung der Menschheit spielte, würde mindestens ebenso viele Jahre erfordern, als ich zum Schreiben dieses Buches gebraucht habe.

Von Werken, die sich annähernd mit demselben Gegenstand beschäftigen und seit der Veröffentlichung meiner Artikel über die gegenseitige

Hilfe bei den Tieren erschienen sind, muss ich erwähnen: *The Lowell Lectures on the Ascent of Man* von Henry Drummond (London 1894) und *The Origin and Growth of the Moral Instinct* von A. Sutherland (London 1898). Beide bewegen sich im wesentlichen auf denselben Bahnen wie Büchners *Liebe*, und in dem zweiten Werk wird das Eltern- und Familiengefühl als einzig wirksame Kraft in der Entwicklung des moralischen Sinnes einigermaßen ausführlich behandelt. Ein drittes Werk, das sich mit dem Menschen beschäftigt und vom selben Standpunkt ausgeht, ist *The Principles of Sociology* von Prof. F. A. Giddings, dessen erste Ausgabe 1896 in New York und London erschien, während die leitenden Gedanken von dem Autor bereits 1894 in einer Broschüre skizziert wurden. Ich muss indessen der Kritik die Aufgabe überlassen, die Punkte der Übereinstimmung, Ähnlichkeit oder Gegensätzlichkeit zwischen diesen Werken und meinem zu erörtern.

Die verschiedenen Kapitel dieses Buches wurden zuerst im *Nineteenth Century* veröffentlicht („Gegenseitige Hilfe bei den Tieren", September und November 1890; „Gegenseitige Hilfe bei den Wilden", April 1891; „Gegenseitige Hilfe bei den Barbaren", Januar 1892; „Gegenseitige Hilfe in der Stadt des Mittelalters", August und September 1894; „Gegenseitige Hilfe bei den Menschen unserer Zeit" im Januar und Juni 1896). Bei der Herausgabe in Buchform war meine erste Absicht, die Masse Material und ebenso die Erörterung einiger untergeordneter Punkte, die in den Zeitschriftartikeln übergangen werden mussten, einem Anhang einzuverleiben. Es zeigte sich indessen, dass der Anhang den Umfang des Buches verdoppelt hätte, und ich sah mich genötigt, seine Veröffentlichung aufzugeben oder wenigstens zu verschieben. Der jetzige Anhang enthält nur die Erörterung einiger weniger Punkte, die in den letzten paar Jahren Gegenstand wissenschaftlicher Debatte gewesen sind; und dem Text habe ich nur insoweit neuen Stoff hinzugefügt, als geschehen konnte, ohne den Aufbau des Werkes zu ändern.

Bromley (Kent) Peter Kropotkin

Erstes Kapitel: Gegenseitige Hilfe bei den Tieren

Kampf ums Dasein. – Gegenseitige Hilfe, ein Naturgesetz und wesentlicher Faktor der fortschreitenden Entwicklung. – Invertebrata. – Ameisen und Bienen. – Vögel: Jagd- und Fischvereinigungen. – Geselligkeit. – Gegenseitiger Schutz bei kleinen Vögeln. – Kraniche, Papageien.

Das Prinzip des Kampfes ums Dasein als eines Faktors der Entwicklung, das von Darwin und Wallace in die Wissenschaft eingeführt wurde, hat uns erlaubt, ein ungeheuer ausgedehntes Gebiet von Erscheinungen in einen einzigen Allgemeinbegriff zusammenzufassen, der dann bald geradezu die Grundlage unserer philosophischen, biologischen und soziologischen Spekulationen geworden ist. Eine außerordentliche Menge der verschiedensten Tatsachen: Anpassungen im Leben und Bau organischer Wesen an ihre Umgebung, physiologische und anatomische Entwicklung; geistiger Fortschritt und sogar moralische Weiterbildung, lauter Dinge, die wir früher auf die verschiedensten Ursachen zurückzuführen pflegten, wurden von Darwin unter einen allgemeinen Begriff gestellt. Wir fassten sie als fortgesetzte Bemühungen auf – als einen Kampf gegen feindliche Umstände – zugunsten einer solchen Entwicklung von Individuen, Rassen, Arten und Gesellschaften, wie sie sich in möglichst großer Vollständigkeit, Verschiedenartigkeit und Intensität des Lebens ergeben konnte. Es kann sein, dass zu Beginn Darwin selbst sich die Allgemeinheit des Faktors nicht völlig vergegenwärtigte, den er zuerst in Anspruch nahm, um nur eine einzige Tatsachenreihe, die sich auf die Anhäufung individueller Verschiedenheiten bei beginnenden Arten bezog, zu erklären. Aber er wusste von vornherein, dass die Bezeichnung, die er in die Wissenschaft einführte, ihre philosophische und ihre einzig wahre Bedeutung verlieren musste, wenn sie allein in ihrem engen Sinn anzuwenden war – im Sinn eines Kampfes zwischen verschiedenen Individuen um die bloßen Existenzmittel. Und gleich im Beginn seines berühmten Werkes betonte er, dass der Ausdruck in seinem „weiten und metaphorischen Sinne“ zu nehmen sei, dass er „die Abhängigkeit eines Wesens von einem anderen einschließe, und (was wichtiger ist) sich nicht bloß auf das Leben des Individuums beziehe, sondern ebenso auf die Möglichkeit, Nachkommen zu hinterlassen".[2]

Während er selbst den Ausdruck hauptsächlich für seine besonderen Zwecke im engen Sinne gebrauchte, warnte er seine Nachfolger vor dem Irrtum (den er selbst einmal begangen zu haben scheint), diesen engen Sinn zu überschätzen. In der *Abstammung des Menschen*[3] schrieb er einige entscheidende Seiten, um den eigentlichen, weiteren Sinn des Ausdrucks zu illustrieren. Er legte dar, wie in zahlreichen Tiergesellschaften der Kampf um die Existenzmittel zwischen den einzelnen Individuen verschwindet, wie der Kampf ersetzt wird durch *Zusammenwirken*, und wie dieser Ersatz schließlich zu der Entwicklung der geistigen und moralischen Fähigkeiten führt, die der Art die besten Bedingungen des Überlebens sichert. Eı betonte, dass die Geeignetsten in solchen Fällen weder die körperlich Stärksten noch die Listigsten seien, sondern solche, die gelernt haben, sich so zu verbinden, dass sie sich, ob stark oder schwach, gegenseitig unterstützen, um des Wohles der Gemeinschaft willen. „Die Gemeinschaften", schrieb er, „die die größte Zahl aufs beste miteinander harmonierender Mitglieder umschlossen, gediehen am besten und erzielten die größte Zahl Nachkommen" (2. Ausgabe, London [1874], S. 163). Der Ausdruck, der aus der engen Malthusianischen Vorstellung von der Konkurrenz zwischen jedem und jedem hervorgegangen war, verlor so seine Enge im Geist eines Mannes, der die Natur kannte. Unglücklicherweise aber wurde diese Bemerkungen, die die Grundlage höchst fruchtbarer Forschungen hätten abgeben können, durch die Massen von Tatsachen überschattet, die gesammelt waren, um die Folgen eines wirklichen Kampfes ums Dasein zu illustrieren. Außerdem versuchte Darwin niemals, die Bedeutung einer jeden der zwei Erscheinungsformen, die der Kampf ums Dasein im Tierreich zeigt, einer genaueren Untersuchung zu unterziehen, und er schrieb niemals das Werk, das er über die natürlichen Vorkehrungen gegen die Übervermehrung schreiben wollte, obwohl dieses Werk das entscheidende Wort über die wirkliche Bedeutung des individuellen Kampfes hätte sprechen können. Ja, auf

2 *On the Origin of Species by Means of Natural Selection*, London 1859, 3. Kapitel [Deutsche Übers. von J. Victor Carus: *Über die Entstehung der Arten durch natürliche Zuchtwa*hl. Stuttgart 1867.]

3 [*The Descent of Man and Selection in Relation to Sex*, London 1871. Deutsche Übers. von J. Victor Carus: *Die Abstammung des Menschen und die geschlechtliche Zuchtwahl.* Stuttgart.]

den Seiten sogar, die ich eben erwähnte, mitten unter Daten, die die enge Malthusianische Vorstellung vom Kampfe widerlegten, tauchte das alle Malthusianische Gift doch wieder auf – nämlich in Darwins Bemerkungen über den angeblichen Nachteil der Erhaltung der „geistig und körperlich Schwachen“ in unseren zivilisierten Gesellschaften (5. Kapitel). Als ob nicht Tausende von körperlich schwachen und hinfälligen Dichtern, Gelehrten, Erfindern und Reformatoren, zusammen mit wiederum Tausenden sogenannter „Narren“ und „geistesschwachen Enthusiasten“ die wertvollsten Truppen wären, die die Menschheit in ihrem Kampf ums Dasein mit geistigen und moralischen Waffen gebraucht, die doch gerade Darwin in eben denselben Kapiteln der Abstammung des Menschen so emphatisch betont hatte.

Es ging mit Darwins Theorie, wie es allen Theorien geht, die irgendwie sich auf menschliche Einrichtungen beziehen. Anstatt sie seinen eigenen Winken entsprechend zu erweitern, haben sie seine Nachfolger noch enger gemacht. Und während Herbert Spencer, der auf eigenen, aber dicht benachbarten Bahnen ging, den Versuch machte, die Untersuchung zu der großen Frage zu erweitern: „Wer sind die Geeignetsten?“ besonders im Anhang der dritten Ausgabe der *Tatsachen der Ethik*[4], währenddessen drückten die zahlreichen Nachfolger Darwins den Begriff des Kampfes ums Dasein möglichst eng zusammen. Sie gelangten schließlich dazu, sich das Reich der Tiere als eine Welt fortwährenden Kampfes zwischen halbverhungerten Individuen vorzustellen, jedes nach des anderen Blut dürstend. Die moderne Literatur widerhallte vom Kriegsruf: „Wehe den Besiegten!“, als ob das das letzte Wort moderner Biologie wäre. Sie erhoben den „erbarmungslosen“ Kampf um persönliche Vorteile zu der Höhe eines biologischen Prinzips, dem der Mensch sich ebenfalls unterwerfen müsse, aus Gefahr, andernfalls in einer Welt, die sich auf gegenseitige Vernichtung gründete, zu unterliegen. Auch wenn wir die Nationalökonomen beiseite lassen, die von der Naturwissenschaft nur ein paar Schlagworte kennen, die sie aus populärwissenschaftlichen Büchern entnommen haben, so müssen wir doch zugegen, dass selbst die anerkanntesten Verfechter des Darwinismus ihr Bestes taten, diese falschen Ideen zu vertreten. Und in der Tat, wenn wir Huxley nehmen, der sicherlich als einer der tüchtigsten Erklärer der Entwicklungstheorie gilt – lehrt er uns nicht, in einer Schrift über den Kampf ums Dasein und seine Bedeutung für den Menschen, dass

4 [Herbert Spencer, The Data of Ethics, London 1879.]

> „vom Gesichtspunkt des Moralisten die Tierwelt ungefähr auf dem selben Niveau ist wie der Gladiatorenkampf. Die Kämpfer werden gut genährt und zum Kampf losgelassen, wobei der Stärkste, Behendeste und Geriebenste leben bleibt, um noch am nächsten Tag zu kämpfen. Der Zuschauer braucht seinen Daumen nicht zu senken, denn kein Pardon wird gegeben."

Oder, weiter unten in demselben Artikel, sagte er uns nicht, dass, wie unter Tieren, so unter primitiven Menschen

> „die Schwächsten und Dümmsten den Kürzeren zogen, während die Zähesten und Verschlagensten, die am besten ausgerüstet waren, im Kampf mit den äußeren Umständen die Oberhand zu gewinnen, wenn sie auch sonst nicht die besten waren, überlebten. Das Leben war ein beständiger wilder Kampf und außer den beschränkten und zeitweiligen Beziehungen der Familie war der Hobbessche Krieg aller gegen alle der normale Daseinszustand."[5]

Inwieweit diese Auffassung der Natur auf Tatsächliches gestützt ist, soll dem Leser hier in bezug auf die Tierwelt und den primitiven Menschen vorgeführt werden. Aber es muss hier gleich bemerkt werden, dass Huxleys Auffassung der Natur ebensowenig Anspruch darauf hat, als eine wissenschaftliche Beweisführung angesehen zu werden, wie die entgegengesetzte Anschauung Rousseaus, der in der Natur nur Liebe, Friede und Harmonie erblickte, in die der Mensch erst Zerstörung hineintrug. In der Tat, der erste Spaziergang in den Wald, die erste Beobachtung irgendwelcher Tiergemeinschaft oder nur das Studium eines ernsten Werkes über das Leben der Tiere (D'Orbigny, Audubon, Le Vaillant, gleichviel welches), muss den Naturforscher zum Nachdenken veranlassen, welchen großen Raum das Gesellschaftsleben im Leben der Tiere einnimmt und ihn verhindern, in der Natur nichts als ein Schlachtfeld zu sehen oder, im Sinne Rousseaus, nichts als Harmonie und Friede. Rousseau hatte den Irrtum begangen, den Schnabel- und Krallenkampf außer acht zu lassen; und Huxley beging den entgegengesetzten Irrtum. Aber weder Rousseaus Optimismus noch Huxleys Pessimismus kann als unparteiische Auslegung der Natur gelten.

Sobald wir die Tiere zu unserem Studium machen, nicht nur in Laboratorien und Museen, sondern in Wäldern und Prärien, in den Steppen und im

5 Thomas H. Huxley, „The Struggle for Existence: A Programme", *The Nineteenth Century*, Februar 1888, S. 165.

Gebirge, bemerken wir sofort, dass trotz ungeheurer Vernichtungskriege zwischen den verschiedenen Arten und besonders zwischen den verschiedenen Klassen der Tiere, zugleich in ebenso hohem Maße, ja vielleicht noch mehr, gegenseitige Unterstützung, gegenseitige Hilfe und gegenseitige Verteidigung unter Tieren, die zu derselben Art oder wenigstens zur selben Gesellschaft gehören, zu finden ist. Geselligkeit ist ebenso ein Naturgesetz wie gegenseitiger Kampf. Natürlich wäre es außerordentlich schwierig, auch nur ungefähr die relative numerische Wichtigkeit dieser beiden Reihen von Tatsachen zu bestimmen. Aber wenn wir uns an einen indirekten Beweis halten und die Natur fragen: „Wer sind die Passendsten: sie, die fortwährend miteinander Krieg führen, oder sie, die einander unterstützen", so sehen wir sofort, dass diejenigen Tiere, die Gewohnheiten gegenseitiger Hilfe annehmen, zweifellos die Passendsten sind. Es bestehen für sie die meisten Möglichkeiten zu überleben, und sie erlangen in den betreffenden Klassen die höchste Entwicklung der Intelligenz und körperlichen Organisation. Wenn wir die zahllosen Tatsachen, womit diese Ansicht gestützt werden könnte, in Betracht ziehen, so können wir ruhig sagen, dass gegenseitige Hilfe ebenso ein Gesetz in der Tierwelt ist als gegenseitiger Kampf; jene aber als Entwicklungsfaktor höchstwahrscheinlich eine weit größere Bedeutung hat, insofern sie die Entfaltung solcher Gewohnheiten und Eigentümlichkeiten begünstigt, die die Erhaltung und Weiterentwicklung der Arten, zusammen mit dem größten Wohlstand und Lebensgenuß für den Einzelnen, beim geringsten Kraftaufwand, sichern.

Der erste unter den wissenschaftlichen Nachfolgern Darwins, der, soviel ich weiß, die ganze Tragweite der gegenseitigen Hilfe als *eines Naturgesetzes und Hauptfaktors der Entwicklung* begriff, war ein wohlbekannter russischer Zoologe, der verstorbene Dekan der Petersburger Universität, Prof. Kessler. Er stellte seine Ideen in einer Rede dar, die er auf einem Kongress russischer Naturforscher im Jahre 1880, wenige Monate vor seinem Tode, hielt. Aber wie so manches Gute, das in russischer Sprache veröffentlicht wird, blieb diese merkwürdige Rede fast gänzlich unbekannt.[6]

---

6 Abgesehen von den Forschern vor Darwin, wie Toussené, Fée und vielen anderen, sind auch schon vor diesem Datum mehrere Werke veröffentlicht worden, worin überraschende Beispiele von gegenseitiger Hilfe – die allerdings mehr den Verstand der Tiere beleuchten – enthalten sind. Ich erwähne Houzeau, *Les facultés mentales des animaux*, 2 Bde., Brüssel 1872; L. Büchner, *Aus dem Geistesleben der Tiere*, 2. Aufl., 1877; und Maximilian Perty, *Über das Seelenleben der Tiere*, Leipzig 1876. [Alfred] Espinas veröffentlichte sein

„Als langjähriger Zoologe“ fühlte er sich verpflichtet, gegen den Missbrauch eines Wortes – der Kampf ums Dasein – zu protestieren, das aus der Zoologie entlehnt sei, oder mindestens gegen die Überschätzung seiner Bedeutung. Die Zoologie, so sagte er, und die entsprechenden Wissenschaften, die vom Menschen handeln, betonen immer das, was sie den erbarmungslosen Kampf ums Dasein nennen. Aber sie vergessen das Vorhandensein eines anderen Gesetzes, das als Gesetz der gegenseitigen Hilfe bezeichnet werden kann, das, wenigstens für die Tiere, wesentlicher ist als das erste. Er betonte, dass die Notwendigkeit, Nachkommen zu hinterlassen, die Tiere notwendigerweise einander zuführt, und „je mehr die Tiere sich zueinander halten, um so mehr unterstützen sie einander, und um so besser sind die Aussichten, dass die Art überlebt und weitere Fortschritte in der Entwicklung ihres Verstandes machte“. „Alle Klassen des Tierreichs“, fuhr er fort, „und besonders die höheren Tiere, üben gegenseitige Hilfe“, und er machte seinen Gedanken durch Beispiele anschaulich, die er dem Leben der Totengräberkäfer und dem Gesellschaftsleben der Vögel und einiger Säugetiere entnahm. Der Beispiele waren es wenig, wie in einer kurzen Ansprache zu erwarten war, aber die Hauptpunkte waren klar festgestellt; und nach der Erwähnung, dass in der Entwicklung der Menschheit die gegenseitige Hilfe eine noch hervorragendere Rolle spielte, schloss Professor Kessler, wie folgt:

> „Natürlich leugne ich den Kampf ums Dasein nicht, aber ich behaupte, dass die fortschreitende Entwicklung des Tierreiches und insbesondere der Menschheit weit mehr durch gegenseitige Unter-

---

vortreffliches Werk *Des societés animales* [Étude de psychologie comparée, Paris] 1877, worin er die Bedeutung der Tiergesellschaften und ihren Einfluss auf die Erhaltung der Arten hervorhob und daran äußerst wertvolle Erörterungen über den Ursprung der Gesellschaften knüpfte. In der Tat, Espinas' Buch enthält alles, was seitdem über gegenseitige Hilfe geschrieben worden ist und manches Gute außerdem. Wenn ich trotzdem der Kesslerschen Rede besonders Erwähnung tue, so geschieht dies, weil er die gegenseitige Hilfe zu einem Gesetz erhob, das in der Entwicklung wichtiger ist, als das Gesetz des gegenseitigen Kampfes. Die gleichen Ideen wurden das Jahr darauf (im April 1881) von J. Lanessan dargelegt in einer Vorlesung, die er im Jahre 1882 unter dem Titel: *La lutte pour l'existence et l'association pour la lutte*, veröffentlichte. G. Romanes' Hauptwerk, *Animal Intelligence*, wurde 1882 veröffentlicht, im nächsten Jahre folgte ihm *The Mental Evolution in Animals*. Um dieselbe Zeit veröffentlichte Büchner ein anderes Werk, *Liebe und Liebesleben in der Tierwelt*, von dem eine zweite Ausgabe 1885 erschien. Man sieht, die Idee lag in der Luft.

> stützung als durch gegenseitigen Kampf gefördert wird ... Alle organischen Wesen haben zwei wesentliche Bedürfnisse: das der Ernährung und das der Fortpflanzung der Art. Das erste bringt sie zum Kampf und zu gegenseitiger Vertilgung, während das Bedürfnis, die Art zu erhalten, sie zu gegenseitiger Annäherung und Unterstützung bringt. Aber ich neige mich zu der Idee, dass in der Entwicklung der organischen Welt – in der fortschreitenden Veränderung der organischen Wesen – die gegenseitige Hilfe unter den Individuen eine viel wichtigere Rolle spielt als ihr gegenseitiger Kampf."[1]

Die Richtigkeit dieser Ansichten fiel den meisten anwesenden russischen Zoologen auf, und Syewertsoff[2], dessen Werk Ornithologen und Geographen wohlbekannt ist, trat ihnen bei und illustrierte sie durch ein paar weitere Beispiele. Er erwähnte einige Falkenarten, „die für den Raub fast ideal organisiert" und dennoch im Aussterben sind, während andere Falkenarten, die die gegenseitige Hilfe praktizieren, gedeihen. „Man nehme andererseits", sagte er, „einen geselligen Vogel, die Ente, er ist im ganzen ärmlich von der Natur ausgestattet, aber er übt gegenseitige Hilfe und verbreitet sich fast über die ganze Erde, wie man an seinen zahllosen Varietäten und Arten sehen kann."

Die Bereitwilligkeit der russischen Zoologen, Kesslers Ansichten beizupflichten, scheint ganz natürlich, weil beinahe alle unter ihnen Gelegenheit hatten, die Tierwelt in den weiten unbewohnten Gegenden Nordasiens und Ostrusslands zu beobachten; und es ist unmöglich, solche Gegenden zu erforschen, ohne auf dieselben Ideen zu kommen. Ich erinnere mich an den Eindruck, den die Tierwelt Sibiriens auf mich machte, als ich die Gegenden des Witim in Gesellschaft eines so vorzüglichen Zoologen, wie es mein Freund Polyakoff[3] war, erforschte. Wir standen beide unter dem frischen Eindruck der *Entstehung der Arten*, aber vergeblich hielten wir Umschau nach dem wilden Kampf zwischen Tieren derselben Art, den die Lektüre von Darwins Werk uns erwarten ließ, auch wenn wir die Bemerkungen des dritten Kapitels (S. 54) in Betracht zogen. Wir sahen eine Menge Anpassungen, um – häufig in Gemeinschaft – gegen die feindlichen

1 Denkschrift *(Trudy)* der St. Petersburger naturwissenschaftlichen Gesellschaft. Band 11, 1880.

2 [Nikolai Alekseevich Severtsov (Syewertsoff) 1827–1885, russischer Zoologe und Geograph, bekannt durch seine Erforschung von Turkestan und des Pamir.]

3 [Ivan Semyonovich Polyakov (1847–1887), russischer Zoologe.]

Umstände des Klimas zu kämpfen, oder gegen zahlreiche Feinde, und Polyakoff schrieb manche treffliche Seite über die gegenseitige Abhängigkeit der Fleischfresser, Wiederkäuer und Nagetiere von ihrer geographischen Verteilung; wir bemerkten zahlreiche Tatsachen von gegenseitiger Hilfe, besonders während der Wanderungen von Vögeln und Wiederkäuern; aber selbst in den Gegenden des Amur und Usuri, wo es verschwenderisch von tierischem Leben wimmelt, kamen Tatsachen wirklichen Kampfes und Zwiespalts zwischen höheren Tieren derselben Art sehr selten zu meiner Kenntnis, obwohl ich eifrig nach ihnen suchte. Derselbe Eindruck ist in den Werken der meisten russischen Zoologen zu finden, und das erklärt wahrscheinlich, warum Kesslers Meinungen von den russischen Darwinisten so begrüßt wurden, während sonst unter den Nachfolgern Darwins in Westeuropa solche Meinungen nicht im Schwange sind.

Das erste, was uns aufstößt, sowie wir uns an das Studium des Kampfes und Dasein in seinen beiden Formen – direkt und metaphorisch – machen, ist die Fülle von Tatsachen gegenseitiger Hilfe, nicht nur zum Aufziehen der Nachkommenschaft, was von den meisten Evolutionisten anerkannt wird, sondern ebenso für die Sicherheit des Einzelwesens und für seine Versorgung mit der nötigen Nahrung. In sehr weiten Gebieten des Tierreiches ist gegenseitige Hilfe die Regel. Gegenseitige Hilfe wird selbst bei den niedersten Tieren angetroffen, und wir müssen darauf gefasst sein, eines Tages von den Mikroskopikern Tatsachen von unbewusster gegenseitiger Unterstützung selbst aus dem Leben der Mikroorganismen mitgeteilt zu bekommen. Natürlich ist unser Wissen vom Leben der Invertebrata, außer den Termiten, den Ameisen und den Bienen äußerst beschränkt; und doch können wir, auch was die niederen Tiere angeht, ein paar Tatsachen sicher festgestellten Zusammenwirkens zusammenstellen. Die zahllosen Vereinigungen von Heuschrecken, Vanessen, Cicindelen, Cicaden usw. sind leider in der Tat völlig unerforscht; aber schon die Tatsache ihres Vorhandenseins zeigt, dass sie sich auf dieselben Prinzipien gründen müssen, wie die zeitweiligen Vereinigungen von Ameisen und Bienen zu Wanderungszwecken.[4] Was die Käfer angeht, so haben wir völlig wohl beobachtete Tatsachen für die gegenseitige Hilfe unter den Totengräbern (*Necrophorus*). Sie müssen irgendwelche verwesende organische Materie haben, um ihre Eier hineinzulegen und so ihre Larven mit Nahrung zu versehen; aber diese Materie darf nicht sehr schnell verwesen. Daher pflegen sie die

4 Siehe Anhang 1.

Leichen aller möglichen kleinen Tiere, die sie gelegentlich bei ihren Streifzügen finden, in die Erde zu graben. In der Regel führen sie ein isoliertes Leben, aber wenn einer von ihnen den toten Körper einer Maus oder eines Vogels entdeckt hat, den er schwerlich allein begraben könnte, dann ruft er vier, sechs oder zehn andere Käfer, um das Werk mit vereinten Kräften zu vollbringen; wenn nötig, schaffen sie die Leiche nach einem geeigneten Ort mit lockerem Boden; und sie bestatten sie sehr bedächtig, ohne sich darüber zu zanken, wer von ihnen das Vorrecht haben soll, seine Eier in den bestatteten Körper zu legen. Und als Gleditsch einen toten Vogel an ein Kreuz befestigte, das aus zwei Stückchen Holz gemacht war, oder eine Kröte an einem Stock befestigte, der in die Erde gepflanzt war, da vereinigten sich die kleinen Käfer in derselben freundschaftlichen Weise, um mit ihrer gemeinsamen Intelligenz das künstliche Hindernis des Menschen zu überwinden. Dieselbe Vereinigung der Anstrengungen ist bei den Mistkäfern beobachtet worden.

Selbst bei Tieren, die auf einer etwas niedrigeren Organisationsstufe stehen, können wir ähnliche Beispiele finden. Einige Landkrebse von Westindien und Nordamerika verbinden sich zu großen Schwärmen, um zur See zu wandern und dort ihren Laich zu hinterlassen; und jede solche Wanderung bedingt Verständigung, Zusammenwirken und gegenseitigen Beistand. Was den großen Molukkenkrebs (*Limulus*) angeht, so war ich (1882, im Aquarium zu Brighton) erstaunt über die Ausdehnung der gegenseitigen Unterstützung, die diese plumpen Tiere einem Kameraden gegenüber im Falle der Not leisten können. Einer von ihnen war in einer Ecke des Beckens auf den Rücken gefallen, und sein schwerer topfartiger Rückenschild verhinderte ihn, in die natürliche Stellung zurückzukehren, was um so weniger gelang, als dort in der Ecke eine Eisenstange war, die den Versuch noch erschwerte. Seine Kameraden kamen zu Hilfe, und eine Stunde lang beobachtete ich, wie sie sich bemühten, ihrem Mitgefangenen zu helfen. Es kamen gleichzeitig zwei an, hoben ihren Freund von unten an, und nach heftigen Anstrengungen gelang es ihnen, ihn aufzurichten; aber dann hinderte die Eisenstange sie, das Rettungswerk zu vollenden, und der Krebs fiel noch einmal heftig auf den Rücken. Nach vielen Versuchen begab sich einer der Helfenden in die Tiefe des Beckens und holte zwei andere Krebse, die mit frischen Kräften dasselbe Heben und Aufrichten ihres hilflosen Freundes begannen. Wir blieben mehr als zwei Stunden im Aquarium, und als wir es verließen, warfen wir noch einen Blick in das Becken: das Rettungswerk war noch nicht zu Ende! Seit ich das gesehen habe, kann ich mich nicht enthalten, der von Dr. Erasmus Darwin berichteten Beobachtung Glauben zu schenken – nämlich, dass „der gemeine Krebs in der Zeit, in der die Schalen erneuert werden, eine Schildwache ausstellt, die nicht in der Häutung oder hartschalig ist, um Feinde aus dem offenen Wasser zu verhindern, die Krebse in ihrem ungeschützten Zustand zu verletzen.“[5]

Tatsachen, die die gegenseitige Hilfe unter Termiten, Ameisen und Bienen belegen, sind den Lesern so allgemein bekannt, insbesondere durch die Werke von Romanes, L. Büchner und Sir John Lubbock, dass ich meine Bemerkungen auf ein paar Hinweise beschränken darf.[6] Wenn wir einen Ameisenhaufen betrachten, dann sehen wir nicht nur, dass alle mögliche Arbeit – Pflege der Nachkommenschaft, Sammeln der Vorräte, Häuserbauen, Pflege der Blattläuse usw. – gemäß den Prinzipien der freiwilligen gegenseitigen Hilfe geleistet wird; wir müssen auch mit Forel zugeben, dass der wesentliche, der Grundzug des Lebens vieler Arten von Ameisen, die Tatsache und die Verpflichtung für jede Ameise ist, ihre Nahrung, wenn sie bereits verschluckt und zum Teil verdaut ist, mit jedem Glied der Gemeinschaft, das darauf Anspruch macht, zu teilen. Zwei Ameisen, die zu zwei verschiedenen Arten oder zu feindlichen Haufen gehören, vermeiden einander, wenn sie sich gelegentlich treffen. Aber zwei Ameisen, die demselben Haufen oder derselben Kolonie von Haufen angehören, nähern sich einander, tauschen ein paar Bewegungen mit den Antennen aus, und „wenn eine von ihnen hungrig oder durstig ist, und besonders, wenn die andere sich vollgegessen hat, verlangt sie sofort Nahrung“. Das Individuum, an das diese Aufforderung herantritt, entzieht sich ihr nie; es öffnet seine Kinnbacken, nimmt eine besondere Stellung ein, und bringt einen Tropfen durchsichtige Flüssigkeit wieder herauf, der von der hungrigen Ameise aufgeleckt wird. Das Wiederheraufbringen der Nahrung für andere Ameisen ist ein so hervorragender Zug im Leben der Ameisen (in Freiheit) und es tritt so fortwährend ein, sowohl zur Ernährung hungriger Genossen, wie zum Füttern der Larven, dass Forel annimmt, dass der Verdauungsap-

---

5 Georges J. Romanes, *Animal Intelligence*, erste Ausgabe, S. 233.

6 Pierre Huber, *Recherches sur les fourmis*, Genf 1810; Forel, *Recherches sur les fourmis de la Suisse*, Zürich 1874 und J. T. Moggride, *Harvesting Ants and Trapdoor Spiders*, London 1873 und 1874: diese Bücher sollten im Besitz jedes Knaben und jedes Mädchens sein. Siehe auch: Blanchard, *Metamorphoses des insectes*, Paris 1868; J. H. Fabre, *Souvenirs entomologiques*, Paris 1886; Ebrard, *Études des mœurs des fourmis*, Genf 1864; Sir John Lubbock, *Ants, Bees and Wasps* usw.

parat der Ameisen aus zwei verschiedenen Teilen besteht, von denen der hintere dem besonderen Gebrauch des Individuums dient, während der vordere hauptsächlich für die Gemeinschaftszwecke bestimmt ist. Wenn eine Ameise, die gesättigt ist, selbstisch genug gewesen ist, die Ernährung eines Genossen zu verweigern, wird sie als Feind oder noch schlimmer behandelt. Wenn die Weigerung geschehen ist, während ihre Verwandten mit einer anderen Gruppe kämpften, wenden sie sich heftiger gegen das geizige Individuum als gegen die Feinde selbst. Und wenn eine Ameise sich nicht geweigert hat, eine andere Ameise, die zu einer feindlichen Gruppe gehört, zu füttern, wird sie von den Verwandten der letzteren als Freund behandelt. All das ist durch sehr genaue Beobachtung und entscheidende Experimente festgestellt.[7]

In dieser ungeheuren Abteilung des Tierreiches, die mehr als tausend Arten umfasst und so zahlreich ist, dass die Brasilianer behaupten, Brasilien gehöre den Ameisen, nicht den Menschen, gibt es keinen Kampf zwischen den Mitgliedern desselben Haufens oder der Kolonie von Haufen. Wie schrecklich auch der Krieg zwischen verschiedenen Arten tobt, was da für Grausamkeiten in Kriegszeiten verübt werden, innerhalb der Gemeinschaft ist gegenseitige Hilfe, zur Gewohnheit gewordene Hingabe, und sehr oft Selbstaufopferung fürs allgemeine Wohl die Regel. Die Ameisen und Termiten haben auf den „Hobbesschen Krieg" verzichtet, und sie stehen sich besser dabei. Ihre wundervollen „Haufen", ihre Gebäude, deren relative Größe die der menschlichen überragt; ihre gepflasterten Straßen und brückenartig gewölbten Galerien; ihre geräumigen Hallen und Speicher; ihre Kornfelder, ihre Ernten und ihr „Vermälzen" des Kornes[8]; ihre rationellen Methoden, ihre Eier zu erhalten und Larven zu füttern und besondere Nester zu bauen, um die Blattläuse aufzuziehen, die Linné so anschaulich „die Kühe der Ameisen" genannt hat; und schließlich ihr Mut

---

7 Forels *Recherches* S. 244, 275, 278. Hubers Beschreibung des Vorgangs ist wundervoll. Sie gibt auch einen Hinweis auf einen möglichen Ursprung des Instinkts (Volksausgabe [*Les Fourmis infigénes*, Genf 1861], S. 158, 160). Siehe Anhang 2.

8 Die Landwirtschaft der Ameisen ist so erstaunlich, dass sie lange Zeit angezweifelt wurde. Die Tatsache ist jetzt von Mr. Moggridge, Dr. Lincecum, Mr. MacCook, Col. Sykes und Dr. Jerdon so sicher bewiesen, dass kein Zweifel mehr möglich ist. Siehe die vorzügliche Zusammenstellung der Beweise in Romanes' Werk. Siehe auch „Die Pilzgärten einiger südamerikanischen Ameisen" von Alf. Moeller, in Schimpers *Botan. Mitteilungen aus den Tropen,* Bd. 6, 1893.

und ihr überlegener Verstand – all das ist die natürliche Folge der gegenseitigen Hilfe, die sie in jedem Stadium ihres geschäftigen und arbeitsamen Lebens üben. Diese Art zu leben, führte ebenso notwendig zur Entwicklung eines anderen wesentlichen Zuges im Leben der Ameisen: der ungemeinen Entwicklung der individuellen Initiative, die ihrerseits wieder offenbar zur Entfaltung der hohen und vielseitigen Intelligenz führte, die den menschlichen Beobachter verblüffen muss.[9]

Wenn wir nichts anderes vom Tierleben kennten, als was wir über die Ameisen und Termiten wissen, dann könnten wir doch schon sicher vermuten, dass gegenseitige Hilfe (die zu gegenseitigem Vertrauen, der ersten Bedingung für Tapferkeit, führt) und individuelle Initiative (die erste Bedingung für den Fortschritt des Intellekts) zwei unendlich wertvollere Faktoren in der Entwicklung des Tierreiches sind, als gegenseitiger Kampf. In der Tat gedeihen die Ameisen, ohne irgendeine der „Schutzanpassungen" zu haben, die von Tieren, die isoliert leben, nicht entbehrt werden können. Ihre Farbe macht sie ihren Feinden bemerkbar, und die stattlichen Haufen vieler Arten sind in Wiesen und Wäldern auffallend. Sie ist nicht durch einen harten Schild geschützt; und ihr Stachel, der freilich gefährlich ist, wenn Hunderte in das Fleisch eines Tieres gebohrt werden, ist für die Verteidigung des Einzelwesens von geringem Wert; während die Eier und Larven der Ameisen für viele Bewohner der Wälder ein Leckerbissen sind. Und doch werden die Ameisen in ihren Tausenden nicht viel von Vögeln geschädigt, nicht einmal von den Ameisenfressern, und sie werden von viel stärkeren Insekten gefürchtet. Als Forel einen Sack voll Ameisen auf eine Wiese schüttete, sah er, dass „die Grillen entflohen und ihre Löcher verließen, die von den Ameisen geplündert wurden; die Grashüpfer und Grillen flohen nach allen Richtungen; die Spinnen und Käfer ließen ihre Beute, um nicht selbst zur Beute zu werden"; selbst die Wespennester wurden nach einer Schlacht, in der viele Ameisen für das Gemeinwohl untergingen, von den Ameisen erobert. Selbst die schnellsten Insekten können ihnen nicht entrinnen, und Forel sah oft Schmetterlinge, Mücken, Fliegen und dergleichen von den Ameisen gefangen und getötet werden. Ihre Stärke beruht in gegenseitigem Beistand und Vertrauen. Und wenn die Ameisen mit ihren

9 Dieses zweite Prinzip wurde nicht sofort erkannt. Frühere Beobachter sprachen oft von Königen, Königinnen, Führern usw.; aber seit Huber und Forel ihre genauen Beobachtungen veröffentlicht haben, ist kein Zweifel mehr möglich, dass in allem, was die Ameisen tun, auch in den Kriegen, jeder individuellen Initiative freies Spiel gestattet ist.

intellektuellen Gaben an der Spitze der ganzen Klasse der Insekten stehen; wenn ihre Tapferkeit nur von den tapfersten Wirbeltieren erreicht wird; wenn ihr Hirn – mit Darwin zu sprechen – „zu den wunderbarsten Teilen der Materie in der Welt gehört, vielleicht noch mehr als das des Menschen" – ist dem nicht so dank der Tatsache, dass die gegenseitige Hilfe in den Gemeinschaften der Ameisen völlig an Stelle des gegenseitigen Kampfes getreten ist?

Dasselbe trifft in bezug auf die Bienen zu. Diese kleinen Insekten, die so leicht die Beute vieler Vögel werden können, und deren Honig in allen Klassen des Tierreiches, vom Käfer bis zum Bären, so viele Liebhaber hat, haben ebenfalls keine der aus Mimikry oder sonst woher stammenden Schutzvorrichtungen, ohne die ein isoliert lebendes Insekt schwerlich der völligen Vernichtung entgehen könnte; und doch haben sie dank der gegenseitigen Hilfe, die sie ausüben, die weite Verbreitung, die wir kennen, und die Intelligenz, die wir bewundern. Dadurch, dass sie gemeinsam arbeiten, multiplizieren sie ihre Einzelkräfte; dadurch, dass sie eine zeitweilige Arbeitsteilung eintreten lassen, verbunden mit der Fähigkeit jeder Biene, wenn nötig jede Art Arbeit zu leisten, erreichen sie eine so hohe Stufe des Wohlstandes und der Sicherheit, wie sie kein isoliert lebendes Tier je zu erreichen hoffen kann, es mag noch so stark oder gut bewaffnet sein. In ihren Kombinationen sind sie oft glücklicher als der Mensch, wenn er verabsäumt, aus einer wohlgeordneten gegenseitigen Hilfeleistung Vorteil zu ziehen. Wenn z. B. ein neuer Bienenschwarm daran geht, den Stock zu verlassen, um eine neue Wohnung zu suchen, wird eine Anzahl Bienen zur vorläufigen Erkundung der Nachbarschaft ausfliegen, und wenn sie einen passenden Wohnort finden – sagen wir, einen alten Korb oder etwas der Art – dann nehmen sie davon Besitz, reinigen ihn und bewachen ihn, manchmal eine ganze Woche hindurch, bis der Schwarm kommt und sich darin niederlässt. Aber wie viele menschliche Auswanderer gehen in neuen Ländern zugrunde, einfach weil sie nicht die Notwendigkeit verstanden haben, ihre Kräfte zu verbinden! Dadurch, dass sie ihre individuellen Intelligenzen miteinander verbinden, gelingt es ihnen, mit widrigen Umständen, auch ganz unvorhergesehenen und ungewöhnlichen, fertig zu werden, wie z. B. die Bienen auf der Pariser Ausstellung, die mit ihrem harzigen Wachs eine Glasplatte festmachten, die man in ihren Korb getan hatte. Außerdem entfalten sie keinen der sanguinischen Triebe und keinerlei Neigung zu unnützem Streit, womit manche Schriftsteller die Tiere so bereitwillig ausstatten. Die Posten, die den Eingang bewachen, töten ohne Gnade die räuberischen Bienen, die den Versuch machen, in den Korb einzudringen; aber solche

Bienen, die irrtümlich zu dem Stock kommen, werden unbelästigt gelassen, besonders wenn sie mit Pollen beladen sind oder wenn es junge Tiere sind, die sich leicht verirren können. Es wird nicht mehr Krieg geführt, als unumgänglich notwendig ist.

Die Geselligkeit der Bienen ist um so lehrreicher, als räuberische Instinkte und Trägheit immer noch daneben unter den Bienen auftreten und jedesmal sich zeigen, wo ihr Wachsen durch besondere Umstände begünstigt wird. Es ist bekannt, dass es immer eine Anzahl Bienen gibt, die dem tätigen Leben der Arbeitsbiene ein Räuberleben vorziehen; und dass sowohl Zeiten des Mangels wie der ungewöhnlich reichen Vorräte zu einer Vermehrung der Räuberklasse führen. Wenn unsere Ernten eingeführt sind und auf unseren Wiesen und Feldern nur noch wenig zu sammeln ist. dann trifft man die Räuberbienen häufiger; während andererseits in der Nähe der Zuckerpflanzungen Westindiens und der Zuckerfabriken Europas Räuberei, Trägheit und sehr oft Trunksucht bei den Bienen ganz gewöhnlich werden. Wir sehen also, die antisozialen Instinkte existieren immer noch bei den Bienen; aber die natürliche Auslese muss sie immer mehr austilgen, weil sich schließlich die Praxis der Solidarität als viel vorteilhafter für die Art erweist, als die Entwicklung von Individuen, die räuberische Neigungen haben. Der Schlauste und der Gefährlichste werden zugunsten von denen ausgerottet, die die Vorteile des geselligen Lebens und der gegenseitigen Hilfe verstehen.

Gewiss haben weder die Ameisen noch die Bienen noch sogar die Termiten sich zu der Vorstellung einer höheren Solidarität erhoben, die die Gesamtheit der Art umfasst. In dieser Hinsicht haben sie offenbar einen Grad der Entwicklung nicht erreicht, den wir selbst unter unseren politischen, wissenschaftlichen und religiösen Führern nicht finden. Ihre sozialen Instinkte gehen schwerlich über den Stock oder den Haufen hinaus. Indessen sind Kolonien von nicht weniger als zweihundert Haufen, die zu zwei verschiedenen Arten gehörten (Formica exsecta und F. pressilabris), von Forel auf dem Mont Tendre und Mont Salève beobachtet worden; und Forel behauptet, dass jedes Mitglied dieser Kolonien jedes andere Mitglied der Kolonie erkennt, und dass sie alle an gemeinsamer Verteidigung teilnehmen; während in Pennsylvanien Mr. MacCook eine ganze Nation von 1600-1700 Ansiedelungen der Wälle bauenden Ameisen sah, die alle in vollständigem Verständnis lebten; und Mr. Bates hat die Hügel der Termiten beschrieben, die große Flächen in den „Campos“ bedecken – bei denen einige Ansiedelungen zwei oder drei verschiedenen Arten als Wohnung dienen und die meisten darunter durch gewölbte Galerien oder Arkaden verbunden sind.[10] Einige Schritte zur Verschmelzung größerer Verbände der Art zu Zwecken des gemeinsamen Schutzes sind also selbst unterhalb der Wirbeltiere schon getan.

Wenn wir jetzt zu den höheren Tieren übergehen, so finden wir weitaus mehr Beispiele von zweifellos bewusster gegenseitiger Hilfe zu allen möglichen Zwecken, obwohl wir sofort bemerken, dass unsere Kenntnis auch von dem Leben der höheren Tiere noch immer sehr unvollkommen ist. Eine große Zahl Tatsachen ist von Beobachtern ersten Ranges zusammengestellt worden, aber es gibt weite Gebiete des Tierreiches, von denen wir fast nichts wissen. Glaubwürdige Nachrichten, was die Fische angeht, sind überaus spärlich, teils infolge der Schwierigkeiten der Beobachtung und teils, weil dem Gegenstand bisher noch keine besondere Aufmerksamkeit geschenkt wurde. Was die Säugetiere betrifft, so bemerkte schon Kessler, wie wenig wir von ihren Lebensgewohnheiten wissen. Viele von ihnen führen ein Nachtleben; andere verstecken sich unter der Erde; und solche Wiederkäuer, deren Gesellschaftsleben und deren Wanderungen das größte Interesse gebieten, lassen den Menschen ihren Herden nicht nahekommen. Hauptsächlich über die Vögel haben wir die besten Mitteilungen, und doch bleibt auch da das Gesellschaftsleben von sehr vielen Arten noch sehr ungenügend bekannt. Und doch brauchen wir uns nicht über den Mangel an festgestellten Tatsachen zu beklagen, wie man aus dem Folgenden ersehen wird.

Ich brauche mich bei den Vereinigungen von Männchen und Weibchen zur Pflege der Nachkommen, zu ihrer Versorgung mit Nahrung während ihrer ersten Schritte ins Leben nicht aufzuhalten und auch nicht bei ihrer Vereinigung zur Jagd; obwohl nebenbei erwähnt werden kann, dass solche Vereinigungen selbst bei den am wenigsten geselligen fleischfressenden und Raubvögeln die Regel sind, und dass sie ein besonderes Interesse einflößen, weil die ersteren das Gebiet sind, wo sich zartere Gefühle selbst bei sonst sehr grausamen Tieren einstellen. Es kann auch hinzugefügt werden, dass die Seltenheit solcher Vereinigungen, die über die Familie hinausgehen, bei den fleischfressenden und Raubvögeln zwar oft die Folge eben ihrer Art sich zu nähren ist, aber doch auch bis zu gewissem Grade als Ergebnis der Veränderung erklärt werden kann, die im Tierreich durch die schnelle Vermehrung der Menschheit hervorgerufen wurde. Auf jeden Fall ist es bemerkenswert, dass es Arten gibt, die ein ganz isoliertes Leben

10 H. W. Bates, *The Naturalist on the River Amazonas*, Bd. 2, S. 59 ff.

in dichtbevölkerten Gegenden führen, während dieselben Arten oder ihre nächsten Verwandten in unbewohnten Gegenden Herden bilden. Wölfe, Füchse und mehrere Raubvögel können als Beispiele dafür angeführt werden.

Indessen sind Vereinigungen, die nicht über die Schranken der Familie hinausgehen, in unserem Falle verhältnismäßig wenig interessant, um so weniger, als wir eine große Zahl Vereinigungen zu mehr allgemeinen Zwecken kennen, wie z. B. zum Jagen, zum gegenseitigen Schutz und selbst nur zur Verschönerung des Lebens. Audubon erwähnte bereits, dass Adler sich manchmal zur Jagd zusammentun, und seine Beschreibung der zwei Fischadler, Männchen und Weibchen, die am Mississippi jagen, ist wegen ihrer Anschaulichkeit mit Recht bekannt. Aber eine der wertvollsten Beobachtungen der Art stammt von Syewertsoff. Während seiner Erforschung der Fauna der russischen Steppen sah er einmal einen Adler, der zu einer völlig geselligen Art gehörte (der weißschwänzige Adler, Haliaetos albicilla), hoch in die Lüfte steigen; eine halbe Stunde lang beschrieb er schweigend seine weiten Kreise, als sich plötzlich sein lauter Schrei hören ließ. Bald wurde er von einem anderen Adler beantwortet, der heranflog, und ihm folgte ein dritter, ein vierter usw., bis neun oder zehn Adler beisammen waren und bald verschwanden. Am Nachmittag begab sich Syewertsoff nach dem Platz, wohin er die Adler hatte fliegen sehen; er näherte sich ihnen, gedeckt von einer Steppenerhebung, und entdeckte, dass sie sich um die Leiche eines Pferdes versammelt hatten. Die Alten, die in der Regel das Mahl zuerst beginnen – das sind ihre Schicklichkeitsregeln – saßen bereits auf den Heuschobern der Nachbarschaft und hielten Wache, während die jüngeren noch am Mahle waren, von Krähenscharen umgeben. Aus dieser und ähnlichen Beobachtungen schloss Syewertsoff, dass die weißschwänzigen Adler sich zur Jagd verbinden; wenn sie sich alle in große Höhe erhoben haben, sind sie, wenn sie zehn sind, imstande, eine Fläche von mindestens 40 Quadratkilometern zu überblicken; und sowie einer von ihnen etwas entdeckt hat, ruft er die anderen. Natürlich könnte man einwenden, dass ein einfacher instinktiver Schrei des ersten Adlers, oder auch nur seine Bewegungen, dieselbe Wirkung hätten, mehrere Adler zu der Beute zu führen; aber in diesem Fall ist der Beweis streng zugunsten des gegenseitigen Rufens geführt, weil die zehn Adler zusammenkamen, bevor sie sich auf die Beute herabließen, und Syewertsoff[11] hatte späterhin öfters Gelegenheit,

11 N. Syewertsoff, *Periodische Phänomene im Leben der Säugetiere, Vögel und Reptilien von Voronèj*, Moskau 1855 (russisch).

festzustellen, dass die weißschwänzigen Adler sich immer versammeln, um ein Aas zu verzehren, und dass einige von ihnen (zuerst die jüngeren) immer Wache halten, während die anderen essen. In der Tat ist der weißschwänzige Adler – eines der kühnsten und besten Jagdtiere – ein völlig geselliger Vogel, und Brehm sagt, dass er in der Gefangenschaft sehr schnell Freundschaft mit seinen Wärtern schließt.

Geselligkeit findet man als weitverbreiteten Zug bei sehr vielen anderen Raubvögeln. Der brasilianische Milan, einer der „unverschämtesten" Räuber, ist trotzdem ein sehr geselliger Vogel. Seine Jagdgenossenschaften sind von Darwin und anderen Naturforschern beschrieben worden, und es ist Tatsache, dass er, wenn er sich einer Beute bemächtigt hat, die zu groß ist, fünf oder mehr Freunde herbeiruft, um sie wegzuschleppen. Nach einem angestrengten Tag versammeln sich diese Gabelweihen immer, wenn sie sich zur Nachtruhe auf einen Baum oder ins Gebüsch zurückziehen, in Scharen, wobei sie manchmal zehn oder mehr Meilen weit herkommen, und sie tun sich oft mit anderen Vögeln, Geiern, zusammen, besonders mit den Percnopteri, die, wie D'Orbigny sagt, „ihre richtigen Freunde" sind. In einem anderen Kontinent, in den Wüsten jenseits des kaspischen Meeres, haben sie nach Zarudnyi dieselbe Gewohnheit des gemeinsamen Nistens. Der Gesellschaftsgeier, einer der stärksten, hat sogar seinen Namen von seiner Liebe zur Gesellschaft. Sie leben in großen Scharen und lieben entschieden die Geselligkeit; Scharen von ihnen vereinigen sich bei ihren Hochflügen zum Vergnügen. „Wie es scheint", sagt Le Vaillant, „leben die Mitglieder einer Ansiedelung im besten Einvernehmen miteinander. Ich habe in einer Höhle bisweilen zwei bis drei Horste gesehen, einen dicht bei dem anderen."[12] Die Urubu-Geier Brasiliens sind ebenso gesellig, wenn nicht mehr als die Krähen.[13] Die kleinen ägyptischen Geier leben in enger Freundschaft. Sie schweifen in Scharen durch die Luft, sie kommen zur Nachtruhe zusammen, und am Morgen halten sie sich alle zusammen, um ihre Nahrung zu suchen, und nie entsteht der geringste Zwist zwischen ihnen; so bezeugt Brehm, der reichlich Gelegenheit hatte, ihr Leben zu beobachten. Der rotbrüstige Falke wird ebenso in zahlreichen Scharen in den Wäldern Brasiliens getroffen, und der Turmfalke (Tinnunculus cenchris) versammelt sich, wenn er Europa verlassen hat und im Winter die Steppen und Wälder Asiens erreicht hat, in zahlreichen Gesellschaften. In den Steppen Südrusslands ist er (oder besser war er) so gesellig, dass Nordmann

12 A. Brehm, *Tierleben*, 3. Aufl., Bd. 6, S. 449.

13 Bates, *The Naturalist on the River Amazonas*, Bd. 2, S. 151.

sie in zahlreichen Scharen mit anderen Falken zusammen vorfand (Falco tinnunculus, F. aesulon und F. subbuteo), die an jedem schönen Nachmittag um 4 Uhr zusammenkamen und sich bis tief in die Nacht zusammen vergnügten. Sie flogen, alle auf einmal, auf, in gerader Linie einem bestimmten Punkte zu und kehrten, wenn sie ihn erreicht hatten, sofort auf derselben Linie zurück, um denselben Flug dann zu wiederholen.[14]

In Zügen zu fliegen bloß um des Vergnügens willen, ist unter allen Arten Vögeln ganz gewöhnlich. „Hauptsächlich im Gebiet des Humber", so schreibt Ch. Dixon, „erscheinen oft große Scharen Rotkehlchen über den sumpfigen Stellen gegen Ende August und bleiben den Winter über ... Die Bewegungen dieser Vögel sind sehr interessant, da ein großer Flug mit ebensoviel Präzision schwenkt, auseinanderschwirrt und wieder die Reihen schließt wie gedrillte Truppen. Unter ihnen verstreut sind oft einzelne Seelerchen und Sanderlinge und Regenpfeifer."[15]

Es wäre ganz unmöglich, hier die verschiedenen Jagdgenossenschaften der Vögel aufzuzählen; aber die Fischereigenossenschaften der Pelikane sind sicher um der bemerkenswerten Ordnung und der Intelligenz willen, die von diesen plumpen Vögeln entwickelt wird, erwähnenswert. Sie gehen immer in großen Scharen zum Fischen, und nachdem sie eine geeignete Bucht ausgesucht haben, bilden sie einen großen Halbkreis gegenüber dem Ufer und machen ihn enger, indem sie dem Ufer zuwaten, und so fangen sie alle Fische, die gerade in dem Kreis eingeschlossen sind. An engen Flüssen und Kanälen teilen sie sich sogar in zwei Partien, von denen jede einen Halbkreis bildet, und beide waten so weit, bis sie einander treffen, gerade wie wenn zwei Partien von Menschen, die zwei große Netze ausgeworfen haben, vorrückten, um alle Fische, die zwischen den Netzen sind, dadurch wegzufangen. Wenn die Nacht kommt, fliegen sie zu ihren Ruheplätzen – immer derselbe für jeden Zug – und niemand hat sie je um den Besitz einer Bucht oder des Ruheplatzes kämpfen sehen. In Südamerika versammeln sie sich in Zügen von vierzig- bis fünfzigtausend, von denen ein Teil sich des Schlafes erfreut, während die anderen Wache halten und andere wie-

14 *Catalogue raisonné des oiseaux de la faune pontique*, in Démidoffs *Voyage*. Während ihrer Wanderungen vereinigen sich Raubvögel oft. Ein Zug, den H. Seebohm über die Pyrenäen fliegen sah, zeigte die sonderbare Gesellschaft von „acht Gabelweihen, einem Kranich und einem Wanderfalken". (*Die Vögel Sibiriens*, 1901, S. 417.)

15 *Birds in the Northern Shires*, S. 207.

der ans Fischen gehen.[16] Und schließlich würde ich den viel verleumdeten Sperlingen unrecht tun, wenn ich nicht erwähnte, wie treulich jeder von ihnen alles Futter, das er findet, mit den Mitgliedern der Gesellschaft, zu der er gehört, teilt. Die Tatsache war den Griechen bekannt, und es ist der Nachwelt überliefert worden, wie einst ein griechischer Redner ausrief (ich zitiere aus dem Gedächtnis):

„Während ich zu euch spreche, ist ein Sperling gekommen, um den andern Sperlingen zu sagen, dass ein Sklave einen Sack Korn auslaufen ließ, und sie gehen alle hin, um das Korn aufzupicken." Um so mehr ist man erfreut, diese alte Beobachtung in einem neuen Büchlein von Mr. Gurney bestätigt zu finden, der nicht bezweifelt, dass die Sperlinge immer einander benachrichtigen, wo Nahrung zu stehlen ist; er sagt: „Wenn irgendwo noch so entfernt vom Hof gedroschen worden ist, dann haben die Sperlinge im Hof immer ihren Kropf voller Korn gehabt."[17] Allerdings sind die Sperlinge äußerst darauf aus, ihr Gebiet vor dem Eindringen von Fremdlingen zu bewahren; so bekämpfen die Sperlinge vom Jardin du Luxembourg bitter alle anderen Sperlinge, die den Versuch machen, sich auch des Gartens und seiner Besucher zu erfreuen; aber innerhalb ihrer eigenen Gemeinschaften üben sie vollständig gegenseitigen Beistand, obwohl natürlich manchmal auch unter den besten Freunden einiger Streit vorkommt.

Zusammen jagen und gemeinsam Nahrung suchen, ist in der gefiederten Welt so sehr Gewohnheit, dass weitere Belege kaum mehr nötig sein dürften: die Tatsache muss als feststehend gelten. Was die Stärke angeht, die aus solchen Vereinigungen hervorgeht, so leuchtet das ohne weiteres ein. Die stärksten Raubvögel sind gegenüber den Vereinigungen unserer kleinsten Vögelchen machtlos. Selbst Adler – selbst der mächtige und schreckliche Steinadler und der Königsadler, der stark genug ist, einen Hasen oder eine junge Antilope in seinen Krallen wegzutragen – selbst sie müssen ihre Beute den Scharen dieser armseligen Weihen überlassen, die den Adler förmlich verfolgen, sowie sie sehen, dass er im Besitze einer guten Beute ist. Die Weihen verfolgen ebenso den schnellen Fischadler und rauben ihm den Fisch, den er gefangen hat; aber niemand hat je gesehen, dass die Weihen unter sich um den Besitz der so gestohlenen Beute gekämpft hätten. Auf der Kerguelen-Insel sah Dr. Couës den Buphagus – das Meerhuhn der Seeleute – wie er Möwen verfolgte, damit sie ihre Nahrung wieder ausspien, während andererseits die Möwen und die

16 Max Perty, *Über das Seelenleben der Tiere,* Leipzig 1876, S. 87, 103.

17 G. H. Gurney, *The House-Sparrow,* London 1885, S. 5.

Seeschwalben sich vereinigten, um die Raubmöwe wegzutreiben, sowie es ihren Wohnstätten nahekam, besonders zur Zeit des Nistens.[18] Die kleinen, aber äußerst schnellen Kiebitze (*Vanellus cristatus*) greifen die Raubvögel kühn an. „Es ist ein höchst anziehendes Schauspiel, Kiebitze zu beobachten, die einen Bussard, eine Weihe, einen nach den Eiern lüsternen Raben oder einen Adler anfallen: man glaubt ihnen die Siegesgewissheit, und dem Räuber den Ärger anzumerken. Einer unterstützt dabei den anderen, und der Mut steigert sich, je mehr Angreifer durch den Lärm herbeigezogen werden."[19] Der Kiebitz hat den Namen „Gute Mutter", den ihm die Griechen gaben, wohlverdient, denn er unterlässt nie, andere Wasservögel vor den Angriffen ihrer Feinde zu schützen. Aber selbst die kleinen weißen Bachstelzen (*Motacilla alba*), die wir in unseren Gärten gut kennen und die kaum zwanzig Zentimeter groß sind, zwingen den Sperber, seine Beute zu lassen. „Ich habe hierbei oft ihren Mut und ihre Gewandtheit bewundert", schreibt der alte Brehm, „und bin fest überzeugt, dass ihnen nur die schnellsten Edelfalken etwas anhaben können. Wenn ein Schwarm dieser Vögel einen Raubvogel in die Flucht geschlagen hat, dann ertönt ein lautes Freudengeschrei, und mit diesem zerstreuen sie sich wieder." Sie kommen also zu dem bestimmten Zwecke zusammen, ihren Feind zu verfolgen, gerade wie wir es sehen, wenn die ganze Vogelwelt eines Wäldchens von der Kunde aufgeschreckt worden ist, dass ein Nachtvogel während des Tages aufgetaucht ist, und alle zusammen – Raubvögel und kleine harmlose Singvögel – den Fremdling verfolgen und in sein Versteck zurückjagen.

Was für ein ungeheurer Unterschied zwischen der Kraft einer Weihe, eines Bussard oder eines Habichts und so kleinen Vögeln wie die Wiesenbachstelze: und doch zeigen sich diese Vögelchen durch ihr gemeinsames tapferes Vorgehen den starkbeschwingten und bewaffneten Räubern überlegen! In Europa verfolgen die Bachstelzen nicht nur die Raubvögel, die ihnen gefährlich werden könnten, sondern sie verfolgen auch den Fischadler, „eher zum Spaß als weil er ihnen Schaden zufügt", so wie in Indien, nach Dr. Jerdons Zeugnis, die Dohlen die Gowinda-Weihe „einfach zu ihrem Vergnügen" verfolgen. Prinz Wied sah, wie der brasilianische Adler (*Urubitinga*) von zahlreichen Scharen Tukane und Haubenstärlinge (ein Vogel, der unserer Krähe nahe verwandt ist) umringt war. die ihn neckten. „Der Adler", fügt er hinzu, „erträgt gewöhnlich

18 Dr. Elliot Couës, *Birds oft he Kerguelen Island,* in den Smithsonian Miscellaneous Collections, Bd. 13, Nr. 2, S. 11.

19 Brehm, 3. Aufl., Bd. 6, S. 59.

diese Belästigungen sehr ruhig, aber von Zeit zu Zeit fängt er einen dieser boshaften Verfolger." In all solchen Fällen erweisen sich die kleinen Vögel, obwohl dem Raubvogel an Kraft sehr nachstehend, ihm durch ihre gemeinsame Aktion überlegen.[20]

Die auffallendsten Wirkungen des Gemeinschaftslebens jedoch für die Sicherheit des Individuums, seinen Genuss des Lebens und für die Entwicklung seiner geistigen Fähigkeiten, werden bei zwei großen Familien der Vögel beobachtet, bei den Kranichen und den Papageien. Die Kraniche sind äußerst gesellig und leben in guter Freundschaft nicht bloß mit ihren Verwandten, sondern ebenso mit den meisten Wasservögeln. Ihre Vorsicht ist in der Tat erstaunlich, und so auch ihr Verstand; sie erfassen die neuen Umstände im Augenblick und handeln entsprechend. Ihre Posten halten immer Wache um eine Gruppe, die frißt oder schläft, und die Jäger wissen sehr gut, wie schwer es ist, sich ihnen zu nähern. Wenn es einem Menschen geglückt ist, sie zu überraschen, dann kehren sie nie auf denselben Platz zurück, ohne zuerst einen einzelnen und dann mehrere Kundschafter auszusenden; und wenn die Rekognoszierungstruppe zurückkehrt und berichtet, dass es keine Gefahr hat, wird eine zweite Truppe ausgeschickt, um den ersten Bericht zu erhärten, bevor das ganze Korps vorwärts rückt. Mit verwandten Arten halten die Kraniche wirkliche Freundschaft; und in der Gefangenschaft gibt es keinen Vogel, außer dem ebenso geselligen und hochintelligenten Papagei, der eine so echte Freundschaft mit dem Menschen schließt. „Er sieht in seinem Gebieter nicht bloß den Brotherrn, sondern auch den Freund, und bemüht sich dies kundzugeben", zu diesem Schluss kommt Brehm aus einer reichen persönlichen Erfahrung. Der Kranich ist von früh morgens bis in die späte Nacht hinein fortwährend in Bewegung; aber er verwendet nur ein paar Vormittagsstunden für die Arbeit, seine Nahrung zu suchen, die hauptsächlich aus Pflanzen besteht. Der gan-

20 Hinsichtlich der Sperlinge beschreibt ein Beobachter aus Neu-Seeland, Mr. T. W. Kirk, folgendermaßen den Angriff dieser „unverschämten" Vögel gegen einen „unglücklichen" Habicht: „Er hörte eines Tages ein ganz ungewöhnliches Geräusch, wie wenn alle kleinen Vögel des Landes sich zu einem großen Gezänk vereinigt hätten. Er blickte auf und gewahrte einen großen Habicht (C. gouldi, einen Aasfresser), der von einer Schar Sperlinge schikaniert wurde. Sie schlugen gehörig von allen Seiten zugleich auf ihn los. Der unglückliche Habicht war ganz wehrlos. Schließlich flüchtete er in ein Dickicht und blieb darin, während die Sperlinge sich gruppenweise um das Gebüsch versammelten und unaufhörlich zwitscherten und lärmten." (Vorlesung im New Zealand Institute, *Nature*, 10. Oktober 1891.)

ze Rest des Tages ist dem Gesellschaftsleben gewidmet. „Wie im Übermut nimmt er Steinchen und Holzstückchen von der Erde auf, schleudert sie in die Luft, sucht sie wieder aufzufangen, bückt sich rasch nacheinander, lüftet die Flügel, tanzt, springt, rennt eilig hin und her, drückt durch die verschiedensten Gebärden seine unendliche Freudigkeit des Wesens aus: aber er bleibt immer anmutig, immer schön."[21] Da er in Gesellschaft lebt, hat er fast keine Feinde, und obzwar Brehm einmal sah, wie einer von ihnen von einem Krokodil gefangen wurde, so betonte er doch, dass er außer dem Krokodil keine Feinde des Kranichs kenne. Er meidet sie alle dank seiner sprichwörtlichen Vorsicht; und er erreicht in der Regel ein sehr hohes Alter. Kein Wunder, dass der Kranich für die Erhaltung der Art keine zahlreichen Nachkommen aufzuziehen hat: er brütet gewöhnlich nur zwei Eier aus. Was seine überlegene Intelligenz angeht, so genügt es, zu sagen, dass alle Beobachter einstimmig versichern, seine intellektuellen Gaben erinnerten einen sehr oft an die des Menschen.

Der andere, äußerst gesellige Vogel, der Papagei, steht, wie bekannt, mit der Entwicklung seiner Intelligenz durchaus an der Spitze des Vogelreiches. Brehm hat die Lebensgewohnheiten des Papageis so vortrefflich zusammengefasst, dass ich nichts Besseres tun kann, als die folgende Stelle hier wiederzugeben:

> „Außer der Brutzeit leben die meisten Papageien in Gesellschaften oder in oft äußerst zahlreichen Scharen. Sie erwählen sich einen Ort des Waldes zur Siedelung und durchstreichen von ihm aus tagtäglich ein weites Gebiet. Die Gesellschaften halten treuinnig zusammen und teilen gemeinsam Freud und Leid. Sie verlassen gleichzeitig am frühen Morgen ihren Schlafplatz, fallen auf einem Baume oder Felde ein, um sich von deren Früchten zu nähren, stellen Wachen aus, die für das Wohl der Gesamtheit sorgen müssen, achten genau auf deren Warnungen, ergreifen alle zusammen oder wenigstens kurz nacheinander die Flucht, stehen sich in Gefahr treulich bei und suchen sich gegenseitig nach Kräften zu helfen, kommen zusammen auf demselben Schlafplatze an, benutzen ihn so viel wie möglich gemeinschaftlich, brüten auch, falls es irgendwie angeht, in Gesellschaft."

Sie freuen sich ebenso auch der Gesellschaft anderer Vögel. In Indien kommen die Häher und Krähen aus meilenweiter Entfernung zusammen, um

21 Brehm, 3. Aufl., Bd. 5, S. 678.

die Nacht in der Gesellschaft der Papageien in den Bambusgebüschen zu verbringen. Wenn die Papageien zur Jagd aufbrechen, entfalten sie die erstaunlichste Intelligenz, Vorsicht und Fähigkeit, sich den Umständen anzupassen. Man nehme z. B. eine Bande weiße Papageien in Australien. Bevor sie aufbrechen, um ein Kornfeld zu plündern, schicken sie zuerst eine Rekognoszierungstruppe aus, die die höchsten Bäume in der Nachbarschaft des Feldes besetzt, während andere Posten oben auf den zwischen Feld und Wald gelegenen Bäumen sitzen und die Signale übermitteln. Wenn der Bericht lautet: „Alles in Ordnung", dann trennen sich ein paar Kakadus vom Gros der Bande, machen einen Flug in die Luft und fliegen dann auf die Bäume zu, die dem Feld am nächsten liegen. Auch sie untersuchen die Nachbarschaft lange Zeit, und erst dann geben sie das Signal zum allgemeinen Vorrücken, worauf die ganze Bande auf einmal aufbricht und das Feld im Augenblick plündert. Die australischen Ansiedler haben die größte Schwierigkeit, die Vorsicht der Papageien zu überlisten; aber wenn es dem Menschen mit all seiner List und seinen Waffen gelungen ist, einige von ihnen zu töten, dann werden die Kakadus so vorsichtig und wachsam, dass sie von da ab alle Anschläge vereiteln.[22]

Es kann kein Zweifel sein, dass es die Gewohnheit, in Gesellschaft zu leben, ist, die die Papageien befähigt, diese außerordentlich hohe Stufe von fast menschlicher Intelligenz und auch fast menschlichen Fühlens, wie wir es an ihnen kennen, zu erreichen. Ihre hohe Intelligenz hat die besten Naturforscher dazu gebracht, einige Arten, namentlich den grauen Papagei, als den „Vogelmenschen" zu bezeichnen. Was ihre Anhänglichkeit aneinander angeht, so ist es bekannt, dass, wenn ein Papagei von einem Jäger getötet worden ist, die anderen mit klagenden Schreien über den Leichnam ihres Genossen fliegen und „als Opfer ihrer Freundschaft selbst zu Boden fallen", wie Audubon sagte; und wenn zwei gefangene Papageien, auch wenn sie zu verschiedenen Arten gehören, Freundschaft miteinander geschlossen haben, so ist dem einen der beiden Freunde manchmal der andere im Tode gefolgt vor Kummer und Schmerz über den gestorbenen Freund. Es ist nicht weniger feststehend, dass sie in ihren Gesellschaften unendlich mehr Schutz finden, als sie in irgendeiner idealen Veränderung des Schnabels oder der Klauen finden würden. Sehr wenige Raubvögel oder Säugetiere wagen es, andere als die kleinen Arten der Papageien anzugreifen, und Brehm hat vollständig recht, wenn er von den Papageien sagt, was er auch von den Kranichen und den gesellig lebenden Affen versichert, dass sie

22 R. Lendenfeld in *Der zoologische Garten*, 1889.

schwerlich außer dem Menschen Feinde haben, und er fügt hinzu: „Es ist sehr wahrscheinlich, dass die größeren Papageien hauptsächlich dem hohen Alter erliegen, eher als dass sie unter den Klauen von Feinden sterben." Nur dem Menschen, dank seiner noch größeren Intelligenz und den überlegenen Waffen, was beides auch vom Zusammenschluss kommt, gelingt es, sie zum Teil auszurotten. Ihre außerordentliche Langlebigkeit würde so als Ergebnis ihres sozialen Lebens erscheinen. Könnten wir nicht dasselbe von ihrem wundervollen Gedächtnis sagen, das auch in seiner Ausbildung durch Gesellschaftsleben und langes Leben gefördert werden muss, zusammen mit dem vollen Genuss der körperlichen und geistigen Fähigkeiten bis in ein sehr hohes Alter?

Wie aus dem Gesagten hervorgeht, ist der Kampf aller gegen alle nicht das Naturgesetz. Gegenseitige Hilfe ist ebensowohl ein Naturgesetz wie gegenseitiger Kampf, und dieses Gesetz wird noch augenscheinlicher werden, wenn wir einige andere Vereinigungen von Vögeln und die der Säugetiere untersucht haben. Einige Hinweise auf die Bedeutung des Gesetzes der gegenseitigen Hilfe für die Entwicklung des Tierreiches sind schon auf den vorhergehenden Seiten gegeben worden; aber ihre Tragweite wird noch besser erkannt werden, wenn wir nach einigen weiteren Beispielen imstande sein werden, aus dem Gesagten unsere Schlüsse zu ziehen.

Zweites Kapitel: Gegenseitige Hilfe bei den Tieren (Fortsetzung)

Wanderungen von Vögeln. – Brutgenossenschaften. – Herbstgesellschaften. – Säugetiere: kleine Zahl ungeselliger Arten. – Jagdvereinigungen von Wölfen, Löwen usw. – Gesellschaften von Nagetieren; von Wiederkäuern; von Affen. – Gegenseitige Hilfe im Kampf ums Dasein. – Darwins Beweise, um den Kampf ums Dasein innerhalb der Art zu zeigen. – Natürliche Hemmungen der Übervermehrung. – Angenommene Vernichtung von Zwischengliedern. – Überwindung des Kampfes in der Natur.

Sobald das Frühjahr in den gemäßigten Zonen wiederkehrt, kommen Myriaden und Myriaden Vögel, die in den wärmeren Gegenden des Südens zerstreut waren, in zahllosen Scharen zusammen und eilen voll Kraft und Freude nordwärts, um ihre Nachkommen zur Welt zu bringen. Jede Hecke, jedes Wäldchen, jede Klippe im Ozean und jeder von den Seen und Teichen, von denen Nordamerika, Nordeuropa und Nordasien übersät sind, erzählen uns um diese Jahreszeit die Geschichte von der Bedeutung der gegenseitigen Hilfe für die Vögel, welche Kraft, Energie und welchen Schutz sie jedem lebenden Wesen gewährt, mag es auch sonst noch so schwach und wehrlos sein. Nehmen wir z. B. einen von den zahllosen Seen der russischen und sibirischen Steppen. Seine Ufer sind mit Myriaden von Wasservögeln bevölkert, die mindestens zu zwanzig verschiedenen Arten gehören und doch alle in völligem Frieden beisammen leben – alle einander beschützend.[23]

> „Mehrere hundert Meter vom Ufer entfernt wimmelt die Luft von Möwen und Seeschwalben wie von Schneeflocken an einem Wintertag. Tausende von Regenpfeifern und Strandläufern rennen über den Strand, suchen ihr Futter, pfeifend und sich des Lebens freuend. Weiterhin, fast auf jeder Welle, schaukelt eine Ente, und weiter au-

23 Syewertsoff, *Periodische Phänomene*, Moskau 1855, S. 251.

ßen sieht man die Scharen der Rostgänse. Überschwängliches Leben schwärmt allenthalben."

Und da sind die Raubtiere – die stärksten, die listigsten, die „die idealsten Organe für Räuberei haben". Und man hört ihre hungrigen, wütenden, grässlichen Schreie, wie sie Stunden hintereinander auf die Gelegenheit warten, aus diesen Massen von Lebewesen ein einziges ungeschütztes Individuum zu erpacken. Aber sowie sie sich nähern, wird ihre Gegenwart von Dutzenden freiwilliger Posten signalisiert, und Hunderte von Möwen und Seeschwalben machen sich daran, den Räuber zu verfolgen. Toll vor Hunger vergißt der Räuber bald seine gewöhnliche Vorsicht: er stürzt plötzlich unter die lebendige Masse; aber von allen Seiten angegriffen, wird er wieder in die Flucht geschlagen. Aus purer Verzweiflung fällt er unter die Wildenten; aber die verständigen, geselligen Vögel sammeln sich sofort zu einem Zug und fliegen davon, falls der Räuber ein Seeadler ist; sie tauchen unter, wenn er ein Falke ist, oder sie wirbeln das Wasser in die Höhe und erschrecken den Angreifer, wenn er eine Weihe ist.[24] Und während das Leben an dem See weiterschwärmt, fliegt der Räuber mit wütendem Geschrei davon und hält Umschau nach einem Stück Aas oder einem jungen Vogel oder jungen Feldmaus, die noch nicht gewohnt sind, zur rechten Zeit auf die Warnung ihrer Genossen zu hören. Angesichts überreichen Lebens, muss der ideal bewaffnete Räuber sich mit dem Abfall dieses Lebens zufrieden geben.

Weiter nördlich, in den arktischen Inselmeeren, „kann man viele Meilen weit der Küste entlang fahren, und alle Riffe, alle Klippen und Kanten der Berghöhen bis zu einer Höhe zwischen zwei- und fünfhundert Fuß sieht man buchstäblich mit Seevögeln bedeckt, deren weiße Brüste gegen die dunklen Felsen aussehen, als ob die Felsen mit dichten Kalkflecken bespritzt wären. Die Luft ist nah und fern erfüllt von Vögeln."[25]

Jeder solche „Vogelberg" ist eine lebende Illustration der gegenseitigen Hilfe und desgleichen der unendlichen Verschiedenartigkeit der Charaktere, der Individuen wie der Arten, die sich aus dem sozialen Leben der Tiere ergibt. Der Austernfischer ist berühmt dafür, dass er die Raubvögel angreift. Der Sumpfläufer ist für seine Wachsamkeit bekannt, und er wird

24 Seyfferlitz, zitiert bei Brehm, *Tierleben,* Bd., 6, S. 637.

25 *The Arctic Voyages of A. E. Nordenskjöld*, London 1879, S. 135. Siehe auch die vortreffliche Beschreibung der St. Kilda-Inseln von Dixon (zitiert von Seebohm) und nahezu alle Bücher über arktische Reisen.

leicht der Führer von friedlicheren Vögeln. Der Morinell überlässt es, wenn er von Genossen umgeben ist, die zu energischeren Arten gehören, ihnen, die Gesellschaft zu verteidigen, und ist sogar ein fast furchtsamer Vogel, aber wenn er von kleineren Vögeln umgeben ist, nimmt er es auf sich, für die Sicherheit der Gemeinschaft Wache zu halten und fordert von ihnen Gehorsam. Hier habt ihr die herrischen Schwäne, dort die äußerst friedlichen isländischen Möwen, unter denen Streitigkeiten selten und kurz sind, die reizenden Polarlummen, die fortwährend zärtlich zueinander sind, die egoistische Gans, die die Waisen eines getöteten Genossen zurückgewiesen hat, und ihr zur Seite ein anderes Weibchen, das jedermanns Waisen adoptiert und nun, von fünfzig oder sechzig Jungen umgeben, dahinplätschert, die sie führt und hegt, als ob sie alle ihre eigene Brut wären. Seite an Seite neben den Pinguinen, die einander die Eier stehlen, habt ihr die Mornellen, deren Familienbeziehungen so „reizend und rührend" sind, dass selbst passionierte Jäger sich scheuen, ein Weibchen zu schießen, das von seinen Jungen umgeben ist, oder die Eiderenten, bei denen (gleich den Samtenten oder den *coroyas* der Savannen) mehrere Weibchen zusammen in einem Neste brüten, oder die Lummen, die abwechselnd über den Eiern sitzen. Die Natur ist die Mannigfaltigkeit selbst, sie enthält alle möglichen Charakterstufen, von den niedersten bis zu den höchsten, und darum kann sie nicht mit einer allgemeinen Behauptung abgeschildert werden. Noch weniger kann sie vom Gesichtspunkt des Moralisten aus beurteilt werden, denn die Ansichten des Moralisten sind selbst ein – meist unbewusstes – Resultat der Beobachtung der Natur.[26]

Zur Zeit des Nistens zusammenzukommen, ist so gewöhnlich bei den meisten Vögeln, dass weitere Beispiele kaum Not tun. Unsere Bäume sind mit Gruppen von Krähennestern gekrönt, unsere Hecken sind voller Nester kleinerer Vögel, unsere Bauernhäuser geben Schwalbenkolonien Unterschlupf, unsere alten Türme sind die Wohnstätte von Hunderten von Nachtvögeln und Seiten könnten mit Beschreibungen des Friedens und der Eintracht angefüllt werden, die in fast all diesen Nistvereinigungen herrschen. Der Schutz, den die schwächsten Vögel in ihrem Zusammenschluss finden, ist einleuchtend. Der ausgezeichnete Beobachter Dr. Couës sah z. B. die kleinen Uferschwalben in der Nähe des Präriefalken (*Falco polyargus*) nisten. Der Falke hatte sein Nest auf der Spitze eines der Minaretts aus Lehm, die in den Kanons von Kolorado so häufig sind, während eine Schwalbenkolonie direkt unter ihm wohnte. Die kleinen friedlichen Vögel

26 Siehe Anhang 3.

hatten keine Furcht vor ihrem räuberischen Nachbar; sie ließen ihn nie an ihre Kolonie herankommen. Sie umringten ihn sofort und verfolgten ihn, so dass er schleunig ablassen musste.[27]

Das Leben in Gesellschaften hört nicht auf, wenn die Nistperiode vorbei ist; es beginnt dann in neuer Form. Die junge Brut versammelt sich untereinander, wobei im allgemeinen verschiedene Arten beisammen sind. Das Gesellschaftsleben wird in dieser Zeit hauptsächlich um seiner selbst willen beliebt – zum Teil für die Sicherheit, aber hauptsächlich um des Vergnügens willen, das es mit sich bringt. So sehen wir in unseren Wäldern diese Gesellschaften, die die jungen Blauspechte (*Sitta caesia*) zusammen mit Meisen, Buchfinken, Zaunkönigen, Baumhackern oder einigen Buntspechten bilden.[28] In Spanien wird die Schwalbe in Gesellschaft von Turmfalken, Fliegenschnäppern und sogar Tauben getroffen. Im fernen Westen Amerikas leben die jungen Haubenlerchen in großen Gesellschaften, zusammen mit einer anderen Lerche (Spragues), der Feldlerche, dem Savannahsperling und verschiedenen Arten Spierschwalben.[29] Wahrhaftig, es wäre viel leichter, die Arten zu beschreiben, die isoliert leben, als bloß die Arten aufzählen, die sich den Herbstvereinen der jungen Vögel anschließen – nicht zu Jagd oder Nistzwecken, sondern lediglich, um das Leben in Gesellschaft zu genießen und ihre Zeit mit Spiel und Sport zu vertreiben, nachdem sie ein paar Stunden täglich darauf verwandt haben, ihr Futter zu suchen.

---

27 Elliot Couës. im *Bulletin U. S. Geol. Survey of Territories*, IV, Nr. 7, S. 556, 579 usw. Unter den Möwen (*Larus argentatus*) sah Polyakoff auf einer Marsch in Nordrussland, dass die Nestanlagen einer sehr großen Zahl dieser Vögel immer von einem Männchen patrouilliert wurden, das die Kolonie im Fall der Gefahr warnte. Alle Vögel stiegen dann auf und griffen den Feind sehr energisch an. Die Weibchen, die fünf oder sechs Nester zusammen an jeder Ecke der Marsch hatten, wahrten eine gewisse Ordnung, wenn sie ihr Nest verließen, um Futter zu suchen. Die eben flügge gewordenen Vögel, die sonst äußerst ungeschützt sind und leicht die Beute der Raubvögel werden, werden nie allein gelassen („Familiengewohnheiten bei den Wasservögeln" in den Verhandlungen der Zoologischen Sektion der Naturwissenschaftlichen Gesellschaft in St. Petersburg, 17. Dezember 1874).

28 Brehm Vater, zitiert bei A. Brehm *Tierleben,* Bd. 4, S. 190. Siehe auch White, *Natural History of Selborne*, Brief XI.

29 Dr. Couës, *Birds of Dacota and Montana*, im *Bulletin U. S. Survey of Territories*, IV, Nr. 7.

Und schließlich haben wir noch die enorme Entfaltung der gegenseitigen Hilfe unter Vögeln – ihre Reisen – auf die ich an dieser Stelle kaum eingehen kann. Es genügt, zu sagen, dass Vögel, die monatelang in kleinen Gruppen über ein weites Gebiet zerstreut gelebt haben, nun zu Tausenden sich versammeln; sie kommen an einem bestimmten Platze zu einer bestimmten Zeit des Jahres zusammen, mehrere Tage hintereinander, bevor sie aufbrechen, und augenscheinlich erörtern sie die Einzelheiten der Reise. Einige Arten widmen jeden Nachmittag den Vorbereitungsflügen für die große Reise. Alle warten auf ihre saumseligen Verwandten und schließlich reisen sie in einer gewissen wohlgewählten Richtung ab – das Ergebnis gehäufter Kollektiverfahrung – wobei die Stärksten an der Spitze des Zuges fliegen und einander in dieser schwierigen Aufgabe ablösen. Sie fliegen in großen Zügen, die zugleich aus großen und kleinen Vögeln zusammengesetzt sind, über das Meer, und wenn sie im nächsten Frühjahr zurückkehren, so treffen sie wieder auf demselben Fleck ein, und in den meisten Fällen ergreift jeder von ihnen von genau demselben Nest Besitz, das er im vorigen Jahr gebaut oder ausgebessert hatte.[30]

Das ist ein so weites Gebiet und doch so ungenügend erforscht; es zeigt so viele überraschende Beispiele für Gewohnheiten gegenseitiger Hilfe, die zu der Grundtatsache der Wanderung hinzukommen – von denen jedes indessen eine Spezialstudie erfordern würde – dass ich es mir versagen muss, hier in weitere Einzelheiten einzugehen. Ich kann nur flüchtig auf die zahlreichen und lebhaften Versammlungen hinweisen, die immer am selben Ort stattfinden, bevor sie ihre langen Reisen nordwärts oder südwärts antreten, und ebenso auf die, die man im Norden sieht, nachdem die Vögel an ihren Brutstätten am Nenisei oder in den nördlichen Grafschaften Englands angelangt sind. Viele Tage hintereinander – manchmal einen Monat lang – kommen sie jeden Morgen eine Stunde zusammen, bevor sie sich auf die Suche nach Futter begeben – vielleicht besprechen sie, an welchen Orten sie ihre Nester bauen wollen.[31] Und wenn während

30 Es ist oft mitgeteilt worden, dass größere Vögel gelegentlich einige der kleineren *hinübertragen*, wenn sie zusammen über das Mittelmeer fliegen, aber die Tatsache ist immer noch zweifelhaft. Andererseits ist es sicher, dass einige kleinere Vögel sich den größeren auf der Reise anschließen. Die Tatsache ist mehrere Male bemerkt worden und neuerdings von L. Buxbaum in Raunheim bestätigt. Er sah mehrere Züge Kraniche, in deren Mitte und ebenso an beiden Seiten ihrer Wanderkolonnen Lerchen flogen (*Der Zoologische Garten,* 1886, S. 133).

31 H. Seebohm und Ch. Dixon erwähnen beide diese Gewohnheit.

der Reise ihre Reihen von einem Sturm überrascht werden, bringt das gemeinsame Unglück Vögel der allerverschiedensten Arten zusammen. Die Vögel, die keine eigentlichen Zugvögel sind, sondern sich mit den Jahreszeiten allmählich nach Süden oder Norden begeben, vollziehen ebenfalls diese Wanderungen in Gruppen. Weit entfernt, einzeln zu reisen, um etwa jedem Individuum getrennt die Vorteile besserer Nahrung oder Wohnung, die in einem anderen Bezirk zu finden sind, zu sichern – warten sie immer aufeinander, und versammeln sich gruppenweise, bevor sie nach Norden oder Süden ziehen, je nach den Jahreszeiten.[32]

Wenn wir jetzt zu den Säugetieren übergehen, so ist das erste, was uns auffällt, wie ungeheuer die Zahl der geselligen Arten über die wenigen Fleischfresser, die sich nicht vereinigen, überwiegt. Die Hochebenen, die Alpenländer und die Steppen der alten und neuen Welt wimmeln von Herden Rotwild, Antilopen, Gazellen, Damwild, Büffeln, wilden Ziegen und Schafen, die alle gesellige Tiere sind. Als die Europäer anfingen, sich in Amerika niederzulassen, fanden sie es so dicht mit Büffeln bevölkert, dass die Vorschreitenden ihren Marsch unterbrechen mussten, wenn eine Schar reisender Büffel den Weg, den sie gingen, kreuzten; es dauerte manchmal zwei oder drei Tage, bis der Marsch des gedrängten Zuges vorüber war. Und als die Russen von Sibirien Besitz ergriffen, fanden sie es so dicht mit Rotwild, Antilopen, Eichhörnchen und anderen geselligen Tieren bevölkert, dass die eigentliche Eroberung Sibiriens eine Jagdexpedition war, die zweihundert Jahre dauerte; und die Grasebenen von Ostafrika sind noch mit Herden von Zebras, Hartebeestern und anderen Antilopen bedeckt.

Vor nicht langer Zeit waren die kleinen Flüße Nordamerikas und Nordsibiriens von Biberkolonien bevölkert, und bis zum 17. Jahrhundert wimmelte Nordrussland von ebensolchen Kolonien. Die Flachländer der vier großen Kontinente sind noch mit zahlreichen Kolonien von Mäusen, Erdhörnchen, Murmeltieren und anderen Nagetieren bedeckt. In den niedrigeren Breiten von Asien und Afrika sind die Wälder noch der Aufenthalt von zahlreichen Elefanten- und Rhinozerosfamilien und Affengesellschaften.

32 Die Tatsache ist jedem Beobachter bekannt. Mit Bezug auf England finden sich einige Beispiele in Charles Dixon, *Among the Birds in Northern Shires.* Die Buchfinken kommen während des Winters in großen Zügen an; und zur selben Zeit, im November, kommen Züge von Bergfinken; Rotdrosseln beuchen ebenfalls dieselben Plätze „in ähnlich großen Gesellschaften“ usw. (S. 165, 166).

Im hohen Norden sammeln sich die Rentiere in zahllosen Herden und noch weiter nördlich finden wir die Herden von Moschusochsen und unzähligen Banden Polarfüchsen. Die Küsten des Ozeans sind von Trupps Robben und Walrossen belebt, seine Wasser von Scharen geselliger Walfische und selbst auf den Höhen des großen Plateaus von Zentralasien finden wir Herden von wilden Pferden, wilden Eseln, wilden Kamelen und wilden Schafen. All diese Säugetiere leben in Gesellschaften und Völkern, die manchmal Hunderte oder Tausende Individuen umfassen, obwohl wir jetzt nach drei Jahrhunderten Schießpulverkultur nur noch die Trümmer der ungeheuren Scharen von einst vorfinden. Wie winzig ist im Vergleich mit ihnen die Zahl der Fleischfresser! Und wie falsch ist daher die Ansicht derer, die von der Tierwelt so sprechen, als ob in ihr nichts zu sehen wäre als Löwen und Hyänen, die ihre blutigen Zähne ins Fleisch ihrer Opfer bohren! Man könnte ebenso fabeln, das ganze menschliche Leben sei von Anfang bis zu Ende nichts als Kriegsgemetzel.

Vereinigung und gegenseitige Hilfe ist die Regel bei den Säugetieren. Wir finden soziale Gewohnheiten auch bei den Raubtieren, und nur die Familie der Katzen (Löwen, Tiger, Leoparden usw.) können wir als eine Abteilung bezeichnen, deren Glieder entschieden die Isolierung der Gesellschaft vorziehen, und nur selten in kleinen Gruppen getroffen werden. Und doch ist es selbst unter Löwen „ein sehr gewöhnlicher Brauch, gemeinsam zu jagen".[33] Die beiden Familien der Zibetkatzen (*Viverridae*) und der Wiesel (*Mustelidae*) könnten auch als isoliert lebend bezeichnet werden, aber es ist Tatsache, dass während des letzten Jahrhunderts das gemeine Wiesel geselliger war als es jetzt ist; es wurde früher in größeren Gruppen in Schottland und im Kanton Unterwaiden in der Schweiz getroffen. Was die große Familie der Hunde angeht, so ist sie hervorragend gesellig, und Vereinigung zu Zwecken der Jagd kann als äußerst charakteristisch für ihre zahlreichen Arten betrachtet werden. Es ist in der Tat wohlbekannt, dass Wölfe sich rottenweise zur Jagd versammeln, und von Tschudi haben wir eine vorzügliche Beschreibung, wie sie sich in einem Halbkreis aufstellen, eine Kuh umringen, die an einem Bergabhang grast, und dann plötzlich mit lautem Bellen erscheinen, so dass die Kuh in den Abgrund stürzt.[34] Audubon sah in den dreißiger Jahren die Labradorwölfe ebenfalls in Rudeln jagen, und wie ein Rudel einen Mann in seine Hütte verfolgte und die Hunde tötete. In strengen Wintern werden die Rudel der Wölfe so zahlreich, dass

33 S. W. Baker, *Wild Beasts* usw. Band 1, S. 316.

34 Tschudi, *Tierleben der Alpenwelt*, S. 404.

sie eine Gefahr für menschliche Ansiedelungen werden, wie es in Frankreich vor etlichen fünfundvierzig Jahren der Fall war. In den russischen Steppen greifen sie die Pferde nie anders als rudelweise an, und doch haben sie bittere Kämpfe zu bestehen, während deren die Pferde (nach Kohls Zeugnis) manchmal zur Offensive übergehen, und wenn in diesen Fällen die Wölfe sich nicht schleunig zurückziehen, laufen sie Gefahr, von den Pferden umzingelt und von ihren Hufen zertreten zu werden. Die Präriewölfe (*Canis latrans*) sind bekannt dafür, dass sie sich in Rudeln von zwanzig bis dreißig zusammentun, wenn sie einen Büffel jagen, der sich einmal von seiner Herde entfernt hat.[35] Schakale, die sehr tapfer sind und zu den intelligentesten Vertretern der Familie der Hunde gehören, jagen immer rudelweise; in solcher Vereinigung haben sie keine Angst vor den größeren Raubtieren.[36] Was die wilden Hunde Asiens betrifft (die Kholsums oder Dholes), so sah Williamson, dass ihre großen Rudel alle größeren Tiere mit Ausnahme der Elefanten und Rhinozerosse angriffen, wobei sie Bären und Tiger besiegten. Hyänen leben ebenfalls in Gesellschaften und jagen in Rudeln, und die Jagdvereinigungen der gefleckten Lykaons werden von Cumming sehr gepriesen. Ja, sogar Füchse, die in der Regel in unseren Kulturländern isoliert leben, hat man zu Jagdzwecken vereinigt gesehen.[37] Was den Polarfuchs angeht, so ist er – oder besser: war er zu Stellers Zeit – eines der geselligsten Tiere, und wenn man Stellers Beschreibung des Krieges liest, auf den sich die unglückliche Mannschaft Behrings gegen diese intelligenten kleinen Tiere einließ, weiß man nicht, was man am meisten bewundern soll: die außergewöhnliche Intelligenz der Füchse und die gegenseitige Hilfe, die sie sich leisteten, als sie Nahrung ausgruben, die unter Steinhügeln versteckt oder auf einem Pfeiler untergebracht war (ein Fuchs kletterte hinauf, um die Nahrung seinen Genossen hinunterzuwerfen) oder die Grausamkeit des Menschen, der durch die zahlreichen Rudel Füchse zur Verzweiflung getrieben war. Selbst einige Bären leben in Gesellschaften, wo sie vom Menschen nicht gestört werden. So sah Steller den schwarzen Bären von Kamtschatka in zahlreichen Rudeln, und die Eisbären werden manchmal in kleinen Gruppen vorgefunden. Selbst die unintelligenten Insektenfresser verschmähen die Vereinigung nicht immer.[38]

---

35 Houzeau, *Les facultés mentales des animaux*, Bd. 2, S. 463.

36 Für ihre Jagdvereinigungen siehe Sir E. Tennant, *Natural History of Ceylon*, zitiert in Romanes' *Animal Intelligence*, S. 432.

37 Siehe Emil Hüters Brief in L. Büchners *Liebe*.

38 Siehe Anhang 4.

Indessen finden wir hauptsächlich bei den Nagetieren, den Huftieren und den Wiederkäuern eine hochentwickelte Praxis gegenseitiger Hilfe. Die Eichhörnchen sind bis zu hohem Grade Individualisten. Jedes von ihnen baut sein eigenes bequemes Nest und sammelt seine eigenen Vorräte. Sie haben Neigung zum Familienleben, und Brehm fand, dass eine Familie von Eichhörnchen nie so glücklich ist, als wenn die zwei Würfe desselben Jahres zusammen mit ihren Eltern in einem versteckten Waldwinkel hausen können. Und doch unterhalten sie soziale Beziehungen. Die Bewohner der einzelnen Nester bleiben in naher Verbindung, und wenn die Tannenzapfen in einem Wald, den sie bewohnen, selten werden, dann wandern sie in Scharen aus. Die schwarzen Eichhörnchen des fernen Westens sind äußerst gesellig. Abgesehen von den paar Stunden täglich, die sie zum Nahrungsuchen verwenden, verbringen sie ihr Leben in zahlreichen Spielgesellschaften. Und wenn sie sich in einer Gegend zu schnell vermehren, dann versammeln sie sich in Abteilungen, die fast so zahlreich sind, wie die der Heuschrecken, und reisen südwärts, wobei sie die Wälder, Felder und Gärten verwüsten; Füchse, Iltisse, Falken und Nachtraubvögel folgen ihren dichten Scharen und leben von den Vereinzelten, die zurückbleiben. Das Erdhörnchen – eine nah verwandte Gattung – ist noch geselliger. Es ist dem Sammeln ergeben und stapelt in seinen unterirdischen Hallen große Massen essbare Wurzeln und Nüsse auf, die gewöhnlich im Herbst vom Menschen geplündert werden. Nach einigen Beobachtern muss es die Freuden des Geizes kennen. Und doch bleibt es gesellig. Es lebt immer in großen Kolonien, und Audubon, der einige seiner Wohnungen im Winter öffnete, fand mehrere Individuen im selben Raum; sie müssen ihre Vorräte mit gemeinsamen Anstrengungen gesammelt haben.

Die artenreiche Familie der Murmeltiere, die die drei großen Gattungen Arctomys, Cynomys und Spermophilus umfasst, ist noch geselliger und noch intelligenter. Sie ziehen auch vor, dass jedes seine eigene Wohnung hat; aber sie leben in großen Kolonien. Der schreckliche Feind der Ernten in Südrussland – der Suslik (Ziesel) – von dem in jedem Jahr vom Menschen allein einige zehn Millionen vernichtet werden, lebt in unzähligen Kolonien; und während die russischen Provinzialtage ernsthaft beraten, wie sie diesen Feind der Gesellschaft loswerden können, freut er sich zu Tausenden auf die vergnüglichste Art seines Lebens. Ihr Spiel ist so reizend, dass kein Beobachter sich enthalten konnte, ihnen sein Lob zu spenden und die melodiösen Konzerte zu erwähnen, die aus dem grellen Pfeifen der Männchen und dem melancholischen Pfeifen der Weibchen entstehen, bevor er sich plötzlich auf seine Bürgerpflicht besinnt und sich daran macht, die teuflischsten Mittel zur Ausrottung der kleinen Räuber zu ersinnen. Nachdem alle Arten von Raubvögeln und Raubtieren sich ohnmächtig gezeigt haben, ist das letzte Wort der Wissenschaft in diesem Kriege die Einimpfung der Cholera! Die Kolonien der Präriehunde in Amerika bilden einen entzückenden Anblick. Soweit das Auge die Prärie übersehen kann, gewahrt es Erdhaufen, und auf jedem von ihnen steht ein Präriehund, der mit Hilfe eines kurzen Gebells eine lebhafte Unterhaltung mit seinen Nachbarn führt. Sowie das Herannahen eines Menschen signalisiert wird, verschwinden sie alle im Augenblick in ihre Wohnungen; alle sind wie durch Zauberkünste verschwunden. Aber wenn die Gefahr vorüber ist, erscheinen die kleinen Geschöpfe bald wieder. Ganze Familien kommen aus ihren Gängen heraus und geben sich dem Spiel hin. Die Jungen kratzen einander, zausen einander und zeigen aufrechtstehend ihre ganze Grazie, während mittlerweile die Alten Wache halten. Sie machen einander Besuche, und die gebahnten Pfade, die alle ihre Haufen verbinden, zeigen, wie häufig diese Besuche stattfinden. Kurz, die ersten Naturforscher haben einige ihrer besten Seiten mit der Beschreibung des Präriehundes in Amerika und ihrer Gesellschaften, der Babaks in der alten Welt und der Alpenmurmeltiere, gefüllt. Und doch muss ich bei den Murmeltieren dieselbe Bemerkung machen, wie bei den Bienen. Sie haben ihre streitbaren Instinkte bewahrt, und diese Instinkte treten in der Gefangenschaft wieder zum Vorschein. Aber in ihren großen Vereinigungen angesichts der freien Natur haben die ungeselligen Instinkte keine Gelegenheit, sich zu entwickeln, und das allgemeine Resultat ist Friede und Eintracht.

Selbst so bissige Tiere wie die Ratten, die in unseren Kellern fortwährend miteinander kämpfen, sind einsichtig genug, wenn sie unsere Speisekammern plündern, nicht zu streiten, sondern einander bei ihren Plünderungszügen und Wanderungen zu helfen, ja sogar ihre Invaliden zu füttern. Was die Biberratten oder Bisamratten von Kanada angeht, so sind sie äußerst gesellig. Audubon bewunderte „ihre friedlichen Gemeinschaften, die nichts begehren, als in Frieden gelassen zu werden, um heiter zu genießen". Gleich allen geselligen Tieren sind sie lebhaft und spielerisch, sie verbinden sich leicht mit anderen Arten, und sie haben einen sehr hohen Grad von intellektueller Entwicklung erreicht. In ihren Kolonien, die sie immer an den Ufern von Seen und Flüssen anlegen, ziehen sie den wechselnden Wasserstand in Rechnung; ihre gewölbten Häuser, die aus festgetretenem Lehm in Verbindung mit Schilfrohr bestehen, haben bestimmte Ecken für den Unrat, und ihre Hallen sind zur Winterszeit gut mit Teppichen belegt; sie sind warm und trotzdem gut gelüftet. Was die Biber angeht, die, wie bekannt, einen sehr sympathischen Charakter haben, so sind ihre erstaunlichen Dämme und Dörfer, in denen Generationen leben und sterben, ohne einen anderen Feind zu kennen als die Otter und den Menschen, ein so wundervolles Beispiel dafür, was gegenseitige Hilfe für die Sicherheit der Art, die Entwicklung der sozialen Gewohnheiten und die Entwicklung der Intelligenz erreichen kann, dass sie allen, die am Tierleben Interesse haben, vertraut sind. Ich will nur bemerken, dass wir bei den Bibern, den Bisamratten und einigen anderen Nagetieren bereits den Zug finden, der auch für menschliche Gemeinschaften bezeichnend sein wird: gemeinsame Arbeit.

Ich übergehe die beiden Familien, welche die Springmäuse, die Chinchilla, die Viscacha und den Tuschkan oder Pferdespringer Südrusslands umfassen, obwohl alle diese kleinen Nagetiere vortreffliche Beispiele für die Freuden abgeben könnten, die den Tieren aus dem Gesellschaftsleben entspringen.[39] Wirklich, die Freuden; denn es ist äußerst schwierig, zu sagen, was Tiere zusammenbringt – das Bedürfnis gegenseitigen Schutzes oder bloß die Freude, sich in der Nähe seiner Verwandten zu fühlen. Unsere gewöhnlichen Hasen jedenfalls, die sich nicht zu gemeinsamem Leben zusammenschließen und die auch nicht mit starken Elterngefühlen ausgestattet sind, können nicht leben, ohne zum Spiel zusammenzukommen. Dietrich aus dem Winckell, der als einer der besten Kenner der Lebensgewohnheiten der Hasen gilt, beschreibt sie als leidenschaftliche Spieler, die so von ihrem Spiel trunken werden, dass man einen Hasen gekannt hat, der einen dazukommenden Fuchs für einen Spielkameraden hielt.[40] Was das Kaninchen angeht, so lebt es in Gesellschaften, und sein Familienleben baut sich vollständig nach dem Vorbild der alten patriarchalischen Familie auf; die Jungen müssen dem Vater und selbst dem Großvater unbedingt

39 Hinsichtlich der Viscacha ist es sehr interessant, dass diese äußerst geselligen Tiere nicht nur friedlich miteinander in jedem ihrer Dörfer leben, sondern dass ganze Dörfer einander nachts besuchen. Die Geselligkeit hat sich so auf die Art ausgedehnt – sie wird nicht nur innerhalb einer bestimmten Gesellschaft oder eines Volkes geübt, wie wir bei den Ameisen sahen. Wenn der Bauer eine Viscachahöhle zerstört und die Einwohner unter einem Erdhaufen verschüttet, kommen – so berichtet uns Hudson – „die anderen Viscachas herbei, um die auszugraben, die lebendig begraben sind" (*Naturalist on the La Plata,* S. 311). Dies ist eine in La Plata weitbekannte Tatsache, die der Verfasser bestätigt gefunden hat.

40 *Handbuch für Jäger und Jagdberechtigte* , zitiert bei Brehm, *Tierleben,* Bd. 2, S. 624.

gehorchen.[41] Und hier haben wir das Beispiel zweier sehr nah verwandter Arten, die einander nicht ausstehen können – nicht weil sie von nahezu demselben Futter leben, wie dergleichen Fälle zu oft erklärt werden, sondern sehr wahrscheinlich, weil der leidenschaftliche, äußerst individualistische Hase mit diesem sanften, ruhigen und unterwürfigen Geschöpf, dem Kaninchen, keine Freundschaft haben kann. Ihre Temperamente sind zu weit auseinander, als dass Freundschaft zwischen ihnen möglich wäre.

Das Leben in Gesellschaften ist wiederum die Regel bei der großen Familie der Pferde, die die Wildpferde und Wildesel Asiens, das Zebra, die Mustangs, die Cimarrones der Pampas und die halbwilden Pferde Mongoliens und Sibiriens umfasst. Sie leben alle in zahlreichen Vereinigungen, die aus vielen Gruppen zusammengesetzt sind, von denen jede aus einer Zahl Stuten unter der Führung eines Hengstes besteht. Diese zahllosen Bewohner der alten und neuen Welt, die im ganzen für den Widerstand gegen ihre vielen Feinde und die widrigen klimatischen Verhältnisse schlecht ausgestattet sind, wären bald von der Erdoberfläche verschwunden gewesen, wenn sie nicht ihren sozialen Geist gehabt hätten. Wenn ein Raubtier sich ihnen naht, vereinigen sich sofort mehrere Gruppen; sie schlagen das Tier zurück und verfolgen es manchmal: und weder der Wolf noch der Bär und nicht einmal der Löwe kann ein Pferd oder nur ein Zebra wegfangen, solange sie sich nicht von der Herde entfernt haben. Wenn eine Trockenheit das Gras der Prärien verbrannt hat, sammeln sie sich in Herden von manchmal 10.000 Individuen und wandern aus. Und wenn ein Schneesturm in den Steppen tobt, dann hält sich jede Gruppe eng zueinander und wendet sich einer geschützten Schlucht zu. Aber wenn die Zuversicht verschwindet oder die Gruppe von einer Panik ergriffen wird und sich auflöst, dann gehen die Pferde zugrunde und die Überlebenden werden nach dem Sturm halb tot vor Ermattung aufgefunden. Vereinigung ist ihre Hauptwaffe im Kampf ums Leben, und der Mensch ist ihr Hauptfeind. Vor seiner wachsenden Zahl haben es die Vorfahren unserer Hauspferde (der *Equus Przewalskii*, von Polyakoff so genannt) vorgezogen, sich in die wildesten und unzugänglichsten Plateaus an den Grenzen Tibets zurückzuziehen, wo sie, umgeben von Raubtieren, unter einem Klima, das so böse ist wie in den Polar-

41 Buffon, *Histoire Naturelle.*

gegenden, aber in einer Gegend, die dem Menschen unzugänglich ist, weiterleben.[42]

Viele vorzügliche Beispiele sozialen Lebens könnten dem Leben der Rentiere entnommen werden, und besonders aus der großen Abteilung der Wiederkäuer, die die Rehe, Damhirsche, Antilopen, Gazellen und Steinböcke und in der Tat die ganzen drei Familien der Antilopiden, Capriden und Oviden umfasst. Ihre Wachsamkeit über die Sicherung ihrer Herden gegen Angriffe der Raubtiere; die Ängstlichkeit, die alle Individuen in einer Gemsenherde an den Tag legen, solange nicht alle eine schwierige Stelle über steile Felsklippen hinter sich haben; die Adoption von Waisen; die Verzweiflung der Gazelle, wenn ihr Gatte oder auch ein Genosse desselben Geschlechts getötet worden ist; die Spiele der Jungen, und viele andere Züge könnten erwähnt werden. Aber vielleicht das auffallendste Beispiel gegenseitiger Hilfe liegt in den Wanderungen der Hirsche vor, wie ich einst eine am Amur gesehen habe. Als ich auf meinem Wege von Transbaikalien nach Merghen das Hochplateau und sein Grenzgebirge, den großen Khingan, durchquerte und weiter über die Hochprärien zum Amur reiste, da konnte ich mich überzeugen, wie dünn diese meist unbewohnten Landstriche von Hirschen bevölkert sind.[43] Zwei Jahre später reiste ich auf dem Amur, und Ende Oktober erreichte ich das untere Ende der malerischen Schlucht, die der Amur in den Dousse-alin (Klein-Khingan) bohrt, bevor er ins Flachland tritt und sich mit dem Sungari vereinigt. Ich fand die Kosaken in den Dörfern der Schlucht in der größten Aufregung, weil Tausende und

42 In diesem Zusammenhang ist es erwähnenswert, dass das Quagga-Zebra, das niemals mit dem Dauw-Zebra zusammenkommt, trotzdem nicht nur mit Straußen, die sehr gute Wachposten sind, sondern auch mit Gazellen, verschiedenen Arten der Antilopen und Gnus auf sehr gutem Fuß lebt. Wir haben also einen Fall von gegenseitiger Abneigung zwischen dem Quagga und dem Dauw, der nicht durch Streit ums Futter erklärt werden kann. Die Tatsache, dass das Quagga mit Wiederkäuern zusammen lebt, die dasselbe Gras fressen wie es selbst, schließt diese Hypothese aus, und wir müssen irgendeine Unverträglichkeit der Charaktere annehmen, wie in dem Fall des Hasen und Kaninchens. Vergl. u. a. Clive Phillips-Wolley, *Big Game Shooting* (Badminton Library), das ausgezeichnete Beispiele für die verschiedenen Arten enthält, die in Ostafrika zusammenleben.

43 Unser Tungusenjäger, der bald heiraten wollte und daher von dem Verlangen erfüllt war, möglichst viele Felle zu erlangen, ritt den ganzen Tag den Berg entlang, um Wild aufzutreiben. Seine Anstrengungen brachten noch nicht einmal einen Hirsch jeden Tag ein; und er war ein vorzüglicher Jäger.

Abertausende von Hirschen über den Amur schwammen, wo er am engsten ist, um das Flachland zu erreichen. Mehrere Tage hintereinander, auf eine Länge von einigen vierzig Meilen flussaufwärts, schlachteten die Kosaken die Hirsche, wenn sie den Amur kreuzten, in dem bereits ziemlich viel Eis schwamm. Tausende wurden jeden Tag getötet, und der Zug ging trotzdem weiter. Ähnliche Wanderungen sind weder vorher noch seitdem gesehen worden, und dieser muss durch einen frühen und heftigen Schneefall im Groß-Khingan hervorgerufen worden sein, der die Hirsche zwang, einen verzweifelten Versuch zu machen, das Flachland im Osten der Dousse-Berge zu erreichen. In der Tat war ein paar Tage später der Dousse-alin ebenfalls zwei bis drei Fuß tief unter Schnee begraben. Wenn man sich nun das ungeheure Gebiet vorstellt (beinahe so groß wie Großbritannien), aus dem die zerstreuten Gruppen der Hirsche sich für eine Reise gesammelt haben müssen, die unter dem Druck von Ausnahmsereignissen unternommen wurde, und wenn man sich die Schwierigkeiten vorstellt, die zu überwinden waren, bevor alle Hirsche auf die gemeinsame Idee kamen, den Amur weiter südlich, wo er am engsten ist, zu überschreiten, dann muss man das soziale Empfinden dieser intelligenten Tiere aufs tiefste bewundern. Die Tatsache ist um nichts weniger erstaunlich, wenn wir uns erinnern, dass die Büffel Nordamerikas dieselbe Macht der Vereinigung entfalten. Man sah sie in großen Scharen auf den Ebenen grasen, aber die Scharen bestanden aus außerordentlich vielen kleinen Gruppen, die sich nie untereinander vermengten. Und doch kamen, wenn die Notwendigkeit eintrat, alle Gruppen, obwohl sie über ein ungeheures Gebiet zerstreut waren, zusammen und bildeten die mächtigen Scharen, die aus Hunderttausenden von Individuen zusammengesetzt waren, wie ich sie früher erwähnt habe.

Ich sollte auch einige Worte wenigstens über die „Familienverbände" der Elefanten sagen, ihre gegenseitige Anhänglichkeit, ihre Vorsicht im Postenstellen und die Sympathien, die bei solcher gegenseitigen Hilfsbereitschaft entfaltet werden.[44] Ich könnte auch die geselligen Triebe jener verrufenen Tiere, der Wildschweine, erwähnen, und ein Wort des Lobes für ihre Fähigkeit, bei Angriffen von Raubtieren Verbindungen einzuge-

44 Nach Samuel W. Baker vereinigen sich Elefanten in Gruppen, die mehr als „Familienverbände" sind. „Ich habe", schrieb er, „in dem Teil Ceylons, das als das Parkland bekannt ist, zahlreiche Züge von Elefanten beobachtet, die augenscheinlich große Herden vorstellten, die sich von einem Ort, den sie für unsicher hielten, zu gemeinsamem Rückzug zusammengefunden hatten. (*Wild Beasts and their Ways*, Bd. 1, S. 102)

hen, finden.[45] Das Nilpferd und das Rhinozeros müssten gleichfalls einen Platz in einem Buch einnehmen, das den Geselligkeitsanlagen der Tiere gewidmet ist. Mehrere überraschende Beispiele müssten die gegenseitige Anhänglichkeit und Geselligkeit der Seehunde und Walrosse verzeichnen, und schließlich müsste man die außerordentlichen Gefühle erwähnen, die unter den geselligen Walfischen bestehen. Aber ich habe jetzt noch einige Worte über die Gesellschaften der Affen zu sagen, die ein erhöhtes Interesse noch dadurch erregen, dass sie das Verbindungsglied sind, das zu den Gesellschaften der primitiven Menschen führt.

Es bedarf kaum der Erwähnung, dass diese Säugetiere, die auf der höchsten Stufe der Tierwelt stehen und durch ihren Bau und Verstand dem Menschen am meisten ähnlich sind, außerordentlich gesellig sind. Offenbar müssen wir darauf vorbereitet sein, in einer so großen Abteilung des Tierreiches, die Hunderte von Arten umfasst, alle Verschiedenheiten des Charakters und der Gewohnheiten anzutreffen. Aber alles erwogen, muss gesagt werden, dass Geselligkeit, gemeinsames Handeln, gegenseitiger Schutz und eine hohe Entwicklung jener Gefühle, die das notwendige Ergebnis sozialen Lebens sind, für die meisten Affen charakteristisch sind. Von den kleinsten Arten bis zu den größten ist Geselligkeit eine Regel, von der wir nur wenige Ausnahmen kennen. Die nächtlichen Affen ziehen das einsame Leben vor: die Kapuzineraffen (*Cebus capucinus*), die Monos und die Brüllaffen leben in nur kleinen Familien, und die Orang-Utans sind von A. R. Wallace nie anders gesehen worden, als entweder vereinzelt oder in sehr kleinen Gruppen von drei bis vier Individuen, während die Gorillas sich nie zu Herden vereinigen. Aber alle übrigen Abkömmlinge des Affenstammes – der Schimpanse, der Sai, der Saki, der Mandrill, der Pavian usf. – sind gesellig im höchsten Grade. Sie leben in großen Herden und vereinigen sich sogar mit anderen Arten als ihrer eigenen. Die meisten von ihnen werden ganz unglücklich, wenn sie allein sind. Ertönt ein Notschrei eines von der Herde, so rottet sich sofort die ganze Herde zusammen und sie stoßen kühn die Angriffe der Raubtiere und Raubvögel zurück. Selbst Adler wagen nicht sie anzugreifen. Sie plündern unsere Felder immer in Scharen, indem die Alten die Sorge für die Sicherheit der Gesamtheit übernehmen. Die kleinen Uistitis, deren kindliche, niedliche Gesichter auf Humboldt solchen Eindruck machten, umarmen und beschützen sich, wenn es regnet, indem sie ihre Schwänze über die Hälse ihrer zitternden Kameraden rollen.

45 Schweine, von Wölfen angefallen, tun dasselbe. (Hudson, *Naturalist on the La Plata*)

Einige Arten entfalten die größte Besorgnis, wenn einer von ihren Kameraden verwundet ist und verlassen ihn nicht an der Zufluchtsstätte, bis sie sicher sind, dass er tot ist und sie unfähig sind, ihn zum Leben zurückzurufen. So erzählt James Forbes in seinen *Oriental Memoirs*, wie sie von seiner Jagdgesellschaft den Leichnam einer Äffin mit solcher Beharrlichkeit zurückgefordert hätten, dass man vollkommen begreift, warum „die Zeugen dieser außerordentlichen Szene beschlossen, nie wieder auf einen vom Affenstamm zu schießen“.[46]

Bei einigen Arten verbinden sich mehrere Individuen, um einen Stein zu heben, unter dem sie Ameiseneier suchen. Die Hamadryas stellen nicht nur Schildwachen auf, man hat auch gesehen, wie sie eine Kette bildeten, um die Beute nach einem sicheren Platz zu schaffen; und ihre Tapferkeit ist bekannt. Brehms Beschreibung des regelrechten Kampfes, den seine Karawane bestehen musste, bevor die Hamadryas ihn seine Reise im Mensatal in Abessinien wieder aufnehmen ließen, ist klassisch, geworden.[47] Der Mutwille der geschwänzten Affen und die gegenseitige Anhänglichkeit, die in den Familien der Schimpansen besteht, sind den Lesern auch bekannt. Und wenn wir unter den höchststehenden Affen zwei Arten finden, den Orang-Utan und den Gorilla, die nicht gesellig sind, müssen wir uns erinnern, dass beide – die auf sehr kleine Gebiete beschränkt sind, die einen im Herzen Afrikas und die anderen auf den zwei Inseln Borneo und Sumatra – allem Anschein nach die letzten Reste von früher viel zahlreicheren Arten sind. Der Gorilla wenigstens scheint in alten Zeiten gesellig gewesen zu sein, wenn die im Periplus erwähnten Affen wirklich Gorillas waren. Was aber die Orang-Utan betrifft, so sieht man sie noch jetzt in den weniger besuchten Teilen des Sarawaks in kleinen Gruppen herumgehen, obgleich sie in großer Zahl von den Eingeborenen mit vergifteten Pfeilen getötet werden.[48]

Wir sehen also, selbst aus dieser kurzen Übersicht, dass das Gesellschaftsleben in der Tierwelt keine Ausnahme ist; es ist die Regel, das Naturgesetz, und es erreicht seine höchste Stufe mit den höheren Wirbeltieren. Die Arten, deren Individuen isoliert oder nur in kleinen Familien leben, sind ver-

46 Romanes, *Animal Intelligence*, S. 472.

47 Brehm. Bd. 1. S. 82; Darwin, *Abstammung des Menschen*, 3. Kap. Die Kozloff-Expedition von 1899-1901 hatte im nördlichen Tibet einen ähnlichen Kampf zu bestehen.

48 Edoardo Beccari, *Wanderungen in den Wäldern Borneos*.

hältnismäßig selten und die Zahl ihrer Glieder ist gering. Ja, es scheint sehr wahrscheinlich, dass, abgesehen von einigen Ausnahmen, die Vögel und Säugetiere, die sich jetzt nicht zusammenscharen, in Gesellschaften gelebt haben, ehe der Mensch sich auf der Erde vermehrte und einen fortwährenden Krieg gegen sie führte oder es ihnen unmöglich machte, wie früher ihre Nahrung zu finden. „On ne s'associe pas pour mourir", lautet die richtige Bemerkung von Espinas; und Houzeau, der die Tierwelt einiger Teile Amerikas kannte, als sie noch unberührt vom Menschen lebte, schreibt in demselben Sinne.

Vereinigung wird in der Tierwelt auf allen Stufen der Entwicklung gefunden; und Kolonien gab es entsprechend der großen Idee Herbert Spencers, die in Perriers *Colonies Animales* so glänzend entwickelt wurde, im allerersten Anfang der Entwicklung im Tierreich. Aber je mehr wir die Stufenfolge der Entwicklung hinangehen, um so mehr sehen wir, wie die Vereinigung eine bewusste wird. Sie verliert ihren bloß physischen Charakter, sie hört auf, bloß instinktiv zu sein, sie wird überlegt. Bei den höheren Wirbeltieren ist sie periodisch oder sie entschließen sich zu ihr, um ein bestimmtes Bedürfnis zu befriedigen – Fortpflanzung der Art, Wanderung, Jagd oder gemeinsame Verteidigung. Sie wird sogar gelegentlich bewerkstelligt, wenn Vögel sich gegen ein Raubtier vereinigen oder Säugetiere, um unter dem Druck von Ausnahmsvorfällen auszuwandern. In diesem letzten Fall wird sie ein freiwilliges Abgehen von den sonstigen Lebensgewohnheiten. Die Vereinigung erscheint manchmal in zwei oder mehr Stufenfolgen: zuerst die Familie, dann die Gruppe und schließlich die Vereinigung von Gruppen, die gewöhnlich zerstreut sind, aber im Fall der Not sich vereinigen, wie wir es bei den Wisents und anderen Wiederkäuern gesehen haben. Sie nimmt auch höhere Formen an, unter denen dem Individuum mehr Unabhängigkeit gesichert ist, ohne dass es der Wohltaten des sozialen Lebens beraubt würde. Bei den meisten Nagetieren hat das Individuum seine eigene Wohnung, in die es sich zurückziehen kann, wenn es vorzieht, allein zu sein; aber die Wohnungen sind in Dörfern und Städten angelegt, so dass allen Bewohnern die Vorteile und Freuden sozialen Lebens zugute kommen. Und schließlich wird in manchen Arten, wie bei Ratten, Murmeltieren, Hasen usw. das soziale Leben durchgeführt, trotz der streitsüchtigen oder sonst egoistischen Neigungen des isolierten Individuums. So ist die Vereinigung nicht, wie es bei den Ameisen und Bienen der Fall ist, schon durch die physiologische Struktur der Individuen aufgezwungen; sie wird um der Vorteile gegenseitiger Hilfe willen oder wegen ihrer Genüsse gepflegt. Und all das tritt natürlich mit allen möglichen Abstufungen und mit der größten Mannigfaltigkeit des Individual- und Artcharakters in die Erscheinung – wobei gerade diese Mannigfaltigkeit des sozialen Lebens eine Folge und für uns ein weiterer Beweis ihrer allgemeinen Verbreitung ist.[49]

Geselligkeit – das heißt das Bedürfnis des Tieres, sich mit seinesgleichen zu vereinigen – die Liebe zur Gesellschaft um der Gesellschaft willen, vereinigt mit der „Lebensfreude“, zieht erst jetzt die notwendige Aufmerksamkeit des Zoologen auf sich.[50] Wir wissen jetzt, dass alle Tiere, zu beginnen mit den Ameisen, über die Vögel weg zu den höchsten Säugetieren, es lieben zu spielen, miteinander zu balgen, hintereinander herzurennen, einander zu haschen, einander zu necken usw. Und während manche Spiele sozusagen für die Jungen eine Vorschule für das richtige Benehmen im reiferen Lebensalter sind, gibt es wieder andere, die abgesehen von ihren nützlichen Zwecken, zugleich mit Tanzen und Singen bloße Äußerungen überschüssiger Kraft sind – der „Lebensfreude“ und ein Wunsch, auf eine oder die andere Weise mit anderen Individuen derselben oder anderer Arten zu verkehren – kurz, recht eigentlich eine Äußerung der *Geselligkeit*, die ein Charakterzug der gesamten Tierwelt ist.[51] Ob es das Gefühl der Furcht ist, etwa beim Herannahen eines Raubvogels, oder ein Strahl des Glückes, wenn die Tiere sich gesund und vor allem jung fühlen, oder bloß das Bedürfnis, einem Überschuss des Empfindens und der Lebenskraft Luft zu machen – die Notwendigkeit, Gefühle mitzuteilen, zu spielen, zu schwatzen oder einfach zu empfinden, dass andere befreundete Wesen in der Nähe sind, erfüllt die ganze Natur, und ist ebenso wie irgendeine andere

49 Um so seltsamer war es, in dem früher erwähnten Artikel von Huxley die folgende Variation eines bekannten Ausspruches Rousseaus zu lesen: „Die ersten Menschen, die gegenseitigen Frieden an Stelle gegenseitigen Krieges setzten – aus welchen Motiven sie auch zu diesem Schritt kamen – *gründeten die Gesellschaft*“. Die Gesellschaft ist *nicht* vom Menschen gegründet worden; sie ist älter als der Mensch.

50 Monographien wie das Kapitel über „Musik und Tanz in der Natur“, das wir in Hudsons *Naturalist on the La Plata* haben, und das Buch von Carl Groß *Spiele der Tiere* haben schon viel Licht auf einen Instinkt geworfen, der in der Natur durchaus allgemein verbreitet ist.

51 Nicht nur zahlreiche Vogelarten haben die Gewohnheit – in manchen Fällen immer am selben Ort – zusammenzukommen, um Possen und Tänze aufzuführen, sondern W. H. Hudson hat die Erfahrung gemacht, dass fast alle Säugetiere und Vögel („wahrscheinlich gibt es in Wirklichkeit keine Ausnahmen“), häufig mehr oder weniger regelmäßige oder festgesetzte Vorstellungen geben, mit Tönen oder ohne sie, oder bloß aus Tönen bestehend (S. 264).

physiologische Funktion ein notwendiger Bestandteil des Lebens und des Bewusstseins.

Dieses Bedürfnis nimmt eine höhere Entwicklung und erreicht einen schöneren Ausdruck bei den Säugetieren, besonders bei ihren Jungen, und noch mehr bei den Vögeln; aber es erfüllt die ganze Natur, und ist von den besten Naturforschern, auch von Pierre Huber bei den Ameisen, beobachtet worden, und offenbar ist es derselbe Instinkt, der die großen Scharen Schmetterlinge zusammenführt, die bereits erwähnt worden sind.

Die Gewohnheit der Vögel, zum Tanz zusammenzukommen und die Plätze zu schmücken, wo sie gewöhnlich ihre Tänze ausführen, ist natürlich von den Seiten, die Darwin in der *Abstammung des Menschen* (Kap. 13) darüber schrieb, bekannt. Aber diese Tanzgewohnheit scheint viel mehr verbreitet als man früher glaubte, und W. Hudson gibt in seinem Meisterwerk über La Plata eine sehr interessante Beschreibung, die man im Original lesen muss, von den komplizierten Tänzen, die eine ganze Anzahl Vögel ausführen: Spottvögel, Jakamare, Kiebitze usw.

Die Gewohnheit, zusammen zu singen, die bei mehreren Vogelarten vorkommt, gehört zur selben Kategorie sozialer Instinkte. Sie ist sehr auffallend beim Tschaja (*Palamedea chacaria*) entwickelt, dem die Engländer (und die Deutschen) den ganz irreführenden, häßlichen Namen Schreivogel gegeben haben. Diese Vögel versammeln sich manchmal in ungeheuren Zügen, und in solchen Fällen singen sie häufig ein Konzert zusammen. W. H. Hudson fand sie einmal in großer Zahl beisammen, alle in wohl abgeteilten Zügen rund um einen Pampassee geordnet, etwas 500 Vögel in einem Zug.

> „Auf einmal begann“, so schreibt er, „ein Zug neben mir zu singen und führte seinen mächtigen Chor etwa drei bis vier Minuten lang auf; als sie aufhörten, nahm der nächste Zug den Gesang auf und nach ihm der nächste usw., bis die Töne von den Zügen jenseits der Wasser noch einmal klar und deutlich zu mir strömten – dann verhallte das Lied, wurde schwächer und schwächer, bis der Gesang wieder zu meiner Seite zurückgekehrt war und mich noch einmal erreichte.“

Ein andermal sah derselbe Autor die Ebene mit einer endlosen Schar dieser Vögel bedeckt, aber nicht eng beisammen, sondern in Paare und kleine Gruppen zerstreut. Um neun Uhr abends „begann auf einmal die ganze Menge der Vögel, die die Marsch meilenweit in der Runde erfüllten, ein gewaltiges Abendlied anzustimmen Es war ein Konzert, um deswillen man hätte hundert Meilen weit reisen dürfen."[52] Es mag hinzugefügt werden, dass der Chakar wie alle geselligen Vögel leicht zahm wird und dem Menschen sehr anhänglich wird. „Es sind sanfte Vögel, die sich selten zanken", heißt es, obwohl sie mit furchtbaren Waffen versehen sind. Das Gesellschaftsleben macht diese Waffen zwecklos.

Dass das Gesellschaftsleben im Kampf ums Dasein – im weitesten Sinne des Wortes – die mächtigste Waffe ist, ist auf den vorhergehenden Seiten an mehreren Beispielen gezeigt worden, und wenn weiteres nötig wäre, könnten noch endlose Beispiele dafür gebracht werden. Das Gesellschaftsleben setzt die schwächsten Insekten, Vögel und Säugetiere instand, den schrecklichen Vögeln und Raubtieren Widerstand zu leisten oder sich vor ihnen zu schützen, es verschafft langes Leben, es setzt die Art instand, ihre Nachkommen mit möglichst geringem Kraftaufwand aufzuziehen und ihre Zahl ungeachtet sehr langsam einander folgender Geburten zu behaupten; es befähigt die Herdentiere, sich auf der Suche nach neuen Wohnungen auf die Wanderschaft zu begeben. Daher behaupten wir, obwohl wir völlig zugeben, dass Kraft, Schnelligkeit, Schutzfarben, List und Ausdauer im Ertragen von Hunger und Kälte, die von Darwin und Wallace angeführt werden, lauter Eigenschaften sind, die das Individuum oder die Art in bestimmten Fällen zu den geeignetsten machen, dass in *allen* Fällen die Geselligkeit der größte Vorteil im Kampf ums Dasein ist. Solche Arten, die sie freiwillig oder gezwungen aufgeben, sind zum Niedergange verurteilt, während solche Tiere, die es am besten verstehen, sich zusammenzuschließen, die größten Aussichten haben zu überleben und sich weiter zu entwickeln, auch wenn sie weniger als andere mit *jeder* von den Eigenschaften (mit Ausnahme der intellektuellen Fähigkeiten) begabt sind, die Darwin und Wallace aufzählen. Die höchsten Wirbeltiere und besonders die Menschen sind der beste Beweis für diese Behauptung. Was die Gabe des Intellekts angeht so wird jeder Darwinist, ebenso wie er mit Darwin erklärt, dass er die mächtige Waffe im Kampf ums Dasein und der mächtigste Faktor zu fernerer Entwicklung ist, zugeben, dass die Intelligenz eine eminent soziale Eigenschaft ist. Sprache, Nachahmung und gehäufte Erfahrung sind lauter Elemente der wachsenden Intelligenz, deren das unsoziale Tier beraubt ist. Daher finden wir an der Spitze jeder Tierklasse die Ameisen, die Papageien und die Affen, die alle die größte Geselligkeit mit der höchsten Verstandesentwicklung vereinigen. Die geeignetsten – die, die im Kampfe ge-

52 Über die Chöre der Affen, siehe Brehm.

gen alle widrigen Umstände am besten gerüstet sind – sind also die geselligsten Tiere, und Geselligkeit erscheint als der Hauptfaktor der Entwicklung, sowohl direkt dadurch, dass das Wohlergeben der Art mit möglichst geringem Kraftaufwand gesichert wird, wie indirekt dadurch, dass die Entwicklung des Verstandes begünstigt wird.

Des Ferneren ist es klar, dass das Gesellschaftsleben völlig unmöglich wäre, wenn ihm nicht eine Entwicklung der sozialen Gefühle und hauptsächlich eines gewissen Kollektivsinnes für Gerechtigkeit, der mehr und mehr zur Gewohnheit wird, entspräche. Wenn jedes Individuum fortwährend seine persönlichen Vorteile ausnutzte, ohne dass die anderen zugunsten der Geschädigten Einspruch erhöben, wäre kein Gesellschaftsleben möglich. Und das Gefühl für Gerechtigkeit entwickelt sich mehr oder minder bei allen Herdentieren. Die Entfernung, aus der die Schwalben oder die Kraniche heimkehren, mag noch so groß sein, alle kehren sie zu dem Nest zurück, das sie im letzten Jahr gebaut oder ausgeflickt haben. Wenn ein fauler Sperling die Absicht hat, das Nest, das ein Genosse baut, sich anzueignen oder auch nur ein paar Strohhalme daraus stiehlt, dann wendet sich die Gruppe gegen den faulen Genossen; und es ist klar, dass keine Nestgenossenschaften von Vögeln ohne die Regel dieser Einmischung existieren könnten. Getrennte Gruppen von Pinguinen haben getrennte Ruheplätze und getrennte Fischplätze und führen keinen Kampf um sie. Die Viehherden in Australien haben besondere Stellen, zu denen jede Gruppe zur Nacht zurückkehrt und von denen keine je abgeht, usw.[53] Wir haben eine große Zahl direkter Beobachtungen über den Frieden, der in den Nestgenossenschaften der Vögel, den Dörfern der Nagetiere und den Herden der Grasfresser herrscht, während wir andererseits wenig gesellige Tiere kennen, die sich so fortwährend streiten wie die Ratten in unseren Kellern oder wie die Walrosse, die um den Besitz eines sonnigen Uferplatzes kämpfen. Geselligkeit setzt so dem körperlichen Kampf eine Schranke und schafft Raum für die Entwicklung besseren moralischen Fühlens. Die hohe Entwicklung der Elternliebe in allen Klassen des Tierreiches, selbst bei Löwen und Tigern, ist allgemein bekannt. Was die jungen Vögel und Säugetiere angeht, die wir fortwährend sich vereinigen sehen, so erreicht die Sympathie – nicht Liebe – in ihren Vereinigungen eine weitere Stufe. Wenn wir die wirklich rührenden Tatsachen gegenseitiger Anhänglichkeit und Mitgefühls beiseite lassen, die hinsichtlich unserer Haustiere und in Gefangenschaft gehaltener Tiere berichtet worden sind, haben wir eine

53 Haygarth, *Bush Life in Australia*, S. 58.

Reihe gut bezeugter Tatsachen über das Mitgefühl unter wilden Tieren in Freiheit. Max Perty und L. Büchner haben eine Reihe solcher Tatsachen zusammengestellt.[54] J. C. Woods Erzählung von einem Wiesel, das einen verletzten Genossen aufhob und wegtrug, genießt wohlverdiente Popularität.[55] Ebenso die Beobachtung des Kapitän Stansbury auf seiner Reise nach Utah, die von Darwin angeführt wird; er sah einen blinden Pelikan, der von allen Pelikanen mit Fischen gefüttert, und zwar gut gefüttert wurde, die aus einer Entfernung von dreißig Meilen hergeholt werden mussten.[56] Und als eine Herde Vicunhas von Jägern hitzig verfolgt wurde, sah H. A. Weddell mehr als einmal während seiner Reise nach Bolivia und Peru, wie die starken Männchen den Rückzug der Herde deckten und im Hintergrund langsam gingen, um den Rückzug zu schützen.

Die Tatsachen des Mitgefühls für verwundete Genossen werden regelmäßig von allen Zoologen, die in freier Natur forschen, berichtet. Solche Tatsachen sind ganz natürlich. Das Mitleid ist ein notwendiges Produkt des sozialen Lebens. Aber Mitleid bedeutet auch einen beträchtlichen Fortschritt der allgemeinen Intelligenz und Empfindungsfähigkeit. Es ist der erste Schritt zur Entwicklung der höheren sozialen Gefühle. Es ist wiederum ein mächtiger Faktor zur Weiterentwicklung.

Wenn die Anschauungen, die auf den vorhergehenden Seiten niedergelegt sind, richtig sind, so erhebt sich die Frage, inwiefern sie mit der Theorie des Kampfes ums Dasein im Einklang sind, wie sie von Darwin, Wallace und ihren Nachfolgern entwickelt wurde, und ich will nun kurz auf diese wichtige Frage antworten. Vor allem: kein Naturforscher wird bezweifeln, dass die Idee eines Kampfes ums Dasein, durch die ganze organische Natur durchgeführt, die größte Synthese unseres Jahrhunderts ist. Das Leben ist Kampf; und in diesem Kampf überlebt der Geeignetste. Aber die Antworten auf die Fragen: „Mit welchen Waffen wird dieser Kampf hauptsächlich geführt?" und „Wer sind die Geeignetsten in diesem Kampf?" werden stark

54 Um nur ein paar Beispiele anzuführen: ein verwundeter Dachs wurde von einem anderen fortgeführt, der plötzlich auf der Bildfläche erschien; Ratten sind beobachtet worden, wie sie ein blindes Paar fütterten (*Seelenleben der Tiere*, S. 64 ff.). Brehm selbst sah zwei Krähen, die in einem hohlen Baum eine dritte fütterten, die verwundet war; ihre Wunde war mehrere Wochen alt (Hausfreund, 1874, S. 715, Büchners *Liebe*, S. 203). Mr. Blyth sah, wie indische Krähen zwei oder drei blinde Genossen fütterten usw.

55 *Man and Beast,* S.344.

56 L. H. Morgan, *The American Beaver*, 1868, S. 272; Darwin, *Abstammung des Menschen*, 4. Kapitel.

voneinander verschieden sein, je nachdem die zwei verschiedenen Formen des Kampfes betont werden: der direkte, der um Nahrung und Sicherheit zwischen getrennten Individuen geführt wird und der andere, den Darwin „metaphorisch" nannte – der Kampf, der, sehr oft gemeinsam, gegen feindliche Umstände geführt wird. Niemand wird leugnen, dass es innerhalb jeder Art bis zu einem gewissen Grad wirklichen Streit um die Nahrung gibt – wenigstens zu gewissen Zeiten. Aber die Frage ist, ob der Kampf in dem Maße wirksam ist, wie es Darwin oder auch nur Wallace behaupten, und ob dieser Kampf in der Entwicklung des Tierreiches die Rolle gespielt hat, die ihm zugeschrieben wird.

Der Gedanke, der durch Darwins Werk hindurchgeht, ist sicher der eines wirklichen Kampfes, der sich innerhalb jeder Tiergruppe um Nahrung, Sicherheit und Möglichkeit, Nachkommen zu hinterlassen, abspielt. Er spricht oft von Gegenden, die bis zur äußersten Grenze mit tierischem Leben angefüllt sind, und aus dieser Überfülle schließt er auf die Notwendigkeit des Kampfes. Aber wenn wir uns in seinem Werk nach wirklichen Beweisen für diesen Kampf umsehen, müssen wir gestehen, dass wir sie nicht genügend überzeugend finden. Wenn wir zu dem Abschnitt „Kampf ums Dasein sehr scharf zwischen Individuen und Varietäten derselben Art" greifen, so finden wir in ihm nichts von der Fülle von Beweisen und Beispielen, die wir sonst in allem, was Darwin schrieb, zu finden gewohnt sind. Der Kampf zwischen Individuen derselben Art ist in diesem Abschnitt nicht durch ein einziges Beispiel belegt, er wird als zugegeben genommen, und der Kampf zwischen engverbundenen tierischen Arten ist nur durch fünf Beispiele belegt, von denen wenigstens eins (bezüglich der zwei Drosselarten) jetzt zweifelhaft geworden ist.[57] Aber wenn wir uns nach näheren

57 Von einer Schwalbenart heißt es, dass sie die Abnahme einer anderen Schwalbenart in Nordamerika verschuldet hat; die neuerliche Zunahme der Misteldrossel in Schottland habe die Abnahme der Singdrossel verursacht; die braune Ratte ist in Europa an Stelle der schwarzen getreten; in Russland hat die kleine Küchenschabe überall ihre größeren Verwandten vertrieben, und in Australien vernichtet die importierte Biene unserer Bienenkörbe überall die kleine stachellose Biene. Zwei andere Fälle, die sich aber auf Haustiere beziehen, sind im vorhergehenden Abschnitt erwähnt. A. R. Wallace bemerkt bei Erörterung derselben Tatsachen in bezug auf die schottischen Drosseln in einer Fußnote: „Professor A. Newton teilt mir jedoch mit, dass diese Arten sich nicht in der hier behaupteten Weise in Gehege kommen" (*Darwinism*, S. 34). Was die braune Ratte angeht, so ist es bekannt, dass sie infolge ihrer amphibischen Gewohnheiten gewöhnlich in den unteren Teilen der menschlichen Wohnungen

Einzelheiten umsehen, um festzustellen, inwiefern die Abnahme einer Art wirklich von der Zunahme der anderen veranlaßt wird, so sagt uns Darwin mit seiner gewohnten Offenheit:

> „Wir können undeutlich wahrnehmen, warum der Kampf zwischen benachbarten Formen, die fast denselben Platz in der Natur ausfüllen, sehr scharf sein muss, aber wahrscheinlich in keinem Fall können wir präzis sagen, warum eine Art in der großen Schlacht des Lebens über die andere den Sieg davongetragen hat."

Was Wallace angeht, der dieselben Tatsachen unter einem leicht modifizierten Titel vorträgt („Kampf ums Dasein zwischen engverwandten Tieren und Pflanzen *oft* sehr scharf"), so macht er die folgende Bemerkung (die gesperrten [hier: *Kursiv*] Stellen sind von mir hervorgehoben), die den angeführten Tatsachen ein ganz anderes Aussehen gibt:

> „In *einigen* Fällen herrscht ohne Zweifel wirklicher Krieg zwischen den beiden, wobei der Stärkere den Schwächeren tötet, *aber dies ist keineswegs notwendig*, und es kann Fälle geben, in denen, physisch gesprochen, die schwächere Art durch ihre schnellere Vermehrung, ihren besseren Widerstand gegen die Wechselfälle des Klimas und ihre größere Gewandtheit, den Angriffen gemeinsamer Feinde zu entgehen, sich behauptet."

In solchen Fällen braucht, was als Kampf bezeichnet wird, nicht im geringsten Kampf zu sein. Eine Art unterliegt, nicht weil sie von der anderen Art vernichtet oder ausgehungert wird, sondern weil sie sich selbst neuen Bedingungen nicht gut anpasst, während die andere es tut. Der Ausdruck „Kampf ums Dasein" wird wiederum in seinem metaphorischen Sinn angewandt und kann keinen anderen haben. Was den wirklichen Kampf zwischen Individuen derselben Art angeht, der an anderer Stelle durch das Beispiel des südamerikanischen Viehes während einer Trockenheitsperiode belegt werden soll, so ist der Wert dieses Beispieles dadurch beeinträchtigt,

---

(Kellern, Kloaken usw.), aber auch an den Ufern von Kanälen und Flüssen lebt, sie unternimmt auch weite Wanderungen in zahllosen Scharen. Die schwarze Ratte dagegen wohnt lieber in unseren Wohnungen selbst, unter dem Fußboden und auch in unseren Ställen und Scheunen. So ist sie viel mehr der Gefahr ausgesetzt, vom Menschen vernichtet zu werden, und wir können mit keinerlei Gewissheit behaupten, ob die schwarze Ratte von der braunen Ratte oder vom Menschen vernichtet oder ausgehungert wird.

dass es sich auf Haustiere bezieht. Wisente wandern unter gleichen Umständen aus, um den Kampf zu vermeiden. So scharf auch der Kampf unter Pflanzen ist – und dies ist reichlich bewiesen – so müssen wir doch Wallaces Wort wiederholen: „Pflanzen leben, wo sie können", während die Tiere in hohem Maße die Macht haben, ihre Wohnung zu wählen. So dass wir wiederum uns fragen: In welchem Maße besteht tatsächlicher Kampf innerhalb einer Tierart? Worauf gründet sich die Annahme?

Dieselbe Bemerkung gilt für die indirekte Beweisführung zugunsten eines scharfen Kampfes ums Dasein innerhalb jeder Art, die man aus der „Vernichtung vorübergehender Varietäten", wie sie Darwin so oft erwähnt, ableiten kann. Es ist bekannt, dass Darwin sich lange Zeit mit der Schwierigkeit plagte, die er darin erblickte, dass eine geschlossene Kette von Zwischengliedern zwischen nahverwandten Arten fehlte, und es ist bekannt, dass er die Lösung dieser Schwierigkeit in der Annähme der Austilgung der Zwischenglieder fand.[58] Indessen bringt einen das aufmerksame Lesen der verschiedenen Kapitel, in denen Darwin und Wallace über dieses Thema sprechen, bald zu dem Schluss, dass das Wort „Vertilgung" nicht wirkliche Vertilgung bedeutet; dieselbe Bemerkung, die Darwin hinsichtlich des Ausdruckes „Kampf ums Dasein" machte, ist offenbar auch auf das Wort „Vertilgung" (*extermination*) anzuwenden. Es kann durchaus nicht in seiner ursprünglichen Bedeutung verstanden, muss vielmehr „in seinem metaphorischen Sinne" genommen werden.

Wenn wir von der Voraussetzung ausgehen, dass ein bestimmtes Gebiet von Tieren so erfüllt ist, dass es sie nicht mehr ernähren kann, und dass ein scharfer Kampf um die nackte Existenz infolgedessen zwischen all seinen Bewohnern herrscht – wo jedes Tier gezwungen ist, gegen alle Artgenossen zu kämpfen, um seine tägliche Nahrung zu finden – dann würde in der Tat die Erscheinung einer neuen, glücklichen Varietät in vielen Fällen (nicht in allen) die Erscheinung von Individuen bedeuten, die imstande sind, mehr

58 „Aber es kann eingewandt werden, dass wir, wenn mehrere nahverwandte Arten dasselbe Gebiet bewohnen, sicher auch gegenwärtig viele Übergangsformen finden müssten ... Nach meiner Theorie stammen diese verwandten Arten von einem gemeinsamen Vorfahren ab; und während des Prozesses der Veränderung ist jede den Lebensbedingungen ihrer eigenen Gegend angepasst worden und hat ihre ursprüngliche Vorfahrenform und alle Übergangsvarietäten zwischen ihren vergangenen und gegenwärtigen Zuständen verdrängt und vertilgt." (*Origin of Species*, 6. Auflage, S. 134); auch S. 137, 296 (der ganze Abschnitt „über Vernichtung").

als den ihnen zukommenden Anteil von den Existenzmitteln sich anzueignen, und das Resultat wäre, dass diese Individuen sowohl die ursprüngliche Form, die die neue Veränderung nicht besitzt, wie die Zwischenformen, die sie nicht im selben Grad besitzen, aushungern würde. Es kann sein, dass ursprünglich Darwin die Erscheinungen neuer Varietäten in diesem Sinne auffasste; wenigstens macht der häufige Gebrauch des Wortes „Austilgung“ diesen Eindruck. Aber er wie Wallace kannten die Natur zu gut, um nicht zu wissen, dass das durchaus nicht der einzig mögliche und notwendige Lauf der Dinge ist.

Wenn die physikalischen und biologischen Bedingungen eines bestimmten Gebietes, der Umfang des Gebietes, das von einer bestimmten Art bewohnt wird, und die Gewohnheiten aller Glieder der letzteren unverändert blieben – dann könnte die plötzliche Erscheinung einer neuen Varietät das Aussterben und die Vertilgung aller der Individuen bedeuten, die nicht in genügendem Maße die neuen Eigenschaften besäßen, durch die die neue Varietät charakterisiert wird. Aber ein solches Zusammentreffen von Umständen ist genau das, was wir in der Natur nicht wahrnehmen. Jede Art strebt immer danach, ihren Bezirk zu erweitern: die Wanderung nach neuen Wohnstätten ist die Regel, bei der langsamen Schnecke ebenso wie beim schnellen Vogel; physische Veränderungen gehen fortwährend auf jedem bestimmten Gebiet vor sich, und neue Varietäten entstehen bei den Tieren in einer außerordentlichen Zahl von Fällen – vielleicht in der Mehrheit – nicht dadurch, dass ihnen neue Waffen wachsen, um ihren Verwandten das Futter vom Munde wegzufangen – das Futter ist nur eine aus den hundert verschiedenen Lebensnotwendigkeiten – sondern, wie Wallace selbst in einem reizenden Abschnitt über die „Verschiedenheit der Charaktere“ (*Darwinism*, S. 107) zeigt, dadurch, dass sich neue Gewohnheiten herausbilden, dass neue Wohnstätten ausgesucht werden und dass neue Arten Futter genommen werden. In allen solchen Fällen wird es keine Vernichtung geben, nicht einmal Kampf – die neue Anpassung *löst den Kampf ab, wenn er je da war*, und doch werden nach etlicher Zeit gewisse Verbindungsglieder fehlen, weil bloß die überlebten, die für die neuen Bedingungen die geeignetsten sind – ebenso sicher, wie bei der Hypothese der Austilgung der Vorfahrenform. Es braucht kaum hinzugefügt zu werden, dass, wenn wir mit Spencer, allen Lamarckianern und Darwin selbst den modifizierenden Einfluss der Umgebung auf die Art annehmen, dass dann noch weniger die Notwendigkeit einer Vernichtung der Zwischenglieder vorliegt.

Die Bedeutung der Wanderung und der damit zusammenhängenden Isolierung von Tiergruppen für das Entstehen neuer Varietäten und schließlich neuer Arten, auf die von Moritz Wagner hingewiesen wurde, war von Darwin selbst völlig anerkannt worden. Spätere Forschungen haben die Bedeutung dieses Faktors nur noch mehr hervortreten lassen, und sie haben gezeigt, wie der Umfang des Gebietes, das von einer bestimmten Art besiedelt ist – den Darwin mit vollem Recht für so bedeutungsvoll für das Auftreten neuer Varietäten hielt – mit der Isolierung bestimmter Teile der Art, infolge von örtlichen geologischen Veränderungen oder infolge von örtlichen Hindernissen, in Verbindung stehen kann. Es wäre unmöglich, hier in einer Erörterung dieser ausgedehnten Frage einzutreten, aber ein paar Beispiele werden die kombinierte Wirkung dieser beiden Faktoren anschaulich machen können. Es ist bekannt, dass Teile einer bestimmten Art oft zu einer neuen Art Futter übergehen. Die Eichhörnchen z. B. ziehen, wenn in den Lärchenwäldern die Zapfen knapp werden, in die Kiefernwaldungen, und dieser Wechsel in der Nahrung übt auf die Eichhörnchen gewisse bekannte physiologische Wirkungen aus. Wenn diese Veränderung in den Gewohnheiten nicht von Dauer ist – wenn nächstes Jahr in den dunklen Lärchenwäldern wieder reichlich Zapfen sind – dann entsteht natürlich dadurch keine neue Varietät Eichhörnchen. Aber wenn ein Teil des weiten Gebietes, das die Eichhörnchen besiedeln, in seiner physischen Natur anders zu sein beginnt – sagen wir, infolge eines milderen Klimas oder größerer Trockenheit – beide Umstände bewirken, dass die Fichtenwälder sich im Vergleich zu den Lärchenwaldungen vermehren – und wenn noch einige andere Umstände dazu kommen, die die Eichhörnchen veranlassen, jenseits der Gegend, die der Trockenheit ausgesetzt ist, zu wohnen – dann werden wir eine neue Varietät haben, das heißt, eine beginnende neue Eichhörnchenart, ohne dass irgend etwas vorhanden gewesen wäre, was den Namen Austilgung bei den Eichhörnchen verdienen würde. Jedes Jahr würde ein größerer Teil Eichhörnchen der neuen, besser angepassten Art am Leben bleiben, und die Zwischenglieder würden im *Laufe der Zeit* aussterben, ohne dass sie durch malthusianische kämpfende Konkurrenten ausgehungert würden. Genau das sehen wir während der großen physischen Veränderungen sich ereignen, die in weiten Gebieten Zentralasiens infolge der Trockenheit vor sich gehen, die dort seit der Eiszeit mehr und mehr zunimmt.

Nehmen wir ein anderes Beispiel. Es ist von den Geologen bewiesen worden, dass unser jetziges wildes Pferd (*Equus Przewalski*) langsam in den späteren Zeiten der Tertiär- und der Quaternärperiode sich entwickelt hat, aber dass seine Vorfahren *nicht* auf ein bestimmtes, begrenztes Gebiet des Erdballs beschränkt waren. Sie wanderten über die alte und neue Welt und kehrten aller Wahrscheinlichkeit zufolge nach einiger Zeit zu den Weiden zurück, die sie im Laufe ihrer Wanderungen früher verlassen hatten.[59] Wenn wir also jetzt in Asien nicht alle Verbindungsglieder zwischen dem jetzigen Wildpferd und seinen asiatischen Post-Tertiär-Vorfahren finden, so bedeutet das nicht im geringsten, dass die Verbindungsglieder vernichtet worden sind. Keine solche Vernichtung hat je stattgefunden. Nicht einmal eine ausnahmsweise Sterblichkeit braucht es unter den Vorfahrenarten gegeben zu haben: die Individuen, die zu verbindenden Varietäten und Arten gehörten, sind im üblichen Lauf der Geschehnisse gestorben – oft inmitten reichlicher Nahrung, und ihre Überreste wurden über den ganzen Erdball weg der Erde übergeben.

Kurz, wenn wir diese Sache genau untersuchen und achtsam noch einmal lesen, was Darwin selbst darüber schrieb, so sehen wir, dass das Wort „Austilgung", wenn es überhaupt auf vorübergehende Varietäten anzuwenden ist, in seinem metaphorischen Sinne verstanden werden muss. Was die „Konkurrenz" (*competition*) angeht, so ist auch dieser Ausdruck von Darwin immer als Bild oder eine Art zu sprechen angewandt worden (siehe z. B. den Abschnitt „Über Vernichtung"), aber nicht mit der Absicht, die Vorstellung eines wirklichen Kampfes und einer Konkurrenz zwischen zwei Teilen derselben Art um die Existenzmittel zu erzeugen. In jedem Fall ist das Fehlen von Verbindungsformen kein Beweis zugunsten dieser Annahme.

In Wirklichkeit ist das Hauptargument zugunsten einer scharfen Konkurrenz, die fortwährend um der Existenzmittel willen in jeder Tierart vor sich gehen soll – um den Ausdruck des Professors Geddes zu gebrauchen – das von Malthus entlehnte „arithmetische Argument".

Aber dieses Argument ist durchaus kein Beweis dafür. Wir könnten ebensogut eine Anzahl Dörfer im südöstlichen Russland nehmen, deren Einwohner sich einer Fülle von Nahrung erfreuen, aber nicht die geringsten hygienischen Einrichtungen haben; wenn wir nun sehen, dass während der letzten achtzig Jahre die Geburtsziffer sechzig von tausend war, während die Bevölkerung heute ist, was sie vor achtzig Jahren war – würden wir daraus den Schluss ziehen: hier muss eine mörderische Konkurrenz unter den Einwohnern stattgefunden haben? Die Wahrheit ist, dass von Jahr zu Jahr

59 Nach Madame Marie Pawloff, die diesen Gegenstand zu ihrem besonderen Studium gemacht hat, wanderten sie von Asien nach Afrika, blieben da einige Zeit und kehrten dann nach Asien zurück. Ob diese doppelte Wanderung zutrifft oder nicht, die Tatsache, dass der Vorfahr unseres Pferdes früher in Asien, Afrika und Amerika lebte, ist außer allem Zweifel.

die Bevölkerung stationär blieb, aus dem einfachen Grunde, weil ein Drittel der Neugeborenen starb, bevor sie sechs Monate alt waren; die Hälfte starb innerhalb der nächsten vier Jahre, und von je hundert Geburten erreichten nur etwa siebzehn das Alter von zwanzig Jahren. Die Neuangekommenen gingen fort, bevor sie alt genug waren, um Konkurrenten zu sein. Es ist klar, dass dasselbe, was bei den Menschen der Fall ist, noch mehr bei den Tieren zutrifft. Im Vogelreich geht die Zerstörung der Eier in so fürchterlichem Maße vor sich, dass Eier die Hauptnahrung verschiedener Arten im Frühsommer sind; nicht zu reden von den Stürmen und Überschwemmungen, die Millionen von Nestern in Amerika zerstören, und den plötzlichen Witterungsumschlägen, die den jungen Säugetieren verhängnisvoll sind. Jeder Sturm, jede Überschwemmung, jeder Besuch einer Ratte in einem Vogelnest, jeder plötzliche Umschlag der Temperatur nimmt die Konkurrenten und Kämpfer weg, die in der Theorie so schrecklich scheinen.

Was die Tatsachen der äußerst schnellen Vermehrung der Pferde und Rinder in Amerika, der Schweine und Kaninchen in Neuseeland und selbst der aus Europa eingeführten wilden Tiere angeht (in Europa wird ihre Zahl vom Menschen niedergehalten, nicht von der Konkurrenz), so scheinen sie eher gegen die Übervölkerungstheorie zu sprechen. Wenn Pferde und Rinder sich in Amerika so äußerst schnell vermehren konnten, so bewies das nur, dass trotz der zahllosen Büffel und anderer Wiederkäuer, die zu der Zeit in der neuen Welt lebten, die grasessende Bevölkerung doch weit unter dem blieb, was die Prärien ernähren konnten. Wenn Millionen von Eindringlingen reichlich Nahrung gefunden haben, ohne dass sie die frühere Bevölkerung der Prärien aushungerten, so müssen wir eher schließen, dass die Europäer in Amerika zu *wenig* Grasfresser vorfanden, nicht zu viel. Und wir haben allen Grund zu der Annahme, dass Mangel an tierischer Bevölkerung der natürliche Stand der Dinge in der ganzen Welt ist, mit nur wenigen vorübergehenden Ausnahmen von der Regel. Die jeweilige Anzahl von Tieren in einer Gegend bestimmt sich nicht durch das Maximum dessen, was die Gegend an Nahrung aufbringen kann, sondern durch das, was unter den ungünstigsten Umständen an Nahrung da ist, so dass, aus diesem Grund allein, die Konkurrenz schwerlich ein normaler Zustand sein kann, aber es kommen noch andere Gründe dazu, die die tierische Bevölkerung selbst unter diese niedrige Grenze hinabdrücken. Wenn wir die Pferde und Rinder als Beispiel nehmen, die den ganzen Winter hindurch in den Steppen Transbaikaliens grasen, so finden wir sie am Ende des Winters sehr abgemagert und erschöpft. Aber sie werden nicht darum erschöpft, weil nicht genug Nahrung für sie alle da ist – das Gras, das unter einer dünnen Schneeschicht verschüttet ist, wächst überall in Fülle – sondern um der Schwierigkeit willen, es unter dem Schnee hervorzuholen, und diese Schwierigkeit ist für alle Pferde in gleicher Weise dieselbe. Außerdem sind im ersten Frühjahr häufig Tage mit strengem Frost, und wenn mehrere solche Tage hintereinander kommen, werden die Pferde noch mehr erschöpft. Aber dann kommt ein Schneesturm, der die schon geschwächten Tiere zwingt, mehrere Tage ohne jede Nahrung zu bleiben, und sie sterben in sehr großer Zahl. Die Verluste während des Frühjahrs sind so groß, dass sie, wenn die Jahreszeit unfreundlicher gewesen ist als in der Regel, nicht einmal durch die neuen Geburten ausgeglichen werden – um so mehr, als *alle* Pferde erschöpft sind, und die jungen Füllen in schwächerer Verfassung geboren werden. Die Zahl der Pferde und Rinder bleibt so immer unter dem, was sie andernfalls sein könnte; das ganze Jahr ist Nahrung für fünf- oder sechsmal soviel Tiere vorhanden, und doch wächst ihre Menge äußerst langsam. Aber sowie der burätische Besitzer einen kleinen Vorrat Heu in die Steppen tut und ihn während der strengen Frosttage oder der heftigeren Schneefälle aufschüttelt, sieht er sofort, dass seine Herde zunimmt. Fast alle frei lebenden Grasfresser und viele Nagetiere in Asien und Amerika leben unter sehr ähnlichen Bedingungen und so können wir getrost sagen, dass ihre Zahl *nicht* durch die Konkurrenz niedergehalten wird, dass sie zu keiner Zeit des Jahres um die Nahrung streiten können und dass der Grund, warum sie nie einen Zustand erreichen, der so etwas wie Übervölkerung ist, am Klima liegt, aber nicht an der Konkurrenz.

Die Bedeutung der natürlichen Hemmungen gegen die Übervermehrung und besonders ihre Tragweite hinsichtlich der Konkurrenz-Hypothese scheint nie genug beachtet worden zu sein. Die Hemmungen oder besser: einige von ihnen werden erwähnt, aber ihre Wirksamkeit wird selten in ihren Einzelheiten erforscht. Wenn wir indessen die Wirksamkeit der natürlichen Hemmnisse mit der der Konkurrenz vergleichen, so müssen wir sofort zugestehen, dass die letzte nicht den geringsten Vergleich mit den anderen Hemmungen aushält. So erwähnt Mr. Bates die wirklich erstaunliche Ziffer der fliegenden Ameisen, die während ihres Ausfluges vernichtet werden. Die toten oder halbtoten Körper der Formica de fuego (*Myrmica saevissima*), die während einer starken Brise in den Fluss geweht worden waren, „waren einen oder zwei Zoll hoch und ebenso breit in einer Linie aufgehäuft, die ohne Unterbrechung meilenweit am Saum des Wassers weiterging“.[60] Myriaden von Ameisen werden so inmitten einer

60 *The Naturalist on the River Amazonas*, Bd. 2, S. 85, 95.

Natur zerstört, die hundertmal so viel erhalten könnte, als gegenwärtig leben. Dr. Altum, ein deutscher Forstmann, der ein sehr interessantes Buch über die Tiere schrieb, die unseren Wäldern schädlich sind, gibt auch viele Tatsachen, die die außerordentliche Bedeutung natürlicher Hindernisse zeigen. Er sagt, dass aufeinanderfolgende Stürme oder kaltes und nasses Wetter während des Ausfluges des Kiefernspinners (*Bombyx pini*) ihn in unglaublichen Massen zerstören, und während des Frühlings im Jahre 1871 verschwanden diese Spinner alle auf einmal, wahrscheinlich durch aufeinanderfolgende kalte Nächte getötet.[61] Viele ähnliche Beispiele hinsichtlich verschiedener Insekten könnten aus verschiedenen Teilen Europas genannt werden. Dr. Altum erwähnt auch die Vögel, die dem Kiefernspinner feindlich sind, und die Füchse, die massenhaft ihre Eier zerstören, aber er fügt auch hinzu, dass die parasitären Pilze, die ihn zuzeiten überfallen, ein weitaus schrecklicherer Feind sind als irgendein Vogel, weil sie den Spinner auf sehr großen Gebieten auf einmal zerstören. Was mehrere Mäusearten angeht (*Mus sylvaticus, Arvicola arvalis und A. agrestis*), so gibt derselbe Verfasser eine lange Liste ihrer Feinde, aber bemerkt dazu: „Die schrecklichsten Feinde der Mäuse jedoch sind nicht andere Tiere, sondern die schrecklichen Witterungswechsel, wie sie in jedem Jahre vorkommen." Abwechselnd kaltes und warmes Wetter zerstört sie in zahllosen Mengen; „ein einziger plötzlicher Wechsel kann Tausende von Mäusen auf die Zahl von ein paar Individuen verringern". Andererseits bewirkt ein warmer Winter oder ein Winter, der allmählich einsetzt, dass sie sich in bedrohlichem Maße vermehren, trotz allen Feinden; das war der Fall in den Jahren 1876 und 1877.[62] Die Konkurrenz erscheint also im Falle der Mäuse als ganz unbedeutender Faktor im Vergleich mit dem Wetter. Andere Tatsachen, die dasselbe beweisen, werden auch für die Eichhörnchen mitgeteilt.

Was die Vögel angeht, so ist es bekannt, wie sie unter plötzlichen Witterungsumschlägen leiden. Späte Schneestürme sind für das Leben der Vögel auf den englischen Heiden ebenso verderblich wie in Sibirien; und Th. Dixon sah das Schneehuhn während einiger ausnahmsweise strenger Winter so bedrängt, dass sie die Heiden in Scharen verließen, „und wir haben dann erfahren, dass sie jetzt in den Straßen von Sheffield gefangen werden. Anhaltende Nässe", fügt er hinzu, „ist fast ebenso verhängnisvoll für sie".

61 Dr. B. Altum, *Waldbeschädigungen durch Tiere und Gegenmittel*, Berlin 1889, S. 207 ff.

62 Dr. B. Altum, ebenda, S. 13 und 187.

Andererseits zerstören die ansteckenden Krankheiten, die fortwährend die meisten Tierarten heimsuchen, die Tiere in solchen Massen, dass die Verluste oft jahrelang nicht wieder eingebracht werden können, selbst bei den Tieren, die sich äußerst schnell vermehren. So verschwanden vor einigen sechzig Jahren die Susliks plötzlich aus der Nachbarschaft von Sarepta in Südostrussland infolge von epidemischen Krankheiten, und jahrelang wurden in diesen Gegenden keine Ziesel gesehen. Es dauere viele Jahre, bis sie wieder so zahlreich wurden, wie sie früher waren.[63]

Ähnliche Tatsachen, die alle geeignet sind, die Bedeutung des Konkurrenzkampfes zu verringern, könnten massenhaft aufgeführt werden.[64] Natürlich könnte mit Darwins Worten erwidert werden, „dass trotzdem jedes organische Wesen in einer bestimmten Periode seines Lebens, während einer bestimmten Jahreszeit, während jeder Generation oder in Zwischenräumen, ums Leben zu kämpfen hat und große Vernichtung erdulden muss", und dass die Geeignetsten während solcher Zeiten des harten Kampfes ums Dasein überleben. Aber wenn die Entwicklung des Tierreiches ausschließlich oder auch nur hauptsächlich auf das Überleben der Geeignetsten in Zeiten des Unglückes sich gründete, wenn die natürliche Auslese in ihrer Wirksamkeit auf Zeiten ausnahmsweiser Trockenheit oder plötzlicher Temperaturumschläge oder Überschwemmungen beschränkt wäre, dann wäre der Rückschritt die Regel im Tierreich. Solche Individuen, die eine Hungersnot oder eine heftige Choleraepidemie oder die Pocken oder die Diphtherie, wie wir sie in unzivilisierten Gegenden vorfinden, überleben, sind weder die stärksten noch die gesündesten, noch die intelligentesten. Kein Fortschritt könnte sich auf solches Überleben gründen – um so weniger, als alle Überlebenden gewöhnlich aus der Prüfung mit geschwächter Gesundheit hervorgehen, wie die eben erwähnten Pferde aus Transbaikalien oder die Mannschaften einer Nordpolfahrt oder die Garnison einer Festung, die ein paar Monate lang gezwungen war, von halben Rationen zu leben, und aus dieser Leidenszeit mit gebrochener Gesundheit hervorgeht und infolgedessen eine ganz abnorme Sterblichkeit aufweist. Alles, was die natürliche Auslese in Zeiten des Unglückes tun kann, ist, dass die Individuen geschont werden, die mit der größten Ausdauer im Ertragen von Entbehrungen aller Art begabt sind. So geschieht es bei den sibirischen Pferden und Rindern. Sie sind ausdauernd, sie können im Fall der Not sich von der Polarbirke ernähren, sie widerstehen der Kälte und dem Hunger.

63 A. Becker im *Bulletin de la Société des Naturalistes de Moscou*, 1889, S. 625.
64 Siehe Anhang 5.

Aber kein sibirisches Pferd ist imstande, auch nur die halbe Last zu tragen, die ein europäisches Pferd mit Leichtigkeit trägt; keine sibirische Kuh gibt halb so viel Milch als eine Kuh von Jersey, und keine Eingeborenen aus unzivilisierten Ländern können den Vergleich mit Europäern aushalten. Sie mögen Hunger und Kälte besser ertragen, aber ihre physische Kraft ist sehr tief unter der eines wohlgenährten Europäers, und ihr intellektueller Fortschritt ist verzweifelt langsam. „Das Übel kann kein Gutes hervorbringen", wie Tschernyschewskij in einem bemerkenswerten Essay über den Darwinismus geschrieben hat.[65]

Glücklicherweise ist Konkurrenz weder im Tierreich noch in der Menschheit die Regel. Sie beschränkt sich unter Tieren auf Ausnahmezeiten, und die natürliche Auslese findet bessere Gelegenheiten zu ihrer Wirksamkeit. Bessere Zustände werden geschaffen durch die *Überwindung der Konkurrenz* durch gegenseitige Hilfe.[66] In dem großen Kampf ums Dasein – für die möglichst große Fülle und Intensität des Lebens mit dem geringsten Aufwand an Kraft – sucht die natürliche Auslese fortwährend ausdrücklich die Wege aus, auf denen sich die Konkurrenz möglichst vermeiden lässt. Die Ameisen vereinigen sich in Haufen und Völkern, sie stapeln ihre Vorräte auf, sie halten sich ihr Vieh – und vermeiden so die Konkurrenz, und die natürliche Auslese wählt aus der Familie der Ameisen die Arten aus, die es am besten verstehen, die Konkurrenz mit ihren unabwendbar verderblichen Folgen zu vermeiden. Die meisten unter unseren Vögeln wenden sich langsam nach Süden, wenn der Winter kommt, oder versammeln sich in zahllosen Gesellschaften und unternehmen lange Reisen – und vermeiden so die Konkurrenz. Viele Nagetiere fallen in Schlaf, wenn die Zeit kommt, wo sonst die Konkurrenz eintreten würde; und wieder andere Nagetiere stapeln Nahrung für den Winter auf und versammeln sich in großen Kolonien, um den nötigen Schutz zu haben, während sie an der Arbeit sind. Die Rentiere wandern, wenn die Flechten im Innern des Landes vertrocknet sind, gegen die See. Büffel durchqueren einen unge-

65 *Russkaya Mysl*, Sept. 1888: „Die Theorie des wohltätigen Einflusses des Kampfes ums Dasein, eine Vorrede zu mehreren Abhandlungen über Botanik, Zoologie und Menschenleben", von einem alten Transformisten.

66 „Eine der häufigsten Arten, durch die die natürliche Auslese wirksam ist, besteht darin, einige Individuen einer Art an eine etwas andere Lebensweise anzupassen. wodurch sie instand gesetzt werden, unbenutzte Plätze der Natur in Besitz zu nehmen" (*Origin of Species*, S. 145) – mit anderen Worten, die Konkurrenz zu vermeiden.

heuren Kontinent, um reichlich Nahrung zu finden. Und wenn die Biber an einem Fluss zahlreich werden, teilen sie sich in zwei Partien und gehen, die Alten flussabwärts und die Jungen flussaufwärts – und vermeiden die Konkurrenz. Und wenn Tiere weder in Schlaf verfallen noch auswandern, noch Vorräte sammeln, noch selbst ihre Nahrung züchten können wie die Ameisen, dann tun sie, was die Meise tut, und was Wallace (*Darwinismus*, Kap. 5) so reizend beschrieben hat: sie gehen zu einer neuen Art Nahrung über – und vermeiden so ebenfalls die Konkurrenz.[67]

„Streitet nicht! – Streit und Konkurrenz ist der Art immer schädlich, und ihr habt reichlich die Mittel, sie zu vermeiden!“ Das ist die *Tendenz* der Natur, die nicht immer völlig verwirklicht wird, aber immer wirksam ist. Das ist die Parole, die aus dem Busch, dem Wald, dem Fluss, dem Ozean zu uns kommt. „Daher vereinigt euch – übt gegenseitige Hilfe! Das ist das sicherste Mittel, um all und jedem die größte Sicherheit, die beste Garantie der Existenz und des Fortschrittes zu geben, körperlich, geistig und moralisch.“ Das ist es, was die Natur uns lehrt, und das ist es, was alle die Tiere, die die höchste Stufe in ihren Klassen erreicht haben, getan haben. Das ist es auch, was der Mensch – der primitivste Mensch – getan hat; und darum hat der Mensch die Stufe erreicht, auf der wir jetzt stehen, wie wir in den folgenden Kapiteln sehen werden, die der gegenseitigen Hilfe in menschlichen Gesellschaften gewidmet sind.

67 Siehe Anhang 6.

Drittes Kapitel: Gegenseitige Hilfe bei den Wilden

Annahme eines Kampfes aller gegen alle. – Die Entstehung der menschlichen Gesellschaft aus dem Stamm. – Spätes Auftreten der getrennten Familie. – Buschmänner und Hottentotten. – Australier, Papuas. – Eskimos, Aleuten. – Das Leben der Wilden in seinen Besonderheiten für Europäer schwer zu verstehen. – Des Dayaks Auffassung von der Gerechtigkeit. – Gemeines Recht.

Die ungeheure Rolle, die die gegenseitige Hilfe in der Entwicklung des Tierreiches spielt, ist in den vorhergehenden Kapiteln kurz untersucht worden. Wir haben jetzt auf die Rolle einen Blick zu werfen, die dieselben Triebkräfte in der Entwicklung der Menschheit spielen. Wir sahen, wie gering an Zahl die Tierarten sind, die ein isoliertes Leben führen, und wie zahllos die, die in Gesellschaften leben, entweder zur gegenseitigen Verteidigung, oder zur Jagd und zum Einsammeln der Nahrung, oder zum Aufziehen der Jungen oder einfach zum gemeinsamen Lebensgenuß. Wir sahen auch, dass zwar ein gut Teil Krieg zwischen verschiedenen Klassen oder verschiedenen Arten oder selbst verschiedenen Stämmen derselben Art herrscht, dass aber Friede und gegenseitiger Beistand innerhalb des Stammes oder der Art die Regel sind, und dass die Arten, die es am besten verstehen, sich zu vereinigen und die Konkurrenz zu vermeiden, die besten Aussichten haben, zu überleben und eine weitere fortschreitende Entwicklung zu nehmen. Sie gedeihen, während die ungeselligen Arten zugrunde gehen.

Es ist klar, dass es ganz im Gegensatz zu allem, was wir von der Natur wissen, stünde, wenn die Menschen eine Ausnahme von einer so allgemeinen Regel wären: wenn ein Geschöpf, das so wehrlos ist, wie es der Mensch in seinen Anfängen war, seinen Schutz und seinen Weg zum Fortschritt nicht in gegenseitigem Beistand gefunden hätte gleich anderen Tieren, sondern in rücksichtslosem Kampf um persönliche Vorteile, ohne sich um die Interessen der Art zu kümmern. Einem Geist, der an die Idee der

Einheit in der Natur gewöhnt ist, erscheint eine solche Vorstellung äußerst unhaltbar. Und doch, so unwahrscheinlich und unphilosophisch sie ist, hat es ihr nie an Verteidigern gefehlt. Es hat immer Schriftsteller gegeben, die eine pessimistische Ansicht von der Menschheit hatten. Sie nahmen ihre Kenntnisse, mehr oder weniger oberflächlich, aus ihrer eigenen beschränkten Erfahrung; sie wussten von der Geschichte, was die Chronisten, die immer auf Kriege, Grausamkeit und Unterdrückung achteten, von ihr berichteten, und wenig darüber hinaus, und sie schlossen daraus, die Menschheit sei nichts als eine lose Ansammlung von Lebewesen, die immer bereit seien, miteinander zu kämpfen, und nur durch das Eingreifen einer Gewalt daran verhindert würden.

Hobbes nahm diese Stellung ein, und während einige seiner Nachfolger im 18. Jahrhundert sich bemühten, zu zeigen, dass in keiner Epoche ihrer Existenz – nicht einmal in ihren primitivsten Zuständen – die Menschheit in einem Zustand beständigen Krieges lebte, dass die Menschen auch im „Naturzustand" gesellig gewesen sind, und dass eher Mangel an Kenntnissen als die natürlichen bösen Neigungen des Menschen die Menschheit zu all den Gräueln ihrer geschichtlichen Frühzeit brachte, war im Gegensatz dazu ihre Idee, dass der sogenannte „Naturzustand" nichts war als ein fortwährender Krieg zwischen Individuen, die durch eine bloße Laune ihrer tierischen Existenz durcheinandergewürfelt waren. Zwar hat die Wissenschaft seit den Zeiten Hobbes' einige Fortschritte gemacht, und wir stehen auf festerem Grund als die Spekulationen von Hobbes oder Rousseau. Aber die Hobbessche Philosophie hat noch eine Menge Anhänger, und wir haben erst in letzter Zeit eine ganze Schriftstellerschule gehabt, die mehr von Darwins Schlagworten als von seinen leitenden Gedanken Besitz ergriffen und daraus ein Argument zugunsten Hobbesscher Anschauungen über den primitiven Menschen machten und denen es sogar gelang, ihnen ein wissenschaftliches Aussehen zu geben. Huxley übernahm bekanntlich die Führung dieser Schule, und in einem Aufsatz, den er im Jahre 1888 schrieb, stellte er die primitiven Menschen als eine Art Tiger oder Löwe dar, die aller ethischen Vorstellungen bar seien, den Kampf ums Dasein bis zum bitteren Ende durchführten und ein Leben „beständigen rücksichtslosen Kampfes" führten; um seine eigenen Worte zu zitieren: „abgesehen von den beschränkten und nur zeitweiligen Beziehungen der Familie war der Hobbessche Krieg aller gegen alle der normale Zustand, zu existieren."[68]

68 *Nineteenth Century*, Februar 1888, S. 165.

Es ist mehr als einmal bemerkt worden, dass der Hauptirrtum Hobbes' und ebensosehr der Philosophen des 18. Jahrhunderts darin bestand, dass sie sich einbildeten, die Menschheit habe ihr Leben in Gestalt kleiner umherstreifender Familien begonnen, so ähnlich wie die „beschränkten und zeitweiligen" Familien der größeren Raubtiere, während wir jetzt positiv wissen, dass das in Wirklichkeit nicht der Fall war. Natürlich haben wir keinen unmittelbaren Beweis für die Formen des Lebens bei den ersten menschenartigen Geschöpfen. Wir sind noch nicht einmal einig über die Zeit ihres ersten Auftretens, da die Geologen jetzt geneigt sind, ihre Spuren im Pliozän oder gar Miozän, Ablagerungen der Tertiärperiode, zu sehen. Aber wir haben die indirekte Methode, die es uns erlaubt, selbst auf dieses entlegene Altertum etwas Licht zu werfen. Während der letzten vierzig Jahre ist eine sehr sorgfältige Forschung über die sozialen Einrichtungen der niedrigsten Rassen im Gange gewesen und sie hat unter den gegenwärtigen Einrichtungen primitiver Völker einige Spuren noch älterer Einrichtungen aufgedeckt, die lange verschwunden sind, aber trotzdem unverkennbare Spuren ihres früheren Daseins hinterlassen haben. Eine ganze Wissenschaft, die der Embryologie der menschlichen Einrichtungen gewidmet ist, hat sich so unter den Händen von Bachofen, MacLennan, Morgan, E. B. Tylor, Maine, Post, Kowalewsky, Lubbock und vielen anderen herausgebildet. Und diese Wissenschaft hat es über allen Zweifel erhoben, dass die Menschheit ihr Leben *nicht* in Gestalt kleiner isolierter Familien begonnen hat.

Weit entfernt, eine primitive Form der Organisation zu sein, ist die Familie vielmehr ein sehr spätes Produkt menschlicher Entwicklung. Soweit wir in der Paläo-Ethnologie der Menschheit zurückgehen können, finden wir Menschen, die in Gesellschaften leben – in Stämmen ähnlich denen der höchsten Säugetiere; und eine äußerst langsame und lange Entwicklung war erforderlich, um diese Gesellschaften zur Gentil- oder Clanorganisation zu bringen, die ihrerseits wiederum eine andere, auch sehr lange Entwicklung durchmachen musste, ehe die ersten Keime der Familie, der polygamen oder monogamen, auftreten konnten. Gesellschaften, Horden oder Stämme – nicht Familien – waren also die ursprüngliche Form der Organisation der Menschheit und ihrer frühesten Vorfahren. Dazu ist die Ethnologie nach ihren unermüdlichen Untersuchungen gelangt. Und damit kam sie lediglich zu dem, was der Zoologe hätte vorhersehen können. Keines der höheren Säugetiere, außer ein paar Raubtieren und ein paar unzweifelhaft in Verfall geratenen Affenarten (Orang-Utans und Gorillas), lebt in kleinen Familien, die sich isoliert in den Wäldern herumtreiben. Alle anderen leben in Gesellschaften. Und Darwin verstand so gut, dass isoliert lebende Affen niemals sich in menschenähnliche Wesen hatten entwickeln können, dass er eher geneigt war, den Menschen als Abkömmling einer verhältnismäßig schwachen, aber *sozialen* Art, wie des Schimpansen, zu betrachten, als ihn von einer stärkeren, aber unsozialen Art, wie der Gorilla es ist, abstammen zu lassen.[69] Die Zoologie und Paläo-Ethnologie betrachten also übereinstimmend die Horde, nicht die Familie, als früheste Form des sozialen Lebens. Die ersten Menschengesellschaften waren lediglich eine Weiterentwicklung der Gesellschaften, die das eigentliche Lebenselement der höheren Tiere bilden.[70]

Wenn wir jetzt zu positiven Beweisen übergehen, so sehen wir, dass die frühesten Spuren des Menschen, die aus der Eiszeit oder der frühesten Periode nach der Eiszeit stammen, unverkennbare Zeugnisse dafür liefern, dass der Mensch schon damals in Gesellschaften gelebt hat. Isolierte Funde von Steingeräten, selbst aus der alten Steinzeit, sind sehr selten; im Gegenteil, überall, wo ein Flintwerkzeug entdeckt worden ist, kann man darauf rechnen, auch andere zu finden, oft in sehr großen Mengen. In einer Zeit, wo die Menschen in Höhlen oder unter zufällig vorstehenden Felsen, in Gesellschaft jetzt ausgestorbener Säugetiere wohnten und kaum imstande waren, die rohesten Sorten Feuersteinbeile zu verfertigen, kannten sie schon die Vorteile des Gesellschaftslebens. In den Tälern der Nebenflüsse der Dordogne ist an einigen Stellen die Außenseite der Felsen mit Höhlen förmlich übersät, die von Steinzeitmenschen bewohnt waren.[71] Manchmal

69 *The Descent of Man*, Ende des 2. Kapitels S. 63 und 64, 2. Auflage.

70 Anthropologen, die die obenstehenden Anschauungen in bezug auf den Menschen völlig unterschreiben, behaupten trotzdem bisweilen, dass die Affen in polygamen Familien leben unter der Führung eines „starken und eifersüchtigen Männchens". Ich weiß nicht, inwiefern sich diese Behauptung auf schlüssige Beobachtungen stützt. Aber der Passus aus Brehms Tierleben, auf den man sich manchmal dafür bezieht, kann kaum als sehr beweiskräftig gelten. Er findet sich in seiner allgemeinen Schilderung der Affen; aber seine mehr ins einzelne gehenden Schilderungen besonderer Arten widersprechen ihm entweder oder bestätigen ihn wenigstens nicht. Selbst bezüglich der Meerkatzen ist Brehm positiv in seiner Behauptung, er sagt: „Man findet sie fast stets in ziemlichen Banden; Familien kommen kaum vor" (S. 128 der 3. Auflage). Was andere Arten angeht, so macht schon die Mitgliederzahl ihrer Banden, die immer mehrere Männchen enthalten, die „polygame Familie" mehr als zweifelhaft. Weitere Beobachtung ist offenbar nötig.

71 Lubbock, *Prehistoric Times*, 5. Auflage, 1890.

sind die Höhlenwohnungen wie Stockwerke übereinandergelagert, und jedenfalls erinnern sie viel mehr an Nestkolonien der Schwalben als an die Höhlen der Raubtiere. Was die Steinwerkzeuge angeht, die in diesen Höhlen gefunden wurden, so kann man mit Lubbocks Worten „ohne Übertreibung sagen, dass sie zahllos sind". Dasselbe gilt für andere Fundstätten aus der Steinzeit. Es geht auch aus Lartets Forschungen hervor, dass die Bewohner des Kreises Aurignac in Südfrankreich an Stammesmählern bei der Beerdigung ihrer Toten teilnahmen. Die Menschen also lebten auch in dieser äußerst entfernten Zeit in Gesellschaften und hatten Anfänge eines Stammeskultus.

Das nämliche ist viel besser bewiesen hinsichtlich des späteren Teiles der Steinzeit. Spuren des Steinzeitmenschen sind in unzähligen Mengen gefunden worden, so dass wir seine Lebensführung bis zu hohem Grade rekonstruieren können. Als die Eiskappe, die sich von den Polarländern bis nach Mittelfrankreich, Mitteldeutschland und Mittelrussland erstreckt haben und Kanada sowohl wie einen großen Teil der Vereinigten Staaten bedeckt haben muss, wegzuschmelzen begann, waren die vom Eis befreiten Gegenden zuerst mit Sümpfen und Marschen, späterhin mit unzähligen Seen bedeckt.[72] Seen füllten alle Talsenkungen aus, ehe ihre Wasser sich die dauernden Kanäle gruben, die in einer späteren Epoche unsere Flüsse wurden. Und überall, in Europa, Asien oder Amerika, wo wir die Ufer dieser buchstäblich zahllosen Seen dieser Periode erforschen, deren wahrer Name die Seenzeit wäre, finden wir die Spuren der Steinzeitmenschen. Sie sind so zahlreich, dass wir über die verhältnismäßige Bevölkerungsdichtigkeit jener Zeit uns nur wundem können. Die „Standorte" des Steinzeitmenschen folgen dicht hintereinander auf den Terrassen, die jetzt die Ufer der früheren Seen bezeichnen. Und an jeder dieser Stätten kommen Steinwerkzeuge in solchen Mengen zum Vorschein, dass über den Zeitraum, während dessen sie von recht zahlreichen Stämmen bewohnt waren, kein Zweifel möglich ist. Ganze Werkstätten mit Flintwerkzeugen, die von der

72 Diese Ausdehnung des Eises ist von den meisten Geologen, die die Eiszeit speziell erforscht haben, zugegeben. Die russische geologische Gesellschaft hat hinsichtlich Russlands bereits dieser Auffassung zugestimmt, und die meisten deutschen Spezialforscher halten sie für Deutschland aufrecht. Die Vereisung des größten Teiles des Zentralplateaus Frankreichs wird ohne Frage von den französischen Geologen zugegeben werden, wenn sie den Ablagerungen der Eiszeit überhaupt mehr Beachtung schenken. Für die Vogesen wurde sie neulich von Bleicher nachgewiesen.

Zahl der Arbeiter zeugen, die zusammenzukommen pflegten, sind von den Archäologen entdeckt worden.

Spuren einer etwas vorgerückteren Periode, die bereits durch den Gebrauch mancher Töpfereien charakterisiert ist, werden in den Muschelhaufen Dänemarks gefunden. Sie zeigen sich, wie wohl bekannt ist, in Form von Haufen, die 1,50 bis 3 Meter dick, 30 bis 60 Meter breit und 300 oder mehr Meter lang sind, und sie sind an manchen Teilen der Meeresküste so allgemein, dass man sie lange Zeit für natürliche Gebilde gehalten hat. Und doch „enthalten sie *nichts*, was nicht auf die eine oder andere Weise dem Gebrauch des Menschen gedient hat", und sie sind so vollgestopft mit Erzeugnissen der menschlichen Tätigkeit, dass Lubbock während eines zweitägigen Aufenthaltes in Meilgaard nicht weniger als 191 Stücke von Steinwerkzeugen und vier Bruchstücke von Töpfereien ausgrub.[73] Die Größe und Ausdehnung der Muschelhaufen aber beweist, dass viele Generationen hindurch Dänemark von Hunderten kleiner Stämme bewohnt war, die sicher ebenso friedlich zusammenlebten, wie die feuerländischen Stämme, die auch solche Muschelhaufen aufstapeln, es zu unseren Zeiten tun. Die Haufen von Küchenabfällen vor einer Wohnstätte der jüngeren Steinzeit in einer Spalte der Hastingsklippe, die von Lewis Abbott so trefflich untersucht worden sind, gehören in dieselbe Kategorie. Sie weisen den interessanten Zug auf, dass man in diesen Haufen keine Waffen, die man als Kriegswaffen ansehen könnte, gefunden hat.

Die Seewohnungen der Schweiz, die eine noch vorgeschrittenere Kulturstufe repräsentieren, zeigen uns noch deutlicher das Leben und Arbeiten in Gesellschaften. Es ist bekannt, dass schon während der Steinzeit die Ufer der Schweizer Seen mit Dörfern besät waren, von denen jedes aus mehreren Hütten bestand und auf einer Plattform gebaut war, die durch viele Pfähle im See gestützt war. Nicht weniger als vierundzwanzig, meistens Steinzeitdörfer, wurden an den Ufern des Genfer Sees entdeckt, zweiunddreißig am Bodensee, sechsundvierzig am Neuenburger See usf., und jedes von ihnen führt uns die außerordentliche Arbeitsleistung vor Augen, die vom Stamm gemeinsam vollbracht wurde, nicht von der Familie. Es ist sogar behauptet worden, dass das Leben der Seebewohner bemerkenswert frei von Kriegen gewesen sein muss. Und das war es auch wahrscheinlich, besonders wenn wir an das Leben der primitiven Völker denken, die noch heutzutage in ähnlichen Dörfern leben, die auf Pfählen an den Seeufern gebaut sind.

73 *Prehistoric Times*, S. 232 und 242.

Man steht so, selbst aus diesen flüchtigen Andeutungen, dass unsere Kenntnisse vom primitiven Menschen eigentlich nicht so dürftig sind, und dass sie, soweit unser Wissen reicht, den Spekulationen Hobbes' eher widersprechen als zustimmen. Überdies können sie in hohem Maße durch die unmittelbare Beobachtung solcher primitiver Stämme ergänzt werden, die jetzt auf derselben Kulturstufe stehen, wie die Bewohner Europas in der prähistorischen Zeit.

Dass diese primitiven Stämme, die wir jetzt vorfinden, *nicht* degenerierte Vertreter des Menschengeschlechtes sind, die früher höher zivilisiert waren, wie gelegentlich behauptet worden ist, ist zur Genüge von Edward Tylor und Lubbock gezeigt worden. Jedoch mag den Argumenten, die der Degenerationstheorie bereits entgegengestellt wurden, noch das folgende zugefügt werden. Mit Ausnahme von ein paar Stämmen, die in wenig zugänglichen Hochländern hausen, stellen die „Wilden" einen Gürtel dar, der die mehr oder weniger zivilisierten Völker umschließt, und sie bewohnen die Außenteile unserer Kontinente, die zum größten Teil noch jetzt den Charakter einer der Eiszeit unmittelbar folgenden Periode haben oder ihn bis vor kurzem gehabt haben. So die Eskimos und ihre Verwandten in Grönland, dem arktischen Amerika und Nordsibirien, und in der südlichen Halbkugel die Australier, die Papuas, die Feuerländer und zum Teil die Buschmänner, während innerhalb der zivilisierten Zone ähnliche primitive Völker nur im Himalaja, den Hochländern Australiens und den brasilianischen Hochebenen gefunden werden. Nun muss man sich ins Gedächtnis zurückrufen, dass die Eiszeit nicht auf einmal auf der ganzen Erdoberfläche zu Ende war. Sie dauert in Grönland noch fort. Daher verblieben zu einer Zeit, wo die Küstenländer des Indischen Ozeans, des Mittelmeeres oder des Golfs von Mexiko schon ein wärmeres Klima genossen und die Spitze höherer Kultur wurden, ungeheure Gebiete in Mitteleuropa, Sibirien und Nordamerika und ebenso in Patagonien, Südafrika und dem südlichen Australasien unter den Verhältnissen der ersten auf die Eiszeit folgenden Periode, durch die sie den zivilisierten Völkern der tropischen und subtropischen Zone unzugänglich blieben. Sie waren zu der Zeit, was die schrecklichen „Urmans" Nordwestsibiriens heute sind, und ihre Bevölkerung, die der Zivilisation unzugänglich war und von ihr nicht berührt wurde, bewahrte den Charakter der Postglazialzeit. Späterhin, als durch die zunehmende Trockenheit diese Gebiete geeigneter für die Landwirtschaft wurden, wurden sie von zivilisierteren Einwanderern besiedelt; und während ein Teil ihrer früheren Bewohner von den neuen Ankömmlingen assimiliert wurde, wanderte ein anderer Teil weiter und ließ sich da nieder, wo wir sie finden. Die

Gebiete, die sie jetzt bewohnen, sind noch, oder waren es vor kurzem, der Eiszeit nahe, was ihre physikalischen Seiten angeht; ihre Handwerke und Geräte sind die der Steinzeit; und trotz ihren Rassenverschiedenheiten und den Entfernungen, die sie trennen, weisen ihre Lebensgewohnheiten und sozialen Einrichtungen eine auffallende Ähnlichkeit auf. So können wir nicht umhin, sie als Überbleibsel der früheren postglazialen Bevölkerung des jetzt zivilisierten Gebietes zu betrachten.

Das erste, was uns auffällt, sowie wir die primitiven Völker zu erforschen beginnen, ist die Kompliziertheit der Organisation der Eheverhältnisse, die ihr Leben beherrscht. Bei den meisten von ihnen ist die Familie in dem Sinn, den wir ihr beilegen, kaum in ihren ersten Spuren zu finden. Aber sie sind keineswegs lose Haufen von Männern und Frauen, die etwa augenblicklichen Launen zufolge sich unordentlich zusammenfänden. Alle unter ihnen stehen unter einer gewissen Organisation, die von Morgan in ihren allgemeinen Umrissen als „Gentil"- oder Clanorganisation geschildert worden ist.[74]

74 Bachofen. *Das Mutterrecht*, Stuttgart 1861; Lewis H. Morgan, *Ancient Society, or Researches in the Lines of Human Progress from Savagery through Barbarism to Civilisation*, New York 1877; J. F. Mac Lennan, *Studies in Ancient History,* 1. Serie, neue Ausgabe, 1886; 2, Serie 1896; L. Fison und A W. Howitt, *Kamilaroi and Kurnai*, Melbourne. Diese vier Schriftsteller sind – wie Giraud Teulon sehr richtig bemerkt hat – von verschiedenen Tatsachen und leitenden Ideen ausgegangen, haben verschiedene Methoden verfolgt und sind zum selben Schluss gekommen. Bachofen verdanken wir den Begriff der Mutterschaftsfamilie und der Muttererbfolge; Morgan – das System der malaiischen und turanischen Verwandtschaft und eine sehr wertvolle Skizze der Hauptphasen der menschlichen Entwicklung; Mac Lennan – das Gesetz der Exogamie; und Fison und Howitt – den cuadro oder Plan der Ehegesellschaften Australiens. Alle vier schließen mit der Feststellung derselben Tatsache: des Stammesursprungs der Familie. Als Bachofen in seinem epochemachenden Werk zuerst die Aufmerksamkeit auf die Mutterschaftsfamilie lenkte, und Morgan die Clanorganisation schilderte – wobei beide über die fast allgemeine Verbreitung dieser Formen einig waren und behaupteten, dass das Eherecht allen folgenden Schritten der menschlichen Entwicklung zugrunde liege – da zieh man sie der Übertreibung. Indessen haben die sorgsamsten Forschungen, die seitdem von einer großen Zahl Erforschern des alten Rechts unternommen wurden, bewiesen, dass alle Rassen des Menschengeschlechts die Spuren aufweisen, kraft deren sie durch dieselben Stadien der Entwicklung des Eherechts hindurchgegangen sind, wie wir sie jetzt noch bei gewissen Wilden vorfinden. Siehe die Werke von Post, Dargun, Kowalewsky, Lubbock und ihren zahlreichen Nachfolgern: Lippert, Mucke usw.

Um die Sache so kurz als möglich vorzutragen, ist es kaum zu bezweifeln, dass das Menschengeschlecht in seinen Anfängen durch ein Stadium hindurchgegangen ist, das man als „Gemeinehe" bezeichnen kann; das heißt, der ganze Stamm hatte Ehemänner und Ehefrauen gemeinsam ohne viel Rücksicht auf Blutverwandtschaft. Aber es ist ebenso gewiss, dass schon zu sehr früher Zeit dieser freien Vermischung gewisse Einschränkungen auferlegt wurden. Es wurde bald verboten, dass die Söhne einer Mutter und ihre, das heißt der Mutter Schwestern, Enkelinnen und Tanten einander heirateten. Späterhin wurde die Ehe zwischen den Söhnen und Töchtern derselben Mutter verboten, und weitere Beschränkungen blieben nicht aus. Der Begriff einer Gens oder eines Clans, der alle vermuteten Abkömmlinge einer Herkunft umfasste (oder besser: alle, die sich zu einer Gruppe zusammenschlossen) wurde ausgebildet. Und wenn eine Gens zu zahlreich wurde, und sich in mehrere Gentes teilte, wurde jede von ihnen in Klassen eingeteilt (gewöhnlich vier) und die Ehe war nur zwischen bestimmten abgegrenzten Klassen erlaubt Das ist das Stadium, das wir jetzt bei den Kamilaroi-sprechenden Australiern vorfinden. Was die Familie angeht, so erscheinen ihre ersten Anfänge mitten unter der Clanorganisation. Eine Frau aus einem anderen Clan, die im Kriege gefangen wurde und die früher der ganzen Gens gehört hätte, konnte in einer späteren Zeit von dem Eroberer behalten werden, unter gewissen Verpflichtungen gegen den Stamm. Sie kann ihm in eine besondere Hütte folgen, nachdem sie dem Clan einen gewissen Tribut geleistet hat, und so bildet sich innerhalb der Gens eine besondere Familie, deren Auftreten ohne Zweifel eine ganz neue Epoche der Kultur eröffnete.[75] Aber nie konnte einer mit einer Frau aus dem Clan selbst eine neue, private patriarchalische Familie begründen.

Wenn wir nun bedenken, dass diese komplizierte Organisation sich unter Menschen ausbildete, die auf einer so niedrigen Stufe der Entwicklung standen, wie wir eine niedrigere nicht kennen, und dass sie sich in Gesellschaften behauptete, die keine andere Gewalt kannten, als die Gewalt der öffentlichen Meinung, so sehen wir sofort, wie tief selbst auf ihren untersten Stufen die sozialen Instinkte in der Menschennatur eingewurzelt gewesen sein müssen. Ein Wilder, der imstande ist, unter einer solchen Organisation zu leben und sich den Regeln, die fortwährend mit seinen persönlichen Wünschen zusammenstoßen, freiwillig zu unterwerfen, ist jedenfalls nicht eine Bestie, die der ethischen Grundsätze bar ist und für seine Leidenschaften keine Zügel kennt. Aber die Tatsache wird noch auf-

75 Siehe Anhang 7.

fallender, wenn wir das ungeheure Alter der Clanorganisation ins Auge fassen. Es ist bekannt, dass die primitiven Semiten, die Griechen Homers, die prähistorischen Römer, die Germanen des Tacitus, die ersten Kelten und Slawen alle ihre eigene Periode der Clanorganisation gehabt haben, die der der Australier, der Indianer, der Eskimos und der anderen Bewohner des „wilden Gürtels" sehr nahekommt.[76] So müssen wir entweder annehmen, dass die Entwicklung der Ehegesetze sich bei allen Menschenrassen auf denselben Linien bewegte, oder dass die Überbleibsel der Clanbestimmungen bei irgendwelchen gemeinsamen Vorfahren der Semiten, Arier, Polynesier usw. vor ihrer Scheidung in verschiedene Rassen ausgebildet wurden, und dass diese Bestimmungen bis zum heutigen Tag bei Rassen in Geltung bleiben, die sich lange vorher von dem gemeinsamen Stamm abtrennten. Beide Annahmen bedingen aber eine in gleicher Weise auffallende Zähigkeit der Einrichtung – eine solche Zähigkeit, dass keinerlei individuelle Auflehnung sie während der Tausende und Abertausende von Jahren, wo sie in Geltung war, bezwingen konnte. Gerade die Beharrlichkeit der Clanorganisation zeigt, wie äußerst falsch es ist, sich die primitiven Menschen als eine unordentlich durcheinandergewürfelte Ansammlung von Individuen vorzustellen, die nur ihren individuellen Leidenschaften folgen, und gegen alle anderen Vertreter der Art sich des Vorteiles ihrer persönlichen Kraft und Verschlagenheit bedienen. Ungezügelter Individualismus ist ein modernes Gewächs, aber er ist kein Merkmal der primitiven Menschen.[77]

---

76 Für die Semiten und Arier siehe besonders Prof. Maxim Kowalewskys *Primitives Recht* (russisch), Moskau 1886 und 1887. Auch seine in Stockholm gehaltenen Vorlesungen (*Tableau des origines et de l'évolution de la famille et de la propriété*, Stockholm 1890), die eine vorzügliche Übersicht über die ganze Frage geben. Vergl. auch A. Post, *Die Geschlechtsgenossenschaft der Urzeit*, Oldenburg 1875.

77 Es ist unmöglich, mich hier in eine Untersuchung über den Ursprung der Ehebeschränkungen einzulassen. Ich will nur bemerken, dass eine Teilung in Gruppen, ähnlich wie bei Morgans Hawaien, sich bei Vögeln findet; die Jungen leben getrennt von ihren Eltern zusammen. Eine ähnliche Teilung könnte wahrscheinlich auch bei einigen Säugetieren aufgedeckt werden. Was das Verbot der Beziehungen zwischen Brüdern und Schwestern angeht, ist es nicht sehr wahrscheinlich, dass es aus Betrachtungen über die schlimmen Wirkungen der Geschlechtsbeziehungen zwischen Blutsverwandten hervorging, sondern eher aus dem Wunsch, zu frühzeitige Ehen zu vermeiden; bei dem engen Zusammenwohnen war das eine gebieterische Notwendigkeit. Ich muss auch bemerken, dass wir bei der Erörterung des Ursprungs neuer Bräuche überhaupt nicht vergessen dürfen, dass die Wilden ebenso wie wir ihre „Denker" und

Wenn wir nun zu den lebenden Wilden übergehen, so wollen wir mit den Buschmännern beginnen, die auf einer sehr niedrigen Kulturstufe stehen – so niedrig in der Tat, dass sie keine Wohnungen haben und in Löchern schlafen, die sie in die Erde gegraben haben, und die sie gelegentlich durch eine Art Wand schützen. Es ist bekannt, dass die Buschmänner, als die Europäer sich in ihrem Gebiet niederließen und das Wild vernichteten, anfingen, das Vieh der Ansiedler zu stehlen, worauf ein Vernichtungskrieg, der zu schrecklich war, als dass ich ihn hier erzählen möchte, gegen sie geführt wurde. Fünfhundert Buschmänner wurden im Jahre 1774, dreitausend 1808 und 1809 durch die Allianz der Farmer niedergemetzelt, und so weiter. Sie wurden überall, wo man sie traf, gleich Ratten vergiftet, von Jägern getötet, die hinter einem toten Tier im Hinterhalt lagen.[78] Daher kommt es, dass unser Wissen von den Buschmännern, das hauptsächlich von denselben Leuten stammt, die sie ausrotteten, notwendigerweise beschränkt ist. Aber doch wissen wir, dass die Buschmänner, als die Europäer kamen, in kleinen Stämmen (oder Clans) lebten, die manchmal miteinander verbündet waren, dass sie gemeinsam zu jagen pflegten und die Beute ohne Streit verteilten, dass sie ihre Verwundeten nie verließen und starke Liebe zu ihren Genossen zeigten. Lichtenstein berichtet eine sehr rührende Geschichte von einem Buschmann, der beinahe in einem Fluss ertrunken wäre und von seinen Gefährten gerettet wurde. Sie zogen ihre Felle aus, um ihn zuzudecken und zitterten selbst vor Kälte; sie trockneten ihn ab, rieben ihn am Feuer und bestrichen seinen Körper mit warmem Fett, bis sie ihn zum Leben zurückgerufen hatten. Und als die Buschmänner in Johan van der Walt einen Mann fanden, der sie gut behandelte, da bezeigten sie ihre Dankbarkeit durch eine sehr rührende Anhänglichkeit an diesen Menschen.[79] Burchell und Moffat schildern sie beide als gutherzig, uneigennützig, zuverlässig in ihren Versprechungen und dankbar[80], alles Eigenschaften, die

Gelehrten haben – Wahrsager, Doktoren, Propheten usw. –, deren Wissen und Denken dem der Massen voraneilt. Da sie in Geheimbünden organisiert sind – ein anderer Zug, der sich fast allenthalben findet –, sind sie ohne Frage imstande, einen mächtigen Einfluss auszuüben und Bräuche durchzusetzen, deren Zweckmäßigkeit von der Mehrheit des Stammes vielleicht noch nicht erkannt wird.

78 Col. Collins, in Philips, *Researches in South Africa*, London 1828. Zitiert bei Waitz, Bd. 2, S. 334.

79 Lichtensteins *Reisen im südlichen Afrika*, Bd. 2, Berlin 1811, S. 92, 97 ff..

80 Waitz, *Anthropologie der Naturvölker*, Bd. 2, S. 335 ff. Siehe auch Fritsch, *Die Eingeborenen Afrikas*, Breslau 1872, S. 386 ff.; und *Drei Jahre in Südafrika*. Auch W. Bleck, *A Brief Account of Bushmen Folklore*, Capetown 1875.

sich nur dadurch entwickeln konnten, dass sie innerhalb des Stammes geübt wurden. Was ihre Liebe zu Kindern angeht, so genügt es, wenn ich sage, dass ein Europäer, der eine Frau der Buschmänner zur Sklavin wollte, nur ihr Kind zu stehlen brauchte: er war sicher, dass die Mutter sich in die Sklaverei begeben würde, um das Los ihres Kindes zu teilen.[81]

Dieselben sozialen Sitten charakterisieren die Hottentotten, die nur weniger entwickelt sind als die Buschmänner. Lubbock bezeichnet sie als „die schmutzigsten Tiere“, und schmutzig sind sie in der Tat. Ein Fell, das um den Hals gehängt wird und so lange getragen wird, bis es in Stücke fällt, bildet ihre ganze Kleidung; ihre Hütten sind ein paar zusammengestellte Stangen, die mit Matten bedeckt sind, und Möbel gibt es keinerlei darin. Und obwohl sie Ochsen und Schafe hielten und den Gebrauch des Eisens gekannt zu haben scheinen, bevor sie die Bekanntschaft der Europäer machten, so nehmen sie doch eine der niedrigsten Stufen in der menschlichen Entwicklung ein. Und doch priesen die, die sie kannten, aufs lebhafteteste ihre Geselligkeit und ihre Bereitschaft, einander zu helfen. Wenn einem Hottentotten irgend etwas gegeben wird, dann teilt er es sofort unter alle Anwesenden – dieselbe Gewohnheit, die bekanntlich Darwin bei den Feuerländern so sehr auffiel. Er kann nicht allein essen, und wenn er noch so hungrig ist, ruft er Vorübergehende herbei, um sein Mahl zu teilen. Und als Kolben sein Erstaunen darüber ausdrückte, erhielt er die Antwort: „Das ist Brauch bei den Hottentotten.“ Aber es ist nicht bloß hottentottischer Brauch: es ist eine Gewohnheit, die man bei den „Wilden“ fast allenthalben antrifft. Kolben, der die Hottentotten gut kannte und ihre Mängel nicht schweigend überging, konnte ihre Stammesmoral nicht genug rühmen.

„Ihr Wort ist heilig“, schrieb er. Sie wissen „nichts von der Verderbtheit und den treulosen Künsten Europas.“ „Sie leben in großem Frieden und haben selten Krieg mit ihren Nachbarn.“ Sie sind „alle freundlich und gutmütig zueinander“ ... „Eine ihrer größten Freuden finden die Hottentotten sicher in ihren gegenseitigen Geschenken und Gefälligkeiten.“ „Die Redlichkeit der Hottentotten, ihre pünktliche und schnelle Justiz und ihre Keuschheit, in diesen Dingen übertreffen sie alle oder die meisten Völker der Erde.“[82]

81 Elisée Reclus, *Géographie Universelle*, Bd. 13, S. 475.

82 P. Kolben, *The Present State of the Cape of Good Hope*, aus dem Deutschen übersetzt von Mr. Metley, London 1731, Band 1, S. 59, 71, 333. 336 usw.

Tachart, Barrow und Moodie[83] bestätigen Kolbens Zeugnis vollständig. Ich will nur bemerken, dass Kolben, wenn er schrieb „sie sind gewiss gegeneinander die freundlichsten, gütigsten und wohlwollendsten Leute, die es je auf Erden gegeben hat“ (Bd. I, S. 332), damit einen Satz ausgesprochen hat, der seitdem fortwährend in der Beschreibung der Wilden wiedergekehrt ist. Wenn die Europäer zuerst mit primitiven Rassen zusammentreffen, machen sie gewöhnlich eine Karikatur aus ihrem Leben; aber wenn ein intelligenter Mann sich bei ihnen längere Zeit aufgehalten hat, dann schildert er sie gewöhnlich als „freundlichste“ oder „edelste“ Rasse auf der Erde. Genau diese selben Worte sind von ersten Autoritäten angewandt worden: in bezug auf die Ostjaken, die Samojeden, die Eskimos, die Dayaks, die Aleuten, die Papuas und so weiter. Ich erinnere mich auch, sie in bezug auf die Tungusen, die Tschuktschen, die Sioux und verschiedene andere gelesen zu haben. Diese Häufigkeit solch großen Lobes spricht schon an und für sich Bände.

Die Eingeborenen Australiens stehen auf keiner höheren Kulturstufe als ihre südafrikanischen Brüder. Ihre Hütten haben denselben Charakter; sehr oft sind eine Art Schirme der einzige Schutz gegen kalte Winde. In ihrer Nahrung sind sie sehr wahllos: sie verzehren schrecklich verfaulte Leichen und in Zeiten des Mangels nehmen sie ihre Zuflucht zum Kannibalismus. Als die Europäer sie zuerst entdeckten, hatten sie nur Werkzeuge aus Stein und Knochen, und diese waren von der rohesten Art. Einige Stämme hatten nicht einmal Boote und kannten den Tauschhandel nicht. Und doch, als ihre Sitten und Bräuche sorgsam erforscht wurden, stellte sich heraus, dass sie unter derselben komplizierten Clanorganisation lebten, wie ich sie vorhin erläutert habe.[84]

Das Gebiet, das sie bewohnen, wird gewöhnlich unter den verschiedenen Gentes oder Clans verlost; aber die Jagd- und Fischgebiete jedes Clans sind Gemeinbesitz, und der Ertrag der Fischerei und Jagd gehört dem ganzen Clan; und desgleichen die Fisch- und Jagdgeräte.[85] Die Mahlzeiten

83 Zitiert in Waitz, *Anthropologie*, Bd. 2, S. 335 ff.

84 Die Eingeborenen, die im Norden von Sidney leben und die Kamilaroi-Sprache sprechen, sind in dieser Hinsicht am besten bekannt, dank dem grundlegenden Werk von Lorimer Fison und A. W. Howitt: *Kamilaroi and Kurnai*, Melbourne 1880. Siehe auch A. W. Howitts „Further Note on the Australian Class Systems“ im *Journal of the Anthropological Institute* 1889, Band 18, S. 31, worin die große Ausdehnung derselben Organisation in Australien gezeigt wird.

85 *The Folklore, Manners etc. of Australian Aborigines*, Adelaide 1879, S. 11.

werden gemeinsam eingenommen. Gleich vielen anderen Wilden halten sie sich an gewisse Bestimmungen hinsichtlich der Jahreszeiten, zu denen bestimmte Gummiarten und Gräser gesammelt werden können.[86] Was ihre Moral im ganzen angeht, können wir nichts Besseres tun, als die folgenden Antworten abschreiben, die Lumholtz, ein Missionar, der in Nordqueensland lebte, auf die Fragen der Pariser Anthropologischen Gesellschaft gegeben hat:[87]

> „Das Gefühl der Freundschaft ist unter ihnen bekannt; es ist stark. Schwache Leute werden gewöhnlich unterstützt; Kranke werden sehr gut gepflegt; sie werden nie ausgesetzt oder getötet. Diese Stämme sind Menschenfresser, aber sie essen sehr selten Mitglieder ihres eigenen Stammes (ich vermute, dass sie es tun, wenn es sich um religiöse Opfer handelt); sie essen nur Fremde. Die Eltern lieben ihre Kinder, spielen mit ihnen und sind zärtlich zu ihnen. Tötung eines Kindes kommt bei allgemeiner Zustimmung vor. Greise werden sehr gut behandelt, nie getötet. Die Ehe ist polygam. Streitigkeiten, die innerhalb des Stammes ausbrechen, werden auf dem Wege des Zweikampfs mit hölzernen Schwertern und Schilden ausgefochten. Sklaven gibt es nicht; keinen Anbau irgendwelcher Art; keine Töpferei; keine Kleidung, außer einer Schürze, die manchmal von Frauen getragen wird. Der Clan besteht aus zweihundert Individuen, die in vier Männer- und vier Frauenklassen eingeteilt sind; die Ehe ist nur innerhalb der üblichen Klassen erlaubt und nie innerhalb der Gens.“

Für die Papuas, die den eben geschilderten nahe verwandt sind, haben wir das Zeugnis G. L. Binks, der von 1871 bis 1883 sich in Neuguinea, hauptsächlich in Geelwink Bay, aufhielt. Hier ist der Hauptinhalt seiner Antworten an dieselben Fragesteller:[88]

> „Sie sind gesellig und heiter; sie lachen sehr viel. Eher furchtsam als mutig. Freundschaft ist verhältnismäßig stark unter Personen, die zu verschiedenen Stämmen gehören, und noch stärker innerhalb des Stammes. Ein Freund zahlt oft die Schulden seines Freundes,

86 Greys *Journal of the Two Expeditions of Discovery in Northwest and Western Australia*, London 1841, Band 2, S. 237, 298.

87 *Bulletin de la Société d'Anthropologie* , 1888, Band 11, S. 652. Ich gebe die Antwort verkürzt.

88 *Bulletin de la Société d'Anthropologie*, 1888, Band 11, S. 386.

> wobei sie ausmachen, dass der letztere den Betrag ohne Zinsen den Kindern des Darleihers zurückzahlt. Sie pflegen die Kranken und Greise; alte Leute werden nie ausgesetzt und in keinem Fall getötet – wenn es nicht ein Sklave ist, der lange Zeit krank war. Kriegsgefangene werden manchmal gegessen. Die Kinder werden sehr zärtlich behandelt und geliebt. Alte und schwache Kriegsgefangene werden getötet, die andern als Sklaven verkauft. Sie haben keine Religion, keine Götter, keine Götzen, keine Regierung irgendeiner Art; der älteste Mann in der Familie ist der Richter. In Fällen des Ehebruchs wird Strafe bezahlt; ein Teil davon geht in die Negoria (die Gemeinschaft). Der Boden ist Gemeinbesitz; aber die Ernte gehört denen, die sie gebaut haben. Sie haben Töpferei und kennen den Tauschhandel, wobei es Brauch ist, dass der Kaufmann ihnen die Waren gibt, worauf sie in ihre Häuser gehen und die heimischen Güter bringen, die der Kaufmann verlangt; wenn letztere nicht aufzubringen sind, werden die europäischen Güter zurückgegeben.[89]
> Sie sind Kopfjäger, und auf diese Weise üben sie Blutrache aus. 'Manchmal', sagt Finsch, 'wird die Angelegenheit dem Rajah von Namototte vorgelegt, der sie dadurch erledigt, dass er eine Geldstrafe auferlegt.'"

Wenn sie gut behandelt werden, sind die Papuas sehr gutmütig. Miklucho-Maclay landete, von einem einzigen Mann begleitet, an der Ostküste von Neuguinea, wohnte etwa zwei Jahre lang unter Stämmen, die für Menschenfresser gelten und verließ sie mit Bedauern; er kehrte noch einmal zurück, um ein weiteres Jahr bei ihnen zu wohnen, und niemals hatte er sich über den kleinsten Konflikt zu beklagen. Allerdings war sein Prinzip, niemals – unter keinerlei Vorwand – irgend etwas zu sagen, was nicht wahr war, oder irgendein Versprechen zu machen, das er nicht halten konnte. Diese armen Geschöpfe, die nicht einmal Feuer zu machen verstehen und es in ihren Hütten ängstlich hüten, dass es nicht ausgeht, leben unter ihrem primitiven Kommunismus ohne irgendwelche Oberhäupter; und innerhalb ihrer Dörfer haben sie keine irgend nennenswerten Streitigkeiten. Sie arbeiten gemeinsam, gerade genug, um die tägliche Nahrung zu erlangen; sie

89 Derselbe Brauch herrscht auch bei den Papuas der Kaimani Bay, die für ihre Ehrlichkeit berühmt sind. „Es kommt nie vor, dass der Papua sein Versprechen nicht hält", sagt Finsch in *Neuguinea und seine Bewohner,* Bremen 1865, S. 829.

ziehen ihre Kinder gemeinsam auf; und in den Abendstunden kleiden sie sich so kokett als möglich an und tanzen. Wie alle Wilden lieben sie das Tanzen. Jedes Dorf hat seinen *barla* oder *barlai* – das „lange Haus", „longue maison" oder „grande maison" – für die unverheirateten Männer, für gesellige Zusammenkünfte, und für die Besprechung der gemeinsamen Angelegenheiten – wiederum ein Zug, der den meisten Bewohnern der Inseln des Stillen Ozeans, den Eskimos, den Indianern usw. gemeinsam ist. Ganze Gruppen von Dörfern leben in guten Beziehungen und besuchen einander als Gesamtheit.

Unglücklicherweise sind Fehden nicht selten – nicht infolge von „Übervölkerung des Gebiets" oder „scharfer Konkurrenz" oder ähnlichen Erfindungen eines Jahrhunderts der Kaufleute, sondern hauptsächlich infolge von Aberglauben. Sowie irgend jemand krank wird, kommen seine Freunde und Verwandten zusammen und untersuchen gründlich, wer die Schuld an der Krankheit tragen könnte. Alle denkbaren Feinde werden in Erwägung gezogen, jeder gibt seine eigenen kleinen Streitfälle an, und schließlich wird die wahre Ursache entdeckt. Ein Feind aus dem nächsten Dorf hat die Krankheit herbeigewünscht, und ein Kriegszug gegen dieses Dorf wird beschlossen. Daher sind Fehden ziemlich häufig, selbst unter den Küstendörfern, nicht zu reden von den kannibalischen Bergbewohnern, die als richtige Zauberer und Feinde betrachtet werden, obwohl sie sich bei näherer Bekanntschaft als genau dieselbe Art Menschen erweisen, wie ihre Nachbarn von der Meeresküste.[90]

Vieles Bezeichnende könnte beigebracht werden über die Harmonie, die in den Dörfern der Inseln des Stillen Ozeans mit polynesischen Einwohnern herrscht. Aber sie gehören zu einer vorgeschrittenen Kulturstufe. Daher werden wir jetzt unsere Beispiele aus dem hohen Norden nehmen. Ich muss jedoch, ehe wir die südliche Halbkugel verlassen, erwähnen, dass selbst die Feuerländer, die früher in so üblem Ruf standen, in einem viel besseren Licht erscheinen, seit man angefangen hat, sie besser zu kennen. Ein paar französische Missionare, die unter ihnen wohnten, „wussten sich über keinen Akt der Böswilligkeit zu beklagen". In ihren Clans, die aus 120 bis 150 Seelen bestehen, üben sie denselben primitiven Kommunismus wie

90 *Izvestia* der Russischen Geographischen Gesellschaft 1880, S. 161 ff. Wenige Reiseberichte geben besseren Einblick in die kleinen Einzelheiten des täglichen Lebens der Wilden, als diese Auszüge aus Maklays Tagebüchern.

die Papuas; sie teilen alles gemeinsam, und behandeln ihre Greise sehr gut. Unter diesen Stämmen ist der Friede vorherrschend.[91]

Durch die Eskimos und ihre nächsten Verwandten, die Thlinkets, die Koloschen und Aleuten erhalten wir eines der treffendsten Beispiele für das, was der Mensch während der Eiszeit gewesen sein mag. Ihre Werkzeuge unterscheiden sich kaum von denen des ersten Steinzeitmenschen, und einige ihrer Stämme kennen das Fischen noch nicht; sie spießen den Fisch einfach mit einer Art Harpune auf.[92] Sie kennen die Verwendung des Eisens, aber sie erhalten es von den Europäern oder finden es auf gescheiterten Schiffen. Ihre soziale Organisation ist von sehr primitiver Art, obwohl sie bereits über den Zustand der „Gemeinehe", auch der mit den Gentilbeschränkungen, hinausgekommen sind. Sie leben in Familien, aber die Familienbande werden oft gebrochen; Gatten und Weiber werden oft getauscht.[93] Die Familien indessen bleiben in Clans vereinigt, und wie könnte es anders sein? Wie könnten sie den harten Kampf ums Dasein aushalten, wenn sie nicht ihre Kräfte fest vereinigten? Dies tun sie, und die Stammesbande sind am engsten, wo der Kampf ums Dasein am härtesten ist, nämlich in Nordostgrönland. Das „lange Haus" ist ihre gewöhnliche Wohnung, und mehrere Familien wohnen darin, die durch kleine Scheidewände aus zottigen Fellen voneinander getrennt sind; vorn befindet sich ein gemeinsamer Gang. Manchmal hat das Haus die Gestalt eines Kreuzes, und in diesem Fall wird in der Mitte ein gemeinsames Feuer unterhalten. Die deutsche Expedition, die einen Winter dicht bei einem von diesen langen Häusern zubrachte, konnte feststellen, dass „kein Streit den Frieden störte, dass kein Zank um die Benutzung dieses engen Raumes entstand", den ganzen Winter über nicht. „Schelten, oder auch nur unfreundliche Worte werden für ungehörig angesehen, wenn sie nicht in der offiziellen Form des Prozessverfahrens vorgebracht werden, nämlich in Form einer besonderen Art Gesang."[94] Enges Zusammenwohnen und enge gegenseitige Abhängigkeit sind genügend, um Jahrhundert auf Jahrhundert den tiefen Respekt

91 L. F. Martial, in *Mission Scientifique au Cap Horn*, Paris 1883, Band 1, S. 183-201.

92 Kapitän Holms Expedition nach Ostgrönland.

93 In Australien ist beobachtet worden, wie ganze Clans alle ihre Weiber austauschten, um ein Unglück zu beschwören (Post, *Studien zur Entwicklungsgeschichte des Familienrechts* 1890, S. 342). Mehr Brüderlichkeit ist ihr Spezifikum gegen drohendes Unglück.

94 Dr. H. Rink, *The Eskimo Tribes*, S. 26 (*Meddelelser om Grönland*, Band 11, 1887).

vor den Interessen der Gemeinschaft zu erhalten, der für das Eskimoleben bezeichnend ist. Selbst in den größeren Gemeinden der Eskimos „bildete die öffentliche Meinung den eigentlichen Gerichtshof, da die allgemeine Strafe darin besteht, dass die, die sich vergangen haben, vor den Augen des Volkes beschämt werden.“[95] Das Leben der Eskimos gründet sich auf den Kommunismus. Was durch Jagen und Fischen erlangt wird, gehört dem Clan. Aber in mehreren Stämmen, besonders im Westen, dringt unter dem Einfluss der Dänen das Privateigentum in ihre Institutionen ein. Jedoch haben sie ein originelles Mittel, um den Schädlichkeiten, die aus einer persönlichen Anhäufung von Reichtum entstehen, die bald ihre Stammeseinheit zerstören würde, zu begegnen. Wenn ein Mann reich geworden ist, beruft er das Volk seines Clans zu einem großen Fest, und nach reichlichem Essen verteilt er sein ganzes Vermögen unter sie. Am Yukonfluss sah Dall eine Aleutenfamilie, die auf diese Weise zehn Flinten, zehn vollständige Pelzanzüge, 200 Perlenschnüre, zahlreiche Decken, zehn Wolfspelze, 200 Biber und 500 Zobel verteilte. Danach zogen sie ihre Festkleider aus, gaben sie weg, zogen alte zottige Felle an und richteten ein paar Worte an ihre Verwandten, worin sie sagten, dass sie zwar jetzt ärmer seien als irgendeiner von ihnen, aber dafür ihre Freundschaft gewonnen hätten.[96] Ähnliche Verteilungen der Vermögen scheinen eine regelrechte Gewohnheit der Eskimos zu sein und zu einer bestimmten Jahreszeit stattzufinden, nach einer Ausstellung all dessen, was während des Jahres erzielt worden ist.[97] Nach meiner Ansicht bergen diese Verteilungen eine sehr alte Einrichtung,

95 Dr. Rink, ebenda, S. 24. Europäer, die im Respekt vor römischem Recht aufgewachsen sind, sind selten imstande, diese Macht der Stammesautorität zu verstehen. „In der Tat“, schreibt Dr. Rink, „ist es nicht die Ausnahme sondern die Regel, dass Weiße, die zehn oder zwanzig Jahre unter den Eskimos gelebt haben, zurückkehren, ohne ihrem Wissen über die überlieferten Ideen, auf die ihre soziale Verfassung sich gründet, irgend etwas Neues hinzugefügt zu haben. Der weiße Mann, ob es ein Missionar oder in Kaufmann ist, bleibt steif und fest bei seiner dogmatischen Überzeugung, der gewöhnlichste Europäer sei besser als der vorzüglichste Eingeborene.“ – *The Eskimo Tribes*, S. 31.

96 Dall, *Alaska and its Resources*, Cambridge, U.S., 1870.

97 Dall sah es in Alaska, Jakobsen in Ignitok in der Nähe der Behringstraße. Gilbert Sproat erwähnt es bei den Vancouverindianern und Dr. Rink, der die oben erwähnten periodischen Ausstellungen erwähnt, fügt hinzu: „Der Hauptnutzen der Ansammlung persönlichen Reichtums besteht darin, ihn *periodisch* zu verteilen.“ Er erwähnt auch (ebd., S. 31) „die Zerstörung des Eigentums zu demselben Zweck“ (zur Aufrechterhaltung der Gleichheit).

die zeitlich mit dem ersten Auftreten des persönlichen Reichtums zusammenfällt; sie müssen ein Mittel gewesen sein, um die Gleichheit unter den Mitgliedern des Clans wiederherzustellen, nachdem sie durch die Bereicherung von wenigen gestört worden war. Die periodische Wiederverteilung von Land und der periodische Erlaß aller Schulden, die in historischen Zeiten unter so vielen verschiedenen Rassen stattfanden (Semiten, Arier usw.), müssen ein Überrest dieses alten Brauches gewesen sein. Und die Gewohnheit, alles was einem Verstorbenen persönlich gehörte, entweder mit dem Toten zu verbrennen oder auf seinem Grab zu vernichten – eine Gewohnheit, die wir bei allen primitiven Rassen antreffen – muss denselben Ursprung gehabt haben. In der Tat, während alles, was dem Toten persönlich gehörte, verbrannt oder auf seinem Grab zerbrochen wird, wird nichts von dem zerstört, was ihm gemeinsam mit dem Stamm gehörte, wie die Boote oder die Fischgeräte der Gemeinde. Die Zerstörung erstreckt sich nur auf persönliches Eigentum. In einer späteren Epoche wird diese Gewohnheit eine religiöse Zeremonie; sie erhält eine mystische Deutung, und wird von der Religion auferlegt, wenn die öffentliche Meinung allein sich unfähig zeigt, ihre allgemeine Anerkennung zu erzwingen. Und schließlich wird die Gewohnheit ersetzt: entweder dadurch, dass bloß Abbilder vom Eigentum des Verstorbenen verbrannt werden (wie in China), oder dadurch, dass sein Eigentum bloß zum Grab getragen und nach Beendigung der Beerdigungszeremonie wieder nach Hause genommen wird – eine Gewohnheit, die in bezug auf Degen, Orden und andere Zeichen öffentlicher Ehrung noch jetzt bei den Europäern herrscht.[98]

Der hohe Stand der Stammesmoral bei den Eskimos ist oft in der allgemeinen Literatur erwähnt worden. Trotzdem werden die folgenden Bemerkungen über die Sitten der Aleuten – die den Eskimos nahverwandt sind – die Moral der Wilden im ganzen besser anschaulich machen. Sie wurden nach einem zehnjährigen Aufenthalt unter den Aleuten von einem sehr bemerkenswerten Mann geschrieben – dem russischen Missionar Veniaminoff. Ich fasse sie zusammen, meistens mit seinen eigenen Worten:

> Aushaltenkönnen und Standhaftigkeit, so schrieb er, ist ihr Hauptcharakterzug. Sie sind einfach fabelhaft. Nicht nur baden sie jeden Morgen im eiskalten Meer und stehen nackt am Strand und atmen den kalten Wind ein, sondern ihre Fähigkeit zu ertragen, auch bei harter Arbeit und ungenügender Nahrung, übersteigt alles, was man

98 Siehe Anhang 8.

sich vorstellen kann. Während einer anhaltenden Knappheit der Lebensmittel sorgt der Aleute zuerst für seine Kinder; er gibt ihnen alles, was er hat, er selbst fastet. Sie haben keine Neigung zum Stehlen; dies wurde schon von den ersten russischen Einwanderern bemerkt. Nicht dass sie niemals stehlen, jeder Aleute würde gestehen, dass er gelegentlich etwas gestohlen hat; aber es ist immer eine Kleinigkeit; das ganze ist Kinderei. Die Anhänglichkeit der Eltern an die Kinder ist rührend, obwohl sie nie mit Worten oder zärtlichem Gebaren ausgedrückt wird. Der Aleute ist schwer dazu zu bewegen, ein Versprechen zu geben, aber wenn er es einmal getan hat, dann hält er es, mag kommen, was will. (Ein Aleute machte Veniaminoff getrocknete Fische zum Geschenk, aber sie wurden in der Hast der Abreise am Strand vergessen. Er nahm sie wieder mit nach Hause. Die nächste Gelegenheit, sie nach der Missionsstation zu schicken, war im Januar; und im November und Dezember war die Nahrung in der Niederlassung der Aleuten sehr knapp. Aber die Fische wurden von den hungernden Leuten nie berührt, und im Januar wurden sie an ihren Bestimmungsort geschickt.) Ihr Moralkodex ist ebenso verschiedenartig wie streng. Es wird als Schande betrachtet, vor unvermeidlichem Tod Angst zu haben; einen Feind um Pardon zu bitten, zu sterben, ohne je einen Feind getötet zu haben; des Stehlens überführt zu werden; ein Boot im Hafen kentern zu lassen, Angst zu haben, bei stürmischen Wetter ins Meer hinauszufahren; in einer Gesellschaft auf einer langen Reise der erste zu sein, dem infolge Nahrungsmangels schwach wird, Gier zu zeigen, wenn die Beute verteilt wird, in welchem Fall jeder einzelne dem Gierigen seinen eigenen Anteil gibt, um ihn zu beschämen; ein Geheimnis der Allgemeinheit seinem Weib mitzuteilen; wenn zwei Personen auf eine Jagdexpedition gegangen sind, nicht das beste Wild seinem Partner anzubieten; sich seiner eigenen Taten zu rühmen, insbesondere wenn sie erfunden sind; irgend jemanden verächtlich zu beschimpfen. Auch zu betteln; zu seinem Weib in anderer Leute Gegenwart zärtlich zu sein und mit ihr zu tanzen; persönlich Handel zu treiben: der Verkauf muss immer durch einen Dritten bewerkstelligt werden, der den Preis festsetzt. Für eine Frau ist es eine Schande, nicht nähen und tanzen zu können und was sonst der Frau zukommt; zu ihrem Mann und ihren Kindern zärtlich zu sein oder nur mit dem Mann zu sprechen, wenn ein Fremder dabei ist.[99]

Dies ist die Moral der Aleuten, die an Hand ihrer Sagen und Legenden noch weiter vorgeführt werden könnte. Es sei noch hinzugefügt, dass zu der Zeit, als Veniaminoff schrieb (1840), ein einziger Mord seit dem letzten Jahrhundert in einer Bevölkerung von 60.000 Seelen vorgekommen war, und dass unter 1800 Aleuten nicht ein einziger Verstoß gegen das gemeine Recht in vierzig Jahren bekannt geworden war. Dies wird nicht auffallend erscheinen, wenn wir beachten, dass Schelten, Beschimpfen und der Gebrauch roher Worte im Leben der Aleuten völlig unbekannt ist. Selbst ihre Kinder streiten sich niemals und beschimpfen sich nie mit Worten. Alles, was sie vielleicht sagen, ist: „Deine Mutter kann nicht nähen“ oder; „Dein Vater ist blind auf einem Auge.“[100]

Manche Züge des Lebens der Wilden bleiben jedoch Europäern ein Rätsel. Die hohe Entwicklung der Stammessolidarität und die Gutmütigkeit, von der die Primitiven gegeneinander beseelt sind, könnte durch beliebig viele zuverlässige Zeugnisse erhärtet werden. Und doch ist es nichtsdestoweniger sicher, dass diese selben Wilden ihre Kinder töten; dass sie in manchen Fällen ihre Greise aussetzen, und dass sie den Regeln der Blutrache streng gehorchen. Wir müssen also das Nebeneinandervorkommen von Tatsachen erklären, die dem Geist des Europäers zuerst so widersprechend vorkommen. Ich habe eben angeführt, wie der aleutische Vater tage- und wochenlang hungert und seinem Kind alles gibt, was essbar ist; und wie die Frau der Buschmänner Sklavin wird, um ihrem Kind zu folgen; und ich könnte mit Beispielen für die wirklich *zärtlichen* Beziehungen zwischen

99 Veniaminoff, *Denkwürdigkeiten über den Bezirk Unalaschka* (russisch), drei Bände, St. Petersburg 1840. Auszüge aus dem obigen sind in Dalls *Alaska* englisch mitgeteilt. Eine ähnliche Beschreibung von der Moral der Australier ist in *Nature*, Bd. 13, S. 639, mitgeteilt.

100 Es ist sehr bemerkenswert, dass mehrere Schriftsteller (Middendorf, Schrenk, O. Finsch) die Ostjaken und Samojeden mit fast denselben Worten schilderten. Selbst wenn sie betrunken sind, sind ihre Streitigkeiten nicht der Rede wert. „Seit hundert Jahren ist in der Tundra ein einziger Mord begangen worden“; „ihre Kinder streiten nie miteinander“; „man kann alles jahrelang in der Tundra lassen, selbst Lebensmittel und Schnaps, niemand wird es berühren“ usw.: Gilbert Sproat „war nie Zeuge eines Kampfes zwischen zwei nüchternen Eingeborenen“ der Ahtindianer der Vancouverinsel. „Streiten ist auch selten unter ihren Kindern“ (Rink, *The Eskimo Tribes*) usw.

Wilden und ihren Kindern Seiten füllen. Reisende erwähnen sie fortwährend. Da liest man über die tiefe Liebe einer Mutter; dort sieht man einen Vater, der wild durch den Wald rennt und auf den Schultern ein Kind trägt, das von einer Schlange gebissen wurde; oder ein Missionar erzählt uns die Verzweiflung der Eltern beim Verlust eines Kindes, das er ein paar Jahre vorher davor bewahrt hatte, bei der Geburt geopfert zu werden; man hört, dass die „wilden“ Mütter ihre Kinder gewöhnlich stillen, bis sie vier Jahre alt sind, und dass auf den Neuen Hebriden die Mutter oder Tante beim Verlust eines besonders geliebten Kindes sich selbst töten will, um es in der andern Welt zu behüten.[101] Und so weiter.

Ähnliche Tatsachen trifft man in Mengen an, so dass wir, wenn wir sehen, dass diese selben liebevollen Eltern manchmal Neugeborene töten, genötigt sind, anzuerkennen, dass die Gewohnheit (was sie auch später für Formen angenommen haben mag) ursprünglich einfach unter dem Druck äußerster Not entstanden sein muss, als eine Verpflichtung gegen den Stamm und ein Mittel, die bereits heranwachsenden Kinder aufziehen zu können. Die Wilden vermehren sich in der Regel nicht „schrankenlos“, wie manche englische Schriftsteller es hinstellen. Im Gegenteil, sie wenden alle möglichen Vorsichtsmaßregeln an, um die Zahl der Geburten zu verringern. Eine ganze Reihe von Beschränkungen, die die Europäer sicher übertrieben fänden, werden zu diesem Zweck auferlegt und streng befolgt. Aber trotzdem können die Primitiven nicht all ihre Kinder aufziehen. Jedoch ist bemerkt worden, dass sie, sowie es ihnen gelingt, ihre regelmäßigen Existenzmittel zu vermehren, sofort das Töten der Kinder einstellen. Im ganzen gehorchen die Eltern dieser Verpflichtung widerstrebend, und sowie sie es schaffen können, greifen sie zu allen möglichen Auskunftsmitteln, um das Leben ihrer Neugeborenen zu retten. Wie von meinem Freund Élie Reclus so richtig betont worden ist[102], erfinden sie glückliche und unglückliche Geburtstage und schonen die Kinder, die an Glückstagen geboren sind; sie versuchen, das Urteil um ein paar Stunden zu verschieben, und sagen dann, wenn das kleine Kind einen Tag gelebt habe, müsse es sein ganzes natürliches Leben haben.[103] Sie hören das Schreien der Kleinen, wenn sie aus dem Wald kommen; und behaupten, dass es, wenn es gehört würde, ein Unglück für den Stamm bedeute; und da sie keine Kleinkinderbewahranstalten und

101 Gill, zitiert in Gerland und Waitz’ *Anthropologie*, Bd. 5, S.641. Siehe auch S. 636-640, wo viele Fälle von Eltern- und Kindesliebe zitiert sind.

102 *Primitive Folk*, London 1891.

103 Gerland, *Anthropologie*, Bd. 5, S. 636.

keine Engelmacherinnen haben, um die Kinder loszuwerden, schrickt jeder von ihnen vor der Notwendigkeit zurück, das grausame Urteil vollziehen zu müssen; sie setzen das Kind lieber im Wald aus, als dass sie ihm gewaltsam das Leben nehmen. Unwissenheit, nicht Grausamkeit hat die Sitte des Kindertötens aufrecht erhalten; und anstatt den Wilden Moralpredigten zu halten, würden die Missionare besser tun, dem Beispiel Veniaminoffs zu folgen, der in jedem Jahr bis in sein hohes Alter in einem elenden Boot übers Ochotskische Meer fuhr oder mit Hunden zu seinen Tschuktschen reiste und sie mit Brot und Fischgeräten versorgte. Er hatte dadurch in der Tat dem Töten der Kinder ein Ende gemacht.

Dasselbe gilt für das, was oberflächliche Beobachter als Vatermord schildern. Wir haben eben vorhin gesehen, dass die Sitte, Greise auszusetzen, nicht so weit verbreitet ist, wie manche Schriftsteller behauptet haben. Sie ist äußerst übertrieben worden; aber man findet sie zuzeiten bei fast allen Wilden; und in solchen Fällen hat sie denselben Ursprung wie das Aussetzen der Kinder. Wenn ein „Wilder“ fühlt, dass er seinem Stamm zur Last ist; wenn an jedem Morgen sein Anteil an der Nahrung den Kindern vom Munde weggenommen wird – und die Kleinen sind nicht so stoisch wie ihre Väter: sie schreien, wenn sie hungrig sind; wenn er jeden Tag auf den Schultern jüngerer Männer über den steinigen Strand oder durch den jungfräulichen Wald getragen werden muss – es gibt im Lande der Wilden keine Krankenwagen, auf denen sie gefahren werden können – dann fängt er an zu wiederholen, was der russische Bauer noch heutzutage sagt: „Tschujoi wek zayedayu, Pora na pokoi!“ („Ich lebe anderen das Leben weg: es ist Zeit zu gehen!“) Und er geht. Er tut, was in gleichem Fall der Soldat tut. Wenn die Rettung seiner Abteilung von ihrem weiteren Vorrücken abhängt und er nicht mehr weiter kann und weiß, dass er sterben muss, wenn er zurückbleibt, dann bittet der Soldat seinen besten Freund, ihm den letzten Dienst zu leisten, bevor er das Lager verlässt. Und der Freund erschießt mit zitternder Hand seinen Freund. Das tun die Wilden. Der alte Mann verlangt selbst zu sterben; er besteht selbst auf dieser letzten Pflicht gegen die Gemeinschaft und verlangt die Zustimmung des Stammes; er gräbt selbst sein Grab; er ladet seine Verwandten zum letzten Abschiedsmahl. Sein Vater hat dasselbe getan; nun ist er an der Reihe; und er verabschiedet sich von seinen Angehörigen mit allen Zeichen der Liebe. Der Wilde betrachtet so sehr den Tod als einen Teil seiner Pflichten gegen die Gemeinschaft, dass er es nicht nur ablehnt, gerettet zu werden (wie Moffat berichtet hat), sondern als eine Frau, die am Grab ihres Gatten geopfert werden sollte, von Missionaren gerettet und auf eine Insel gebracht worden war, entfloh sie in der Nacht, schwamm über einen breiten Meeresarm und erreichte ihren Stamm, um an dem Grabe zu sterben.[104] Der Tod ist bei ihnen eine religiöse Angelegenheit geworden. Aber den Wilden widerstrebt es gewöhnlich so sehr, jemandem anderswo als in der Schlacht das Leben zu nehmen, dass keiner von ihnen es auf sich nehmen will, Blut zu vergießen, und sie nehmen ihre Zuflucht zu allen möglichen Kunstgriffen, die so sehr falsch ausgelegt worden sind. In den meisten Fällen lassen sie den alten Mann im Wald allein, nachdem sie ihm mehr als seinen Anteil an der gemeinsamen Nahrung gegeben haben. Nordpolexpeditionen haben dasselbe getan, wenn sie ihre kranken Genossen nicht mehr weiterschleppen konnten. „Lebe noch ein paar Tage! *Vielleicht* gibt es noch eine unerwartete Rettung!"

Wenn westeuropäische Gelehrte auf diese Dinge kommen, sind sie absolut unfähig, zu ihnen Stellung zu nehmen; sie können sie nicht mit einer hohen Entwicklung der Stammesmoral vereinbaren, und sie ziehen lieber die Genauigkeit absolut zuverlässiger Beobachter in Zweifel, als dass sie den Versuch machten, das Nebeneinanderbestehen dieser beiden Tatsachenreihen zu erklären: eine hochentwickelte Stammesmoral und zugleich das Aussetzen von Eltern und Kindesmord. Aber wenn diese selben Europäer einem Wilden sagen wollten, es gäbe Leute, die äußerst liebenswürdig seien und ihre Kinder liebten und die so sensitiv seien, dass sie weinten, wenn sie im Theater ein Unglück gespielt sahen, und diese selben Leute lebten in Europa nicht weiter als einen Büchsenschuss entfernt von Höhlen, in denen Kinder aus bloßem Mangel an Nahrung zugrunde gehen – dann würde der Wilde sie auch nicht verstehen. Ich erinnere mich, wie vergeblich ich mich bemühte, einigen meiner tungusischen Freunde unsere Kultur des Privateigentums verständlich zu machen: sie konnten es nicht verstehen, und sie versuchten es mit Hilfe der abenteuerlichsten Ideen. Die Sache ist die, dass ein Wilder, der in den Ideen der Stammessolidarität in allem, sei's gut oder schlimm, aufgewachsen ist, ebenso unfähig ist, einen „moralischen" Europäer zu verstehen, der nichts von dieser Solidarität weiß, als der Durchschnittseuropäer unfähig ist, den Wilden zu verstehen. Aber wenn unser Gelehrter inmitten eines halbverhungerten Stammes gelebt hätte, der insgesamt für die nächsten Tage nicht einmal die Nahrung eines einzigen Menschen besitzt, dann verstünde er wahrscheinlich ihre Motive. So verstünde vielleicht auch der Wilde, wenn er unter uns gewohnt und unsere Erziehung gehabt hätte, unsere europäische Gleichgültigkeit gegen unsere Nachbarn und unsere *Royal Commissions* zur Verhütung des En-

---

104 Erskine, zitiert in Gerland und Waitz' *Anthropologie*, Bd. 5, S. 640.

gelmachens. „Steinhäuser machen Steinherzen", sagt der russische Bauer. Aber er sollte erst in einem Steinhaus leben.

Ähnliche Bemerkungen müssen über den Kannibalismus gemacht werden. Wenn wir alle Tatsachen beachten, die während einer Kontroverse über den Gegenstand in der Pariser Anthropologischen Gesellschaft vor kurzem bekannt geworden sind, und ebenso viele gelegentliche Bemerkungen, die in der Literatur über die Wilden zerstreut sind, so müssen wir anerkennen, dass dieser Brauch durch äußerste Not entstanden ist, dass er aber durch Aberglauben und Religion in dem Maß sich weiterentwickelt hat, wie es auf den Fidschi-Inseln oder in Mexiko der Fall war. Es ist eine Tatsache, dass bis zum heutigen Tag viele Wilde genötigt sind, Aas im vorgerückten Stadium der Fäulnis zu verzehren und dass in Fällen absoluten Mangels einige von ihnen selbst während einer Epidemie menschliche Leichen wieder ausgraben und aufessen mussten. Dies sind festgestellte Tatsachen. Aber wenn wir uns nun in die Lage versetzen, der der Mensch während der Eiszeit gegenüberstand, in einem feuchten und kalten Klima, mit nur wenig Pflanzennahrung, die zu seiner Verfügung stand; wenn wir die schrecklichen Verheerungen in Betracht ziehen, die der Skorbut noch jetzt bei unterernährten Eingeborenen anrichtet, und uns erinnern, dass Fleisch und frisches Blut die einzigen Stärkungsmittel sind, die sie kennen: dann müssen wir einräumen, dass der Mensch, der früher ein körnerfressendes Tier war, während der Eiszeit ein Fleischesser geworden ist. Er fand während dieser Zeit eine Menge Wild, aber das Wild wandert oft in den arktischen Gegenden, und manchmal verlassen sie ein Gebiet für eine Reihe von Jahren. In solchen Fällen verschwanden seine letzten Nahrungsmittel. Während ähnlicher harter Prüfungen haben sich auch Europäer zum Kannibalismus gewandt, und zu ihm wandten sich die Wilden. Bis zur gegenwärtigen Zeit verzehren sie manchmal die Leichen ihrer eigenen Toten: sie müssen damals die Körper derer verzehrt haben, die sowieso dem Tode nahe waren. Alte Leute starben mit der Überzeugung, dass sie durch ihren Tod dem Stamme einen letzten Dienst erwiesen. Darum wird der Kannibalismus von einigen Stämmen als göttlichen Ursprungs betrachtet, als etwas, das durch einen Himmelsboten befohlen wurde. Wahrscheinlich, als die Schamanen die Notdurft sahen, haben sie den Kannibalismus als eine vom Himmel vorgeschriebene Maßregel (Opfer) befohlen. Aber späterhin verlor er den Charakter der Notwendigkeit und blieb als Aberglaube erhalten. Feinde musste man verzehren, um ihre Tapferkeit zu erben; und in einer viel späteren Epoche wurde das Auge oder das Herz des Feindes zum selben Zweck gegessen; und in anderen Stämmen, die bereits eine zahlreiche

Priesterschaft und eine ausgebildete Mythologie hatten, wurden böse Götter erfunden, die es nach Menschenblut dürstete und die durch die Priester Menschenopfer verlangten, um die Götter zu besänftigen. In dieser religiösen Phase seiner Existenz erlangte der Kannibalismus seine empörendsten Züge. Mexiko ist ein bekanntes Beispiel; und auf den Fidschi-Inseln, wo der König jeden seiner Untertanen verspeisen konnte, finden wir auch eine mächtige Priesterkaste, eine verwickelte Theologie[105] und eine völlig entwickelte Autokratie. Ursprünglich aus der Notwendigkeit hervorgegangen, wurde der Kannibalismus in späterer Zeit eine religiöse Einrichtung, und in dieser Form blieb er am Leben, lange nachdem er unter Stämmen verschwunden war, die ihn gewiss in früheren Zeiten geübt hatten, die aber die theokratische Entwicklungsstufe nicht erreichten. Dieselbe Bemerkung gilt auch für den Kindesmord und das Aussetzen der Eltern. In manchen Fällen haben sie sich auch als Überrest alter Zeiten erhalten, als religiös-pietätvoll bewahrte Tradition der Vorzeit.

Ich will zum Schluss meiner Bemerkungen einen anderen Brauch erwähnen, der ebenfalls eine Quelle sehr irriger Schlussfolgerungen ist. Ich meine die Ausübung der Blutrache. Alle Wilden stehen unter dem Eindruck, dass vergossenes Blut durch Blut gerächt werden muss. Wenn jemand getötet worden ist, muss der Mörder sterben; wenn jemand verwundet worden ist, muss des Angreifers Blut fließen. Es gibt für diese Regel keine Ausnahme, nicht einmal für Tiere; daher wird das Blut des Jägers bei seiner Rückkehr ins Dorf vergossen, wenn er das Blut eines Tieres vergossen hat. Das ist der Gerechtigkeitsbegriff der Wilden – welcher Begriff in Westeuropa in bezug auf den Mord noch herrschend ist. Wenn jetzt der Verletzende und der Verletzte zum selben Stamm gehören, dann erledigen der Stamm und die Person, die verletzt worden ist, die Angelegenheit.[106] Aber wenn der

105 W. T. Pritchard, *Polynesian Reminiscences*, London 1866, S. 363.

106 Es ist indessen bemerkenswert, dass es im Fall eines Todesurteils niemand auf sich nehmen will, der Vollstrecker zu sein. Jeder wirft seinen Stein oder gibt seinen Streich mit dem Beil, aber jeder vermeidet sorgsam, den Todesstreich zu versetzen. In einer späteren Epoche ersticht der Priester das Opfer mit einem geweihten Messer. Noch später ist es der König, bis die Zivilisation den bezahlten Henker erfindet. Siehe Bastians tiefe Bemerkungen darüber in: *Der Mensch in der Geschichte*, Bd. 3 [Leipzig 1860], Die Blutrache. S. 1-36. Ein Überrest dieser Stammessitte ist, wie mir Professor E. Nys sagt, in militärischen Exekutionen bis in unsere Zeiten am Leben geblieben. Um die Mitte des neunzehnten Jahrhunderts war es üblich, die Gewehre der zwölf Soldaten, die dazu bestimmt waren, das Opfer zu erschießen, mit elf scharfen Patronen

Verletzende einem anderen Stamm angehört und dieser Stamm aus einem oder dem andern Grund eine Entschädigung ablehnt, dann entscheidet sich der verletzte Stamm, die Rache selbst zu übernehmen. Primitive Völker betrachten so sehr jedermanns Handlungen als Angelegenheit des Stammes, die von der Zustimmung des Stammes abhängt, dass sie leicht den Stamm als verantwortlich für jedermanns Handlungen ansehen. Daher kann die schuldige Rache an jedem Mitglied des Clans des Schuldigen oder seinen Verwandten genommen werden.[107] Es mag indessen oft vorkommen, dass die Vergeltung weiter geht als der Angriff. Beim Versuch, eine Wunde zuzufügen, töten sie vielleicht den Schuldigen, oder sie verwunden ihn gefährlicher, als sie beabsichtigt hatten, und dies wird Anlaß zu einer neuen Fehde, so dass die primitiven Gesetzgeber darauf bedacht waren, festzusetzen, dass die Vergeltung zu beschränken sei auf Auge um Auge, Zahn um Zahn, Blut um Blut.[108]

Es ist indessen bemerkenswert, dass bei den meisten primitiven Völkern solche Fehden unendlich viel seltener sind als erwartet werden könnte, obwohl sie bei einigen unter ihnen abnorme Häufigkeit erlangen können, besonders bei Bergbewohnern, die durch fremde Eindringlinge in die Hochländer getrieben worden sind, wie die Bergbewohner Kaukasiens und besonders die von Borneo – die Dayaken. Bei den Dayaken – so berichtete man uns jüngst – waren die Fehden so weit gegangen, dass ein junger Mann weder heiraten noch für volljährig erklärt werden konnte, ehe er nicht den Kopf eines Feindes erobert hatte. Dieser schreckliche Brauch wurde in einem neueren englischen Buch ausführlich geschildert.[109] Es scheint jedoch,

---

und einer Platzpatrone zu laden. Da die Soldaten nie wussten, wer von ihnen die letztere hatte, konnte jeder von ihnen sein aufgeregtes Gewissen damit trösten, dass er dachte, er sei keiner von den Mördern.

107 In Afrika und auch sonst ist es eine weit verbreitete Sitte, dass, wenn ein Diebstahl begangen worden ist, der nächste Clan ein Äquivalent der gestohlenen Dinge aufbringen und dann selbst nach dem Dieb forschen muss. A. H. Post, *Afrikanische Jurisprudenz,* Leipzig 1887, Band 1, S. 77.

108 Siehe Prof. Maxim Kowalewskys, *Moderne Sitten und Altes Recht* (russisch), Moskau 1886 [engl.: *Modern Customs and Ancient Laws of Russia*, London 1891], Band 2, das viele wichtige Betrachtungen über diese Dinge enthält.

109 Siehe Carl Bock, *The Head-Hunters of Borneo*, London 1881. Indessen berichtet mir Sir Hugh Law. der lange Zeit Gouverneur von Borneo war, dass das in diesem Buche beschriebene „Kopfjagen" äußerst übertrieben worden ist. Alles in allem spricht mein Gewährsmann von den Dayaken in genau denselben sympathischen Ausdrücken wie Ida Pfeiffer. Ich will hinzufügen, dass

dass diese Behauptung eine grobe Übertreibung war. Außerdem aber erlangt das „Kopfjagen" der Dayaken ein ganz anderes Aussehen, wenn wir erfahren, dass der angebliche „Kopfjäger" nicht im geringsten von persönlicher Leidenschaft angetrieben wird. Er handelt, angetrieben von dem, was er als moralische Verpflichtung gegen den Stamm betrachtet, just ebenso wie der europäische Richter, der gemäß demselben offenbar falschen Prinzip „Blut um Blut" den verurteilten Mörder dem Henker überantwortet. Sowohl der Dayak wie der Richter würden sogar Gewissensbisse haben, wenn das Mitgefühl sie vermöchte, den Mörder zu schonen. Darum auch werden die Dayaken, abgesehen von den Morden, die sie begehen, wenn sie von ihrem Gerechtigkeitsbegriff getrieben werden, von allen, die sie kennen, als sehr sympathisches Volk geschildert. So schreibt Carl Bock, derselbe Autor, der eine so schreckliche Schilderung vom Kopfjagen gegeben hat:

> „Was die Moral angeht, so bin ich verpflichtet, den Dayaken einen hohen Rang in der Stufenfolge der Kultur anzuweisen Räubereien und Diebstahl sind unter ihnen gänzlich unbekannt. Sie sind auch sehr wahrheitsliebend Wenn ich nicht immer die „ganze Wahrheit" von ihnen erhielt, so erhielt ich wenigstens immer nichts als Wahrheit von ihnen. Ich wollte, ich könnte dasselbe von den Malaien sagen" (S. 209 und 210).

Bocks Zeugnis wird von dem Ida Pfeiffers vollständig bekräftigt. „Ich erkannte völlig an", schrieb sie, „dass es mir eine Freude wäre, länger in ihrem Lande zu reisen. Ich fand sie gewöhnlich ehrlich, gut und zurückhaltend ... viel mehr als irgendein anderes Volk, das ich kenne."[110] Stoltze wandte fast dieselben Ausdrücke an, als er von ihnen sprach. Die Dayaken haben gewöhnlich nur eine Frau und behandeln sie gut. Sie sind sehr gesellig, und jeden Morgen geht der ganze Clan aus, um in großen Gesellschaften zu fischen, jagen oder den Garten zu bestellen. Ihre Dörfer bestehen aus großen Hütten, von denen jede von einem Dutzend Familien bewohnt ist, und manchmal von mehreren hundert Personen, die friedlich zusammenleben. Sie zeigen große Achtung vor ihren Frauen und lieben ihre Kinder;

Mary Kingsley in ihrem Buch über Westafrika in denselben sympathischen Ausdrücken von den Fânen spricht, die früher als die „schrecklichsten Menschenfresser" hingestellt worden waren.

110 Ida Pfeiffer, *Meine zweite Weltreise*. Wien 1836, Band 1, S. 116 ff. Siehe auch Müller und Temminch, Holländische Besitzungen im indischen Archipelagus, zitiert bei Elisée Reclus, *Géographie Universelle*, Bd. 13.

und wenn einer von ihnen krank wird, pflegen ihn die Frauen der Reihe nach. In der Regel sind sie sehr mäßig im Essen und Trinken. So ist der Dayak in seinem wirklichen täglichen Leben.

Es wäre eine ermüdende Wiederholung, wenn mehr Beispiele aus dem Leben der Wilden gegeben würden. Überall, wohin wir gehen, finden wir dieselben geselligen Sitten, denselben Geist der Solidarität. Und wenn wir uns bemühen, in die Dunkelheit vergangener Zeiten einzudringen, finden wir dasselbe Stammesleben, dieselben, wenn auch primitiven, Vereinigungen von Menschen zu gegenseitigem Beistand. Daher hatte Darwin ganz recht, wenn er in den sozialen Eigenschaften des Menschen den Hauptfaktor für seine weitere Entwicklung sah, und Darwins vulgarisierende Nachfolger haben völlig unrecht, wenn sie das Gegenteil behaupten.

> „Die geringe Kraft und Schnelligkeit des Menschen", so schrieb er, „sein Mangel an natürlichen Waffen usw. sind mehr als aufgewogen erstens durch seine geistigen Fähigkeiten (die, wie er an anderer Stelle bemerkte, hauptsächlich oder gar ausschließlich zum Wohl der Gemeinschaft erlangt sind), und zweitens *durch seine sozialen Eigenschaften*, die ihn dazu brachten, seinen Mitmenschen Hilfe zu leisten und von ihnen Hilfe zu empfangen."[111]

Im letzten Jahrhundert waren der „Wilde" und „sein Leben im Naturzustand" idealisiert worden. Aber jetzt sind viele Gelehrte zum entgegengesetzten Extrem übergegangen, besonders seit einige von ihnen im Eifer, den tierischen Ursprung des Menschen zu beweisen, aber nicht vertraut mit den sozialen Seiten des tierischen Lebens, anfingen, den Wilden mit allen denkbaren „bestialischen" Eigenschaften zu belasten. Es ist jedoch klar, dass diese Übertreibung noch unwissenschaftlicher ist als Rousseaus Idealisierung. Der Wilde ist nicht ein Ideal an Tugend, aber er ist auch kein Ideal an „Wildheit". Aber der primitive Mensch hat eine Eigenschaft, die gerade durch die Notwendigkeiten seines harten Kampfes ums Dasein ausgebildet und erhalten wurde – er identifiziert sein eigenes Dasein mit dem seines Stammes; und ohne diese Eigenschaft hätte die Menschheit nie ihre jetzige Stufe erreicht

Primitive Völker identifizieren, wie bereits gesagt wurde, ihr Leben so sehr mit dem des Stammes, dass jede ihrer Handlungen, mag sie noch so unbedeutend sein, als Angelegenheit des Stammes betrachtet wird. Ihr

111 *Descent of Man*, 2. Ausgabe, S. 63, 64.

ganzes Benehmen wird von einer unendlichen Reihe ungeschriebener Anstandsregeln geordnet, die die Frucht ihrer gemeinsamen Erfahrung über das sind, was gut oder schlecht ist – d. h. nützlich oder schädlich für ihren eigenen Stamm. Natürlich sind die Erwägungen, auf die ihre Anstandsregeln sich gründen, manchmal aufs äußerste absurd. Viele davon wurzeln im Aberglauben; und im ganzen sieht der Wilde in allem, was er tut, nur die unmittelbaren Folgen seiner Handlungen; er kann ihre indirekten und weiteren Folgen nicht vorhersehen – und übertreibt so lediglich einen Fehler, den Bentham den zivilisierten Gesetzgebern vorgeworfen hat. Aber, absurd oder nicht, der Wilde gehorcht den Vorschriften des gemeinen Rechtes, so unbequem sie auch sein mögen. Er gehorcht ihnen noch blinder als der zivilisierte Mensch den Vorschriften des geschriebenen Rechtes gehorcht. Sein gemeines Recht ist seine Religion; es ist die Regel seiner Lebensführung. Die Idee des Clans ist seinem Geist immer gegenwärtig; und Selbstbeschränkung und Selbstaufopferung im Interesse des Clans kommen täglich vor. Wenn der Wilde eine von den kleineren Stammesregeln übertreten hat, wird er von den Neckereien der Frauen verfolgt. Wenn die Übertretung schwer ist, wird er Tag und Nacht von der Furcht gepeinigt, ein Unglück über seinen Stamm heraufbeschworen zu haben. Wenn er durch einen unglücklichen Zufall einen aus seinem eigenen Clan verwundet und so das größte aller Verbrechen begangen hat, zeigt er sich ganz jammervoll: er flüchtet sich in die Wälder und ist bereit, Selbstmord zu begehen, wenn der Stamm ihn nicht dadurch losspricht, dass er ihm einen physischen Schmerz zufügt und etwas von seinem eigenen Blut vergießt.[112] Innerhalb des Stammes ist alles Gemeinbesitz; jeder Bissen wird unter alle Anwesenden geteilt; und wenn der Wilde allein in den Wäldern ist, fängt er nicht zu essen an, ehe er nicht laut dreimal jeden, der seine Stimme vernehmen kann, eingeladen hat, sein Mahl zu teilen.[113]

Kurz, innerhalb des Stammes ist die Regel „jeder für alle“ das oberste Gesetz, solange nicht die abgesonderte Familie bereits die Stammeseinheit zerbrochen hat. Aber diese Regel erstreckt sich nicht auf die benachbarten Clans oder Stämme, auch wenn sie zu gegenseitigem Schutz verbündet sind. Jeder Stamm oder Clan ist eine besondere Einheit. Gerade wie bei den Säugetieren und Vögeln wird das Gebiet oberflächlich unter verschiedene Stämme verteilt und außer in Kriegszeiten werden die Grenzen respektiert.

112 Siehe Bastian, *Der Mensch in der Geschichte,* Bd. 3, S .7. Auch Grey, *Journal of the Two Expeditions*, Bd. 2, S. 238.

113 Miklucho-Maclay. Derselbe Brauch bei den Hottentotten.

Wenn man das Gebiet seiner Nachbarn betritt, muss man zeigen, dass man keine bösen Absichten hat. Je lauter man sein Kommen ankündigt, um so mehr Vertrauen gewinnt man; und wenn einer ein Haus betritt, muss er am Eingang sein Beil niederlegen. Aber kein Stamm ist verpflichtet seine Nahrung mit den anderen zu teilen; er kann es tun, aber er braucht es nicht. Daher ist das Leben der Wilden in zwei Reihen von Handlungen geteilt und tritt unter zwei verschiedenen ethischen Formen in die Erscheinung: die Beziehungen innerhalb des Stammes, und die Beziehungen zu den Außenstehenden; und das „intertribale" Recht weicht (wie unser Völkerrecht) sehr vom gemeinen Recht ab. Wenn es daher zu einem Krieg kommt, mögen die empörendsten Grausamkeiten die höchste Bewunderung des Stammes hervorrufen. Diese doppelte Moral geht durch die ganze Entwicklung der Menschheit hindurch und hat sich bis zum heutigen Tag erhalten. Wir Europäer haben einige Fortschritte – jedenfalls keine überwältigenden – zur Ausrottung dieses doppelten Moralbegriffes gemacht; aber es muss auch gesagt werden, dass wir zwar – wenigstens in der Theorie – bis zu gewissem Grad unsere Vorstellungen von Solidarität über die Nation und manchmal auch über andere Nationen erstreckt haben, dass wir aber die Bande der Solidarität innerhalb unserer eigenen Völker und selbst innerhalb unserer eigenen Familien gelockert haben.

Das Auftreten einer abgesonderten Familie unter dem Clan stört notwendigerweise die feste Einheit. Eine besondere Familie bedeutet besonderes Eigentum und Aufhäufen von Vermögen. Wir sahen, wie die Eskimos solchen Unzuträglichkeiten begegnen; und es gehört zu den interessantesten Gebieten des Studiums, im Lauf der Zeiten den verschiedenen Einrichtungen zu folgen (Markgenossenschaft, Gilden usw.), mittels derer die Massen sich bemühten, die Stammeseinheit trotz der Triebkräfte, die daran arbeiteten, sie zu vernichten, aufrecht zu erhalten. Andererseits wurden die ersten Bruchstücke des Wissens, die in dieser äußerst entfernten Epoche zum Vorschein kamen und mit Zauberei vermengt waren, ebenfalls eine Waffe in den Händen des Individuums, die gegen den Stamm benutzt werden konnte. Sie wurden ängstlich geheim gehalten und nur den Eingeweihten in den Geheimbünden der Zauberer, Schamanen und Priester übermittelt, die wir bei allen Wilden antreffen. Zur selben Zeit schufen Kriege und Eroberungszüge die militärische Autorität und auch Kriegerkasten, deren Vereinigungen große Macht erlangten. Indessen waren zu keiner Zeit der Existenz von Menschen Kriege der *normale* Zustand des Lebens. Während die Krieger sich gegenseitig ausrotteten und die Priester ihre Gemetzel segneten und feierten, während dessen setzten die Massen ihr tägliches Leben fort, gingen ihrer täglichen Arbeit nach. Und es gehört zu den interessantesten Aufgaben des Studiums, diesem Leben der Massen nachzugehen; die Mittel zu erforschen, durch die sie ihre eigene soziale Organisation aufrecht erhielten, die sich auf ihre eigenen Vorstellungen von Gleichheit und gegenseitiger Hilfe gründete – mit einem Wort, auf das gemeine Recht, selbst wenn sie der wildesten Theokratie oder Autokratie im Staat unterworfen waren.

Viertes Kapitel: Gegenseitige Hilfe unter den Barbaren

Die großen Wanderungen. – Die Notwendigkeit neuer Organisation stellt sich heraus. – Die Dorfmarkgenossenschaft. – Gemeindearbeit. – Gerichtsverfahren. – Rechtsverhältnisse zwischen den Stämmen. – Belege aus dem Leben unserer Zeitgenossen. – Buriaten. – Kabylen. – Kaukasische Bergvölker. – Afrikanische Stämme.

Wenn man die primitiven Menschen erforscht, muss man tiefe Eindrücke von der Geselligkeit bekommen, die sie schon bei ihren ersten Schritten ins Leben übten. Spuren von Menschengesellschaften findet man in den Überresten der ältesten wie späteren Steinzeit; und wenn wir daran gehen, die Wilden zu beobachten, deren Lebensgewohnheiten noch die der späteren Steinzeitmenschen sind, so finden wir sie durch eine äußerst alte Clanorganisation eng miteinander verbunden, die sie instand setzt, ihre schwachen individuellen Kräfte zu vereinigen, das Leben gemeinsam zu genießen und fortzuschreiten. Der Mensch ist keine Ausnahme von der Natur. Er ist ebenfalls dem großen Prinzip der gegenseitigen Hilfe unterworfen, das denen die besten Aussichten des Überlebens gewährt, die einander am besten im Kampf ums Dasein unterstützen. Dies waren die Ergebnisse, zu denen wir in den bisherigen Kapiteln gelangt sind.

Sowie wir jedoch zu einer höheren Stufe der Zivilisation gelangen und uns der Geschichte zuwenden, die über diese Stufe bereits etwas zu sagen hat, sind wir bestürzt über die Kämpfe und Zusammenstöße, die sie enthüllt. Die alten Bande scheinen völlig zerrissen. Man sieht Stämme, die gegen Stämme kämpfen, Clans gegen Clans, Individuen gegen Individuen; und aus diesem chaotischen Streit feindlicher Kräfte geht die Menschheit in Kasten geteilt hervor, von Despoten zu Sklaven gemacht, in Staaten getrennt, die immer bereit sind, gegeneinander Krieg zu führen. Und mit dieser Geschichte der Menschheit in Händen erklärt der pessimistische Philosoph triumphierend, dass Krieg und Unterdrückung der eigentliche Inhalt der Menschennatur seien; dass die kriegerischen und räuberischen Instinkte des Menschen nur durch eine starke Regierungsgewalt, die Frieden erzwingt und so den Wenigen und Edleren Gelegenheit gibt, der Menschheit für kommende Zeiten ein besseres Leben zu bereiten, in gewissen Grenzen gehalten werden können.

Und doch, sowie das Alltagsleben des Menschen während der historischen Periode einer näheren Prüfung unterzogen wird – und dies ist in letzter Zeit durch viele ausdauernde Erforscher sehr früher Institutionen geschehen – erscheint es auf einmal in einem ganz anderen Lichte. Wenn wir die vorgefassten Meinungen der meisten Historiker und ihre ausgesprochene Vorliebe für die dramatischen Momente der Geschichte beiseite lassen, dann sehen wir, dass die Dokumente, die sie gewohnheitsmäßig erforschen, so beschaffen sind, dass durch sie die Rolle, die der Kampf im Menschenleben spielt, übertrieben wird, und ihre friedlichen Seiten unterschätzt werden. Die hellen und sonnigen Tage werden in Stürmen und Orkanen aus dem Gesicht verloren. Selbst in unserer eigenen Zeit leiden die massenhaften Erinnerungen, die wir künftigen Historikern in unserer Presse, unseren Gerichtsgebäuden, unseren Regierungsämtern und selbst in unseren Romanen und Dichtungen aufbewahren, an derselben Einseitigkeit. Sie übermitteln der Nachwelt die eingehendsten Beschreibungen jedes Krieges, jeder Schlacht und jedes Scharmützels, jedes Streites und jeder Gewalttat, jeder Art individuellen Erduldens; aber sie enthalten kaum eine Spur von den zahllosen Akten gegenseitigen Beistandes und der Hingebung, die jeder nur aus seiner eigenen Erfahrung kennt; sie nehmen kaum Notiz von dem, was den eigentlichen Inhalt unseres täglichen Lebens ausmacht: von unseren sozialen Instinkten und Sitten. Kein Wunder also, dass die Berichte aus der Vergangenheit so unvollständig sind. Die alten Chronisten verfehlten nie, die kleinen Kriege und Unglücksfälle zu berichten, mit denen ihre Zeitgenossen sich quälten; aber sie schenkten dem Leben der Massen nicht die geringste Aufmerksamkeit, obwohl die Massen hauptsächlich friedlich zu arbeiten pflegten, während die Wenigen im Streit lagen. Die epischen Gedichte, die Inschriften auf Denkmälern, die Friedensverträge – fast alle historischen Dokumente tragen denselben Charakter; sie handeln von Friedensbrüchen, nicht vom Frieden selbst. Daher kommt es, dass ein Historiker, der die besten Absichten hat, unbewusst ein entstelltes Bild von den Zeiten gibt, die er schildern will, und um das richtige Verhältnis zwischen Zusammenstoß und Vereinigung wieder herzustellen, sind wir jetzt genötigt in eine genaue Untersuchung von Tausenden kleiner Tatsachen und schwacher Andeutungen einzutreten, die uns in den Überresten der Vergangenheit zufällig aufbewahrt geblieben sind, sie mit Hilfe der vergleichenden Ethnologie auszulegen, und – nachdem wir so viel von dem gehört haben, was die Menschen zu trennen pflegte – Stein um Stein die Einrichtungen zu rekonstruieren, die sie zu verbinden pflegten.

Binnen kurzem muss die Geschichte neu geschrieben werden und sie muss diese beiden Strömungen des Menschenlebens in Betracht ziehen und die Rolle würdigen, die jede von beiden in der Entwicklung gespielt hat. Aber mittlerweile mögen wir von der reichen vorbereitenden Arbeit Gebrauch machen, die in letzter Zeit geleistet worden ist, um die Grundzüge der zweiten solange vernachlässigten Strömung aufzudecken. Aus den besser bekannten Perioden der Geschichte können wir einige Beispiele für das Leben der Massen nehmen, um die Rolle zu zeigen, die die gegenseitige Hilfeleistung während dieser Zeiten gespielt hat; und wenn wir das tun, können wir (um der Kürze willen) davon absehen, bis zum ägyptischen oder auch nur griechischen und römischen Altertum zurückzugehen. Denn in der Tat hat die Entwicklung der Menschheit nicht den Charakter einer einzigen, nie abgebrochenen Kette gehabt. Verschiedene Male kam die Kultur in einer bestimmten Gegend, unter einer bestimmten Rasse, zu einem Ende, und begann anderswo, unter neuen Rassen von neuem. Aber bei jedem frischen Beginnen begann sie wiederum mit denselben Clan-Institutionen, die wir unter den Wilden angetroffen haben. Daher kommt es, dass wir, wenn wir das letzte Anheben unserer eigenen Kultur nehmen, als es in den ersten Jahrhunderten unserer Zeitrechnung von frischem unter denen, die die Römer Barbaren nannten, begann, die ganze Stufenfolge der Entwicklung haben, beginnend mit den Gentes und mit unseren eigenen Institutionen aufhörend. Diesen Belegen werden die folgenden Seiten gewidmet sein.

Die Männer der Wissenschaft sind noch nicht ganz einig über die Gründe, die vor einigen zweitauend Jahren ganze Völker von Asien nach Europa getrieben haben und zu den großen Wanderungen der Barbaren führten, die dem weströmischen Reich ein Ende machten. Eine Ursache indessen drängt sich dem Geographen naturgemäß auf, wenn er die Ruinen volkreicher Städte in den Wüsten Zentralasiens betrachtet oder wenn er den alten Betten jetzt verschwundener Flüsse folgt und den weiten Ufern von Seen, die jetzt bloß noch die Größe von Teichen haben. Die Ursache ist: Austrocknung, eine Austrocknung ganz neuen Datums, die jetzt noch weitergeht, und zwar mit einer Geschwindigkeit, die wir früher nicht geneigt gewesen wären zuzugeben.[114] Gegen sie war der Mensch wehrlos. Als die Einwohner Nordwestmongoliens und Ostturkestans sahen, dass das Wasser sie im Stiche ließ, hatten sie keinen anderen Ausweg, als den breiten Tälern entlang zu ziehen, die in die Tiefländer führten, und die Einwohner der Ebenen nach Westen zu schieben.[115] Stämme auf Stämme wurden so nach Europa geworfen, die andere Stämme zwangen, Jahrhunderte hintereinander hin und her zu ziehen, nach Westen und Osten, auf der Suche nach neuen, mehr oder weniger dauernden Wohnsitzen. Rassen mischten sich während dieser Wanderungen mit Rassen, Eingeborene mit Einwanderern, Arier mit Ural-Altaiischen Völkern; und es wäre kein Wunder gewesen, wenn die sozialen Einrichtungen, die sie in ihren Mutterländern zusammengehalten hatten, während der Aufeinanderschichtung von Rassen, die in Europa und Asien stattfand, völlig vernichtet worden wären. Aber sie wurden nicht vernichtet; sie erlitten lediglich die Modifikation, die unter den neuen Lebensbedingungen notwendig war.

Die alten Deutschen, die Kelten, die Skandinavier, die Slawen und andere waren, als sie zuerst in Berührung mit den Römern kamen, in einem Übergangsstadium ihrer sozialen Organisation. Die Clanverbände, die sich

114 Zahllose Spuren von postpliozänen Seen, die jetzt verschwunden sind, werden in ganz Zentral-, West- und Nordasien gefunden. Muscheln derselben Arten, wie die, die man jetzt im Kaspischen Meer findet, sind über die Oberfläche des Bodens in östlicher Richtung bis halbwegs zum Aralsee zerstreut und werden nördlich bis Kasan in neuen Schichten gefunden. Spuren von Kaspischen Golfen, die man früher für alte Betten des Amu-Darya oder des Oxus gehalten hatte, durchschneiden das turkmenische Gebiet. Gewiss muss auf zeitweilige, periodische Schwankungen geschlossen werden. Aber bei alledem ist die Austrocknung fraglos und ebenso ihre Fortschritte in einer früher nicht vermuteten Geschwindigkeit. Selbst in dem verhältnismäßig feuchten Westsibirien zeigen zuverlässige Reihen von Vermessungen, die Yadrintseff veröffentlicht hat, dass Dörfer da entstanden sind, wo achtzig Jahre vorher das Bett eines der Seen der Tschanygruppe gewesen war; während die anderen Seen derselben Gruppe, die vor einigen fünfzig Jahren Hunderte von Quadratmeilen bedeckten, jetzt bloße Teiche sind. Kurz, die Austrocknung Nordwestasiens geht mit einer Schnelligkeit vor sich, die nach Jahrhunderten bemessen werden muss, statt der geologischen Zeiteinheiten, von denen wir früher zu sprechen pflegten.

115 Ganze Kulturen verschwanden so, wie jetzt durch die bemerkenswerten Entdeckungen in Mongolien am Orkhon, in der Senkung des Luktschun (durch Dmitri Clements) und in der Senkung des Lop Nor (durch Sven Hedin) bewiesen ist.

auf einen wirklichen oder angenommenen gemeinsamen Ursprung gründeten, hatten sie viele Tausende von Jahren zusammengehalten. Aber diese Verbände konnten ihrem Zwecke nur so lange entsprechen, als es innerhalb der Gens oder des Clans selbst keine abgesonderten Familien gab. Indessen hatte sich aus bereits erwähnten Gründen die besondere patriarchalische Familie langsam, aber stetig innerhalb der Clans entwickelt, und auf die Länge bedeutete das natürlich die individuelle Anhäufung von Vermögen und Macht, und die erbliche Übertragung von beidem. Die häufigen Wanderungen der Barbaren und die daraus sich ergebenden Kriege beschleunigten nur die Teilung der Gentes in abgesonderte Familien, während die Zersprengung der Stämme und ihre Vermischung mit Fremden die schließliche Auflösung solcher Verbände, die sich auf Verwandtschaft gründeten, besonders erleichterten. Die Barbaren befanden sich also in einer Lage, wo sie entweder zusehen mussten, wie ihre Clans sich in lose Ansammlungen von Familien auflösten, von denen es den reichsten, besonders wenn sie priesterliche Funktionen oder kriegerisches Ansehen mit dem Reichtum verbanden, gelungen wäre, den anderen ihre Autorität aufzuzwingen; oder sie mussten eine neue Organisationsform ausfindig machen, die auf einem neuen Prinzip beruhte.

Viele Stämme hatten keine Kraft, dem Zerfall Widerstand zu leisten; sie brachen zusammen und gingen der Geschichte verloren. Aber die kräftigeren zerfielen nicht. Sie tauchten aus der Prüfung mit einer neuen Organisation empor – der *Dorfmark [village community]* –, die sie für die nächsten fünfzehn Jahrhunderte oder länger zusammenhielt. Der Begriff eines gemeinsamen *Landes*, das durch gemeinsame Anstrengungen erworben oder geschützt wurde, bildete sich aus und nahm die Stelle der verschwindenden Ideen der gemeinsamen Abstammung ein. Die gemeinsamen Götter verloren allmählich den Charakter der Ahnen und bekamen einen örtlichen Charakter. Sie wurden die Götter oder Heiligen einer bestimmten Örtlichkeit; „das Land“ wurde mit seinen Bewohnern identifiziert. Landesverbände kamen empor anstatt der Blutsverbände von ehedem, und diese neue Organisation gewährte offenbar manche Vorteile unter den gegebenen Umständen. Sie erkannte die Unabhängigkeit der Familie an und verstärkte sie sogar noch, indem die Markgenossenschaft [village community] auf alle Rechte, sich in das einzumischen, was innerhalb der geschlossenen Familie vor sich ging, verzichtete; sie gab der persönlichen Initiative viel mehr Freiheit; sie war im Prinzip der Vereinigung zwischen Menschen verschiedener Abstammung nicht feindlich, und sie sicherte gleichzeitig den notwendigen Zusammenhang zwischen Tun und Denken, während sie stark genug war, sich den Herrschaftstendenzen der Zauberer, Priester und berufsmäßigen oder durch ihre Leistungen hervorragenden Krieger entgegenzustellen. Daher wurde sie die Keimzelle zu künftiger Organisation, und bei vielen Völkern hat die Dorfmark diesen Charakter bis heute behalten.

Es ist jetzt bekannt und kaum bestritten, dass die Dorfmark nicht eine Besonderheit der Slawen oder der alten Deutschen war. Sie herrschte in England während der angelsächsischen und der normannischen Zeiten und blieb teilweise bis ins letzte Jahrhundert am Leben[116]; sie lag den sozialen Organisationen des alten Schottland, Irland und Wales zugrunde. In Frankreich erhielt sich der Kommunalbesitz und die kommunale Verteilung urbaren Landes durch die Volksversammlung des Dorfes von den ersten Jahrhunderten unserer Zeitrechnung bis zu den Zeiten Turgots, der die Volksversammlungen „zu geräuschvoll" fand und sie darum abschaffte. Sie überlebte die römische Herrschaft in Italien und lebte nach dem Fall des römischen Reichs wieder auf. Sie war die Regel bei den Skandinaviern, den Slawen, den Finnen (in der Pittäyä und auch wahrscheinlich der Kihlakunta), bei den Kuren und den Livländern. Die Dorfmark in Indien – dem vergangenen und gegenwärtigen, arischen und nichtarischen – ist bekannt durch die epochemachenden Werke Sir Henry Maines, und Elphinstone hat sie unter den Afghanen geschildert. Wir finden sie auch in dem mongolischen Ulus, dem kabylischen Thaddart, dem javanischen Dessa, dem malayischen Kota oder Tofa und unter den verschiedensten Namen in Abessinien, dem Sudan, dem Innern Afrikas, bei Eingeborenen beider Amerika, bei all den kleinen und großen Stämmen der Inseln des Stillen Ozeans. Kurz, wir kennen keine einzige Menschenrasse oder kein einziges Volk, die nicht ihre Periode der Dorfmark gehabt haben. Diese Tatsache allein beseitigt die Theorie, wonach die Dorfmark in Europa ein Produkt der Leibeigenschaft gewesen sei. Sie ist älter als die Leibeigenschaft, und selbst diese war nicht imstande, sie zu vernichten. Sie war eine allgemein

116 Wenn ich den Ansichten (um nur Spezialforscher unserer Zeit zu nennen) von Nasse, Kowalewsky und Winogradow folge und nicht denen F. Seebohms (Denman Ross kann nur um der Vollständigkeit willen genannt werden), so geschieht es nicht nur um des tiefen Wissens und der Übereinstimmung in den Anschauungen der drei Forscher willen, sondern auch, weil sie eine vollkommene Kenntnis von der Dorfmark im ganzen haben – eine Kenntnis, deren Mangel sich in dem sonst bemerkenswerten Buch Fr. Seebohms sehr fühlbar macht. Dieselbe Bemerkung gilt in noch höherem Grade für die sehr eleganten Schriften Fustels de Coulanges, dessen Meinungen und hitzige Auslegungen alter Texte von niemandem geteilt werden, als von ihm selbst.

verbreitete Etappe der Entwicklung, ein natürliches Produkt der Clanorganisation, bei all den Stämmen wenigstens, die in der Geschichte eine Rolle gespielt haben oder noch spielen.[117] Sie war ein natürliches Gewächs, und eine absolute Gleichmäßigkeit ihrer Struktur war daher nicht möglich. In der Regel war sie eine Vereinigung zwischen Familien, die man für verbunden durch gemeinsame Abstammung hielt und die ein bestimmtes Stück Land gemeinsam besaßen. Aber bei manchen Stämmen unter bestimmten Umständen pflegten die Familien sehr zahlreich zu werden, ehe sie neue Zweige in Gestalt neuer Familien bildeten; fünf, sechs oder sieben Generationen fuhren fort, unter demselben Dach oder in derselben Umhegung zu wohnen, die ihren Gesamthaushalt und ihr Vieh gemeinsam besaßen und ihr Mahl am gemeinsamen Herd einnahmen. Sie bildeten in diesem Fall, was die Ethnologie unter dem Namen des Familienverbandes oder des ungeteilten Haushalts kennt, die wir noch in ganz China, in Indien, in der südslawischen Zadruga sehen und die wir gelegentlich in Afrika, Amerika, in

117 Die Literatur über die Dorfmark ist so reich, dass nur ein paar Werke genannt werden können. Die von Sir Henry Maine, Fr. Seebohm und Walter*, Das alte Wallis* (Bonn 1859), sind bekannte populäre Bücher über Schottland, Irland und Wales. Für Frankreich: P. Viollet, *Précis de l'histoire du droit français: Droit privé*, 1886, und mehrere seiner Monographien in *Bibl. de l'École des Chartes*; Babeau, *Le Village sous l'ancien régime* (der Mir im achtzehnten Jahrhundert), 3. Aufl. 1887; Bonnemère, Doniol usw. Für Italien und Skandinavien sind die Hauptwerke in Laveleye, *Primitives Eigentum*, deutsche Übersetzung von Karl Bücher, genannt. Für die Finnen Reins *Föreläsningar*, Bd. 1, S. 16; Koskinen, *Finnische Geschichte*, 1874, und verschiedene Monographien. Für die Livländer und Kuren Prof. Lutschitzky in *Severnyi Westnik*, 1891. Für die Deutschen außer den bekannten Werken von Maurer, Sohm (*Altdeutsche Reichs- und Gerichtsverfassung*), auch Dahn (*Urzeit, Völkerwanderung, Langobardische Studien*), Janssen, Wilh. Arnold usw. Für Indien außer H. Maine und den Büchern, die er nennt, Sir John Phears *Aryan Village*. Für Russland und die Südslawen siehe Kawelin, Posnikoff, Sokolowsky, Kowalewsky, Efimenko, Iwanischeff, Klaus usw. (reichhaltiges bibliographisches Verzeichnis bis 1880 in den *Sbornik svedeniy ob obschinye* der Russ. Geogr. Gesellsch.). Für allgemeine Behandlung des Gegenstandes, außer Laveleyes *Propriété*, Morgans *Ancient Society*, Lipperts *Kulturgeschichte*, Post, Dargun usw., auch die Vorlesungen von Maxim Kowalewsky: *Tableau des origines et de l'évolution de la famille et de la propriété*, Stockholm 1890. Viele spezielle Monographien sollten genannt werden; ihre Titel findet man in den ausgezeichneten Verzeichnissen, die P. Viollet in *Droit privé* und *Droit public* gegeben hat. Für andere Rassen siehe die folgenden Anmerkungen.

Dänemark, Nordrussland und Westfrankreich finden.[118] Bei anderen Stämmen oder unter anderen Umständen, die noch nicht im einzelnen erforscht sind, erreichten die Familien nicht denselben Umfang; die Enkel und manches Mal schon die Söhne verließen den Haushalt, sowie sie verheiratet waren, und jeder bildete von sich aus eine neue Zelle. Aber, verbunden oder nicht, zusammengehäuft oder in Wäldern zerstreut, die Familien blieben als Dorfmarken vereint; mehrere Dörfer waren zu Stämmen verbunden und die Stämme schlossen sich zu Bünden zusammen. Das war die soziale Organisation, die sich unter den sogenannten „Barbaren" entwickelte, als sie anfingen, sich mehr oder weniger dauernd in Europa niederzulassen.

Eine sehr lange Entwicklung war erforderlich, ehe die Gentes oder Clans die besondere Existenz einer patriarchalischen Familie in einer besonderen Hütte anerkannten; aber selbst nachdem das anerkannt war, kannte der Clan in der Regel kein persönliches Erbrecht am Eigentum. Die wenigen Dinge, die dem Individuum persönlich gehört haben mochten, wurden entweder auf seinem Grab vernichtet oder mit ihm verbrannt. Die Dorfmark erkannte im Gegenteil die private Ansammlung von Vermögen innerhalb der Familie und ihre erbliche Übertragung vollständig an. Aber unter Vermögen verstand man ausschließlich *bewegliches* Eigentum, einschließlich Vieh, Geräte, Waffen und das Wohnhaus, das – „wie alle Dinge, die vom Feuer zerstört werden können" – zur selben Kategorie gehörte.[119] Was Pri-

118 Mehrere Autoritäten sind geneigt, den vereinigten Haushalt als Zwischenstadium zwischen dem Clan und der Dorfmark zu betrachten, und es ist kein Zweifel, dass in sehr vielen Fällen die Dorfmarken aus den ungeteilten Familien erwachsen sind. Nichtsdestoweniger betrachte ich den vereinigten Haushalt als eine Erscheinung, die dem Clan und der Dorfmark untergeordnet ist. Wir finden ihn innerhalb der Gentes; andererseits können wir nicht behaupten, dass Familienverbände zu irgendeiner Zeit existiert haben, ohne entweder zu einer Gens oder zu einer Dorfmark oder zu einem Gau gehört zu haben. Ich bin der Meinung, dass die ersten Dorfmarken allmählich direkt aus den Gentes entstanden und je nach der Rasse oder den örtlichen Umständen entweder aus mehreren Familienverbänden oder aus solchen Verbänden und einzelnen Familien, oder (besonders im Fall neuer Ansiedelungen) bloß aus einfachen Familien bestanden. Wenn diese Anschauung richtig ist, dann haben wir nicht das Recht, die Reihe: Gens, Familienverband. Dorfmark aufzustellen – da das zweite Glied der Reihe nicht dieselbe ethnologische Bedeutung hat wie die beiden anderen. Siehe Anhang 9.

119 Stobbe, *Beiträge zur Geschichte des deutschen Rechtes*, S. 62.

vateigentum an Grund und Boden angeht, so erkannte die Dorfmark nichts derart an – sie kannte es nicht – und kennt es auch in der Regel heute noch nicht. Das Land war das Gemeineigentum des Stammes oder des ganzen Volkes und die Dorfmark war selbst nur so lange Eigentümer ihres Teiles des Stammesgebietes, als der Stamm keine Neuverteilung der Dorfanteile verlangte. Da das Ausroden der Wälder und das Urbarmachen der Prärien meistens von der Markgenossenschaft oder wenigstens durch die vereinte Arbeit mehrerer Familien – immer mit der Zustimmung der Markgenossenschaft – geschah, wurden die urbar gemachten Stellen von jeder Familie für ein Ziel von vier, zwölf oder zwanzig Jahren besetzt, nach welchem Termin sie als Teil des urbaren Landes im Gemeinbesitz behandelt wurden. Privateigentum oder Besitz am Boden „für immer“ war mit den Prinzipien und den religiösen Vorstellungen der Dorfmark ebenso unverträglich wie mit den Prinzipien der Gens; so dass eine lange Einwirkung des römischen Rechtes und der christlichen Kirche, die bald die römischen Grundsätze akzeptierte, erforderlich war, um die Barbaren an die Idee, dass Privateigentum an Grund und Boden möglich sei, zu gewöhnen.[120] Und doch blieb, selbst als solches Eigentum oder solcher Besitz für unbegrenzte Zeit anerkannt war, der Eigentümer eines besonderen Gutes Miteigentümer an den weiten Ländern, Wäldern und Weiden. Noch mehr, wir sehen fortwährend, besonders in der Geschichte Russlands, dass, wenn ein paar Familien, die getrennt vorgingen, Besitz von einigem Land genommen hatten, das Stämmen gehörte, die als Fremde behandelt wurden, dass sie sich dann sehr bald miteinander vereinigten und eine Dorfmark gründeten, die in der dritten oder vierten Generation sich für eine ursprüngliche Markgenossenschaft erklärte.

Eine ganze Reihe von Einrichtungen, die teilweise aus der Clanperiode übernommen wurden, haben sich auf dieser Grundlage des Gemeineigentums an Grund und Boden in den langen Jahrhunderten entwickelt, die erforderlich waren, um die Barbaren unter die Herrschaft von Staaten zu bringen, die nach dem römischen oder byzantinischen Muster organisiert

120 Die wenigen Spuren von Privateigentum an Grund und Boden, die man in der früheren barbarischen Periode trifft, finden sich bei solchen Stämmen (den Batavern, den Franken in Gallien), die eine Zeitlang unter dem Einfluss des römischen Reichs gewesen sind. Siehe Inama Sternegg, *Die Ausbildung der großen Grundherrschaften in Deutschland*, Band I, 1878. Auch Besseler, *Neubruch nach dem älteren deutschen Recht*, S. 11-12, zitiert bei Kowalewsky, *Moderne Sitten und altes Recht*, Moskau 1886, Bd. 1, S. 134.

waren. Die Dorfmark war nicht nur eine Vereinigung, um jedem seinen richtigen Anteil am Gemeindeland zu sichern, sondern auch eine Vereinigung zu gemeinsamer Bewirtschaftung, zu gegenseitigem Beistand in allen möglichen Formen, zum Schutz vor Gewalt und zu einer weiteren Entwicklung des Wissens, des nationalen Zusammenhaltes und der Moral; und jeder Wechsel in den Sitten hinsichtlich des Rechtes, des Kriegswesens, der Erziehung oder der Wirtschaft musste in den Volksversammlungen des Dorfes, des Stammes oder des Bundes entschieden werden. Da die Mark eine Fortsetzung der Gens war, erbte sie alle ihre Funktionen. Sie war die *universitas*, der Mir – eine Welt für sich.

Gemeinsames Jagen, gemeinsamer Fischfang und gemeinsame Sorge für die Obstgärten und für das Pflanzen von Obstbäumen war die Regel bei den alten Gentes. Gemeinsame Landwirtschaft wurde die Regel in den barbarischen Markgenossenschaften. Allerdings sind die direkten Zeugnisse in diesem Betracht spärlich, und in der Literatur des Altertums haben wir bloß die Stellen bei Diodor und Julius Caesar, die sich auf die Einwohner der Liparischen Inseln, einen der keltoiberischen Stämme und die Sueven beziehen. Aber es fehlt nicht an Beweisen dafür, dass unter einigen germanischen Stämmen, den Franken und den alten Schotten, Iren und Welschen gemeinsame Landwirtschaft betrieben wurde.[121] Aber die späteren Überreste dieser Betriebsform sind einfach zahllos. Selbst in dem völlig romanisierten Frankreich war die gemeinsame Bewirtschaftung vor etlichen 25 Jahren im Morbihan (Bretagne) üblich.[122] Das alte welsche *cyvar* oder gemeinsames Gespann und ebenso die gemeinsame Bewirtschaftung des Landes, das zugunsten des Dorfheiligtums in Losen verteilt wurde, sind unter den Stämmen des Kaukasus, die am wenigsten von der Zivilisation berührt sind, ganz allgemein[123], und ähnliche Tatsachen trifft man täglich unter den russischen Bauern. Ferner ist es bekannt, dass viele Stämme Brasiliens, Zentralamerikas und Mexikos ihre Felder gemeinsam zu bestellen pflegten, und dass der gleiche Brauch bei manchen Malaien, in Neukale-

121 Maurer, *Markgenossenschaft*; Lamprecht, „Wirtschaft und Recht der Franken zur Zeit der Volksrechte“, im *Histor. Taschenbuch*, 1883; Seebohm, *The English Village Community*, Kap. 6, 7 und 9.

122 Letourneau im *Bulletin de la Soc. d'Anthropologie* 1888, Bd. 11, S. 476.

123 Walter, *Das alte Wallis*, S. 23. Dm. Bakradze und N. Khudadoff im russischen *Zapiski* der Kaukasischen Geogr. Gesellschaft, Bd. 14, Teil I.

donien, bei gewissen Negerstämmen verbreitet ist usw.[124] Kurz, die Gemeindewirtschaft ist bei vielen arischen, ural-altaiischen, mongolischen, Neger-, Indianer-, Malaien- und Melanesierstämmen so sehr üblich, dass wir sie als eine allgemeine – wennschon nicht die einzig mögliche Form der primitiven Landwirtschaft betrachten müssen.[125]

Gemeindebewirtschaftung schließt indessen nicht notwendig gemeinsamen Konsum ein. Schon unter der Clanorganisation sehen wir oft, dass, wenn die mit Früchten oder Fischen beladenen Boote ins Dorf zurückkehren, die Nahrungsmittel, die sie gebracht haben, unter den Hütten und den „langen Häusern", die entweder von mehreren Familien oder den jungen Leuten bewohnt sind, verteilt und für sich an jedem besonderen Herd gekocht werden. Die Gewohnheit, die Mahlzeiten in einem engeren Kreis von Verwandten oder Genossen einzunehmen, besteht also schon in einer früheren Periode des Clanlebens. Sie wurde in der Markgenossenschaft die Regel. Selbst die gemeinsam gebauten Nahrungsmittel wurden gewöhnlich unter die Haushaltungen verteilt, nachdem ein Teil davon zu Gemeindezwecken aufgespeichert worden war. Die Tradition der gemeinsamen Mahlzeiten wurde jedoch pietätvoll lebendig erhalten, jede Gelegenheit, wie z. B. die Gedenkfeier für die Ahnen, die religiösen Feste, der Anfang und das Ende der Feldarbeit, die Geburten, die Hochzeiten und die Beerdigungen wurden benutzt, um die Gemeinschaft bei gemeinsamem Schmaus zu vereinigen. Auch jetzt ist diese Gewohnheit noch lange nicht verschwunden. Als man andererseits schon lange aufgehört hatte, auf den Feldern gemeinsam zu pflügen und zu säen, blieb man bis auf den heutigen Tag dabei, verschiedene landwirtschaftliche Arbeiten gemeinsam zu verrichten. Ein gewisser Teil des Gemeindelandes wird noch jetzt in vielen Fällen gemeinsam bestellt, entweder zum Nutzen der Armen oder um die

---

124 Bancroft, *The Native Races of the Pacific Staates*, 5 Bde. New York 1874-1876. Waitz, *Anthropologie*, Bd. 3, S. 423; Montrozier im *Bull. Soc. d'Anthropologie*, 1870; Posts *Studien* usw.

125 Eine Anzahl Werke von Ory, Luro, Laudes und Sylvestre über die Dorfmark in Annam, die beweisen, dass sie dort dieselben Formen gehabt hat wie in Deutschland oder Russland, werden in einem Referat über diese Werke von Jobbé-Duval in der *Nouvelle Revue historique de droit français et étranger*, Oktober und Dezember 1896, erwähnt. Eine gute Studie über die Dorfmark Perus, ehe die Macht der Inkas etabliert wurde, ist von Heinrich Cunow veröffentlicht worden (*Die Soziale Verfassung des Inka-Reichs*, Stuttgart 1896). Das Gemeineigentum an Grund und Boden und die Gemeindewirtschaft werden in diesem Buche geschildert.

gemeinsamen Speicher neu zu füllen oder um den Ertrag für die religiösen Feste zu verwenden. Die Bewässerungskanäle werden gemeinsam gegraben und ausgebessert Die Gemeindewiesen werden von der Gemeinschaft gemäht; und der Anblick einer russischen Gemeinde, die eine Wiese mäht – wie die Männer miteinander wetteifern bei ihrem Vorwärtsgehen mit der Sichel, während die Frauen das Gras umdrehen und es zu Haufen schichten – das gehört zum Hinreißendsten, was man sehen kann; es zeigt, was Menschenarbeit sein könnte und sein sollte. Das Heu wird in solchen Fällen unter die einzelnen Haushaltungen verteilt, und es versteht sich von selbst, dass keiner das Recht hat, Heu von der Miete seines Nachbarn zu nehmen, wenn der es nicht besonders erlaubt hat; aber die Einschränkung dieser letzten Regel unter den kaukasischen Osseten ist sehr bemerkenswert. Wenn der Kuckuck ruft und verkündet, dass der Frühling kommt und die Wiesen bald mit Gras bedeckt sein werden, dann hat jeder, dem es mangelt, das Recht, von der Miete eines Nachbarn das Heu zu nehmen, das er für sein Vieh braucht.[126] Das alte Gemeinderecht hat sich so geltend gemacht, wie um zu zeigen, wie entgegen der ungezügelte Individualismus der menschlichen Natur ist.

Wenn der europäische Reisende auf einer kleinen Insel des Stillen Ozeans landet und auf ein Wäldchen von Palmbäumen zugeht, das er in einiger Entfernung sieht, ist er erstaunt, zu gewahren, dass die kleinen Dörfer durch Straßen miteinander verbunden sind, die mit großen Steinen gepflastert sind, sehr bequem für die barfüßigen Eingeborenen und ganz ähnlich den alten Straßen der Schweizer Berge. Solche Straßen wurden von den „Barbaren" in ganz Europa angelegt, und man muss in wilden, dünnbevölkerten Gegenden gereist sein, weit weg von den Hauptverkehrslinien, um sich völlig die ungeheure Arbeit vorstellen zu können, die von den barbarischen Gemeinschaften vollbracht wurde, um die waldige und sumpfige Wildnis zu erobern, die Europa vor etlichen zweitausend Jahren gewesen ist. Isolierte Familien, ohne Werkzeuge und schwach wie sie waren, hätten sie nicht erobern können; die Wildnis hätte sie überwunden. Markgenossenschaften allein, die gemeinsam arbeiteten, konnten die wilden Wälder, die gefährlichen Sümpfe und die endlosen Steppen bezwingen. Die unebenen Straßen, die Fähren, die Holzbrücken, die im Winter entfernt wurden und, wenn die Frühjahrsfluten vorüber waren, wieder aufgebaut wurden, die Schutzwehren und die Palisadenmauern der Dörfer, die Erdschanzen und die kleinen Türme, mit denen das Land übersät war – all das war das

126 Kowalewsky, *Moderne Sitten und altes Recht*, Bd. 1, S. 113.

Werk der barbarischen Gemeinschaften. Und wenn eine Gemeinde zahlreich wurde, pflegte sie einen neuen Zweig zu bilden. Eine neue Dorfmark entstand, und so wurden Schritt für Schritt die Wälder und Steppen der Herrschaft des Menschen unterworfen. Die ganze Schöpfung der europäischen Nationen geht so auf das Knospen und Verzweigen der Markgenossenschaften zurück. Selbst heutzutage wandern die russischen Bauern, wenn sie nicht ganz vom Elend erdrückt sind, in Gemeinden aus und sie pflügen den Boden und bauen die Häuser gemeinsam, wenn sie sich an den Ufern des Amur oder in Manitoba ansiedeln. Und selbst die Engländer kehrten, als sie zuerst Amerika kolonisierten, gewöhnlich zu dem alten System zurück; sie gruppierten sich zu Dorfmarken.[127]

Die Dorfmark war die Hauptwaffe der Barbaren in ihrem tapferen Kampf gegen die feindliche Natur. Sie war auch die Wehr, die sie der Unterdrückung durch die Listigsten und Stärksten entgegensetzten, die während dieser wirren Zeiten so leicht hätte hochkommen können. Der Phantasiebarbar – der Mann, der bloß zu seinem Vergnügen kämpft und tötet – existierte so wenig wie der „blutdürstige" Wilde. Der wirkliche Barbar lebte im Gegenteil unter einer großen Zahl von Institutionen, die sorgfältig erwogen, was seinem Stamm oder seiner Stammesgenossenschaft nützlich oder schädlich sein könnte, und diese Institutionen wurden fromm von einer Generation der anderen überliefert, in Versen und Gesängen, in Sprüchen oder Triaden, in Sentenzen und Lehren. Je mehr wir sie studieren, desto mehr erkennen wir die engen Bande, die die Menschen in ihren Dörfern vereinigten. Jeder Streit, der zwischen zwei Individuen ausbrach, wurde als Angelegenheit der Gemeinde betrachtet – selbst die beleidigenden Worte, die während eines Streites etwa ausgestoßen wurden, betrachtete man als eine der Gemeinde und ihren Ahnen zugefügte Beleidigung. Sie mussten durch Bußen wieder gut gemacht werden, die sowohl dem Individuum wie der Gemeinde zustanden;[128] und wenn ein Streit mit Kampf und Verwundung endete, dann wurde der Mann, der dabeistand und nicht dazwischentrat, ebenso behandelt, als ob er selbst die Wunden zugefügt hätte.[129]

127 Palfrey, *History of New England,* Bd. 2, S. 13; zitiert in Maine, *Village Communities*, New York 1876, S. 201.

128 Königswarter, *Études sur le développement des sociétés humaines*, Paris 1850.

129 Dies ist wenigstens Gesetz bei den Kalmücken, deren Gewohnheitsrecht dem Recht der alten Deutschen, Slaven usw. sehr nah verwandt ist.

Das Gerichtsverfahren war vom selben Geist erfüllt. Jeder Streit wurde zuerst vor Vermittler oder Schiedsrichter gebracht, und er endete meistens vor ihnen, da die Schiedsrichter eine sehr wichtige Rolle in der barbarischen Gesellschaft spielten. Aber wenn der Fall zu ernst war, um auf diesem Wege erledigt zu werden, kam er vor die Volksversammlung, die verpflichtet war, „den Spruch zu finden" und ihn bedingungsweise aussprach; nämlich „die und die Entschädigung war zu leisten, wenn das Vergehen bewiesen war"; und das Vergehen musste durch sechs oder zwölf Personen bewiesen oder widerlegt werden, die unter ihrem Eid die Tat bestätigten oder leugneten; zum Gottesurteil schritt man nur, wenn die zwei Reihen Schwörende sich widersprachen. Dieses Verfahren, das mehr als zweitausend Jahre hintereinander in Kraft blieb, spricht Bände für sich selbst; es zeigt, wie eng die Bande zwischen allen Gliedern der Gemeinschaft waren. Überdies gab es keine andere Autorität, die Entscheidungen der Volksversammlung durchzuführen, als ihre eigene moralische Autorität. Die einzig mögliche Drohung war, dass die Gemeinde den Rebellen für rechtlos erklären konnte, aber selbst diese Drohung war gegenseitig. Ein Mann, der mit der Volksversammlung unzufrieden war, konnte erklären, er wolle den Stamm verlassen und zu einem anderen übergehen – eine sehr gefährliche Drohung, da es sicher war, dass alle Arten Missgeschick über einen Stamm kamen, der gegen eines ihrer Mitglieder Unrecht begangen hatte.[130] Eine Auflehnung gegen eine richtige Entscheidung des Gewohnheitsrechtes war, wie Henry Maine so gut gesagt hatte, einfach „unfassbar, weil Recht, Moral und Tun" in jenen Zeiten nicht voneinander getrennt werden konnten.[131] Die moralische Autorität der Gemeinde war so groß, dass selbst in einer viel späteren Epoche die Markgenossenschaften, obwohl sie in Abhängigkeit vom Feudalherrn geraten waren, ihre Gerichtsbarkeit aufrecht erhielten; sie erlaubten dem Herrn oder seinem Vertreter nur, den oben erwähnten bedingungsweisen Spruch gemäß dem Gewohnheitsrecht, an das sich halten zu wollen er beschworen hatte, zu „finden", und die Geldstrafe (den *fred*), die der Gemeinde verfallen war, selbst zu erheben. Aber lange Zeit hindurch unterwarf sich der Herr, wenn er Miteigentümer an dem weiten Gemeindeland blieb, in Angelegenheiten der Gemeinde selbst ihrer Entscheidung. Adelig oder geistlich – er hatte sich der Volksversammlung zu unterwerfen – „Wer daselbst Wasser und Weid genießt, muss gehorsam

130 Der Brauch ist noch bei vielen afrikanischen und anderen Stämmen in Geltung.

131 Maine, *Village Communities*, S. 65-68 und 199.

sein" – lautete der alte Spruch. Selbst als die Bauern Leibeigene des Herrn wurden, war er verpflichtet, vor der Volksversammlung zu erscheinen, wenn sie ihn vorluden. [132]

In ihren Gerechtigkeitsbegriffen unterschieden sich die Barbaren offenbar nicht sehr von den Wilden. Sie hingen ebenfalls der Meinung an, dass auf einen Mord folgen müsse, dass der Mörder getötet werde, dass Wunden durch entsprechende Wunden zu sühnen wären und dass die verletzte Familie gehalten sei, den Spruch des Gewohnheitsrechtes auszuführen. Das war heilige Pflicht, Pflicht gegen die Ahnen, und musste am hellen Tag, nie heimlich vollbracht und weit und breit bekannt gemacht werden. Daher sind die begeistertsten Partien der Sagas und der epischen Dichtung überhaupt die Stellen, die das verherrlichen, was man für Gerechtigkeit hielt. Die Götter selbst kamen ihr zu Hilfe. Indessen ist der vorherrschende Zug der barbarischen Justiz einerseits, die Zahl der in eine Fehde verwickelten Personen zu beschränken, und andererseits, die brutale Vorstellung des Blut um Blut und Wunden um Wunden auszurotten und an ihre Stelle das Entschädigungssystem zu setzen. Die barbarischen Rechtsbücher – die Sammlungen der Bestimmungen des gemeinen Rechtes waren, die man für den Gebrauch der Richter aufgeschrieben hatte – „erlaubten zuerst, dann empfahlen und zuletzt erzwangen" Entschädigung statt Rache.[133] Die Entschädigung ist indessen von denen völlig mißverstanden worden, die sie sich als Geldstrafe oder als eine Art *carte blanche* vorstellen, die dem Reichen zustand, damit er alles tun könne, was er wolle. Das Entschädigungsgeld (Wergeld), das ganz etwas anderes war als die Geldstrafe oder der *fred*[134], war gewöhnlich für alle Arten Tätlichkeiten so hoch, dass es sicher nicht dazu ermutigte. Im Falle eines Mordes ging es gewöhnlich über das Vermögen des Mörders hinaus. „Achtzehnmal achtzehn Kühe" beträgt

132 Maurer (*Gesch. d. Markverfassung*, § 29, 97) ist ganz entschieden in diesem Punkte. Er erklärt, dass alte Mitglieder der Genossenschaft, die Herren ebenfalls, ob Laien oder Geistliche, oft auch die teilweisen Mitbesitzer (Markberechtigte) und selbst solche, die nicht zur Mark gehörten, ihrer Gerichtsbarkeit unterworfen waren (S. 312). Dieser Zustand blieb an manchen Orten bis zum 13. Jahrhundert in Kraft.

133 Königswarter, *Études sur le développement,* S. 50; J. Thrupp, *Historical Law Tracts*, London 1843, S. 106.

134 Königswarter hat gezeigt, dass der *fred* aus einem Opfer entstand, das zur Besänftigung der Ahnen dargebracht wurde. Späterhin wurde er um des Friedensbruchs willen der Gemeinde bezahlt; und noch später dem Richter oder König oder Herrn, als sie sich die Rechte der Mark angeeignet hatten.

die Entschädigung bei den Osseten, die nicht weiter als achtzehn rechnen können, und bei den afrikanischen Stämmen geht sie bis zu 800 Kühen oder 100 Kamelen mit ihren Jungen, oder 416 Schafen bei den ärmeren Stämmen.[135] In der großen Mehrheit der Fälle konnte die Entschädigung überhaupt nicht bezahlt werden, so dass der Mörder keine Wahl hatte, als durch Reue die gekränkte Familie zu veranlassen, ihn zu adoptieren.

Noch jetzt, wenn im Kaukasus Fehden zu Ende kommen, berührt der Schuldige mit den Lippen die Brust der ältesten Frau des Stammes und wird der „Milchbruder" aller Männer der gekränkten Familie.[136] Bei mehreren afrikanischen Stämmen muss er seine Tochter oder Schwester einem aus der Familie zur Ehe geben; bei anderen Stämmen ist er verpflichtet, die Frau zu heiraten, die er zur Witwe gemacht hat; und in allen Fällen wird er Mitglied der Familie, dessen Meinung in allen wichtigen Familienangelegenheiten eingeholt wird.[137]

Die Barbaren waren weit entfernt davon, das Menschenleben zu mißachten, und sie wussten daher auch nichts von den grässlichen Strafen, die zu einer späteren Epoche durch die weltlichen und kanonischen Gesetze unter römischem und byzantinischem Einfluss eingeführt wurden. Denn wenn der Sachsenspiegel mit der Todesstrafe ziemlich freigebig umging, selbst in Fällen der Brandstiftung und des bewaffneten Raubes, so erklärten sie die anderen barbarischen Gesetzbücher nur in den Fällen des Verrates gegen den Stamm und des Frevels gegen die Götter der Gemeinschaft als das einzige Mittel, die Götter zu versöhnen.

All das ist, wie man sieht, sehr weit entfernt von der angeblichen „moralischen Zügellosigkeit" der Barbaren. Im Gegenteil können wir die tief moralischen Grundsätze nur bewundern, die in den frühen Dorfmarken sich ausbildeten und die ihren Ausdruck in welschen Triaden, in den Sagen

135 Post, *Bausteine,* und *Afrikanische Jurisprudenz*, Oldenburg 1887, Band 1, S. 64 ff. Kowalewsky, *Moderne Sitten und altes Recht*, Bd. 2, S. 164-189.

136 O. Miller und Maxim Kowalewsky, „In den Gebirgsgemeinen von Kabardia" in *Vestnik Evropy,* April 1884. Bei den Schakhsewen der Muganischen Steppen enden Blutfehden immer durch Heirat zwischen den feindlichen Parteien (Markoff, im Anhang zu den *Zapiski* der Kaukas. Geogr. Gesellsch. XIV, I. 21).

137 Post, in *Afrik. Jurisprudenz*, gibt eine Reihe von Tatsachen, die die bei den afrikanischen Barbaren eingewurzelten Billigkeitsbegriffe anschaulich machen; dasselbe kann von allen ernsthaften Untersuchungen des barbarischen gemeinen Rechts gesagt werden.

vom König Artus, in den Denkwürdigkeiten der Brehon[138], in alten germanischen Sagen usw. fanden, oder ihn noch finden in den Sprüchen der modernen Barbaren. In seiner Einleitung zur „Saga vom verbrannten Njal" fasst George Dasent sehr richtig die Eigenschaften eines Nordländers, wie sie in den Sögurs zutage treten, wie folgt zusammen:

> „Offen und männlich zu tun, was ihm oblag, ohne Furcht vor Feinden oder dem Schicksal; frei und tapfer zu sein in all seinen Taten; freundlich und großmütig gegen Freunde und Verwandte; hart und grimm gegen seine Feinde (solche, die unter der lex talionis stehen), aber auch gegen sie all seine Pflicht und Schuldigkeit zu tun ... Kein Treubrüchiger, kein Ohrenbläser, kein Verleumder zu sein. Nichts gegen irgend jemand zu sagen, was er sich nicht getraute, ihm ins Gesicht zu sagen. Niemand von der Türe zu weisen, der Brot oder Obdach sucht, auch wenn es ein Feind wäre."[139]

Dieselben oder noch bessere Grundsätze erfüllen die welschen epischen Dichtungen und Triaden. Handeln „nach der Natur der Milde und den Grundsätzen der Billigkeit" ohne Rücksicht auf Freund oder Feind, „und das Unrecht wieder gut machen" – das sind die höchsten Pflichten des Menschen; „Übel ist Tod, Gut ist Leben", ruft der Dichter-Gesetzgeber aus.[140] „Die Welt wäre wahnsinnig, wenn Verträge auf den Lippen nicht ehrlich wären", sagt das Brehonrecht. Und der bescheidene schamanistische Mordwine fügt, nachdem er dieselben Eigenschaften gerühmt hat, in seinen Grundsätzen des Gewohnheitsrechts hinzu, „unter Nachbarn solle die Kuh und der Melkeimer gemeinsam sein"; „die Kuh soll für dich selbst und für den, der kommt und Milch begehrt, gemolken werden"; „der Körper eines Kindes wird rot von dem Streich, aber das Gesicht dessen, der schlägt, wird rot vor Scham"[141] usw.; viele Seiten könnten mit ähnlichen Sätzen, wie sie die „Barbaren" aussprachen und befolgten, gefüllt werden.

Ein weiterer Zug der alten Dorfmarken verdient besondere Erwähnung. Ich meine die allmähliche Ausdehnung des Menschenkreises, der

138 Siehe das vorzügliche Kapitel „Le droit de la Vieille Irlande" (auch „Le Haut Nord") in *Études de droit international et de droit politique* von Prof. E. Nys, Brüssel 1896.

139 Einleitung. S. XXXV.

140 *Das alte Wallis*, S. 343-350.

141 Maynoff, „Skizzen aus den Gerichtsgewohnheiten der Mordwinen", in den ethnographischen *Zapiski* der Russischen Geograph. Gesellschaft 1885, S. 236, 257.

vom Solidaritätsgefühl umfasst wird. Nicht nur die Stämme vereinigten sich zu Völkerschaften, sondern auch die Völkerschaften selbst, wenn sie verschiedenen Ursprungs waren, taten sich zu Verbänden zusammen. Manche Vereinigungen waren so fest, dass z. B. die Vandalen, nachdem ein Teil ihres Verbandes nach dem Rhein aufgebrochen war und von dort nach Spanien und Afrika zog, vierzig Jahre hintereinander die Landmarken und die verlassenen Dörfer ihrer Verbündeten respektierten und nicht von ihnen Besitz nahmen, bis sie sich durch Boten vergewissert, dass ihre Verbündeten nicht heimzukehren beabsichtigten. Bei anderen Barbaren wurde der Boden von einem Teil des Volksstammes bebaut, während der andere Teil an den Grenzen oder jenseits der Grenzen des gemeinsamen Gebietes kämpfte. Bündnisse zwischen verschiedenen Völkerschaften waren durchaus üblich. Die Sigambrer verbanden sich mit den Cheruskern und Sueven, die Quaden mit den Sarmaten; die Sarmaten mit den Alanen, den Carpen und den Hunnen. Späterhin sehen wir auch, wie sich allmählich der Begriff der Nationen in Europa entwickelt, lange bevor so etwas wie ein Staat in irgendeinem Teil des von den Barbaren bewohnten Kontinentes entstanden war. Diese Nationen – denn es ist unmöglich, den Namen einer Nation dem merowingischen Frankreich oder dem Russland des 11. und 12. Jahrhunderts zu verweigern – waren trotzdem durch nichts anderes als die Sprachgemeinschaft und die stillschweigende Abmachung der kleinen Republiken zusammengehalten, ihre Herzöge nur aus einer bestimmten Familie zu nehmen.

Kriege waren gewiss unvermeidlich; Wanderung bedeutet Krieg; aber Sir Henry Maine hat bereits in seiner beachtenswerten Studie über den Stammesursprung des Völkerrechtes völlig bewiesen, dass „der Mensch nie so wild oder so beschränkt gewesen ist, wie solches Übel, wie es der Krieg ist, auf sich zu nehmen, ohne irgendwie den Versuch zu machen, ihn zu verhüten“, und er hat gezeigt, wie außerordentlich groß „die Zahl der alten Institutionen ist, die die Kennzeichen der Absicht tragen, den Krieg zu verhindern oder etwas anderes für ihn zu finden.“[142] In der Tat ist der Mensch so weit davon entfernt, das kriegerische Wesen zu sein, wofür man ihn ausgibt, dass die Barbaren, wenn sie sich einmal angesiedelt hatten, so schnell die Gewohnheiten der Kriegführung verloren, dass sie sich sehr bald genötigt sahen, besondere Herzöge zu halten, denen besondere scholae oder Banden von Kriegern folgten, um sie vor etwaigen Eindringlin-

142 Henry Maine, *International Law*, London 1888, S. 11-13. E. Nys, *Les origines du droit international*, Brüssel 1894.

gen zu schützen. Sie zogen friedliche Arbeit dem Kriege vor; und gerade die Friedfertigkeit des Menschen ist die Ursache der Spezialisierung des Kriegshandwerkes, die später zu Leibeigenschaft und zu all den Kriegen der „Staatenperiode“ der menschlichen Geschichte führte.

Die Geschichte findet große Schwierigkeiten, die Institutionen der Barbaren zu rekonstruieren. Bei jedem Schritt stößt der Historiker auf eine schwache Spur, die er unfähig ist, allein mit Hilfe seiner eigenen Dokumente zu erklären. Aber helles Licht wird auf die Vergangenheit geworfen, sowie wir die Institutionen der sehr zahlreichen Stämme zu Hilfe nehmen, die noch jetzt unter einer sozialen Organisation leben, die mit der unserer barbarischen Vorfahren fast identisch ist. Hier haben wir lediglich die Schwierigkeit der Wahl, weil die Inseln des Stillen Ozeans, die Steppen Asiens, und die Tafelländer Afrikas richtige historische Museen sind, die Proben aller möglichen Zwischenstadien enthalten, durch die die Menschheit hindurchgegangen ist, als sie von den Gentes der Wilden zur Staatsorganisation überging. Untersuchen wir also ein paar von diesen Proben.

Wenn wir die Dorfgemeinden der mongolischen Buriaten nehmen, besonders die der Kudinskischen Steppen an der oberen Lena, die dem russischen Einfluss besser entgangen sind, dann haben wir gute Repräsentanten von Barbaren in einem Übergangsstadium zwischen Viehzucht und Landwirtschaft.[143] Diese Buriaten leben noch in Familienverbänden; d. h., obwohl jeder Sohn, wenn er verheiratet ist, in einer besonderen Hütte lebt, bleiben die Hütten von mindestens drei Generationen innerhalb derselben Umhegung und der Familienverband arbeitet gemeinsam auf dem Felde, und ihre vereinigten Haushaltungen und ihr Vieh gehören ihnen gemeinsam und ebenso ihre „Kälberwiesen“ (kleine eingefriedete Stückchen Land, die mit zartem Gras für die Aufzucht von Kälbern bewachsen sind). In der Regel werden die Mahlzeiten besonders in jeder Hütte eingenommen; aber wenn Fleisch gebraten wird, tafeln alle zwanzig bis sechzig Mitglieder des gemeinsamen Haushalts zusammen. Mehrere Gesamthaushalte, die dicht nebeneinander leben und ebenso mehrere kleinere Familien, die im selben Dorf angesiedelt sind – meistens Trümmer von Gesamthaushalten, die durch besondere Umstände auseinandergefallen sind – bilden den *ulus* oder die Markgenossenschaft; mehrere *ulus* bilden einen Stamm; und

143 Ein russischer Historiker, der Professor Schapoff in Kasan, der 1862 nach Sibirien verbannt war, hat eine gute Schilderung ihrer Institutionen gegeben in den *Izvestia* der Ostsibirischen Geograph. Gesellsch. Band 5, 1874.

die sechsundvierzig Stämme oder Clans der Kudinskischen Steppe sind zu einem Bunde vereinigt. Einzelne Stämme gehen, je nachdem es zu besonderen Zwecken notwendig ist, kleinere und engere Bünde ein. Sie kennen kein Privateigentum an Grund und Boden – das Land wird vielmehr vom *ulus* oder besser vom Bunde als Gemeineigentum behalten, und wenn es notwendig wird, wird das Land zwischen den verschiedenen *ulus* auf einer Volksversammlung des Stammes, und zwischen den sechsundvierzig Stämmen auf einer Volksversammlung des Bundes, neu verteilt. Es ist bemerkenswert, dass dieselbe Organisation bei allen 250.000 Buriaten Ostsibiriens herrscht, obwohl sie seit drei Jahrhunderten unter russischer Herrschaft stehen und mit russischen Institutionen vertraut sind.

Bei alledem entwickeln sich Vermögensungleichheiten sehr schnell unter den Buriaten, besonders seit die russische Regierung auf ihre erwählten taishas (Fürsten) einen übertriebenen Wert legt, die sie als verantwortliche Steuerkollektoren und Vertreter der Bünde in ihren Verwaltungsbeziehungen und selbst ihren Handelsbeziehungen mit den Russen betrachtet. Die Kanäle zur Bereicherung der Wenigen sind daher zahlreich, während die Verarmung der Massen damit Hand in Hand geht, infolge der Aneignung des buriatischen Landes durch die Russen. Aber es ist Brauch bei den Buriaten, besonders denen von Kudinsk – und Brauch ist mehr als Gesetz – dass, wenn eine Familie ihr Vieh eingebüßt hat, die reicheren Familien ihr einige Kühe und Pferde geben, damit sie sich erholen kann. Was den Armen ohne Familie angeht, so nimmt er die Mahlzeiten in den Hütten seiner Stammesgenossen ein; er tritt in eine Hütte und nimmt – aus Recht, nicht aus Mitleid – seinen Platz am Feuer ein und nimmt am Mahle teil, das immer peinlich in gleiche Teile geteilt wird; er schläft, wo er sein Abendbrot genommen hat. Alles in allem waren die russischen Eroberer Sibiriens so sehr betroffen von den kommunistischen Gepflogenheiten der Buriaten, dass sie ihnen den Namen *Bratskiye* – „die Brüderlichen" gaben und nach Moskau berichteten: „Sie haben alles gemeinsam; alles, was sie haben, wird gleichmäßig unter ihnen verteilt." Selbst jetzt bringen bei den Lena-Buriaten, wenn sie ihren Weizen verkaufen oder einige Stücke Vieh verschicken, die an einen russischen Schlächter verkauft werden sollen, die Familien des *ulus* oder des Stammes Weizen und Vieh zusammen und verkaufen es als Ganzes. Jeder *ulu* hat überdies seinen Speicher für Korn, das in Notfällen verliehen wird, einen Gemeindebackofen (den *four banal* der alten französischen Dorfgemeinden) und seinen Schmied, der gleich dem Schmied der indianischen Gemeinden[144] als Mitglied der Markgenos-

144 Sir Henry Maines *Village Communities*, New York 1876, S. 193-196.

senschaft nie für seine Arbeit innerhalb der Genossenschaft bezahlt wird. Er muss sie umsonst machen, und wenn er seine freie Zeit dazu benutzt, die kleinen Platten aus ziseliertem und versilbertem Eisen zu machen, die bei den Buriaten zum Schmuck der Kleider verwendet werden, dann mag er sie gelegentlich an eine Frau eines anderen Clans verkaufen, aber den Frauen seines eigenen Clans wird der Zierrat als Geschenk überreicht. Verkaufen und Kaufen kann es innerhalb der Mark nicht geben, und die Regel ist so streng, dass, wenn eine reichere Familie einen Knecht anstellt, dieser aus einem anderen Clan oder aus den Russen genommen werden muss. Dieser Brauch ist offenbar nicht bloß bei den Buriaten zu treffen; er ist unter den modernen Barbaren, Ariern und Ural-Altaiern so weit verbreitet, dass er bei unseren Vorfahren allgemein gewesen sein muss.

Das Gefühl der Zusammengehörigkeit innerhalb des Stammverbandes wird lebendig erhalten durch die gemeinsamen Interessen der Stämme, ihre Volksversammlungen und die Feste, die gewöhnlich in Verbindung mit den Versammlungen abgehalten werden. Das Gefühl wird aber auch durch eine andere Einrichtung, den Aba oder die gemeinsame Jagd, aufrecht erhalten, die eine Reminiszenz an eine sehr entfernte Vergangenheit ist. In jedem Herbst kommen die sechsundvierzig Clane von Kundinsk zu einer solchen Jagd zusammen, deren Ausbeute unter allen Familien verteilt wird. Des Ferneren werden nationale Abas, um der Einheit der ganzen buriatischen Nation zu gedenken, von Zeit zu Zeit einberufen. In solchen Fällen sind alle buriatischen Clane, die auf Hunderte von Meilen westlich und östlich vom Baikalsee zerstreut sind, verpflichtet, ihre abgeordneten Jäger zu schicken. Tausende von Männern kommen zusammen, von denen jeder Proviant für einen ganzen Monat bei sich hat. Alle Anteile müssen einander gleich sein, und daher werden sie, bevor sie zusammengeworfen werden, von einem erwählten Ältesten gewogen (immer „mit der Hand“: Waagschalen wären eine Profanierung des alten Brauches). Danach teilen sich die Jäger in Banden von zwanzig, und die Partien begeben sich nach einem genau bestimmten Plan zur Jagd. In solchen Abas ruft die ganze buriatische Nation ihre epischen Traditionen aus einer Zeit wieder ins Leben, wo sie in einem mächtigen Bunde geeinigt war. Es sei hinzugefügt, dass solche gemeinsame Jagden bei den Indianern ganz üblich sind und ebenso bei den Chinesen an den Ufern des Usuri (der *kada*).[145]

145 Nazaroff, *Das Gebiet des nördlichen Usuri* (russisch), St. Petersburg 1887, S. 65.

In den Kabylen, deren Lebensgewohnheiten von zwei französischen Forschern sehr gut geschildert worden sind[146], haben wir Barbaren, die in der Landwirtschaft schon weiter vorgeschritten sind. Ihre Felder, die bewässert und gedüngt sind, werden gut besorgt, und auf den Höhenzügen wird jedes zugängliche Stück Land mit dem Spaten umgegraben und bestellt. Die Kabylen haben in ihrer Geschichte viele Wechselfälle durchgemacht; sie hatten eine Zeitlang das muselmännische Erbschaftsrecht gelten lassen, sind aber, da es ihnen nicht zusagte, vor 150 Jahren zu dem alten Stammesgewohnheitsrecht zurückgekehrt. Dementsprechend sind ihre Landinstitutionen gemischten Charakters, und Privateigentum an Grund und Boden findet sich neben Gemeineigentum. Doch ist die Grundlage ihrer gegenwärtigen Organisation die Dorfmark, der *thaddart*, der gewöhnlich aus verschiedenen Familienverbänden (*kharubas*) besteht, die sich eine gemeinsame Abstammung zuschreiben, und daneben aus kleineren Familien von Fremden. Mehrere Dörfer sind zu Clanen oder Stämmen gruppiert (ârch); verschiedene Stämme bilden den Stammverband (*thak'ebilt*) und verschiedene solche Verbände bilden bei besonderen Gelegenheiten, hauptsächlich zu Zwecken der bewaffneten Verteidigung, einen Bund.

Die Kabylen kennen keinerlei öffentliche Gewalt außer der *djemmâa* oder der Volksversammlung der Dorfmark. Alle Erwachsenen nehmen daran teil, entweder unter freiem Himmel oder in einem besonderen Gebäude, in dem Steinsitze angebracht sind, und die Entscheidungen der *djemmâa* werden offensichtlich einstimmig gefällt: d. h. die Debatten dauern so lange, bis alle Anwesenden darüber einig sind, eine Entscheidung anzunehmen oder sich ihr zu unterwerfen. Da es in einer Markgenossenschaft keine Autorität gibt, die eine Entscheidung aufzwingen könnte, ist dieses System von der Menschheit überall angewandt worden, wo es Dorfmarken gab, und wird noch überall angewandt, wo sie noch existieren: d. h. von mehreren hundert Millionen Menschen in der ganzen Welt. Die *djemmâa* ernennt ihre Ausführungsorgane; den Ältesten, den Schriftführer und den Schatzmeister; sie setzt ihre eigenen Steuern fest, und sie ordnet die Verteilung des gemeinsamen Landes an, und ebenso alle Arten gemeinnütziger Arbeiten. Ein großer Teil Arbeit wird gemeinsam getan: die Wege, die Moscheen, die Brunnen, die Bewässerungskanäle, die zum Schutz gegen Räuber errichteten Türme, die Umhegungen usw. werden von der Markgenossenschaft gebaut, während die Landstraßen, die größeren Moscheen und die großen Marktplätze das Werk des Stammes sind. Viele Spuren gemeinsamer Land-

146 Hanoteau et Letourneux, *La Kabylie*, 3 Bände, Paris 1883.

bestellung existieren noch heute, und die Häuser werden immer noch von allen Männern und Frauen des Dorfes, oder wenigstens mit ihrer Hilfe, gebaut. Alles in allem kommen Hilfeleistungen täglich vor, und werden fortwährend zur Bestellung der Felder, zur Ernte usw. angerufen. Was die technische Arbeit angeht, so hat jede Gemeinde ihren Schmied, der seinen Teil am Gemeindeland hat und für die Gemeinschaft arbeitet: wenn die Zeit des Pflügens herankommt, besucht er jedes Haus und repariert die Geräte und Pflüge, ohne irgendeine Bezahlung zu erwarten, und die Anfertigung neuer Pflüge wird als ein frommes Werk betrachtet, das unter keinen Umständen mit Geld oder sonst durch irgendeine Entlohnung bezahlt werden kann.

Da die Kabylen das Privateigentum schon kennen, gibt es natürlich Reiche wie Arme unter ihnen. Aber wie alle Leute, die eng zusammenleben und wissen, wie die Armut beginnt, betrachten sie sie als etwas, was jedermann zustoßen kann. „Sage nie, du wirst nie den Bettelsack tragen oder nie ins Gefängnis kommen“, ist ein Sprichwort der russischen Bauern; die Kabylen wenden diese Einsicht in der Praxis an, und in der äußeren Erscheinung kann zwischen reich und arm kein Unterschied entdeckt werden; wenn der arme Mann eine „Hilfe“ braucht, dann arbeitet der Reiche in seinem Feld, gerade wie der Arme es umgekehrt tut, wenn die Reihe an ihn kommt.[147] Überdies bestimmen die *djemmâa*, dass verschiedene Gärten und Felder, die sonst manchmal gemeinsam bestellt werden, den ärmsten Mitgliedern zur Nutznießung überlassen werden. Viele Bräuche der Art existieren noch. Da die ärmeren Familien nicht imstande wären, Fleisch zu kaufen, wird regelmäßig von den Geldstrafen oder den Geschenken, die der *djemmâa* gemacht werden, oder den Bezahlungen für die Benutzung der der Gemeinde gehörigen Olivenölbassins Fleisch gekauft und in gleichen Teilen unter denen verteilt, die es sich nicht selbst leisten können. Und wenn an einem Tag, der kein Markttag ist, von einer Familie zu ihrem eigenen Gebrauch ein Schaf oder ein Ochse geschlachtet wird, dann wird die Tatsache vom Gemeindeausrufer in den Straßen verkündigt, damit Kranke und schwangere Frauen davon holen können, was sie brauchen. Gegensei-

147 Um die „Hilfe“ zusammenzubringen, muss der Gemeinschaft eine Art Mahl angeboten werden. Ein kaukasischer Freund erzählt mir, dass in Georgien der arme Mann, wenn er „Hilfe“ braucht, von dem Reichen ein oder zwei Schafe borgt, um das Mahl zu bereiten, und die Gemeinde bringt dann, außer ihrer Arbeit, so viele Vorräte mit, dass er die Schuld zurückzahlen kann. Ein ähnlicher Brauch existiert bei den Mordwinen.

tiger Beistand erfüllt das ganze Leben der Kabylen, und wenn einer von ihnen auf einer Reise einen anderen Kabylen trifft, der sich in Not befindet, dann ist er verpflichtet, ihm selbst unter Einsetzung seines eigenen Vermögens und Lebens zu Hilfe zu kommen; wenn das nicht geschehen ist, kann die *djemmâa* des Mannes, der unter solcher Vernachlässigung gelitten hat, eine Klage anstrengen, und die *djemmâa* des selbstsüchtige Mannes wird für den entstandenen Schaden aufkommen. Wir berühren hier also einen Brauch, der denen, die sich mit der Erforschung der mittelalterlichen Kaufmannsgilden abgegeben haben, vertraut ist. Jeder Fremde, der in ein Kabylendorf kommt, hat den Winter über das Recht auf Herberge, und seine Pferde können immer auf der Gemeindeweide vierundzwanzig Stunden grasen. Aber im Fall der Not kann er auf fast unbeschränkte Hilfe rechnen. So nahmen die Kabylen während der Hungersnot 1867-1868 jedermann auf, der Zuflucht in ihren Dörfern suchte, ohne Unterschied der Abstammung, und ernährten ihn. In dem Distrikt Dellys wurden nicht weniger als 12.000 Leute, die von allen Teilen Algiers und selbst von Marokko kamen, auf diese Weise ernährt. Während die Menschen über ganz Algier weg Hungers starben, gab es auf kabylischem Boden nicht einen einzigen solchen Todesfall. Die *djemmâa* beraubten sich selbst des Notwendigsten und organisierten die Unterstützung, ohne irgendwie Hilfe von der Regierung zu erbitten oder die leiseste Beschwerde laut werden zu lassen; sie betrachteten das als natürliche Pflicht. Und während unter den europäischen Ansiedlern alle Arten Polizeimaßnahmen getroffen wurden, um Diebstählen und Tumulten zu begegnen, die aus solch einem Zuströmen von Fremden sich ergeben können, wurde nichts derart auf dem Gebiet der Kabylen verlangt: die *djemmâa* brauchten weder Hilfe noch Schutz von außen.[148]

Ich kann zwei andere, sehr interessante Züge aus dem Leben der Kabylen nur flüchtig erwähnen, nämlich das *anaya* oder den Schutz, der im Kriegsfall den Brunnen, Kanälen, Moscheen, Marktplätzen, einigen Straßen usw. zuteil wird, und die *çof*. Im *anaya* haben wir eine Reihe von Institutionen sowohl zur Verringerung der Übel des Krieges, wie zur Verhütung von Konflikten. So ist der Marktplatz *anaya*, besonders wenn er sich an der Grenze befindet und Kabylen und Fremde zusammenführt; niemand darf den Frieden des Marktes stören, und wenn eine Unruhe entsteht, wird sie

148 Hanoteau et Letourneux, *La Kabylie*, Bd. 2, S. 38. Dieselbe Achtung vor Fremden ist bei den Mongolen üblich. Der Mongole, der einem Fremden Obdach verweigert hat, zahlt die volle Blutentschädigung, wenn der Fremde darunter gelitten hat (Bastian, *Der Mensch in der Geschichte*, Bd. 3, S. 231).

von den Fremden, die in der Marktstadt zusammengekommen sind, sofort unterdrückt. Die Straße, auf der die Frauen vom Dorf zum Brunnen gehen, ist im Fall des Krieges ebenfalls *anaya* usw. Was den *çof* angeht, so ist er eine weitverbreitete Form der Assoziation, die einige Ähnlichkeit mit den mittelalterlichen Bürgschaften oder Gilden hat, und zugleich mit Gesellschaften zu gegenseitigem Beistand und zu den verschiedensten Zwecken – geistigen, politischen und zur Befriedigung des Gemütslebens –, die durch die territoriale Organisation des Dorfes, des Clans und des Stammverbandes nicht erfüllt werden können. Der *çof* kennt keine Grenzen des Gebietes; er findet seine Mitglieder in verschiedenen Dörfern, selbst unter Fremden, und er schützt sie in allen möglichen Lebenslagen. Alles in allem ist er ein Versuch, die territoriale Organisationsform durch eine vom Landgebiet unabhängige zu ergänzen, die den gegenseitigen Berührungen aller Arten über die Grenzen hinaus Ausdruck geben soll. Die freie internationale Vereinigung individueller Neigungen und Ideen, die wir als einen der schönsten Züge unseres eigenen Lebens betrachten, hat so ihren Ursprung im barbarischen Altertum.

Die Bergvölker Kaukasiens sind ein anderes, äußerst lehrreiches Gebiet für Belege derselben Art. Durch das Studium der gegenwärtigen Bräuche der Osseten – ihre Familienverbände, Gemeinden und Rechtsbegriffe – war Professor Kowalewsky in seinem bedeutenden Buche *Moderne Sitten und altes Recht* instandgesetzt, Schritt für Schritt den entsprechenden Bestimmungen der alten Gesetzbücher auf die Spur zu kommen und sogar die Ursprünge des Feudalwesens zu ergründen. Bei anderen kaukasischen Stämmen haben wir manchmal Gelegenheit, auf den Ursprung der Dorfmark in den Fällen einen Blick zu werfen, wo sie nicht aus dem Stamm hervorging, sondern aus einer freiwilligen Vereinigung zwischen Familien verschiedenen Ursprunges sich ergab. Das war in neuerer Zeit der Fall bei einigen Dörfern der Khevsuren, deren Einwohner den Eid der „Gemeinschaft und Brüderlichkeit" leisteten.[149] In einem anderen Teil Kaukasiens, in Daghestan, sehen wir das Aufkommen von Lehnsbeziehungen zwischen zwei Stämmen, die beide zugleich ihre Markgenossenschaften aufrecht erhalten (und selbst Spuren der alten Gentilklassen) und so ein lebendiges Beispiel für die Formen geben, die die Barbaren während der Eroberung von Italien

149 N. Khudadoff, „Bemerkungen über die Khevsuren" in den *Zapiski* der Kaukas. Geogr. Gesellschaft, XIV, I, Tiflis 1890. S. 68. Sie leisteten ebenfalls den Eid, nicht Mädchen aus ihrer eigenen Vereinigung zu heiraten, und es zeigte sich so ein bemerkenswertes Wiederaufleben der alten Gentilbestimmungen.

und Gallien annahmen. Die siegreiche Rasse, die Lezghinen, die verschiedene georgische und tartarische Dörfer im Distrikt Zakately erobert hatten, brachten sie nicht unter die Herrschaft getrennter Familien; sie gründeten einen Feudalclan, der jetzt 12.000 Haushaltungen in drei Dörfern in sich schließt, und der nicht weniger als zwanzig georgische und tartarische Dörfer gemeinsam besitzt. Die Eroberer teilten ihr eigenes Land unter ihre Clane, und die Clane verteilten es in gleichen Teilen unter den Familien; aber sie mischten sich nicht in die *djemmâa* ihrer Tributpflichtigen, die noch den Brauch üben, den Julius Caesar erwähnte; nämlich die *djemmâa* bestimmt jedes Jahr, welcher Teil des Gemeinschaftslandes bestellt werden muss, und dieses Land wird in so viele Teile geteilt, als Familien da sind, und die Teile werden durchs Los angewiesen. Es ist beachtenswert, dass man unter den Lezghinen (die unter einem System des Privateigentums an Grund und Boden und des Gemeineigentums an Leibeigenen leben)[150], häufig Proletarier trifft, dass sie aber unter ihren georgischen Leibeigenen selten sind, die noch immer ihr Land gemeinsam haben. Was das Gewohnheitsrecht der kaukasischen Bergvölker angeht, so ist es vielfach dasselbe, wie das der Longobarden oder salischen Franken, und mehrere ihrer Bestimmungen erklären zu gutem Teil das Gerichtsverfahren der alten Barbaren. Da sie einen sehr lebhaften Charakter haben, tun sie ihr Bestes, um vorzusorgen, dass Streitigkeiten keinen schlimmen Ausgang nehmen; so werden bei den Khevsuren die Schwerter sehr schnell gezogen, wenn ein Streit ausbricht; aber wenn eine Frau hinzueilt und das Stück Leinwand, das sie um den Kopf gebunden hat, unter sie wirft, dann werden die Schwerter sofort wieder in die Scheide gesteckt, und der Streit ist beigelegt. Der Kopfputz der Frauen ist *anaya*. Wenn ein Streit nicht zur Zeit abgebrochen wurde und zu einem Mord geführt hat, dann ist die Geldentschädigung so beträchtlich, dass der Täter Zeit seines Lebens völlig ruiniert ist, es sei denn, dass er von der gekränkten Familie adoptiert wird; und wenn er in einem unbedeutenden Streit zum Schwert gegriffen und jemanden verwundet hat, dann verliert er für immer die Achtung seines Stammes. Bei allen Streitigkeiten nehmen sich Vermittler der Sache an; sie wählen aus den Mitgliedern des Clans die Richter aus – sechs bei kleineren Angelegenheiten und in ernsthafteren Dingen zehn bis fünfzehn – und russische Beobachter bezeugen die absolute Unbestechlichkeit der Richter. Ein Eid hat eine solche Bedeutung, dass Männer, die sich der allgemeinen Verehrung erfreuen, davon

150 Dm. Bakradze, „Bemerkungen über den Distrikt Zakataly“, in denselben *Zapiski*, XIV, I, S. 264.

befreit sind, ihn zu leisten: eine einfache Erklärung ist völlig genügend, zumal in ernsten Dingen der Khevsure niemals zögert, seine Schuld anzuerkennen (natürlich meine ich den Khevsuren, der noch nicht von der Kultur berührt ist). Der Eid wird hauptsächlich solchen Fällen vorbehalten, die, wie z. B. Eigentumsstreitigkeiten, außer der einfachen Feststellung der Tatsachen eine Art Gutachten erfordern; und in solchen Fällen gehen die Männer, deren Aussage in dem Streitfall entscheidet, mit der größten Behutsamkeit vor. Alles in allem ist es ganz gewiss nicht Mangel an Ehrenhaftigkeit oder an Respekt gegen die Rechte der Nebenmenschen, was die barbarischen Gesellschaften des Kaukasus charakterisiert.

Die afrikanischen Stämme zeigen eine solche außerordentliche Fülle äußerst interessanter Gesellschaften, die alle Phasen von der früheren Dorfmark bis zu den despotischen Barbarenmonarchien aufweisen, dass ich nicht daran denken kann, hier auch nur die Hauptresultate eines vergleichenden Studiums ihrer Einrichtungen zu geben.[151] Es genüge, zu sagen, dass selbst unter dem scheußlichsten Despotismus von Königen die Volksversammlungen der Dorfmarken und ihr Gewohnheitsrecht in einem weiten Gebiet von Angelegenheiten souverän bleiben. Das Staatsgesetz erlaubt dem König, jedermann bloß um einer Laune willen, ja sogar um sich sattzufressen, das Leben zu nehmen; aber das Gewohnheitsrecht des Volkes hält trotzdem noch immer das alte Netzwerk von Einrichtungen zu gegenseitigem Beistand aufrecht, wie sie bei anderen Barbaren existieren oder bei unseren Ahnen existiert haben. Und bei einigen begünstigten Stämmen (in Bornu, Uganda, Abessinien) und besonders bei den Bogos verraten einige der Bestimmungen des Gewohnheitsrechtes ein wirklich anmutiges und zartes Empfinden.

Die Dorfmarken der Eingeborenen beider Amerika haben denselben Charakter. Die Tupi Brasiliens fand man in „langen Häusern“ lebend, die von ganzen Clanen bewohnt waren, die ihre Korn und Mandiocafelder gemeinsam bestellen. Die Arani, die weit vorgeschrittener in der Zivilisation waren, pflegten ihre Felder gemeinsam zu bestellen; und ebenso die Ucagas, die unter ihrem System des primitiven Kommunismus und der langen Häuser gelernt hatten, gute Straßen zu bauen und die verschiedensten Hausindustrien zu treiben[152], die hinter denen des frühen europäischen

151 Siehe Post, *Afrikanische Jurisprudenz*, Oldenburg 1887; Münzinger, *Über das Recht und Sitten der Bogos*, Winterthur 1859; Casalis, *Les Bassoutos*, Paris 1859; Maclean, *Kafir Laws and Customs*, Mount Coke 1858 usw.

152 Waitz. Bd. 3, S. 423 ff.

Mittelalters nicht zurückbleiben. Alle lebten sie auch unter demselben Gewohnheitsrecht, von dem wir auf den vorhergehenden Seiten Proben gegeben haben. In einem anderen Ende der Welt finden wir das malaiische Feudalwesen; aber dieser Feudalismus ist nicht imstande gewesen, die *negaria* oder Dorfmark auszurotten, mit ihrem Gemeineigentum wenigstens an einem Teil des Landes, und der Verteilung des Landes unter die verschiedenen *negaria* des Stammes.[153] Bei den Alfurus von Minahasa finden wir die gemeinsame Wechselwirtschaft; bei dem Indianerstamm der Huronen haben wir die periodische Neuverteilung des Landes innerhalb des Stammes und die Clanbestellung des Bodens; und in all jenen Teilen Sumatras, wo die Einrichtungen des Islam die alte Organisation noch nicht völlig zerstört haben, finden wir den Familienverband (*suka*) und die Dorfmark (*kota*), die ihr Recht aufs Land behauptet, wenn auch ein Teil davon ihrer Macht entzogen wurde.[154] Aber das zu sagen ist ebensoviel, wie wenn wir sagen, dass alle Bräuche zu gegenseitigem Schutz und zur Verhütung von Fehden und Kriegen, die auf den vorstehenden Seiten als charakteristisch für die Dorfmark aufgezeigt worden sind, ebenfalls existieren. Noch mehr: je vollständiger der Kommunalbesitz am Boden sich erhalten hat, um so besser und edler sind die Sitten. De Stuers versichert mit Bestimmtheit, dass überall, wo die Einrichtung der Dorfmark von den Eroberern weniger angetastet worden ist, die Ungleichheiten der Vermögen geringer und selbst die Vorschriften der *lex talionis* weniger grausam sind; während umgekehrt überall, wo die Dorfmark völlig zertrümmert wurde, „die Einwohner die unerträglichste Unterdrückung von Seiten ihrer despotischen Herrscher zu erdulden haben."[155] Das ist ganz natürlich. Und wenn Waitz die Bemerkung machte, dass die Völkerschaften, die ihre Stammesverbände erhalten haben, auf höherer Entwicklungsstufe stehen und eine reichere Literatur haben als solche, die die alten Bande der Einigung eingebüßt haben, so betonte er nur, was man im voraus hätte sagen können.

Weitere Beispiele würden mich nur zu ermüdenden Wiederholungen führen; so auffallend ähnlich sind die barbarischen Gesellschaften unter jedem Klima und bei allen Rassen. Derselbe Entwicklungsprozess ist in der Menschheit mit erstaunlicher Ähnlichkeit vor sich gegangen. Als die

153 Post, *Studien zur Entwicklungsgeschichte des Familienrechts*, Oldenburg 1889, S. 270 ff.

154 Powell, *Annual Report of the Bureau of Ethnography*, Washington 1881, zitiert in Posts *Studien*, S. 290; Bastian, *Inselgruppen in Oceanien*, 1883, S. 88.

155 De Stuers, zitiert bei Waitz, Bd. 5, S. 141.

Clanorganisation von innen her von der abgesonderten Familie gesprengt wurde und von außen unter der Zerstückelung der wandernden Clane und der Notwendigkeit, Fremde von anderer Abstammung aufzunehmen, litt – da trat die Dorfmark ins Leben, die sich auf den Territorialbegriff gründete. Diese neue Einrichtung, die natürlich aus der vorhergehenden – dem Clan – erwachsen war, erlaubte den Barbaren, durch eine sehr tumultuarische Periode der Geschichte hindurchzugehen, ohne in isolierte Familien auseinandergebrochen zu werden, die im Kampf ums Dasein zugrunde gegangen wären. Neue Formen der Kultur entwickelten sich unter der neuen Organisation; die Landwirtschaft erreichte eine Stufe, die sie in den meisten Fällen heute noch kaum verlassen hat; die Hausindustrien gediehen zu hoher Vollkommenheit. Die Wildnis wurde erobert, von Straßen durchschnitten, und überall von Ansiedlern besetzt, die sich aus den ursprünglichen Gemeinschaften entfernt und neue gegründet hatten. Märkte und befestigte Punkte, ebenso wie Stätten des öffentlichen Kultus, wurden errichtet. Die Vorstellungen eines weiteren Verbandes, der ganze Völkerschaften und mehrere Völkerstämme gleichen Ursprungs umfassen sollte, bildeten sich langsam heraus. Die alten Rechtsbegriffe, die sich bloß um die Rache drehten, erlitten allmählich eine tiefgehende Änderung – indem die Idee der Entschädigung für das getane Unrecht die Stelle der Rache einnahm. Das Gewohnheitsrecht, das noch für zwei Drittel oder mehr des Menschengeschlechts das Recht des täglichen Lebens bildet, wurde unter dieser Organisation ausgearbeitet und daneben noch ein System solcher Bräuche, die darauf abzielten, die Unterdrückung der Massen durch die Minoritäten zu verhüten, deren Macht um so mehr wuchs, je leichter es wurde, Privatvermögen anzuhäufen. Das war die neue Form, zu der die Tendenzen der Massen zu gegenseitigem Beistand gekommen waren. Und der Fortschritt, den die Menschheit – in ökonomischer, politischer und moralischer Hinsicht – unter dieser neuen volksmäßigen Organisationsform nahm, war so groß, dass die Staaten, als sie späterhin ins Leben traten, einfach im Interesse der Minoritäten von all den Justiz-, Wirtschaft- und Verwaltungsfunktionen Besitz ergriffen, die die Markgenossenschaft bereits im Interesse alter ausgeübt hatte.

Fünftes Kapitel: Gegenseitige Hilfe in der Stadt des Mittelalters

Das Aufkommen der Herrschaftsgewalt in der barbarischen Gesellschaft. – Die Leibeigenschaft auf den Dörfern. – Empörung der festen Städte: ihre Befreiung; ihre Freibriefe. – Die Gilde. – Doppelter Ursprung der freien Städte des Mittelalters. – Eigene Gerichtsbarkeit, Selbstverwaltung. – Ehrenvolle Stellung der Arbeit. – Handel durch die Gilde und durch die Stadt.

Geselligkeit und Bedürfnis nach gegenseitiger Hilfe sind so unzertrennbare Bestandteile der Menschennatur, dass wir zu keiner Zeit der Geschichte Menschen entdecken können, die in kleinen isolierten Familien leben und einander um der Existenzmittel willen bekämpfen. Im Gegenteil beweist die moderne Forschung, wie wir in den beiden vorhergehenden Kapiteln sahen, dass schon im Beginn ihres prähistorischen Lebens die Menschen sich zu Gentes, Clanen oder Stämmen zusammenzuschließen pflegten, die durch die Idee der gemeinsamen Abstammung und die Verehrung gemeinsamer Ahnen zusammengehalten wurden. Tausende und Tausende Jahre hat diese Organisation die Menschen zusammengehalten, obwohl nicht die geringste Herrschaftsgewalt da war, die sie aufgezwungen hätte. Sie hat auf alle weitere Entwicklung der Menschheit aufs tiefste eingewirkt; und als die Bande der gemeinsamen Abstammung durch großartige Wanderungen gelockert worden waren, während die Entwicklung der abgesonderten Familie innerhalb des Clanes selbst die alte Claneinheit zerstört hatte, wurde eine neue Form der Vereinigung, deren Prinzip sich auf das Landgebiet gründete – die Dorfmark – durch das soziale Genie des Menschen ins Leben gerufen. Diese Institution hielt wiederum die Menschen mehrere Jahrhunderte hindurch zusammen und gestattete ihnen, ihre sozialen Einrichtungen weiter zu entwickeln und durch eine der schwärzesten Perioden der Geschichte hindurchzugehen, ohne in lose Ansammlungen von Familien und Individuen aufgelöst zu werden, einen weiteren Schritt in ihrer Entwicklung zu tun und eine Zahl weiterer sozialer Institutionen auszuarbeiten, von denen einige bis in die Gegenwart am Leben geblieben sind. Wir haben jetzt die Aufgabe, der weiteren Entwicklung derselben immer lebendigen Tendenz zu gegenseitiger Hilfe zu folgen. Indem wir die Markgenossenschaften der sogenannten Barbaren zu einer Zeit, wo sie nach dem Fall des Römischen Reiches eine neue Wendung zur Zivilisation erleben, ins Auge fassen, haben wir die neuen Erscheinungen zu studieren, die von den sozialen Bedürfnissen der Massen im Mittelalter geschaffen wurden, vor allem in den Gilden und der Stadt des Mittelalters.

Weit entfernt, die kämpfenden Tiere zu sein, mit denen sie so oft verglichen worden sind, zogen die Barbaren der ersten Jahrhunderte unserer Zeitrechnung (wie so viele Mongolen, Afrikaner, Araber usw., die noch jetzt sich in eben diesem barbarischen Stadium befinden) unentwegt den Frieden dem Kriege vor. Mit Ausnahme von ein paar Stämmen, die während der großen Wanderungen in unfruchtbaren Wüsten oder Hochländer verschlagen worden waren und sich so genötigt sahen, von Zeit zu Zeit ihre begünstigteren Nachbarn auszuplündern – abgesehen von diesen kehrte die große Menge der Germanen, der Angelsachsen, der Kelten, der Slaven sehr bald, nachdem sie sich in ihren neu eroberten Wohnstätten niedergelassen hatten, zum Spaten oder zu ihren Herden zurück. Die frühesten barbarischen Rechtsbücher führen uns schon Gesellschaften vor, die aus friedlichen landwirtschaftlichen Gemeinschaften zusammengesetzt waren, nicht aus Horden, die miteinander im Kriege lagen. Diese Barbaren bedeckten das Land mit Dörfern und Bauernhäusern;[156] sie rodeten die Wälder aus, überbrückten die Flüsse und besiedelten die früher ganz unbewohnte Wildnis, und sie überließen das ungewisse Kriegshandwerk Brüderschaften, *scholae* oder *trusts* ungestümer Männer, die sich um zeitweilige Hauptleute sammelten, die hin und her wanderten und ihren Abenteurergeist, ihre Waffen und ihre Kenntnis der Kriegsführung zum Schutz der Bevölkerungen anboten, die nur zu eifrig darauf bedacht waren, im Frieden zu bleiben. Die Kriegerbanden kamen und gingen, und fochten ihre Familienfehden aus; aber die große Masse fuhr fort, den Boden zu pflügen und kümmerte sich wenig um die, die ihre Herrscher sein wollten, solange sie die Unabhängigkeit ihrer Dorfmarken nicht antasteten.[157] Die neuen Bewohner Europas

156 W. Arnold, in seinen *Wanderungen und Ansiedlungen der deutschen Stämme*, S. 431, behauptet sogar, dass die Hälfte der jetzt urbaren Fläche in Mitteldeutschland zwischen dem 6. und 9. Jahrhundert der Wildnis abgewonnen worden sein muss. Nitzsch (*Geschichte des deutschen Volkes*, Leipzig 1883, Band 1) teilt diese Meinung.

157 Leo und Botta, *Histoire d'Italie*, 1844, Band 1, S. 37.

entwickelten die Systeme des Grundbesitzes und der Bodenkultur, die noch bei Hunderten Millionen von Menschen in Kraft sind; sie arbeiteten ihre Systeme der Entschädigung für Übeltaten aus, anstatt der alten Blutrache der Stämme; sie lernen die ersten Anfänge der Industrie; und während sie ihre Dörfer mit Palisadenwällen befestigten oder Türme und Erdschanzen errichteten, um sich im Fall einer neuen Invasion dahin zu flüchten, überließen sie bald die Aufgabe, diese Türme und Schanzen zu verteidigen, denen, die aus dem Krieg eine Spezialität machten.

Gerade die Friedfertigkeit der Barbaren also, gewiss nicht ihre angeblichen kriegerischen Instinkte, wurden die Quelle ihrer späteren Unterwerfung unter militärische Häuptlinge. Es ist klar, dass eben die Lebensweise der bewaffneten Brüderschaften ihnen mehr die Möglichkeit bot, sich zu bereichern, als die Landwirte in ihren landwirtschaftlichen Gemeinschaften finden konnten. Selbst jetzt sehen wir manchmal, dass bewaffnete Männer zusammenkommen, um die Matabele niederzuschießen und ihnen ihre Viehherden zu rauben, obwohl die Matabele nur Frieden begehren und bereit sind, einen hohen Preis dafür zu zahlen. Die *scholae* der alten Zeit waren nicht rücksichtsvoller als die unserer eigenen Zeit. Viehherden, Eisen (das damals äußerst teuer war)[158] und Sklaven wurden auf diese Weise angeeignet; und obwohl die meisten Erwerbungen auf dem Fleck in den großartigen Festen vergeudet wurden, von denen die epische Dichtung so viel zu erzählen weiß – so wurde doch ein gewisser Teil der geraubten Reichtümer zu weiterer Bereicherung benutzt. Es gab eine Menge Land, das unbebaut lag, und es fehlte nicht an Männern, es zu bestellen, wenn sie nur das nötige Vieh und die nötigen Geräte erlangen konnten. Ganze Dörfer, die durch Viehseuchen, Pest, Feuer oder Angriffe neuer Einwanderer zugrunde gegangen waren, wurden oft von ihren Bewohnern verlassen, die auf der Suche nach neuen Wohnplätzen in die Welt gingen. So machen sie es in Russland unter so ähnlichen Umständen heute noch. Und wenn einer der Anführer der bewaffneten Brüderschaften den Bauern etliches Vieh für den Anfang anbot, Eisen, um einen Pflug zu machen oder gar den Pflug

158 Die Entschädigungssumme für das Stehlen eines einfachen Messers betrug 15 Solidi, und für die eisernen Teile einer Mühle 45 Solidi. (Siehe darüber Lamprechts „Wirtschaft und Recht der Franken“ in Räumers *Historisches Taschenbuch,* 1883, S. 52.) Nach ripuarischem Recht hatte das Schwert, der Speer und die eiserne Rüstung eines Kriegers mindestens den Wert von 25 Kühen oder zwei Jahren Arbeit eines freien Mannes. Ein Panzer allein galt im salischen Gesetz (Desmichels, zitiert bei Michelet) 36 Scheffel Weizen.

selbst, seinen Schutz vor weiteren Angriffen und eine Zahl Jahre Freiheit von allen Verpflichtungen, ehe sie beginnen sollten, die Schuld heimzuzahlen, dann ließen sich die Bauern auf dem Lande nieder. Und wenn nach hartem Kampf mit schlechten Ernten, Überschwemmungen und Seuchen diese Pioniere ihre Schulden zurückzuzahlen begannen, dann verfielen sie in Dienstverpflichtungen gegen den Schutzherrn des Gebietes. Unzweifelhaft wurde auf diesem Wege Reichtum angesammelt und die Macht folgte immer dem Reichtum.[159] Und doch, je mehr wir in das Leben dieser Zeiten eindringen, des 6. und 7. Jahrhunderts unserer Zeitrechnung, um so mehr sehen wir, dass außer Reichtum und militärischer Macht noch ein anders Element erforderlich war, um die Herrschaft der wenigen zu begründen. Es war ein Element von Recht und Gesetz, eine Sehnsucht der Massen, den Frieden zu erhalten und etwas zu etablieren, wovon sie glaubten, dass es Gerechtigkeit sei – dies Element gab den Häuptlingen der *scholae* – Königen, Herzögen, *knyazen* und dergleichen – die Macht, die sie zwei oder drei Jahrhunderte später erlangten. Dieselbe Idee der Gerechtigkeit, die als entsprechende Rache für das getane Unrecht aufgefasst wurde, wie sie im Stadium des Stammes sich entwickelt hatte, ging jetzt wie ein roter Faden durch die Geschichte der nachfolgenden Institutionen, und sie wurde noch mehr als militärische und wirtschaftliche Ursachen die Grundlage, auf der die Herrschaft der Könige und der Feudalherren sich herausbildete.

In der Tat war es immer eine besondere Sorge der barbarischen Dorfgemeinde, wie es bei unseren barbarischen Zeitgenossen noch heute der Fall ist, den Fehden, die aus der damals herrschenden Gerechtigkeitsvorstellung entsprangen, ein schnelles Ende zu machen. Wenn ein Streit entstand, mischte sich die Gemeinde sofort ein, und nachdem die Volksversammlung den Fall gehört hatte, setzte sie die Entschädigungssumme (das Wergeld) fest, die an den Geschädigten oder seine Familie zu zahlen war, und ebenso den *fred* oder die Geldstrafe für den Friedensbruch, die an die Gemeinde zu zahlen war. Innere Streitigkeiten wurden auf diese Weise leicht beigelegt.

159 Der Hauptreichtum der Häuptlinge bestand lange Zeit in ihren privaten Domänen, die teils mit gefangenen Sklaven, hauptsächlich aber auf oben genanntem Wege bevölkert wurden. Über den Ursprung des Grundeigentums siehe Inama Sternegg, „Die Ausbildung der großen Grundherrschaften in Deutschland“, in Schmollers *Forschungen*, Band 1, 1878; F. Dahn, *Urgeschichte der germanischen und romanischen Völker*, Berlin 1881; Maurer, *Dorfverfassung*; Guizot, *Essais sur l'histoire de France*; Maine, *Village Communities*; Botta, *Histoire d'Italie*; Seebohm, Winogradow, J. R. Green usw.

Aber wenn Fehden zwischen zwei verschiedenen Stämmen oder Völkerschaften ausbrachen, trotz allen Vorsichtsmaßregeln sie zu verhindern[160], dann war die Schwierigkeit, einen Schiedsrichter oder Spruchfinder zu finden, dessen Entscheidung in gleicher Weise von beiden Parteien akzeptiert wurde, sowohl um seiner Unparteilichkeit, wie um seiner Kenntnis des ältesten Rechts willen. Die Schwierigkeit war um so großer, als die Gewohnheitsrechte verschiedener Stämme und Völkerschaften in bezug auf die in verschiedenen Fällen zu zahlenden Entschädigungen voneinander abwichen. Es wurde daher zur Gewohnheit, die Spruchfinder aus solchen Familien oder Stämmen zu nehmen, die in dem Ansehen standen, das Gesetz von alters her in seiner Reinheit zu bewahren; in den Gesängen, Triaden, Sagas usw. bewandert zu sein, mit Hilfe derer das Recht auswendig behalten wurde; und das Gesetz auf diese Weise zu bewahren, wurde eine Art Kunst, ein Geheimnis, das in bestimmten Fällen achtsam von Generation zu Generation überliefert wurde. So pflegte in Island und in anderen skandinavischen Ländern auf jedem *Allthing* (der Gesamtversammlung des Volkes) ein *lövsögmathr* das ganze Gesetz auswendig zur Erleuchtung der Versammlung zu rezitieren; und in Irland gab es bekanntlich eine besondere Menschenklasse, die für ihre Kenntnis der alten Traditionen berühmt war und daher als Richter große Autorität genoß.[161] Wenn man uns ferner in den russischen Chroniken berichtet, dass einige Stämme im nordwestlichen Russland, veranlaßt durch die wachsende Unordnung, die dadurch entstand, dass „Clane sich gegen Clane erhoben", sich an normannische Waräger wandten, damit sie ihre Richter und Befehlshaber der Kriegsbanden seien; und wenn wir die Knyazen oder Herzöge sehen, die während der nächsten zweihundert Jahre immer aus derselben normannischen Familie gewählt wurden, dann müssen wir den Eindruck bekommen, dass die Slawen den Normannen eine solche Kenntnis des Rechts zutrauten, dass ihr Spruch von verschiedenen slawischen Stämmen anerkannt werden würde. In diesem Fall war der Besitz von Runen, die zur Überlieferung alter Bräuche benutzt wurden, ein entschiedener Vorzug der Normannen; aber in anderen Fällen haben wir schwache Spuren, dass der „älteste" Zweig der Völkerschaft, der Annahme nach der ursprüngliche Stamm, dazu berufen

160 Siehe Sir Henry Maine, *International Law*, London 1888.

161 *Ancient Laws of Ireland*, Einleitung; E. Nys, *Études de droit international*, Band I, 1896. S. 86 ff. Bei den Osseten genießen die Schiedsrichter aus drei ältesten Dörfern ein besonderes Ansehen (Maxim Kowalewsky, *Moderne Sitten und altes Recht*, Moskau 1886, Bd. 2, S. 217).

war, die Richter zu stellen, und auf seine Entscheidungen verließ man sich als gerechten;[162] und in späterer Zeit sehen wir eine bestimmte Tendenz, diese Spruchfinder aus der christlichen Geistlichkeit zu nehmen, die sich zu jener Zeit noch an den grundlegenden, jetzt vergessenen Satz des Christentums hielt, dass Wiedervergeltung kein Akt der Gerechtigkeit sei. Zu jener Zeit öffnete der christliche Klerus die Kirchen als Stätten des Asyls für die, die vor der Blutrache flohen, und sie fungierten gern als Schiedsrichter in Kriminalfällen und stellten sich immer dem alten Stammprinzip: Leben um Leben, Wunden um Wunden entgegen. Kurz, je tiefer wir in die Geschichte früher Institutionen eindringen, um so weniger finden wir Grund für die Theorie von der Entstehung der Herrschaftsgewalt aus dem Kriegswesen. Selbst die Macht, die später solch eine Quelle der Unterdrückung wurde, scheint im Gegenteil ihren Ursprung in den friedlichen Neigungen der Massen gefunden zu haben.

In all diesen Fällen kam der *fred*, der oft die Hälfte der Entschädigung betrug, der Volksversammlung zugute, und seit undenklichen Zeiten pflegte er zu gemeinnützigen Zwecken und zur Verteidigung verwandt zu werden. Er hat noch dieselbe Bestimmung (zur Errichtung von Türmen) bei den Kabylen und bestimmten mongolischen Körperschaften, und wir haben bestimmte Zeugnisse, dass noch mehrere Jahrhunderte später die gerichtlichen Geldstrafen in Pskow und mehreren französischen und deutschen Städten noch immer zur Ausbesserung der Stadtmauern benutzt wurden.[163] Es war daher ganz natürlich, dass die Geldstrafen dem Spruchfinder übergeben wurden, der dafür verpflichtet war, sowohl die *schola* Bewaffneter zu erhalten, denen die Verteidigung des Gebiets anvertraut war, als den Spruch zur Ausführung zu bringen. Dies wurde im 8. und 9. Jahrhundert allgemeiner Brauch, selbst als der Spruchfinder ein erwählter Bischof war. Der Keim einer Vereinigung dessen, was wir heute Gerichtsbarkeit und Exekutive nennen würden, trat so ins Leben. Aber auf diese beiden Funktionen

---

162 Man darf annehmen, dass diese Institution (die der Erbfolge durch Wahl von Seiten der Familienglieder, der Tanistry, verwandt ist) im Leben jener Periode eine bedeutende Rolle spielte; aber es sind darüber noch keine Forschungen angestellt worden.

163 Es war im Freibrief von St. Quentin aus dem Jahr 1002 ausdrücklich festgesetzt, dass das Lösegeld für Häuser, die zur Strafe für Verbrechen hätten zerstört werden sollen, für die Stadtmauern benutzt würde. Dieselbe Bestimmung hatte das Ungeld in deutschen Städten. In Pskow war die Kathedrale die Kasse für die Geldstrafen, und aus diesem Fonds wurde das Geld für die Mauern genommen.

waren die Befugnisse des Herzogs oder Königs streng beschränkt. Er war kein Herrscher über das Volk – die höchste Gewalt gehörte noch immer der Volksversammlung – nicht einmal ein Befehlshaber der Volksmiliz; wenn das Volk zu den Waffen griff, marschierte es unter einem besonderen, ebenfalls erwählten Befehlshaber, der dem König nicht Untertan, sondern ihm gleichberechtigt war.[164] Der König war nur auf seinem persönlichen Gebiet der Herr. In der Tat hatte in der barbarischen Sprache das Wort *konung*, *konina* oder *cyning,* das gleichbedeutend mit dem lateinischen *rex* ist, keinen anderen Sinn, als den eines zeitweiligen Führers oder Häuptlings einer Truppe. Der Befehlshaber einer Bootsflotille oder sogar nur eines einzelnen Seeräuberbootes war ebenfalls ein *konung* und noch bis zum heutigen Tag wird der Fischkommandeur in Norwegen *Not-kong* genannt – „König der Netze".[165] Die Majestät, die sich später mit der Persönlichkeit des Königs verband, existierte noch nicht, und während Verrat gegen den Stamm mit dem Tode bestraft wurde, konnte die Ermordung eines Königs durch die Bezahlung einer Entschädigungssumme wieder gut gemacht werden: ein König kostete einfach so und so viel mehr als ein freier Mann.[166] Und als König Knu (oder Canut) einen Mann seiner eigenen *schola* erschlagen hatte, berief er, wie die Saga berichtet, seine Kameraden zu einem *thing* zusammen, wo er kniefällig um Verzeihung bat. Die Verzeihung wurde ihm gewährt, aber erst nachdem er sich bereit erklärt hatte, den neunfachen Betrag der gewöhnlichen Entschädigungssumme zu zahlen, wovon ein Drittel ihm selbst für den Verlust eines seiner Mannen verblieb, ein Drittel den Verwandten des Erschlagenen gehörte, und ein Drittel (der *fred*) der *scho-*

---

164 Sohm, *Fränkische Rechts- und Gerichtsverfassung*, S. 23; auch Nitzsch, *Geschichte des deutschen Volkes*. Bd. 1, S. 78.

165 Siehe die vorzüglichen Bemerkungen hierüber in Augustin Thierrys *Lettres sur l'histoire de France*, 7. Brief. Die Übersetzungen mancher Bibelstellen bei barbarischen Völkern sind für diesen Punkt äußerst interessant.

166 Sechsunddreißigmal mehr als ein Adeliger, nach dem angelsächsischen Recht. In dem Codex Rotharis wird die Ermordung eines Königs jedoch mit dem Tode bestraft; aber (abgesehen von römischem Einfluss) wurde diese neue Anordnung (im Jahre 646) im lombardischen Gesetz getroffen – wie Leo und Botta bemerkten –, um den König vor Blutrache zu schützen. Da der König zu jener Zeit der Vollstrecker seiner eigenen Urteile war (wie es früher der Stamm gewesen war), so musste er durch eine besondere Bestimmung geschützt werden, und dies um so mehr, als mehrere lombardische Könige vor Rothari hintereinander erschlagen worden waren (Leo und Botta, *Histoire d'Italie*, Bd. 1, S. 66-90).

la.[167] In der Tat musste sich in den herrschenden Vorstellungen ein völliger Umschwung vollziehen, unter dem doppelten Einfluss der Kirche und der römischen Rechtsgelehrten, ehe der Begriff der Heiligkeit mit der Person des Königs verbunden wurde.

Es liegt jedoch nicht im Rahmen dieses Buches, die stufenweise Entwicklung der Herrschaftsgewalt aus den eben aufgezeigten Elementen zu verfolgen. Historiker wie Mr. und Mrs. Green für England, Augustin Thierry, Michelet und Luchaire für Frankreich, Kaufmann, Janssen, W. Arnold und auch Nitzsch für Deutschland, Leo und Botta für Italien, Byelaeff, Kostomaroff und ihre Nachfolger für Russland und viele andere haben diese Geschichte vollständig erzählt. Sie haben gezeigt, wie Bevölkerungen, die einst frei waren und bloß abgemacht hatten, einen gewissen Teil ihrer militärischen Verteidiger zu ernähren, die Leibeigenen dieser Schutzherren wurden; wie es eine harte Notwendigkeit für den Freien wurde, der Kirche oder einem Herrn „befohlen" zu sein; wie das Schloß jedes Adligen oder Bischofs eine Räuberhöhle wurde – wie mit einem Wort der Feudalismus auferlegt wurde – und wie die Kreuzzüge dadurch, dass sie die Leibeigenen, die das Kreuz nahmen, befreiten, den ersten Anstoß zur Emanzipation des Volkes gaben. All das braucht an dieser Stelle nicht wiedererzählt zu werden, da unser Hauptziel ist, das „aufbauende Genie der Massen in ihren Einrichtungen zu gegenseitiger Hilfe" darzutun.

Zu einer Zeit, wo die letzten Spuren der barbarischen Freiheit zu verschwinden schienen und Europa, das unter die Herrschaft von Tausenden kleiner Herrscher gefallen war, der Gründung solcher Theokratien und despotischer Staaten, wie sie während der früheren Kulturepochen dem barbarischen Stadium gefolgt waren, oder der Gründung barbarischer Monarchien sich näherte, wie wir sie jetzt in Afrika sehen, nahm das Leben in Europa eine andere Wendung. Es fing an, sich in einer Richtung zu bewegen, die der ähnlich war, die es schon einmal in den Städten des alten Griechenland eingeschlagen hatte. Mit einer Übereinstimmung, die fast unbegreiflich ist und lange Zeit hindurch von den Historikern nicht verstanden wurde, begannen die städtischen Bevölkerungen, bis hinab zu den kleinsten Marktflecken, das Joch ihrer weltlichen und geistlichen Herren abzuschütteln. Das befestigte Dorf erhob sich gegen das Schloß des Adligen, bot ihm erst Trotz, griff es dann an und zerstörte es schließlich. Die Bewegung dehnte sich von Ort zu Ort aus, ergriff jede Stadt in ganz Europa, und

167 Kaufmann, *Deutsche Geschichte*, Band 1, „Die Germanen der Urzeit", S. 133.

in weniger als hundert Jahren waren an den Küsten des Mittelmeeres, der Nordsee, der Ostsee, des Atlantischen Ozeans bis zu den Fjorden Skandinaviens, am Fuß der Apenninen, der Alpen, des Schwarzwaldes, des Grampiangebirges und der Karpathen, in den Ebenen Russlands, Ungarns, Frankreichs und Spaniens freie Städte ins Leben getreten. Überall trat dieselbe Rebellion ein, mit denselben charakteristischen Erscheinungen, ging durch dieselben Etappen hindurch, führte zu denselben Resultaten. Überall, wo die Menschen hinter ihren Mauern einigen Schutz gefunden oder zu finden geglaubt hatten, errichteten sie ihre „Verschwörungen" [conjuratio], ihre „Brüderschaften", ihre „Freundschaften", die in einer gemeinsamen Idee verbunden waren und kühn sich einem neuen Leben gegenseitigen Beistandes und der Freiheit zuwandten. Und es gelang ihnen so gut, dass sie in drei- oder vierhundert Jahren das Aussehen Europas völlig umgewandelt hatten. Sie hatten das Land mit schönen, prächtigen Gebäuden erfüllt, die dem Geiste freier Vereinigungen freier Männer Ausdruck gaben, und denen in ihrer Schönheit und Ausdrucksfülle seitdem nichts gleichgekommen ist; und sie hinterließen den folgenden Generationen all die Künste, all die Industrien, im Gefolge deren unsere heutige Zivilisation, mit all ihren Verbesserungen und Versprechungen für die Zukunft nur eine Weiterentwicklung ist. Und wenn wir jetzt nach den Kräften uns umsehen, die zu diesen großen Ergebnissen geführt haben, dann finden wir sie – nicht im Genie individueller Helden, nicht in der mächtigen Organisation riesiger Staaten oder den politischen Fähigkeiten ihrer Regenten, sondern in eben der Strömung gegenseitiger Hilfeleistung, die wir in der Dorfmark am Werke sahen und die im Mittelalter durch eine neue Form der Vereinigung belebt und neu gestärkt wurde, die derselbe Geist eingegeben hatte, die aber nach neuem Muster gebildet war – die Gilden.

Es ist jetzt bekannt, dass der Feudalismus keine Auflösung der Dorfmark in sich schloss. Obwohl es dem Adligen gelungen war, den Bauern Fronarbeit aufzulegen und obwohl er sich selbst solche Rechte zugelegt hatte, die früher der Dorfmark allein zukamen (Steuern, Unveräußerlichkeit des Gutes, Abgaben bei Erbschaften und Eheschließungen), hatten die Bauern doch trotzdem die zwei Grundrechte ihrer Gemeinden aufrecht erhalten: das Gemeineigentum an Grund und Boden und die eigene Gerichtsbarkeit. Wenn in alten Zeiten ein König seinen Vogt in ein Dorf schickte, empfingen ihn die Bauern mit Blumen in der einen Hand und Waffen in der anderen und fragten ihn, welches Gesetz er anzuwenden gedenke: das eine, das er im Dorfe fände oder das andere, das er mit sich brächte? Und im ersten Fall überreichten sie ihm die Blumen und hießen ihn willkommen; im zweiten aber kämpften sie mit ihm.[168] Jetzt akzeptierten sie den Beamten des Königs oder der Lehnsherren, den sie nicht zurückweisen konnten; aber sie hielten die Gerichtsbarkeit der Volksversammlung aufrecht und ernannten selbst sechs, sieben oder zwölf Schöffen, die zusammen mit dem Richter des Lehnsherrn vor der Volksversammlung als Schiedsrichter und Spruchfinder wirkten. In den meisten Fällen blieb dem Beamten nichts übrig, als den Spruch zu bestätigen und den üblichen *fred* zu erheben. Dieses kostbare Recht der eigenen Gerichtsbarkeit, die zu jener Zeit Selbstverwaltung und eigene Gesetzgebung bedeutete, war durch alle Kämpfe hindurch erhalten geblieben; und selbst die Juristen, von denen Karl der Große umgeben war, konnten es nicht abschaffen; sie waren genötigt, es zu bestätigen. Zugleich behielt in allen Angelegenheiten, die das Gebiet der Dorfmark angingen, die Volksversammlung ihre Souveränität und beanspruchte (wie Maurer gezeigt hat) in Fragen des Bodenrechtes sogar Unterwerfung des Lehnsherrn selbst. Kein Anwachsen des Feudalismus konnte diesen Widerstand brechen, die Dorfmark hielt stand; und als im 9. und 10. Jahrhundert die Einfälle der Normannen, der Araber und der Ugrier gezeigt hatten, dass militärische Scholae von geringem Wert für die Landesverteidigung seien, setzte eine allgemeine Bewegung in ganz Europa ein, die Dörfer mit Steinmauern und Zitadellen zu befestigen. Tausende von befestigten Punkten wurden nun durch die Energie der Dorfgemeinden gebaut; und sobald sie erst ihre Mauern gebaut hatten, sobald in diesem neuen Heiligtum – den Stadtmauern – ein gemeinsames Interesse geschaffen war, sahen sie ein, dass sie von nun an den Übergriffen der inneren Feinde, der Adligen, ebenso Widerstand leisten könnten, wie den Einfällen der Fremden. Ein neues Leben der Freiheit begann sich innerhalb der befestigten Wälle zu entwickeln. Die Stadt des Mittelalters war geboren.[169]

---

168 Felix Dahn, *Urgeschichte der germanischen und romanischen Völker*, Berlin 1881. Band 1, S. 96.

169 Wenn ich mich also den Auffassungen anschließe, die vor geraumer Zeit von Maurer vertreten wurden (*Geschichte der Städteverfassung in Deutschland*, Erlangen 1869), so geschieht es, weil er die ununterbrochene Entwicklung aus der Dorfmark zur Stadt des Mittelalters bewiesen hat und weil seine Auffassung allein die Allgemeinheit der Kommunalbewegung erklären kann. Savigny und Eichhorn und ihre Nachfolger haben ohne Frage bewiesen, dass die Traditionen der römischen *municipia* nie völlig verschwunden waren. Aber sie zogen die Periode der Dorfmark, in der die Barbaren lebten, bevor sie irgendwie Städte hatten, nicht in Betracht. Tatsache ist, dass die Menschheit überall, wo sie mit der Zivilisation von neuem begann, in Griechenland, Rom oder Mit-

Keine Geschichtsperiode könnte die konstruktiven Kräfte der Volksmassen besser illustrieren als das 10. und 11. Jahrhundert, wo die befestigten Dörfer und Marktflecken, die lauter „Oasen inmitten des Feudalwaldes" vorstellten, anfingen, sich vom Joch ihres Herrn zu befreien und langsam die künftige Städteverfassung ausarbeiteten; aber leider ist es eine Periode, über die die Geschichtsquellen besonders spärlich fließen: wir kennen die Resultate, aber wenig ist über die Mittel, durch die sie erreicht wurden, auf uns gekommen. Unter dem Schutz ihrer Mauern eroberten und behielten die städtischen Volksversammlungen – die entweder ganz unabhängig waren oder von den hauptsächlichen Adels- und Kaufmannsfamilien geleitet wurden – das Recht, den militärischen Schirmherrn [*defensor*] und obersten Richter der Stadt zu wählen, oder mindestens zwischen denen, die auf dieses Amt Anspruch erhoben, eine Wahl zu treffen. In Italien vertrieben die jungen Gemeinden fortwährend ihre Schirmherren oder *domini* und kämpften gegen die, die nicht freiwillig gingen. Dasselbe war im Osten der Fall. In Böhmen nahm reich und arm in gleicher Weise an der Wahl teil (*Bohemicae gentis magni et parvi, nobiles et ignobiles*)[170] und die *wyetsche* (Volksversammlungen) der russischen Städte wählten regelmäßig ihre Herzöge – immer aus derselben Familie der Rurik – schlossen mit ihnen einen Vertrag und entließen den *knyaz*, wenn er Unzufriedenheit erregt hatte.[171]

---

teleuropa, durch dieselben Etappen hindurchging – den Stamm, die Dorfmark, die freie Stadt, den Staat –, wobei sich jede natürlich aus der vorhergehenden entwickelte. Selbstverständlich ging die Erfahrung jeder früheren Zivilisation nie verloren. Griechenland (seinerseits wieder durch orientalische Zivilisation beeinflusst) beeinflusste Rom, und Rom beeinflusste unsere Zivilisation; aber jede begann wieder mit demselben Anfang – dem Stamm. Und gerade so, wie wir nicht sagen können, unsere Staaten seien *Fortsetzungen* des römischen Staates, so können wir auch nicht sagen, die mittelalterlichen Städte Europas (einschließlich Skandinaviens und Russlands) seien eine Fortsetzung der römischen Städte. Sie waren eine Fortsetzung der barbarischen Dorfmark, bis zu einem gewissen Grad von den Traditionen der römischen Städte beeinflusst.

170 Maxim Kowalewsky, *Modern Customs and Ancient Laws of Russia* (*Ilchester Lectures*, London 1891, vierte Vorlesung).

171 Viele Forschungen waren nötig, ehe dieser Charakter der sogenannten Udyelnyi-Periode durch die Werke von Byelaeff (Erzählungen aus der russischen Geschichte), Kostomaroff (Die Anfänge der Autokratie in Russland), und besonders Professor Sergiewitsch (Wyetsche und Fürst) richtig festgestellt war. Einiges darüber findet der Leser, der russisch nicht lesen kann, außer in dem oben genannten Buch von Kowalewsky, u. a. in Rambauds „Geschichte Russlands".

Gleichzeitig herrschte in den meisten Städten West- und Südeuropas die Tendenz, einen Bischof zum Schirmherrn zu nehmen, den die Stadt selbst gewählt hatte; und so viele Bischöfe standen an der Spitze, wenn es galt, die Gerechtsamen der Städte zu schützen und ihre Freiheiten zu verteidigen, dass viele von ihnen nach ihrem Tod für Heilige und besondere Schutzherren der betreffenden Städte galten. St. Uthelred von Winchester, St. Ulrich von Augsburg, St. Wolfgang von Regensburg, St. Heribert von Köln, St. Adalbert von Prag usw. und ebenso viele Äbte und Mönche wurden lauter Stadtheilige, weil sie die Verteidigung der Volksrechte geführt hatten.[172] Und unter den neuen Schirmherren, weltlichen oder geistlichen, eroberten die Bürger vollständige eigene Gerichtsbarkeit und Selbstverwaltung für ihre Volksversammlungen.[173]

Der ganze Vorgang der Befreiung rückte durch eine Reihe unmerklicher Akte der Hingebung an die gemeinsame Sache vorwärts, die von Männern vollbracht wurden, die aus den Massen hervorgingen – von unbekannten Helden, deren Namen nicht einmal die Geschichte bewahrt hat. Die wundervolle Einrichtung des Gottesfriedens (*treuga Dei*), durch den sich die Volksmassen bemühten, den endlosen Familienfehden der adligen Familien ein Ende zu setzen, war in den jungen Städten entstanden, wo die Bischöfe und Bürger versuchten, den Frieden, den sie innerhalb ihrer Stadtmauern errichtet hatten, auf die Adligen auszudehnen.[174] Schon zu jener Zeit arbeiteten die Handelsstädte Italiens und besonders Amalfi (das seit

172 Ferrari, *Histoire des révolutions d'Italie*, Bd. 1, S. 257; Kallsen, *Die deutschen Städte im Mittelalter*, Band 1, Halle 1891.

173 Siehe die vorzüglichen Bemerkungen G. L. Gommes über die Volksversammlung von London (*The Literature of Local Institutions*, London 1886, S. 76). Es muss jedoch bemerkt werden, dass in königlichen Städten die Volksversammlung nie die Unabhängigkeit erlangte, die sie sonst hatte. Es ist sogar sicher, dass Moskau und Paris von den Königen und der Kirche als Wiege der künftigen königlichen Staatsautorität ausgesucht wurden, weil sie die Tradition der Volksversammlungen nicht hatten, die gewohnt waren, in allen Dingen souverän vorzugehen.

174 A. Luchaire, *Les Communes françaises*; auch Kluckohn, *Geschichte des Gottesfriedens*, 1857. L. Sémichon *La paix et la trève de Dieu*, 2 Bände, Paris 1869, hat versucht, die Kommunalbewegung als Ergebnis dieser Einrichtung hinzustellen. In der Tat war die *treuga dei* ebenso wie die Liga, die unter Ludwig dem Dicken zur Verteidigung sowohl gegen die Räubereien des Adels, wie gegen die Einfälle der Normannen gegründet wurde, durchaus eine Volksbewegung. Der einzige Historiker, der diese letztere Liga erwähnt – nämlich Vitalis –, schildert sie als eine „Volksgemeinschaft" (*Considérations sur*

844 seine erwählten Konsuln hatte und seine Dogen im 10. Jahrhundert häufig wechselte[175]), das gemeine See- und Handelsrecht aus, das später ganz Europa zum Muster diente; Ravenna bildete seine Handwerksverfassung aus und Mailand, das 980 seine erste Revolution gehabt hatte, wurde ein großes Handelszentrum, in dem die Gewerbe seit dem 11. Jahrhundert sich voller Selbständigkeit erfreuten.[176] Desgleichen Brügge und Gent, und ebenso mehrere Städte in Frankreich, in denen das Mahl oder Forum eine ganz selbständige Einrichtung geworden war.[177] Und bereits während dieser Periode begann das Werk der künstlerischen Ausschmückung der Städte durch Bauwerke, die wir noch bewundern und die laut von dem reichen Geistesleben der Zeiten Kunde tun. „Die Basiliken wurden fast auf der ganzen Erde erneuerte“, schrieb Raoul Glaber in seiner Chronik, und einige der schönsten Monumente der mittelalterlichen Architektur stammen aus dieser Periode: die wundervolle alte Kirche von Bremen wurde im 9. Jahrhundert, San Marco in Venedig wurde 1071 vollendet und der schöne Dom von Pisa 1063. In der Tat fällt die geistige Bewegung, die als Renaissance des 12. Jahrhunderts bezeichnet worden ist[178] und der Rationalismus des 12. Jahrhunderts – der Vorläufer der Reformation[179] – in die Periode, wo die meisten Städte noch einfache Gebilde aus kleinen, von Mauern umschlossenen Dorfgemeinden waren.

Indessen war außer dem Prinzip der Dorfmark noch ein anderes Element erforderlich, um diesen wachsenden Mittelpunkten der Freiheit und Aufklärung die Einheit des Denkens und Handelns und die Macht der Initiative zu geben, die im 12. und 13. Jahrhundert ihre Stärke ausmachte. Mit der wachsenden Verschiedenartigkeit der Beschäftigungen, Handwerke und Künste, und mit dem wachsenden Handel in entfernten Ländern bildete sich die Notwendigkeit einer neuen Vereinigungsform heraus, und dieses neue Element waren die *Gilden*. Bände über Bände sind über diese Bünde geschrieben worden, die unter Namen wie Gilden, Brüderschaften, Freund-

l'historie de France im 4. Band von Aug. Thierry, Œuvres, Paris 1868, S. 191 und Fußnote).

175 Ferrari, Bd. 1, S. 152, 263 usw.

176 Perrens, *Histoire de Florence*, Bd. 1, S. 188; Ferrari, *Histoire*, Bd. 1, S. 283.

177 Aug. Thierry, *Essai sur l'histoire du Tiers Etat*, Paris 1875, S. 414, Fußnote.

178 F. Rocquain, „La Renaissance au XIIe siècle“, in *Études sur l'histoire de France*, Paris 1875, S. 55-157.

179 N. Kostomaroff, „Die Rationalisten des 12. Jahrhunderts“, in seinen *Monographien und Forschungen* (russisch).

schaften und Minne, in Russland, in Serbien und der Türkei, in Georgien usw., im Mittelalter eine so ungeheure Entwicklung nahmen und in der Befreiung der Städte eine so wichtige Rolle spielten. Aber die Historiker brauchten mehr als sechzig Jahre, bevor die allgemeine Verbreitung dieser Einrichtung und ihr wahrer Charakter verstanden wurden. Erst jetzt, wo Hunderte von Gildeordnungen veröffentlicht und erforscht worden sind und ihre Verwandtschaft mit den römischen *collegiae* und den früheren Bünden in Griechenland und Indien bekannt ist,[180] können wir zuversichtlich behaupten, dass diese Brüderschaften nur eine Weiterentwicklung eben der Prinzipien waren, die wir in der Gens und der Dorfmark am Werke sahen.

Nichts veranschaulicht diese mittelalterlichen Brüderschaften besser, als die vorübergehenden Gilden, die auf Schiffen gebildet wurden. Als ein Schiff der Hansa seine erste halbe Tagesreise nach Verlassen des Hafens hinter sich hatte, versammelte der Kapitän (der Schiffer) alles Schiffsvolk und die Reisenden auf dem Deck und hielt, wie uns ein Zeitgenosse berichtet hat, die folgende Ansprache:

> „'Da wir nun Gott und den Wellen überlassen sind, muss jeder dem anderen gleich sein. Und da wir von Stürmen, hohen Wogen, Räubern und anderen Gefahren umringt sind, müssen wir eine feste Ordnung halten, damit wir unsere Reise zu gutem Ende führen. Deshalb wollen wir das Gebet um guten Wind und gute Fahrt sprechen und dem Seerecht entsprechend wollen wir die Verweser der Schöffenstellen ernennen.' Darauf erwählte das Volk einen Vogt und vier Scabini, die das Schöffenamt verwalten sollten. Am Ende der Reise legten der Vogt und die Scabini ihre Ämter nieder und sprachen folgendermaßen zum Schiffsvolk: 'Was an Bord des Schiffes geschehen ist, müssen wir einander verzeihen und tot und ab sein lassen. Was wir geschlichtet haben, war um der Gerechtigkeit willen. Deshalb bitten wir euch alle im Namen ehrlichen Gerichtes, all die Feindseligkeit zu vergessen, die einer gegen den anderen hegen kann, und bei Brot und Salz zu schwören, dass er nicht im Bösen daran denken will. Wenn aber irgend jemand sich für gekränkt hält,

180 Sehr interessante Tatsachen zur allgemeinen Verbreitung der Gilden findet man in *Two Thousand Years of Guild Life*, von Rev. J. M. Lambert, Hull 1891. Über die georgische Amkari siehe S. Eghiazarow, Gorodskiye Tsekhi (Organisation der transkaukasischen Amkari) in den Denkschriften der Kaukasischen Geograph. Gesellschaft, XIV, 2, 1891.

> muss er an den Landvogt gehen und vor Sonnenuntergang von ihm Gericht begehren.' Nach der Landung wurde die Büchse mit den Fredgeldern dem Vogt des Seehafens zur Verteilung unter die Armen übergeben."[181]

Dieser einfache Bericht gibt vielleicht das beste Bild vom Geiste der mittelalterlichen Gilden. Ähnliche Organisationen traten überall ins Leben, wo eine Gruppe von Menschen – Fischer, Jäger, reisende Kaufleute, Bauleute oder ansässige Handwerker – zu gemeinsamer Betätigung zusammenkamen. So gab es an Bord des Schiffes die Schiffsautorität des Kapitäns, aber zum Erfolg des gemeinsamen Unternehmens kamen alle Leute an Bord, reich und arm, Vorgesetzte und Schiffsvolk, Kapitän und Matrosen, überein, in ihren gegenseitigen Beziehungen gleich zu sein, lediglich Menschen zu sein mit der Verpflichtung, einander zu helfen und ihre etwa entstehenden Streitigkeiten vor Richtern zu erledigen, die sie alle gewählt hatten. So gehörten auch, wenn eine Anzahl Handwerker – Maurer, Zimmerleute, Steinmetzen usw. – zusammenkamen, um – sagen wir – ein Münster zu bauen, alle zu einer Stadt, die ihre politische Organisation hatte, und jeder von ihnen gehörte außerdem zu seiner eigenen Zunft; aber überdies waren sie durch ihr gemeinsames Unternehmen miteinander verbunden, das sie besser kannten als sonst irgendwer, und sie vereinigten sich zu einer Körperschaft, die durch engere, obschon vorübergehende Bande miteinander verknüpft waren; sie gründeten die Münsterbaugilde.[182] Wir können dasselbe noch heute im kabylischen *çof* sehen:[183] die Kabylen haben ihre Dorfmark; aber diese Einung ist nicht für alle politischen, kommerziellen und persönlichen Einigungsbedürfnisse genügend, und so wird die engere Brüderschaft des *çof* gegründet.

Den sozialen Charakter der mittelalterlichen Gilde kann jedes Gildestatut anschaulich machen. Nehmen wir z. B. die *skraa* einer frühen dänischen Gilde, so lesen wir in ihr zuerst eine Feststellung der allgemeinen brüderlichen Gefühle, die in der Gilde herrschen müssen; dann kommen die Anordnungen, die sich auf die eigene Gerichtsbarkeit in Fällen von Streitigkeiten von zwei Brüdern oder einem Bruder und einem Fremden beziehen; und

181 J. D. Wunderers Reisebericht in Fichards *Frankfurter Archiv*, Bd. 2, S. 245; zitiert bei Janssen, *Geschichte des deutschen Volkes*, Bd. 1, S. 355.

182 Dr. Leonhard Ennen, *Der Dom zu Köln*, *Historische Einleitung*, Köln 1871, S. 46, 50.

183 Siehe voriges Kapitel.

schließlich werden die sozialen Pflichten der Brüder aufgezählt. Wenn das Haus eines Bruders abgebrannt ist oder wenn er ein Schiff verloren hat oder auf einer Pilgerfahrt Schaden genommen hat, müssen ihm alle Brüder zu Hilfe kommen. Wenn ein Bruder gefährlich krank wird, müssen die Brüder an seinem Bett Wache halten, bis er außer Gefahr ist, und wenn er stirbt, müssen die Brüder ihn beerdigen – eine große Sache in diesen Zeiten der Seuchen – und ihm zur Kirche und zum Grabe folgen. Nach seinem Tode müssen sie, wenn nötig, für seine Kinder sorgen, sehr oft wird die Witwe eine Schwester der Gilde.[184]

Diese zwei Grundzüge offenbarten sich in jeder Brüderschaft, die zu irgendwelchen Zwecken gebildet war. In jedem Fall behandelten die Mitglieder einander wie Bruder und Schwester und nannten sich so;[185] alle waren gleich vor der Gilde. Sie besaßen einige Habe gemeinsam (Vieh, Land, Gebäude, Kultusstätten oder Vermögen in Geld). Alle Brüder leisteten den Eid, alle alten Streitigkeiten zu vergessen, und ohne dass sie einander die Verpflichtung auferlegten, nie wieder zu streiten, kamen sie doch überein, dass kein Streit zu einer Fehde oder zu einem Prozess vor einem anderen Gerichtshof ausarten dürfe, als dem Tribunal der Brüder selbst. Und wenn ein Bruder in einen Streit mit einem Gildfremden verwickelt wurde, kamen sie überein, ihm im Bösen und Guten beizustehen, d. h. ob er ungerechterweise des Angriffes beschuldigt war oder ob er wirklich der Angreifer war, sie hatten ihm beizustehen und die Sache zu einem friedlichen Ende zu bringen. Solange es sich nicht um einen meuchlerischen Angriff handelte – in diesem Fall wäre er als Rechtloser behandelt worden – stand ihm die Brüderschaft bei.[186] Wenn die Verwandten des Verletzten den Angriff

184 Kofod Ancher, *Om gamle Danske Gilder ok deres Undergang*, Kopenhagen 1785. Statuten einer Knu-Gilde.

185 Über die Stellung der Frauen in den Gilden siehe Miss Toulmin Smith's einleitende Bemerkungen zu den *English Guilds* ihres Vaters. Eines der Statuten von Cambridge (S. 281) aus dem Jahre 1503 ist in folgendem Satze ganz positiv: „Thys statute is made by the comyne assent of all the bretherne and sisterne of alhallowe yelda“ (Dies Statut ist durch Übereinstimmung aller Brüder und Schwestern der Allerheiligengilde zustande gekommen).

186 Im Mittelalter wurde nur der meuchlerische Angriff als Mord behandelt. Blutrache in hellem Tageslicht war Justiz; und Erschlagen eines Gegners im Streit war nicht Mord, sowie der Angreifer den guten Willen zeigte, zu bereuen und das getane Unrecht wieder gut zu machen. Deutliche Spuren dieser Unterscheidung sind im modernen Strafrecht, besonders in Russland, noch vorhanden.

sofort durch einen neuen Angriff zu rächen begehrten, verschaffte ihm die Brüderschaft ein Pferd zur Flucht, oder ein Boot, ein Paar Ruder, ein Messer und Stahl zum Lichtmachen; wenn er in der Stadt blieb, begleiteten ihn zwölf Brüder zu seinem Schutze, und in der Zwischenzeit verhandelten sie wegen der Entschädigung; sie alle zahlten sie, gerade wie es die Gens in alten Zeiten getan hatte. Nur wenn ein Bruder die Treue gegen die Gildbrüder oder andere Leute gebrochen hatte, wurde er „mit dem Namen eines Nichtes" aus der Brüderschaft ausgeschlossen (*tha scal han maeles af brödrescap met nidings nafn*).[187]

Das waren die Grundgedanken dieser Brüderschaften, die allmählich das ganze mittelalterliche Leben erfüllten. In der Tat wissen wir von Gilden aus allen möglichen Berufen: Gilden von Leibeigenen[188], von Freien und aus Leibeigenen und Freien gemeinsam zusammengesetzt; Gilden, die zu den besonderen Zwecken der Jagd, des Fischfangs oder für eine Handelsexpedition gegründet und nach Vollendung des besonderen Zweckes wieder aufgelöst wurden, und Gilden, die in einem bestimmten Handwerk oder Gewerbe Jahrhunderte dauerten. Und einen je größeren Aufschwung die Mannigfaltigkeit der Berufe nahm, um so mehr wuchs die Verschiedenartigkeit der Gilden. So sehen wir nicht nur Kaufleute, Handwerker, Jäger und Bauern in Gilden vereinigt, wir sehen auch Gilden von Priestern, Malern, Elementar- und Universitätslehrern, Gilden zur Pflege des Spieles, zum Kirchenbau, zur Überlieferung des „Geheimnisses" einer bestimmten Kunst- oder Handwerksschule oder für eine besondere Festveranstaltung – selbst Gilden von Bettlern, Henkern und gefallenen Frauen, alle auf demselben Doppelprinzip der eigenen Gerichtsbarkeit und des gegenseitigen Beistandes aufgebaut.[189] Für Russland haben wir positive Zeugnisse, die

187 Kofod Ancher, *Om gamle Danske Gilder ok deres Undergang*. Dieses alte Büchelchen enthält manches, was von späteren Forschern übersehen wurde.

188 Sie spielten in den Aufständen der Leibeigenen eine große Rolle und wurden daher in der zweiten Hälfte des 9. Jahrhunderts mehrfach verboten. Natürlich blieben die Verbote des Königs ein toter Buchstabe.

189 Die italienischen Maler des Mittelalters waren auch in Gilden organisiert, die in einer späteren Epoche Kunstakademien wurden. Wenn die italienische Kunst dieser Zeiten mit so viel Eigenart erfüllt ist, dass wir noch jetzt die verschiedenen Schulen von Padua, Bassano, Treviso Verona usw. unterscheiden, obwohl alle diese Städte unter dem Einfluss von Venedig standen, so war dies – wie J. Paul Richter bemerkt – dem Umstand zu verdanken, dass die Maler jeder Stadt zu einer besonderen Gilde gehörten, die mit den Gilden anderer Städte Freundschaft hielt, aber eine besondere Existenz führte. Die älteste

zeigen, dass die eigentliche „Erschaffung Russlands" ebensosehr das Werk seiner Jagd-, Fischerei- und Gewerbe-Artels war als der sprossenden Dorfmarken, und bis zum heutigen Tag ist das Land von Artels erfüllt.[190]

Diese wenigen Bemerkungen zeigen, wie falsch der Standpunkt war, den einige frühere Forscher, die über die Gilden schrieben, eingenommen hatten, indem sie die Hauptbedeutung der Institution in ihrem jährlich wiederkehrenden Feste finden wollten. In der Tat war der Tag des gemeinsamen Mahles immer der Tag, an dem oder unmittelbar vor dem die Vorstände gewählt und Statutenänderungen beraten wurden, und sehr oft war er auch der Gerichtstag über Streitigkeiten, die unter den Brüdern entstanden waren[191], oder über Erneuerung der Zugehörigkeit zur Gilde. Das gemeinsame Mahl, ebenso wie das Fest bei Gelegenheit der alten Stammesversammlung – das *mahl* oder *malum* – oder wie der buriatische *aba* oder die Kirchweihe und der Ernteschmaus, war lediglich eine Erneuerung der

bekannte Gildenordnung ist die von Verona aus dem Jahr 1303, aber offenbar aus einem viel älteren Statut hervorgegangen. „Brüderlicher Beistand in Fällen irgendwelcher Not", „Gastfreundschaft gegen Fremde, die die Stadt berührten, damit sie über Dinge, die kennen zu lernen von Wert ist, unterrichtet werden", und die „Verpflichtung, im Falle des Leidens Trost zu bringen", derlei findet sich unter den Verpflichtungen der Mitglieder (*Nineteenth Century*, November 1890 und August 1892).

190 Die Hauptwerke über die Artels findet man in dem Artikel „Russland" der Encyclopaedia Britannica, 9. Aufl., S. 84.

191 Siehe z. B. die Urkunden der Gilden von Cambridge, die Toulmin Smith mitteilt (*English Guilds*, London 1870, S. 274-276), aus denen hervorgeht, dass der „generall and principall day" (der Haupt- und Staatstag), der „eleccioun day" (der Wahltag) war; oder Ch. M. Clode, *The Early History of the Guilds of the Merchant Taylors*, London 1888, Bd. 1, 45 usw. Über die Erneuerung der Zugehörigkeit siehe die Jómsviking Saga, die in Pappenheim, *Altdänische Schutzgilden*, Breslau 1885, S. 67, erwähnt ist. Es scheint sehr wahrscheinlich, dass viele Gilden, als sie anfingen, verfolgt zu werden, in ihre Statuten nur den Wahltag oder ihre frommen Pflichten aufnahmen, dagegen die Justizübung der Gilde nur in unbestimmten Worten andeuteten; aber diese Übung verschwand erst in sehr viel späterer Zeit. Die Frage „Wer ist mein Richter?" hat heute keine Bedeutung, seit der Staat die Organisation der Justiz seiner Bureaukratie vorbehalten hat; aber sie war von entscheidender Bedeutung in den Zeiten des Mittelalters, um so mehr, als die eigene Gerichtsbarkeit Selbstverwaltung bedeutete. Es muss noch bemerkt werden, dass die Übersetzung des angelsächsischen und dänischen „guild-bretheren" oder „brödrae" durch das lateinische „convivii" auch zu dieser Konfusion beigetragen haben muss.

Brüderschaft. Es symbolisierte die Zeiten, wo alles vom Clan in Gemeinschaft gehalten wurde. An diesem Tage wenigstens gehörte alles allen; alle saßen an derselben Tafel und nahmen am selben Mahle teil. Selbst zu einer viel späteren Zeit saßen an diesem Tag die Insassen des Armenhauses einer Londoner Gilde neben dem reichen Aldermann. Was die Unterscheidung angeht, die einige Forscher zwischen der alten angelsächsischen „Friedgilde“ [frith guild] und den sogenannten „sozialen“ oder „religiösen“ Gilden aufstellen wollten – so waren alle Friedgilden in dem oben besprochenen Sinn des Wortes[192] und alle waren religiös in dem Sinn, in dem eine Dorfgemeinde oder eine Stadt, die unter dem Schutz eines besonderen Heiligen steht, sozial und religiös ist. Wenn die Institution der Gilde in Asien, Afrika und Europa so eine ungeheure Verbreitung gefunden hat, wenn sie Tausende von Jahren gelebt hat und immer wieder auftauchte, wenn ähnliche Umstände sie ins Leben riefen, dann geschah es, weil sie viel mehr als eine Vereinigung zum Essen war, oder eine Vereinigung zu dem Zweck, an einem bestimmten Tag zur Kirche zu gehen oder ein Beerdigungsverein. Sie entsprach einem festgewurzelten tiefen Bedürfnis der Menschennatur; und sie hatte all die Merkmale an sich, die späterhin der Staat sich für seine Bürokratie und Polizei aneignete, und noch weit mehr. Sie war eine Vereinigung zu gegenseitigem Beistand in allen Lagen und Zufällen des Lebens durch Rat und Tat, und sie war eine Organisation zur Aufrechterhaltung des Rechtes – mit dem Unterschied im Vergleich zum Staat, dass in all diese Betätigungen ein humanes, brüderliches Element eingeführt war anstatt des formalen Elementes, das das Hauptmerkmal der Staatseinmischung ist. Selbst wenn der Gildbruder vor dem Tribunal der Gilde erschien, stand er vor Männern, die ihn gut kannten und mit ihm in ihrem Tagewerk, beim gemeinsamen Mahl, in der Erfüllung ihrer brüderlichen Pflichten zusammen gewesen waren: Männer, die in der Tat seinesgleichen und seine Brüder waren, nicht Juristen oder Verteidiger von Interessen ganz anderer Art.[193]

Es ist klar, dass eine Institution, die so geeignet war, dem Vereinigungsbedürfnis zu dienen, ohne das Individuum seiner Initiative zu berauben, sich ausdehnen, wachsen und befestigen musste. Die Schwierigkeit war nur, eine Form zu finden, die es erlaubte, die Bünde der Gilden zu einer Föderation zu bringen, ohne mit den Vereinigungen der Dorfmarken in Konflikt

192 Siehe die vorzüglichen Bemerkungen hierüber von J. R. Green und Mrs. Green in *The Conquest of England*, London 1883. S. 229-230.

193 Siehe Anhang 10.

zu kommen, und diese alle zusammen in ein harmonisches Ganzes zu verbinden. Und als diese Form des Zusammenschlusses gefunden worden war und eine Reihe günstiger Umstände die Städte in die Lage versetzte, ihre Unabhängigkeit zu erringen, da taten sie das mit einer Einheit im Denken, die nur unsere Bewunderung erregen kann, auch in unserem Jahrhundert der Eisenbahnen, Telegrafen und der Presse. Hunderte von Freibriefen, in denen die Städte ihre Befreiung niedergelegt haben, sind auf uns gekommen, und durch sie alle – trotz der unendlichen Verschiedenheit in den Einzelheiten, die von der mehr oder weniger großen Vollständigkeit der Emanzipation abhingen – gehen dieselben Hauptgedanken. Die Stadt organisierte sich als Föderation sowohl kleiner Dorfmarken wie Gilden.

„Alle, die zur Freundschaft der Stadt gehören" – so lautet ein Freibrief, der im Jahre 1188 den Bürgern von Aire vom Grafen Philipp von Flandern verliehen wurde –, „haben auf Treu und Eid versprochen und bekräftigt, dass sie einander als Brüder in allem, was Nutzen und Ehre bringt, helfen wollen. Dass, wenn einer gegen einen anderen sich in Worten oder Taten vergeht, der Mann, der darunter gelitten hat, nicht Rache nehmen will, weder er selbst noch seine Leute ... er wird eine Klage anstrengen und der Täter wird seine Kränkung gut machen, entsprechend der Festsetzung, die von zwölf erwählten Schöffen, die als Schiedsrichter vorgehen, getroffen werden wird. Und wenn der Kränkende oder der Gekränkte trotz dreimaliger Warnung sich der Entscheidung der Schiedsrichter nicht unterwirft, dann wird er als Bösewicht und Eidbrüchiger aus der Freundschaft gestoßen."[194]

„Jeder von den Männern der Gemeine soll seinem Schwurgenossen Treue halten und ihm mit Rat und Tat beistehen, entsprechend den Vorschriften der Gerechtigkeit" – so sagen die Briefe von Amiens und Abbeville. „Alle werden nach Kräften innerhalb der Grenzen der Gemeine einander helfen und werden nicht leiden, dass irgendeiner irgend etwas irgendeinem unter ihnen nimmt, oder Kontributionen von ihnen eintreibt" – so lesen wir in den Freibriefen von Soissons, Compiègne, Senlis und vielen anderen desselben Typus.[195] Und so immer weiter mit zahllosen Variationen desselben Themas.

„Die Kommune", so schrieb Guilbert de Nogent, „ist eine Eidgenossenschaft zu gegenseitiger Hilfe (*mutui adjutorii conjuratio*) ... Ein neues

194 *Recueil des ordonnances des rois de France*, Band 12, S. 562; zittert bei Aug. Thierry in *Considerations sur l'histoire de France*, S. 196, Duodezausgabe.

195 A. Luchaire, *Les Communes françaises*, S. 45-46.

und abscheuliches Wort. Dadurch werden die Leibeigenen (*capite sensi*) von aller Knechtschaft befreit; dadurch können sie für Rechtsbrüche nur zu einer gesetzlich festgelegten Geldstrafe verurteilt werden; dadurch hören sie auf, zu Leistungen verpflichtet zu sein, die die Leibeigenen immer zu leisten pflegten."[196]

Diese Welle der Befreiung lief im 12. Jahrhundert durch alle Teile des Kontinents und berührte ebenso die reichsten Städte wie die ärmsten Flecken. Und wenn es sich sagen lässt, dass die italienischen Städte zuerst dabei waren, sich zu befreien, so können wir doch kein Zentrum bestimmen, von dem die Bewegung ausging. Sehr oft übernahm ein kleiner Flecken in Zentraleuropa die Führung für seine Gegend, und große Stadtbevölkerungen akzeptierten den Freibrief des Städtchens als Muster für ihren eigenen. So wurde der Freibrief einer kleinen Stadt, Lorris, von dreiundachtzig Städten im südwestlichen Frankreich übernommen und der von Beaumont wurde das Muster für über fünfhundert kleine und große Städte in Belgien und Frankreich. Besondere Abgesandte wurden von den Städten zu ihren Nachbarn gesandt, um eine Abschrift ihres Freibriefs zu erhalten, und die Verfassung wurde nach diesem Muster aufgebaut. Indessen ahmten sie einander nicht sklavisch nach: sie fassten ihre eigenen Freibriefe gemäß den Zugeständnissen ab, die sie von ihren Lehnsherren erlangt hatten; und daher kam es, dass – wie ein Historiker bemerkte – die Freibriefe der mittelalterlichen Kommunen dieselbe Mannigfaltigkeit zeigen wie die gotische Architektur ihrer Kirchen und Kathedralen. Dieselben tragenden Ideen in ihnen allen – der Dom ist das Symbol der Vereinigung von Gemeinde und Gilde in der Stadt – und dieselbe unermeßlich reiche Verschiedenheit in den Einzelheiten.

Eigene Gerichtsbarkeit war der springende Punkt, und eigene Gerichtsbarkeit bedeutete Selbstverwaltung. Aber die Kommune war nicht lediglich ein „autonomer" Teil des Staates – so zweideutige Worte waren zu jener Zeit noch nicht erfunden worden – sie war ein Staat für sich selbst. Sie hatte das Recht über Krieg und Frieden, über feste und vorübergehende Bündnisse mit ihren Nachbarn. Sie war souverän in ihren eigenen Angelegenheiten und mit keinen anderen vermengt. Die höchste politische Macht konnte gänzlich einem demokratischen Forum überantwortet sein, wie es in Pskow der Fall war, dessen Wyetsche Gesandte schickten und empfingen, Verträge schlossen, sich Fürsten gaben und entließen oder ohne sie

196 Guilbert de Nogent, *De vila sua*, zitiert bei Luchaire, *Les Communes françaises*, S. 14.

Dutzende von Jahren regierten; oder sie war eine Aristokratie von Kaufleuten oder auch Adligen anvertraut oder von ihnen usurpiert; wie es in hunderten italienischen und mitteleuropäischen Städten der Fall war. Das Prinzip blieb trotzdem dasselbe: die Stadt war ein Staat und – was vielleicht noch bemerkenswerter war – wenn die Macht in der Stadt von einer Aristokratie von Kaufleuten oder auch Adligen usurpiert war, verschwand darum nicht das innere Leben der Stadt und der Demokratismus ihres täglichen Lebens: sie hingen nur wenig von dem ab, was man die politische Form des Staates nennen könnte.

Das Geheimnis dieses scheinbaren Widerspruchs liegt in der Tatsache, dass eine mittelalterliche Stadt kein zentralisierter Staat war. Während der ersten Jahrhunderte ihrer Existenz konnte die Stadt, was ihre innere Organisation angeht, kaum ein Staat genannt werden, weil das Mittelalter ebensowenig von der gegenwärtigen Zentralisation der Ämter etwas wusste wie von der gegenwärtigen territorialen Zentralisation. Jede Gruppe hatte ihren Anteil an der Souveränität. Die Stadt war gewöhnlich in vier Viertel geteilt oder in fünf bis sieben Sektionen, die von einem Zentrum ausstrahlten, wobei jedes Stadtviertel oder jede Sektion ungefähr einem bestimmten Gewerbe oder Beruf entsprach, die darin vorherrschten, obwohl sie Einwohner von verschiedener sozialer Stellung und Beschäftigung hatten – Adlige, Kaufleute, Handwerker oder sogar Halbleibeigene; und jede Sektion oder jedes Quartier stellte ein ganz selbständiges Gebilde dar. In Venedig war jede Insel eine unabhängige politische Gemeinde. Sie hatte ihre eigenen Berufsorganisationen, ihren eigenen Salzhandel, ihre eigene Gerichtsbarkeit und Verwaltung, ihr eigenes Forum; und die Ernennung eines Dogen für die Stadt änderte nichts an der inneren Unabhängigkeit der kleineren Gebilde.[197] In Köln sehen wir die Einwohner in Geburtschaften und Heimschaften (viciniae) geteilt, d. h. Nachbargilden, die noch aus der fränkischen Periode stammten. Jede von ihnen hatte ihren Richter (Burrichter) und die üblichen zwölf erwählten Spruchfinder (Schöffen), ihren Vogt und ihren Greve oder Befehlshaber der Stadtmiliz.[198] Die Geschichte des ältesten London vor der Eroberung – so sagt Mr. Green – ist die „einer Zahl kleiner Gruppen, die hie und da über das von Mauern umschlossene

197 Lebret, *Histoire de Venise*, Bd. 1, S. 393; auch Marin, zitiert bei Leo und Botta in *Histoire d'Italie*, 1844, Band 1, S. 500.

198 Dr. W, Arnold, *Verfassungsgeschichte der deutschen Freistädte*, 1854, Band 2, S. 227 ff.; Ennen, *Geschichte der Stadt Köln*, Band 1, S. 228-229; auch die von Ennen und Eckart herausgegebenen Urkunden.

Gebiet zerstreut sind, von denen jede mit ihrem eigenen Leben und eigenen Institutionen aufwächst, mit eigenen Gilden, Herbergen, Klöstern und dergleichen und die sich nur langsam zu einer einheitlichen Stadtverwaltung zusammenschließen."[199] Und wenn wir die Chroniken der russischen Städte Pskow und Nowgorod befragen, die beide verhältnismäßig reich an örtlichen Besonderheiten sind, dann finden wir die Sektion (Konets), die aus unabhängigen Straßen (Ulitsa) besteht, von denen jede, wiewohl in der Hauptsache von Handwerkern derselben Zunft bewohnt, auch Kaufleute und Grundbesitzer unter ihren Einwohnern hatte und eine abgesonderte Gemeinde war. Sie hatte die kommunale Verantwortlichkeit für alle Mitglieder im Fall eines Verbrechens, ihre eigene Gerichtsbarkeit und Verwaltung durch Straßenvorstände, ihr eigenes Siegel und manchmal ihr eigenes Forum, ihre eigene Miliz, wie auch selbsterwählte Priester und eigenes Gemeinschaftliches und gemeinsame Unternehmungen.[200]

Die mittelalterliche Stadt erscheint so als eine doppelte Föderation: von allen Haushaltungen, die zu kleinen territorialen Einheiten verbunden sind – die Straße, das Kirchspiel, die Sektion – und von Individuen, die durch ihren Schwur zu ihren Berufen entsprechenden Gilden vereinigt sind; die erstere hervorgegangen aus der Entstehung der Stadt aus der Dorfmark, die zweite ein späteres Produkt, das neue Umstände ins Leben gerufen haben.

Freiheit, Selbstverwaltung und Frieden zu gewährleisten, war das Hauptziel der Stadt des Mittelalters; und die Arbeit, wie wir gleich sehen werden, wenn wir von den Innungen sprechen, war ihre Hauptgrundlage. Aber die „Produktion" nahm nicht die ganze Aufmerksamkeit des mittelalterlichen Ökonomen in Anspruch. Mit seinem praktischen Geist verstand er, dass der „Konsum" gewährleistet sein muss, um die Produktion zu erhalten; und daher war das Grundprinzip in jeder Stadt, „für die gemeine Notdurft und Gemach Armer und Reicher"[201] zu sorgen. Der Aufkauf von Lebensmitteln und anderen dringenden Gütern (Kohle, Holz und dergleichen), bevor sie auf den Markt kamen oder überhaupt unter besonders günstigen Umständen, von denen andere ausgeschlossen wären – die *preempcio* mit einem Wort – war gänzlich verboten. Alles musste zu Markt gebracht werden und da jedermann so lange zum Kauf angeboten werden, bis das Glockenläuten

199 *Conquest of England*, 1883, S. 453.

200 Byelaeff, *Russische Geschichte,* Bde. 2 u. 3.

201 W. Gramich, *Verfassungs- und Verwaltungsgeschichte der Stadt Würzburg im 13. bis zum 15. Jahrhundert*, Würzburg 1882, S. 34.

den Schluss des Marktes verkündet hatte. Dann erst konnte der Händler den Rest kaufen, und auch dann sollte sein Gewinn nur ein „ehrbarer Gewinn“ sein.[202] Außerdem hatte, wenn ein Reicher nach Schluss des Marktes Korn im Großen aufgekauft hatte, jeder das Recht, seinen Teil am Korn (etwa vier Scheffel) zu seiner eigenen Verwendung zum Einkaufspreise zu beanspruchen, wenn er das vor dem endgültigen Abschluss des Geschäftes tat; und umgekehrt durfte jeder Bäcker denselben Anspruch erheben, wenn der Bürger Korn zum Wiederverkauf aufgekauft hatte. Im ersten Fall brauchte das Korn nur in die Stadtmühle gebracht zu werden, um in festgesetzter Ordnung zu bestimmtem Preis gemahlen zu werden, und das Brot konnte im *four banal* oder Gemeindebackofen gebacken werden.[203] Kurz, wenn die Stadt von einem Notstand heimgesucht wurde, hatten mehr oder weniger alle darunter zu leiden; aber abgesehen von den großen Nöten, konnte, solange die freien Städte bestanden, niemand in ihrer Mitte Hungers sterben, wie es leider in unserer eigenen Zeit nur zu oft vorkommt.

Indessen gehören alle diese Regulationen in spätere Perioden des städtischen Lebens, während es in früherer Zeit die Stadt selbst war, die alle Lebensmittel für den Gebrauch der Bürger zu kaufen pflegte. Die Dokumente, die Gross neuerdings veröffentlicht hat, sind in diesem Punkt ganz positiv und unterstützen seine Behauptung vollständig, die dahin geht, dass „die Lebensmittel von bestimmten städtischen Angestellten im Namen der Stadt in Ladungen aufgekauft und dann in Anteilen unter die Kaufleute der Stadt verteilt wurden, wobei niemand das Recht hatte, im Hafen liegende Waren zu kaufen, solange nicht die städtischen Behörden auf den Kauf verzichtet

202 Wenn ein Kahn eine Last Kohlen nach Würzburg gebracht hatte, durfte die Kohle während der ersten acht Tage nur im Kleinen verkauft werden, wobei jede Familie nur einen Anspruch auf fünfzig Körbe hatte. Der Rest des Vorrats durfte im Großen verkauft werden, aber dem Händler war es nur erlaubt, einen „zittlichen“ Gewinn zu nehmen, der „unzittliche“ oder unehrbare Gewinn war streng verboten (Gramich, ebenda). Dasselbe in London (*Liber albus*, zitiert bei Ochenkowski, S. 161) und in der Tat überall.

203 Siehe Fagniez, *Études sur l'industrie et la classe industrielle à Paris au XIIIme et XIVme siècle*, Paris 1877, S. 155 ff. Es braucht kaum hinzugefügt zu werden, dass die Brotsteuer und ebenso die Biersteuer nach sorgfältigen Versuchen über die Menge Brot und Bier, die eine bestimmte Menge Korn ergibt, festgesetzt wurde. Die Archive von Amiens enthalten die genauesten Einzelheiten über solche Experimente (A. de Calonne, *Vie Municipale*, S. 77, 93). Desgleichen die von London (Ochenkowski, *Englands wirtschaftliche Entwicklung* usw., Jena 1879, S. 165).

hatten. Dies scheint – so fügt er hinzu – eine ganz allgemeine Übung in England, Irland, Wales und Schottland gewesen zu sein."[204] Selbst im 16. Jahrhundert sehen wir, dass gemeinsame Korneinkäufe gemacht werden, „zum Nutzen und Vorteil in allen Dingen ... dieser Stadt und Kammer von London und aller Bürger und Einwohner derselbigen, so viel an uns liegt" – wie der Mayor 1565 schrieb.[205] In Venedig war, wie bekannt ist, der ganze Kornhandel in den Händen der Stadt, und die Viertel waren, wenn sie von der Behörde, die die Einfuhr verwaltete, das Getreide erhalten hatten, verpflichtet, jedem Bürger das ihm zukommende Quantum ins Haus zu schicken.[206] In Frankreich pflegte die Stadt Amiens das Salz zu kaufen und es allen Bürgern zum Kostenpreis zu überlassen[207] und noch jetzt sieht man in vielen französischen Städten die *halles,* die früher städtische Niederlagen für Korn und Salz gewesen waren.[208] In Russland war das in Nowgorod und Pskow ein regelmäßiger Brauch.

Der ganze Stoff in Betreff der Käufe der Kommunen zum Nutzen der Bürger und die Art, in der sie gewöhnlich vor sich gingen, scheint noch nicht das richtige Interesse bei den Historikern dieser Periode gefunden zu haben; aber es finden sich hie und da einige sehr interessante Tatsachen, die ein neues Licht darauf werfen. So findet sich unter den Dokumenten von

---

204 Ch. Gross, *The Guild Merchant*, Oxford 1890, Bd. 1, S. 135. Seine Dokumente beweisen, dass diese Übung in Liverpool (Bd. 2, S. 148-150), in Waterford in Irland, Neath in Wales und Linlithgow und Thurso in Schottland herrschte. Die Urkunden von Gross beweisen auch, dass die Ankäufe nicht nur zur Verteilung unter die städtischen Kaufleute erfolgten, sondern „upon all citsains and commynalte" (unter alle Bürger und Gemeindeglieder; S. 136, Fußnote), oder wie die Verordnung von Thurso aus dem 17. Jahrhundert lautet, „den Kaufleuten, Handwerkern und *Einwohnern* der genannten Stadt ein Angebot zu machen, auf dass sie ihren Teil daran haben, gemäß ihren Bedürfnissen und Fähigkeiten."

205 *The Early History of the Guild of Merchant Taylors* , von Charles M. Clode, London 1888, Bd. 1, S. 361, Anhang 10; auch der folgende Anhang, der zeigt, dass ebensolche Einkäufe 1546 gemacht wurden.

206 Cibrario, *Les conditions économiques de l'Italie au temps de Dante*. Paris 1865, S. 44.

207 A. de Calonne, *La vie municipale au XVme siècle dans le Nord de la France*, Paris 1880, S. 12-16. Im Jahre 1485 erlaubte die Stadt die Ausfuhr einer bestimmten Menge Korn nach Antwerpen, „da die Einwohner Antwerpens immer bereit sind, den Kaufleuten und Bürgern von Amiens gefällig zu sein" (ebd., S. 75-77 und Urkunden).

208 A. Babeau, *La ville sous l'ancien régime*, Paris 1880.

Gross eine Verordnung von Kilkenny aus dem Jahr 1367, aus der wir erfahren, wie die Warenpreise festgesetzt wurden. „Die Kaufleute und Seeleute", schreibt Gross, „hatten auf Eid die ersten Kosten der Güter und die Transportkosten festzustellen. Dann hatten der Bürgermeister der Stadt und zwei erfahrene Männer die Preise, zu denen die Waren verkauft werden sollten, zu bestimmen." Dieselbe Regel galt in Thurso für Kaufmannsgüter, die „zu See oder über Land" ankamen. Diese Methode, „den Preis zu bestimmen", entspricht so sehr den Vorstellungen über Handel und Gewerbe, die im Mittelalter üblich waren, dass sie fast allgemein gewesen sein muss. Den Preis durch einen Dritten festsetzen zu lassen, war ein sehr alter Brauch; und für jeden Handelsverkehr innerhalb der Stadt war es gewiss eine weitverbreitete Sitte, die Festsetzung der Preise „erfahrenen Männern" zu überlassen – einer dritten Partei – nicht aber dem Verkäufer oder Käufer. Aber dieser Zustand der Dinge führt uns weiter in die Geschichte des Handels zurück – nämlich in eine Zeit, wo der Handel in Stapelartikeln von der ganzen Stadt getrieben wurde und die Kaufleute nur die Agenten, die Vertrauensleute der Stadt waren, die die Güter, die sie exportierte, zu verkaufen hatten. Eine Verordnung von Waterford, die ebenfalls von Gross veröffentlicht wurde, besagt, „dass alle Arten von Kaufmannsgütern, *welcher Art sie auch seien* ..., vom Bürgermeister und den Bestallten, die für die jetzige Zeit der Stadt gemeine Käufer sind, gekauft werden sollen und sie sollen die selbigen an die Freien der Stadt verteilen (die eigenen Güter der freien Bürger und Einwohner allein ausgenommen)". Diese Verordnung kann schwerlich anders ausgelegt werden als durch die Annahme, dass der ganze Außenhandel der Stadt von ihren Agenten getrieben wurde. Überdies haben wir direkte Zeugnisse dafür, dass dies in Nowgorod und Pskow der Fall gewesen ist. Es war das souveräne Nowgorod und das souveräne Pskow, die ihre Kaufmannskarawanen in ferne Länder schickten.

Wir wissen auch, dass in fast allen mittelalterlichen Städten Mittel- und Westeuropas die Zünfte als Körperschaft alle notwendigen Rohprodukte zu kaufen und die Erzeugnisse ihrer Arbeit durch ihre Angestellten verkaufen zu lassen pflegten, und es ist kaum möglich, dass dasselbe nicht auch im Außenhandel getan wurde – um so mehr, als es wohlbekannt ist, dass bis ins 13. Jahrhundert hinein nicht nur alle Kaufleute einer bestimmten Stadt außerhalb als kollektiv-verantwortlich für Schulden betrachtet wurden, die einer von ihnen gemacht hatte, sondern dass ebensogut auch die ganze Stadt für die Schulden eines ihrer Kaufleute verantwortlich war. Erst im 12. und 13. Jahrhundert schlossen die Städte am Rhein besondere Verträge, die diese Verantwortlichkeit abschafften.[209] Und schließlich haben wir das bemerkenswerte Dokument von Ipswich, das Gross herausgegeben hat, aus dem wir erfahren, dass die Kaufmannsgilde dieser Stadt von allen gebildet wurde, die die Freiheit der Stadt hatten, und die an die Gilde ihren Beitrag leisten wollten („ihre Hansa"), indem nämlich die ganze Gemeinde, alle miteinander, besprach, wie die Kaufmannsgilde besser zu erhalten sei, und ihr gewisse Privilegien gab. Die Kaufmannsgilde von Ipswich erscheint so eher als eine Körperschaft von Vertrauensleuten der Stadt als wie eine gemeinsame Privatgilde.

Kurz, je besser wir die mittelalterliche Stadt kennen lernen, um so mehr sehen wir, dass sie nicht bloß eine politische Organisation zum Schutz gewisser politischer Freiheiten war. Sie war ein Versuch, in viel großartigerem Maße als in der Dorfmark, einen engen Verband zu gegenseitiger Hilfe und Beistand zu organisieren, für Konsum und Produktion und für das gesamte soziale Leben, ohne den Menschen die Fesseln des Staates aufzulegen, sondern unter völliger Wahrung der Freiheit für die Äußerungen des schöpferischen Geistes einer jeden besonderen Gruppe von Individuen in der Kunst, dem Handwerk, der Wissenschaft, dem Handel und der politischen Organisation. Inwiefern dieser Versuch erfolgreich gewesen ist, wird sich am besten zeigen, wenn wir im nächsten Kapitel die Organisation der Arbeit in der mittelalterlichen Stadt und die Beziehungen zu der bäuerlichen Bevölkerung der Umgebung untersucht haben.

209 Ennen, *Geschichte der Stadt Köln*, Bd. 1, S. 491, 492, auch Urkunden.

Sechstes Kapitel: Gegenseitige Hilfe in der Stadt des Mittelalters (Fortsetzung)

Ähnlichkeit und Verschiedenheit unter den mittelalterlichen Städten. – Die Innungen: Staatsattribute bei jeder von ihnen. – Haltung der Stadt gegen die Bauern; Versuche, sie zu befreien. – Die Herren. – Durch die mittelalterliche Stadt erzielte Erfolge: in den Künsten, den Wissenschaften. – Ursachen des Verfalls.

Die mittelalterlichen Städte waren nicht nach einem wohlbedachten Plan getreu dem Willen eines außenstehenden Gesetzgebers organisiert. Jede von ihnen war ein natürliches Gewächs im vollen Sinne des Wortes – ein immer wechselndes Ergebnis des Kampfes zwischen verschiedenen Kräften, die sich anpassten und umformten je nach ihren jeweiligen Energien, den Zufällen ihrer Konflikte und der Unterstützung, die sie in ihrer Umgebung fanden. Daher gibt es keine zwei Städte, deren innere Organisation und deren Schicksale identisch wären. Jede, wenn man sie besonders nimmt, bietet von Jahrhundert zu Jahrhundert ein anderes Bild. Und doch, wenn wir alle Städte Europas auf einmal ins Auge fassen, dann verschwinden die lokalen und nationalen Unterschiede, und wir sind erstaunt, zwischen ihnen allen eine wunderbare Ähnlichkeit zu finden, obschon jede sich besonders, unabhängig von den anderen, und unter anderen Bedingungen entwickelt hat. Eine kleine Stadt im Norden Schottlands, mit ihrer Bevölkerung von schlichten Ackerbauern und Fischern; eine reiche Stadt in Flandern, mit ihrem Welthandel, ihrem Luxus, ihrer Vergnügungssucht und lebhaftem Treiben; eine italienische Stadt, die durch ihren Orienthandel reich geworden ist und in ihren Mauern einen verfeinerten künstlerischen Geschmack und hohe Kultur pflegt; und eine arme, vorwiegend ackerbauende Stadt im Moor- und Seendistrikt Russlands scheinen wenig gemein zu haben. Und trotzdem weisen die Grundzüge ihrer Organisation und der Geist, der sie belebt, eine starke Familienähnlichkeit auf. Allenthalben sehen wir dieselben Bündnisse kleiner Gemeinden und Gilden, dieselben Tochterstädte rings um die Mutterstadt, dieselbe Gemeindeversammlung mit denselben Abzeichen der Unabhängigkeit. Der Schirmherr (*defensor*) der Stadt repräsentiert unter verschiedenen Bezeichnungen und in verschiedenen Bekleidungen dieselbe Autorität und dieselben Interessen; die Beschaffung der Lebensmittel, die Arbeit und der Handel sind in äußerst ähnlicher Weise organisiert; innere und äußere Kämpfe werden mit gleicher Heftigkeit ausgefochten; ja sogar die Formeln, die in den Kämpfen und ebenso in den Chroniken, den Verordnungen und in den Dokumenten der Archive verwandt werden, sind dieselben; und die Bauwerke, ob im Stil gotisch, romanisch oder byzantinisch, drücken dieselben Ziele und dieselben Ideale aus, sie sind auf dieselbe Weise gedacht und gebaut. Viele Unähnlichkeiten sind bloße Zeitunterschiede, und solche Unstimmigkeiten zwischen Schwesterstädten, die Wirklichkeit sind, wiederholen sich in verschiedenen Teilen Europas. Die Einheit der leitenden Idee und die Gleichheit des Ursprungs überwinden die Unterschiede des Klimas, der geographischen Lage, des Reichtums, der Sprache und Religion. Darum können wir von *der* Stadt des Mittelalters als von einer scharf bestimmten Zivilisationsstufe sprechen; und obwohl jede Forschung über lokale und individuelle Verschiedenheiten sehr willkommen ist, können wir doch die Hauptlinien der Entwicklung, die allen Städten gleich sind, aufzeigen.[210]

---

210 Die Literatur über das Thema ist äußerst reich; aber noch gibt es kein Werk, das die Stadt des Mittelalters als Ganzes behandelt. Für die französischen Kommunen sind Augustin Thierrys *Lettres und Considérations sur l'histoire de France* immer klassisch, und Luchaires *Communes françaises* sind eine vorzügliche Ergänzung auf denselben Bahnen. Für die italienischen Städte sind das große Werk Sismondis (*Histoire des républiques italiennes du moyen âge*, Paris 1826, 16 Bände), Leo und Bottas *Histoire d'Italie*, Ferraris *Revolutions d'Italie* und Hegels *Geschichte der Städteverfassung in Italien* die Hauptquellen für allgemeine Information. Für Deutschland haben wir Maurers *Städteverfassung*, Bartholds *Geschichte der deutschen Städte* und von neueren Werken Hegels *Städte und Gilden der germanischen Völker* (2 Bände, Leipzig 1891) und Dr. Otto Kallsens *Die deutschen Städte im Mittelalter* (2 Bände, Halle 1891), sowie Janssens *Geschichte des deutschen Volkes* (5 Bände, 1886). Für Belgien A. Wauters *Les Libertés communales* (Brüssel 1869 bis 1878, 3 Bände). Für Russland Byelaeffs, Kostomaroffs und Sergiewitschs Werke. Und schließlich besitzen wir für England in Mrs. J. R. Greens *Town Lifein the Fifteenth Century* (2 Bände, London 1894) eines der besten Werke über Städte im allgemeinen. Wir haben überdies eine Menge bekannter Lokalgeschichten und verschiedene vorzügliche Werke über allgemeine Geschichte und Wirtschaftsgeschichte, die ich in diesem und dem vorhergehenden Kapitel oft erwähnt habe. Der Reichtum der Literatur besteht indessen

Es ist kein Zweifel, dass der Schutz, der den Marktflecken seit den ersten barbarischen Zeiten gewährt zu werden pflegte, eine wichtige, wenn nicht ausschließliche Rolle in der Befreiung der mittelalterlichen Stadt gespielt hat. Die frühen Barbaren kannten keinen Handel innerhalb ihrer Dorfgemeinden; sie handelten mit Fremden nur an bestimmten festgesetzten Plätzen und an bestimmten festgesetzten Tagen. Damit nun der Fremde zu dem Tauschplatz ohne Gefahr, erschlagen zu werden, kommen könnte – vielleicht um irgendwelcher Fehde willen, die zwischen zwei Stämmen schweben mochte – wurde der Markt immer unter den besonderen Schutz aller Stämme gestellt. Er war unverletzlich wie die Kultusstätte, in deren Schatten er abgehalten wurde. Bei den Kabylen ist er noch *annaya*, wie der Fußweg, auf dem die Frauen Wasser vom Brunnen holen; keiner von beiden darf mit Waffen betreten werden, auch nicht, wenn Krieg zwischen verschiedenen Stämmen herrscht. Im Mittelalter genoß der Markt allenthalben denselben Schutz.[211] Keine Fehde konnte auf dem Platz geführt werden, wo die Leute zum Handel zusammenkamen, und auch nicht innerhalb eines bestimmten Umkreises; und falls in der durcheinandergewürfelten Menge von Käufern und Verkäufern ein Streit entstand, musste er denen vorgetragen werden, unter deren Schutz der Markt stand – dem Gemeindetribunal oder dem Richter des Bischofs, des Lehnsherrn oder des Königs. Ein Fremder, der zum Handeltreiben kam, war ein Gast, und er führte diesen Namen. Selbst der Adlige, der keine Bedenken hatte, einen Kaufmann auf der Landstraße auszuplündern, respektierte das Weichbild, das heißt den Pfahl, der auf dem Marktplatze stand und entweder das königliche Wappen oder einen Handschuh oder das Bild des Ortsheiligen oder einfach ein Kreuz

---

hauptsächlich in speziellen, manchmal bewunderungswürdigen Forschungen über die Geschichte besonderer Städte, vorwiegend italienischer und deutscher; über die Gilden; die Landfrage; die wirtschaftlichen Prinzipien der Zeit; die wirtschaftliche Bedeutung von Gilden und Zünften; die Städtebünde (die Hansa) und kommunale Kunst. Eine unglaubliche Menge Information steckt in Werken dieser zweiten Kategorie, wovon nur einige besonders wichtige hier genannt sind.

211 Kalischer weist auch in einem vorzüglichen Aufsatz über den primitiven Handel (*Zeitschrift für Völkerpsychologie*, Band 10, S. 380) darauf hin, dass nach Herodot die Argippäer für unverletzlich galten, weil der Handel zwischen den Skythen und den nördlichen Stämmen auf ihrem Gebiet stattfand. Ein Flüchtling war auf ihrem Gebiet unangreifbar, und sie wurden oft zu Schiedsrichtern zwischen ihren Nachbarn ernannt. Siehe Anhang 11.

trug, je nachdem der Markt unter dem Schutz des Königs, des Adligen, der Ortskirche oder der Volksversammlung – der Wyetsche – stand.[212]

Es ist leicht zu verstehen, wie die eigene Gerichtsbarkeit der Stadt sich aus der besonderen Gerichtsbarkeit des Marktes entwickeln konnte, nachdem dieses letztere Recht, freiwillig oder nicht, der Stadt selbst zugestanden war. Und ein solcher Ursprung der städtischen Freiheiten, der in sehr viel Fällen nachgewiesen werden kann, gab notwendigerweise der darauffolgenden Entwicklung einen besonderen Charakter. Er gab dem handeltreibenden Teil der Gemeinde eine besondere Bedeutung. Die Bürger, die zu der Zeit ein Haus in der Stadt besaßen und Miteigentümer an den städtischen Ländereien waren, gründeten sehr oft eine Kaufmannsgilde, in deren Händen sich der Handel der Stadt befand; und obwohl ursprünglich jeder Bürger, ob reich oder arm, Mitglied der Kaufmannsgilde sein konnte, und der Handel für die ganze Stadt durch ihre Bevollmächtigten geführt worden zu sein scheint, wurde die Gilde doch allmählich eine Art privilegierte Körperschaft. Sie verhinderte eifersüchtig die Außenstehenden, die bald in die großen Städte zu strömen begannen, in die Gilde einzutreten, und behielt die Vorteile, die sich aus dem Handel ergaben, den wenigen „Geschlechtern" vor, die zur Zeit der Befreiung Bürger gewesen waren. Es bestand offenbar die Gefahr, dass sich eine Kaufmannsoligarchie herausbildete. Aber schon im zehnten und noch mehr während der zwei nächsten Jahrhunderte waren die hauptsächlichsten Handwerke, die auch in Gilden organisiert waren, stark genug, den oligarchischen Bestrebungen der Kaufleute Widerstand zu leisten.

Die Handwerksgilde war damals ein gemeinsamer Verkäufer ihrer Produkte und ein gemeinsamer Käufer des Rohmaterials, und ihre Mitglieder waren Kaufleute und Handarbeiter zugleich. Daher verbürgte die große Rolle, die die alten Handwerksgilden gleich im Anfang der freien Städte spielten, der Handarbeit die angesehene Stellung, die sie späterhin

212 Es ist in letzter Zeit über das „Weichbild" und das Weichbildrecht", das noch dunkel ist, viel diskutiert worden (siehe Zöpfl), *Altertümer des deutschen Reichs und Rechts,* Bd. 3, S. 29; Kallsen, Bd. 1, S. 316). Die oben gegebene Erklärung scheint die wahrscheinlichste, doch müsste sie natürlich durch weitere Forschungen bezeugt werden. Es ist auch zuzugeben, dass – um einen schottischen Ausdruck zu gebrauchen – das „mercet cross" (Marktkreuz) als ein Symbol der kirchlichen Gerichtsbarkeit aufgefasst werden könnte, jedoch finden wir es sowohl in Bischofsstädten wie in solchen, wo die Volksversammlung souverän war.

in der Stadt einnahm.[213] In der Tat war in einer mittelalterlichen Stadt die Handarbeit kein Zeichen der Minderwertigkeit; sie wies im Gegenteil dieselbe hohe Schätzung auf, die sie in der Dorfmark ausgezeichnet hatte. Die Handarbeit wurde als fromme Pflicht gegen die Bürger betrachtet: ein öffentliches Amt, das so ehrenvoll war wie irgendein anderes. Die Idee der „Billigkeit" gegen die Gemeinschaft, gegen Produzenten und Konsumenten „recht und billig" zu handeln, die jetzt so außerordentlich erscheinen würde, erfüllte die Produktion und den Austausch. Die Arbeit des Gerbers, des Küfers, des Schusters muss „gerecht" sein, wie sich's gehört, so schrieben sie in jenen Zeiten. Das Holz, das Leder, oder das Garn muss „richtig" sein; das Brot muss „gerecht" gebacken werden usw. Man übertrage diese Sprache in unser gegenwärtiges Leben, und sie erschiene affektiert und unnatürlich; aber sie war damals natürlich und ungeziert, weil der Handwerker des Mittelalters nicht für einen unbekannten Käufer produzierte und seine Erzeugnisse nicht auf einen unbekannten Markt warf. Er produzierte zunächst für seine Gilde; für seine Brüderschaft von Männern, die einander kannten und die die Technik ihrer Gewerbe kannten, die, wenn sie den Preis irgendeines Produktes nannten, die Geschicklichkeit würdigen konnten, die bei seiner Herstellung aufgewandt wurde oder die Arbeit, die dabei geleistet wurde. Dann bot die Gilde, nicht der einzelne Produzent, die Güter in der Gemeinschaft zum Verkauf aus, und diese letztere wiederum bot der Brüderschaft verbündeter Gemeinden die Waren an, die exportiert wurden und übernahm die Verantwortlichkeit für ihre Qualität. Bei einer

213 Für alles die Kaufmannsgilde Betreffende siehe Gross erschöpfendes Werk *The Guild Merchant*, 2 Bde., Oxford 1890; auch Mrs. Greens Bemerkungen in *Town Life in the Fifteenth Century*, Band 2. Kap. V, VIII, X; und A. Dorens Übersicht über den Gegenstand in Schmollers *Forschungen*, Band 12. Wenn die im vorigen Kapitel mitgeteilten Annahmen (nach denen der Handel im Anfang von der Gemeinde geleitet wurde) sich als richtig erweisen, dann wird es erlaubt sein, die Hypothese für wahrscheinlich zu halten, dass die Kaufmannsgilde eine Körperschaft war, der der Handel im Interesse der ganzen Stadt anvertraut war, und nur allmählich eine Gilde von Kaufleuten, die für sich selbst Handel trieben, wurde; während die *merchant adventures* Englands, die Powolniki (freie Kolonisatoren und Kaufleute) Nowgorods und die *mercati personati* die gewesen wären, denen es überlassen war, für sich selbst neue Märkte und neue Handelsgebiete zu eröffnen. Alles in allem muss bemerkt werden, dass die Entstehung der Stadt des Mittelalters nicht einem einzelnen Faktor zugeschrieben werden kann. Sie war ein Ergebnis vieler Kräfte in verschiedenen Abstufungen.

solchen Organisation war es der Ehrgeiz jedes Handwerks, keine Produkte von minderer Qualität zu liefern, und technische Mängel oder Verfälschungen wurden eine Sache, die die ganze Gemeinde anging, weil, so sagt eine Verordnung, „diese das öffentliche Vertrauen zerstören würden".[214] Da also die Produktion eine soziale Pflicht war, konnte die Handarbeit, solange die freie Stadt am Leben war, nicht in die verächtliche Lage kommen, die sie jetzt einnimmt.

Ein Unterschied zwischen Meister und Lehrling, oder zwischen Meister und Geselle (*compayne*) bestand in den Städten des Mittelalters schon in ihren ersten Anfängen, aber ursprünglich war dies ein bloßer Unterschied im Alter und im Können, nicht in der Macht und dem Vermögen. Nach einer Lehrzeit von sieben Jahren und nachdem er seine Kenntnisse und sein Können durch ein Meisterstück gezeigt hatte, wurde der Lehrling selbst zum Meister. Und erst viel später, im 16. Jahrhundert, nachdem die königliche Gewalt die Stadt und die Handwerkerorganisation zerstört hatte, wurde es möglich, lediglich kraft Erbschaft oder Vermögen Meister zu werden. Aber das war auch die Zeit allgemeinen Verfalls der Industrien und Künste des Mittelalters.

Es war in der ersten Blütezeit der mittelalterlichen Städte nicht viel Raum für Lohnarbeit und noch viel weniger für individuelle Lohnarbeiter. Die Arbeit der Weber, der Schmiede, der Bäcker usw. wurde für die Zunft und die Stadt verrichtet; und wenn in den Baugewerken Handwerker angestellt wurden, dann schlossen sie sich während der Zeit zu Körperschaften zusammen (wie sie es in den russischen Artels noch tun), deren Werk en bloc bezahlt wurde. Arbeit für einen Meister fing erst in späterer Zeit an häufiger zu werden; aber selbst in diesem Fall wurde der Arbeiter besser bezahlt, als es heute selbst in England der Fall ist; und viel besser, als es in ganz Europa während der ersten Hälfte des 19. Jahrhunderts der Fall war. Thorold Rogers hat englische Leser mit diesem Gedanken vertraut gemacht; aber das nämliche trifft auch auf dem Kontinent zu, wie in den Untersuchungen von Falke und Schönberg und in manchen gelegentlichen Mitteilungen gezeigt worden ist. Selbst im 15. Jahrhundert erhielt in Amiens ein Maurer, ein Zimmermann oder ein Schmied vier *sols* den Tag, was 48 Pfund Brot oder dem achten Teil eines kleinen Ochsen (*bouvard*) entsprach. In Sachsen war der Gehalt des Gesellen im Baugewerk so, dass

214 Janssen, *Geschichte des deutschen Volkes*, Bd. 1, S. 315; Gramich, *Verfassungs- und Verwaltungsgeschichte der Stadt Würzburg im 13. bis zum 15. Jahrhundert*, Würzburg 1882.

er, wie Falke sagt, mit seinem Lohn von sechs Tagen drei Schafe und ein Paar Schuhe kaufen konnte.[215] Die Schenkungen von Gesellen an Münster legen auch Zeugnis von ihrem verhältnismäßigen Wohlstand ab, nicht zu reden von den großartigen Spenden gewisser Innungen, die ja auch große Summen für Festlichkeiten und Aufzüge ausgaben.[216] In der Tat, je mehr wir von der Stadt des Mittelalters erfahren, um so mehr überzeugen wir uns, dass zu keiner Zeit die Arbeit sich solchen Gedeihens und solchen Ansehens erfreute wie damals, wo das Stadtleben in seiner Blüte war.

Mehr als das; nicht nur war vieles, was unsere modernen Radikalen erstreben, bereits im Mittelalter erfüllt, sondern es war sogar vieles von dem, was jetzt als utopisch bezeichnet wird, damals tatsächliche Wirklichkeit. Wir werden verlacht, wenn wir sagen, dass die Arbeit zur Freude werden muss, aber – „jedermann muss an seiner Arbeit Freude haben", sagt eine mittelalterliche Verordnung von Kuttenberg, „und niemand soll sich mit Nichtstun aneignen, was andere mit Fleiß und Arbeit geschaffen haben, weil die Gesetze den Fleiß und die Arbeit beschirmen müssen".[217] Und angesichts des jetzigen vielen Redens vom Achtstundentag mag es gut sein, an eine Verordnung Ferdinands I. bezüglich der kaiserlichen Kohlengruben zu erinnern, die den Arbeitstag der Bergarbeiter auf acht Stunden festsetzte, „wie vor Alters herkommen", und Arbeit am Sonnabend Nachmittag war verboten. Überstunden waren sehr selten, berichtet uns Janssen, während Arbeitsverkürzung oft vorkam. In England arbeiteten nach Rogers im 15. Jahrhundert die Arbeiter nur 48 Stunden in der Woche.[218] Auch war der Halbfeiertag am Samstag, den wir (in England) als moderne Erobe-

215 Falke, *Geschichtliche Statistik*, Bd. 1, S. 373-393 und Bd. 2, S. 66; zitiert bei Janssen, Bd. 1, S. 339; J. D. Blavignac kommt in *Comptes et dépenses de la consiruction du clocher de Saint Nicolas à Fribourg en Suisse* zu einem ähnlichen Ergebnis. Für Amiens De Calonnes, *Vie Municipale*, S. 99 und Anhang. Für eine genaue Schätzung und graphische Darstellung der mittelalterlichen Löhne in England und ihren Wert in Brot und Fleisch siehe G. Steffens vorzüglichen Artikel mit Kurven im *Nineteenth Century* für 1891 und *Studier öfver lönsystemets historia i England*, Stockholm 1895.

216 Um nur ein Beispiel aus vielen zu nennen, die man bei Falke und Schönberg finden kann: die sechzehn Schusterknechte der Stadt Xanten am Rhein gaben zur Errichtung eines Kirchengitters und Altars 75 Gulden Beiträge und 12 Gulden aus ihrer Innungskasse; dieses Geld war nach den besten Schätzungen zehnmal so viel wert als heutzutage.

217 Zitiert bei Janssen, *Geschichte des deutschen Volkes*, Bd. 1, S. 343.

218 *The Economical Interpretation of History*, London 1891, S. 303.

rung ansehen, in Wirklichkeit eine alte mittelalterliche Institution; er war der Badetag für einen großen Teil der Gemeinde, während der Mittwoch Nachmittag die Badezeit für die Gesellen war.[219] Es gab zwar kein Schulfrühstück – wahrscheinlich weil keine Kinder hungrig zur Schule kamen –, aber eine Verteilung von Badegeld an die Kinder, deren Eltern es schwer fiel, es zu beschaffen, war an mehreren Orten üblich. Was die Arbeitskongresse angeht, so waren auch sie eine regelmäßige Erscheinung des Mittelalters. In einzelnen Teilen Deutschlands kamen Handwerker desselben Gewerbes, die zu verschiedenen Gemeinden gehörten, gewöhnlich einmal im Jahr zusammen, um die Fragen, die ihr Gewerbe berührten, die Dauer der Lehrlingszeit, die Wanderjahre, die Löhne usw., zu erörtern; und im Jahre 1572 erkannten die Hansastädte formell das Recht der Zünfte an, zu periodischen Kongressen zusammenzutreten und beliebige Beschlüsse zu fassen, solange sie nicht im Widerspruch zu den städtischen Verordnungen über die Qualität der Waren stünden. Solche Arbeitskongresse, die zum Teil international waren wie die Hansa selbst, wurden, wie wir wissen, von Bäckern, Gießern, Schmieden, Gerbern, Schwertfegern und Küfern abgehalten.[220]

Die Handwerksorganisation erforderte natürlich eine genaue Überwachung der Handwerker durch die Zunft, und es wurden zu diesem Zweck immer besondere Beamte gewählt. Aber es ist bemerkenswert, dass, solange die Städte ihr freies Leben führten, kein Klagen über die Überwachung zu hören waren; während, nachdem der Staat dafür eingetreten war, nachdem er das Eigentum der Gilden konfisziert und ihre Unabhängigkeit zugunsten seiner eigenen Bürokratie zerstört hatte, die Klagen einfach

219 Janssen, *Geschichte des deutschen Volkes*. Siehe auch Dr. Alwin Schultz, *Deutsches Leben im 14. und 15. Jahrhundert*, große Ausgabe, Wien 1892, S. 67 ff. In Paris schwankte in manchen Gewerben der Arbeitstag von sieben bis acht Stunden im Winter bis vierzehn Stunden im Sommer, während er in anderen im Winter acht bis neun Stunden, im Sommer zehn bis zwölf Stunden betrug. Jede Arbeit hörte am Samstag und an etwa 25 anderen Tagen (*iours de commun de vile foire*) um 4 Uhr auf, während am Sonntag und 30 anderen Feiertagen überhaupt nicht gearbeitet wurde. Die allgemeine Annahme ist, dass, alles zusammengenommen, der mittelalterliche Arbeiter weniger Stunden arbeitete, als der Arbeiter heutzutage (Dr. E. Martin Saint-Léon, *Histoire des corporations*, S. 121).

220 W. Stieda, „Hansische Vereinbarungen über städtisches Gewerbe im 14. und 15. Jahrhundert", in *Hansische Geschichtsblätter*, Jahrg. 1886, S. 121. Schönberg, *Wirtschaftliche Bedeutung der Zünfte*; auch teilweise Roscher.

kein Ende nahmen.[221] Überhaupt ist der ungeheure Fortschritt, der in allen Künsten und Handwerken unter dem mittelalterlichen Zunftsystem erreicht wurde, der beste Beweis, dass das System kein Hindernis für individuelle Initiative war.[222] Tatsache ist, dass die mittelalterliche Gilde, ebenso wie das Kirchspiel, die „Straße" oder das „Viertel" des Mittelalters nicht eine Körperschaft von Bürgern war, die unter der Kontrolle von Staatsbeamten stand; sie war eine Vereinigung aller Männer, die durch ein bestimmtes Gewerbe verbunden waren: beauftragte Käufer von Rohprodukten, Verkäufer der hergestellten Waren, und Handwerker – Meister, Gesellen und Lehrlinge. Für die innere Organisation des Gewerbes war seine Versammlung souverän, solange die anderen Gilden nicht beeinträchtigt wurden; in diesem Fall wurde die Sache vor die Gilde der Gilden gebracht – die Stadt. Aber es gab in der Gilde noch etwas mehr als das. Sie hatte ihre eigene Gerichtsbarkeit, ihre eigene Militärmacht, ihre eigenen allgemeinen Versammlungen, ihre eigene Tradition von Kämpfen, Sieg und Unabhängigkeit, ihre eigenen Beziehungen zu anderen Gilden desselben Gewerbes in anderen Städten: mit einem Wort, sie hatte ein vollständiges organisches Leben, das nur aus der uneingeschränkten Vollständigkeit ihrer Lebensfunktionen herrühren konnte. Wenn die Stadt zu den Waffen gerufen wurde, erschien die Gilde als besondere Truppe, die ihre eigenen Waffen trug (späterhin ihre eigenen Flinten, die von der Gilde entzückend mit Zierrat versehen waren) und von ihren eigenen selbst erwählten Befehlshabern geführt wurde. Sie war mit einem Wort ein ebenso unabhängiges Gebilde innerhalb der

221 Siehe Toulmin Smiths tief empfundene Worte über die Beraubung der Gilden durch die königliche Gewalt, in Miss Smiths Einleitung zu *English Guilds*. In Frankreich begann seitens der königlichen Gewalt dieselbe Beraubung und Abschaffung der Gerichtsbarkeit der Gilden im Jahre 1306, und der letzte Streich geschah 1382 (Fagniez, *Études sur l'industrie et la classe industrielle à Paris au XIIIme et XIVme siècle*, Paris 1877, S. 52-54).

222 Adam Smith und seine Zeitgenossen wussten wohl, was sie verurteilten, als sie gegen die *Staats*einmischung ins Gewerbe und gegen die vom *Staat* ausgehenden gewerblichen Monopole schrieben. Leider steckten ihre Nachfolger in ihrer hoffnungslosen Oberflächlichkeit mittelalterliche Innungen und Staatseinmischung in einen Sack und machten keinen Unterschied zwischen einem Edikt von Versailles und einer Gildeordnung. Es braucht kaum gesagt zu werden, dass die Nationalökonomen, die den Gegenstand ernsthaft studiert haben, wie Schönberg (der Herausgeber des bekannten Lehrbuches der Nationalökonomie), nie in solchen Irrtum verfielen. Aber bis in die letzte Zeit gaben sich konfuse Erörterungen dieses Schlages für ökonomische „Wissenschaft".

Föderation, wie es die Republik Uri oder Genf vor fünfzig Jahren in der Schweizer Eidgenossenschaft war. Daher ist eine Vergleichung mit einer modernen Arbeitergewerkschaft, die aller Attribute der Staatssouveränität beraubt ist und nur noch ein paar Funktionen von untergeordneter Bedeutung hat, ebenso unrichtig, als wenn man Florenz oder Brügge mit einer französischen Gemeinde, die unter dem Code Napoléon vegetiert, vergleichen wollte, oder mit einer russischen Stadt, die unter das Munizipalgesetz Katharinas II. gestellt ist. Beide haben erwählte Bürgermeister, und die letztere hat auch ihre Handwerkskorporationen, aber der Unterschied ist – der ganze Unterschied, der zwischen Florenz und Fontenay-les-Oies oder Tsarevokokschaisk besteht, oder zwischen einem Dogen von Venedig und einem modernen Maire, der seinen Hut vor dem Schreiber des Unterpräfekten zieht.

Die mittelalterlichen Gilden waren imstande, ihre Unabhängigkeit zu wahren; und späterhin, besonders im 14. Jahrhundert, als infolge verschiedener Umstände, die gleich aufgezeigt werden sollen, das alte Munizipalleben eine tiefgehende Veränderung erlitt, erwiesen sich die jüngeren Zünfte stark genug, den ihnen gebührenden Anteil an der Verwaltung der städtischen Angelegenheiten zu erobern. Die Massen, die in „jüngeren" Zünften organisiert waren, erhoben sich, um die Macht den Händen einer Oligarchie, die immer stärker wurde, zu entreißen, und hatten meistens Erfolg mit diesem Versuch; sie eröffneten eine neue Ära des Wohlstandes. Allerdings wurde der Aufstand in manchen Städten blutig unterdrückt, und es folgten Massenenthauptungen von Handwerkern, wie 1306 in Paris und 1371 in Köln. In solchen Fällen kamen die Freiheiten der Stadt in raschen Verfall, und die Stadt kam allmählich unter das Joch der Zentralgewalt. Aber die Mehrheit der Städte hatte genug Lebenskraft bewahrt, um aus den Unruhen mit neuem Leben und neugestärkt hervorzugehen.[223] Eine neue Periode der

223 In Florenz machten die sieben jüngeren Zünfte ihre Revolution von 1270 bis 1282, und ihre Erfolge sind von Perrens (*Histoire de Florence*, Paris 1877, 3 Bände) ausführlich beschrieben worden, insbesondere aber von Gino Capponi (*Storia della repubblica di Firenze*, 2da edizione, 1876, Bd. 1, S. 58-80; ins Deutsche übersetzt). In Lyon dagegen, wo die Bewegung der jüngeren Zünfte 1402 stattfand, wurden sie geschlagen und verloren das Recht, ihre eigenen Richter zu ernennen. Die beiden Parteien kamen offenbar zu einem Vergleich. In Rostock fand dieselbe Bewegung 1313 statt; in Zürich1336; in Bern 1363; in Braunschweig 1374 und im nächsten Jahr in Hamburg; in Lübeck 1376-84 usw. Siehe Schmoller, *Straßburg zur Zeit der Zunftkämpfe* und *Straßburgs Blüte*; Brentano, *Arbeitergilden der Gegenwart*, 2 Bände, Leipzig 1871-72;

Verjüngung war ihnen zu danken. Neues Leben strömte zu, und es fand seinen Ausdruck in wundervollen Bauwerken, in einer neuen Periode des Wohlstandes, in einem raschen Fortschritt der Technik und Erfindungen, und in einer neuen Geistesbewegung, die zur Renaissance und Reformation führte.

Das Leben der mittelalterlichen Städte bestand aus unaufhörlichen harten Kämpfen zur Eroberung und Wahrung der Freiheit. Allerdings war ein starker und zäher Schlag Bürger aus diesen wilden Kämpfen hervorgegangen; allerdings war die Liebe zur Heimatstadt und ihre Heilighaltung in diesen Zeiten des Kampfes gewachsen, und die großartigen Werke, die die mittelalterlichen Kommunen vollbrachten, waren ein unmittelbares Ergebnis dieser Liebe. Aber die Opfer, die die Kommunen in dem Freiheitskampf zu bringen hatten, waren trotzdem grausam, und sie ließen auch in ihrem inneren Leben tiefe Spuren zurück. Sehr wenig Städten war es durch ein Zusammentreffen günstiger Umstände gelungen, die Freiheit auf einen Streich zu erlangen, und diese wenigen verloren sie meistens ebenso leicht; die große Zahl aber hatte fünfzig oder hundert Jahre hintereinander und oft länger zu kämpfen, ehe ihre Rechte, frei zu leben, anerkannt waren, und weitere hundert Jahre, um ihre Freiheit auf festen Grund zu stellen – die Freibriefe des 12. Jahrhunderts sind demnach nur eine Stufe zur Freiheit.[224] In Wirklichkeit war die Stadt des Mittelalters eine befestigte Oase inmitten eines Landes, das unter dem Feudaljoch lebte, und sie hatte sich mit Waffengewalt durchzusetzen. Infolge der im vorigen Kapitel kurz angedeuteten Umstände war jede Markgenossenschaft allmählich unter das Joch ei-

E. Bain, *Merchant and Craft Guilds*, Aberdeen 1887, S. 26-47, 75 usw. Was die Ansichten von Gross über diese Kämpfe in England angeht, vergl. Mrs. Greens Bemerkungen in ihrem *Town Life in the Fifteenth Century*, Bd. 2, S. 190-217; auch das Kapitel über die Arbeiterfrage und überhaupt den ganzen äußerst interessanten Band. Brentanos Auffassung der Zunftkämpfe, die hauptsächlich in den §§ 3 und 4 seines Aufsatzes „Geschichte und Entwicklung der Gilden“, in Toulmin Smiths *English Guilds* niedergelegt ist, bleibt eine klassische Darstellung des Gegenstandes, und man kann sagen, dass sie wieder und wieder durch die spätere Forschung bestätigt worden ist.

224 Nur ein Beispiel – Cambrai machte seine erste Revolution 907 und erhielt seinen Freibrief nach drei oder vier weiteren Aufständen 1076. Dieser Freibrief wurde zweimal widerrufen (1107 und 1138) und zweimal wiedererobert (1127 und 1138). Im ganzen 223 Kampfjahre, bevor das Recht auf Unabhängigkeit erobert war. Lyon – von 1195 bis 1320.

nes weltlichen oder geistlichen Lehnsherrn gekommen. Sein Haus war eine Burg geworden, und seine Waffenbrüder waren nun die verwegenen Abenteurer, die immer bereit waren, die Bauern auszuplündern. Abgesehen von drei Tagen in der Woche, die die Bauern für den Herrn zu arbeiten hatten, hatten sie auch alle Arten von erpreßten Abgaben zu leisten für das Recht, zu säen und zu ernten, lustig oder traurig zu sein, zu leben, zu heiraten und zu sterben. Und, was das schlimmste von allem war, sie wurden fortwährend von den bewaffneten Räubern eines benachbarten Adligen ausgeplündert, denen es beliebte, sie als die Angehörigen ihres Herrn zu behandeln und an ihnen und ihrem Vieh und ihren Ernten die Rache für eine Fehde zu nehmen, die er gegen ihren Herrn führte. Jede Wiese, jeder Acker, jeder Fluss und jede Straße in der Umgebung der Stadt stand unter der Herrschaft irgendeines Lehnsherrn.

Der Hass der Bürger gegen die Feudaladligen hat in dem Wortlaut der verschiedenen Freibriefe, zu deren Unterzeichnung sie sie zwangen, bezeichnenden Ausdruck gefunden. Heinrich V. ließen die Bürger Speiers in ihrem Freibriefe von 1111 unterzeichnen, dass er die Bürger „von dem scheußlichen und nichtswürdigen Gesetze" der toten Hand, „welches gemein Budel genannt wird", durch das die Stadt in tiefste Armut gesunken sei, befreie (Kallsen, Bd. 1, S, 307). Die *coutume* von Bayonne, ungefähr 1273 verfasst, enthielt unter anderen folgende Stellen: „Das Volk ist älter als die Herren. Das Volk, zahlreicher als alle anderen, war es, das aus Liebe zum Frieden die Herren gemacht hat, damit sie die Mächtigen in Zaum und Unterwerfung halten" usw. (Giry, *Etablissement de Rouen*, I. 117, zitiert bei Luchaire, S. 24). Ein Freibrief, der König Robert zur Unterschrift vorgelegt wurde, ist ebenso charakteristisch. Man lässt ihn darin sagen: „Ich werde keine Ochsen oder andere Tiere rauben. Ich werde keine Kaufleute wegfangen, und ihnen kein Geld nehmen, und kein Lösegeld verlangen. Von Mariä Verkündigung bis Allerheiligen werde ich auf den Wiesen keinen Hengst, keine Stute und kein Füllen nehmen. Ich werde die Mühlen nicht niederbrennen und das Mehl nicht wegnehmen ... Ich werde Dieben keinen Schutz gewähren" usw. (Pfister hat dieses Dokument veröffentlicht, das bei Luchaire wiederabgedruckt ist.) Der Freibrief, den Erzbischof Hugo von Besançon „gewährte", worin er gezwungen war, alles Missgeschick, das infolge seiner Rechte der toten Hand entstanden war, aufzuzählen, ist ebenso bezeichnend[225] usw.

225 Siehe Tuetey, „Études sur le droit municipal ... en Franche-Comté" in *Mémoires de la Société d'Émulation de Montbéliard*, 2me série, Bd. 2, S. 129 ff.

Die Freiheit konnte in solcher Umgebung nicht erhalten bleiben, und die Städte waren genötigt, den Krieg außerhalb ihrer Mauern zu führen. Die Bürger sandten Emissäre aus, um die Empörung in die Dörfer zu tragen; sie nahmen Dörfer in ihre Korporationen auf, und sie führten direkt Krieg gegen die Adligen. In Italien, wo das Land mit Ritterburgen besät war, nahm der Krieg heroische Formen an und wurde auf beiden Seiten mit bitterem Hass geführt. Florenz führte 77 Jahre hintereinander eine Reihe blutiger Kriege, um ihren *contado* von den Adligen zu befreien; aber als die Eroberung vollendet war (1181), musste alles von neuem beginnen. Die Adligen verbündeten sich miteinander; sie gründeten ihre eigenen Bünde gegen die Städtebünde, und da sie entweder vom Kaiser oder vom Papst frische Hilfe bekamen, setzten sie den Krieg weitere 130 Jahre lang fort. Dasselbe war der Fall in Rom, der Lombardei und in ganz Italien.

Wunder der Tapferkeit, Kühnheit und Hartnäckigkeit wurden in diesen Kriegen von den Bürgern vollbracht. Aber die Bogen und Äxte der Zünfte und Gilden hatten in ihren Zusammenstößen mit den gepanzerten Rittern nicht immer die Oberhand, und viele Burgen widerstanden den sinnreichen Belagerungsmaschinen und der zähen Ausdauer der Städte. Einigen Städten, wie Florenz, Bologna und vielen Städten in Frankreich, Deutschland und Böhmen glückte es, die benachbarten Dörfer zu befreien, und sie fanden den Lohn für ihre Mühen in einem außergewöhnlichen Wohlstand und Frieden. Aber selbst da und noch mehr in den weniger starken oder weniger impulsiven Städten verhandelten die Kaufleute und Handwerker, die vom Kriege erschöpft waren und ihre eigenen Interessen nicht verstanden, über die Köpfe der Bauern hinweg. Sie zwangen den Lehnsherrn, der Stadt Treue zu schwören; seine Burg auf dem Lande wurde geschleift, und er willigte ein, in der Stadt ein Haus zu bauen und da zu wohnen; er wurde so ein Mitbürger (*com-bourgeois, con-cittadino*), aber dafür behielt er die meisten seiner Rechte über die Bauern, die nur eine teilweise Befreiung von ihren Lasten erlangten. Der Bürger konnte nicht verstehen, dass dem Bauern gleiche Bürgerrechte gewährt werden könnten, auf dessen Lebensmittelzufuhren er angewiesen war, und eine tiefe Kluft zwischen Stadt und Dorf tat sich auf. In einigen Fällen wechselten die Bauern lediglich die Besitzer, indem die Stadt die Rechte der Adligen aufkaufte und sie in Anteilen an ihre eigenen Bürger verkaufte.[226] Die Leibeigenschaft wurde aufrecht erhalten, und erst viel später, gegen das Ende des 13. Jahrhunderts war es

226 Dies scheint in Italien oft der Fall gewesen zu sein. In der Schweiz kaufte Bern sogar die Städte Thun und Burgdorf.

die Zunftrevolution, die es unternahm, ihr ein Ende zu machen, und die persönliche Knechtschaft abschaffte, dafür aber zugleich die Leibeigenen des Grundeigentums beraubte.[227] Es braucht kaum hinzugefügt zu werden, dass die verhängnisvollen Resultate solcher Politik bald von den Städten selbst gespürt wurden; das Land wurde der Feind der Stadt.

Der Krieg gegen die Burgen hatte eine andere schlimme Wirkung. Er verwickelte die Städte in eine lange Reihe gegenseitiger Kriege, die Anlaß zu der bis vor kurzem unterstützten Theorie gegeben haben, die Städte hätten ihre Unabhängigkeit durch ihre eigene Eifersucht und gegenseitigen Kämpfe verloren. Die Historiker der Kaiserpartei haben diese Theorie besonders unterstützt, die jedoch jetzt durch neuere Forschungen sehr erschüttert worden ist. Es ist sicher, dass in Italien viele Städte einander mit erbittertem Hass befehdeten, aber nirgends sonst nahmen solche Streitigkeiten diesen Umfang an; und in Italien selbst hatten die Stadtkriege, besonders die der früheren Periode, ihre besonderen Ursachen. Sie waren (wie bereits von Sismondi und Ferrari gezeigt wurde) eine bloße Fortsetzung des Krieges gegen die Burgen – das freie Munizipal- und Föderativprinzip musste unvermeidlich in einen heftigen Kampf gegen Feudalismus, Kaisermacht und Papsttum eintreten. Viele Städte, die das Joch des Bischofs, des Lehnsherrn, des Kaisers nur teilweise abgeworfen hatten, wurden von den Adligen, dem Kaiser, der Kirche, deren Politik es war, die Städte zu trennen und gegeneinander zu bewaffnen, gegen die freien Städte in den Krieg getrieben. Diese besonderen Umstände (die teilweise auch nach Deutschland hinüberspielten) erklären, warum die italienischen Städte, von denen einige beim Kaiser Hilfe zum Kampf gegen den Papst suchten, während die anderen bei der Kirche Unterstützung suchten, um dem Kaiser Widerstand zu leisten, bald in ein ghibellinisches und ein welfisches Lager geteilt waren, und warum diese Teilung auch innerhalb jeder Stadt zu finden war.[228]

---

227 So geschah es wenigstens in den Städten Toscanas (Florenz, Lucca, Siena, Bologna usw.), deren Beziehungen zu den Bauern am besten bekannt sind (Lutschitzkiy, „Sklaverei und russische Sklaven in Florenz“, in den *Iswestia* der Kiewer Universität für 1885; L. hat Rumohrs *Ursprung der Besitzlosigkeit der Kolonien in Toscana*, 1830, benutzt). Die ganze Angelegenheit der Beziehungen zwischen den Städten und den Bauern erfordert viel mehr Studium, als bisher aufgewandt worden ist.

228 Ferraris Verallgemeinerungen sind oft zu theoretisierend, um richtig zu sein; aber seine Auffassung der Rolle, die die Adligen in den Stadtkriegen spielten, gründet sich auf eine große Reihe authentischer Tatsachen.

Der ungeheure wirtschaftliche Fortschritt, den die meisten italienischen Städte gerade zu der Zeit aufwiesen, als diese Kriege am heißesten tobten[229], und die Bündnisse, die so leicht zwischen Städten zustande kamen, sind für diese Kämpfe viel bezeichnender und erschüttern die oben mitgeteilte Theorie vollends. Schon in den Jahren 1130–1150 traten mächtige Bünde ins Leben; und ein paar Jahre später, als Friedrich Barbarossa in Italien einfiel und vom Adel und einigen zurückgebliebenen Städten unterstützt, gegen Mailand marschierte, wurde der Enthusiasmus des Volkes in vielen Städten durch Volksredner aufgereizt. Crema, Piacenza, Brescia, Tortona usw. kamen zu Hilfe; die Banner der Gilden von Verona, Padua, Vicenza und Treviso flatterten nebeneinander im Lager der Städter gegen die Banner des Kaisers und des Adels. Im nächsten Jahr trat der lombardische Städtebund ins Leben und sechzig Jahre später sehen wir ihn durch viele andere Städte verstärkt und zu einer dauernden Institution geworden, die die Hälfte ihrer Bundeskriegskasse in Genua und die andere Hälfte in Venedig hatte.[230] In Toscana war Florenz an der Spitze eines anderen mächtigen Bundes, zu dem Lucca, Bologna, Pistoja usw. gehörten, und der bei der Vernichtung der Adligen in Mittelitalien eine große Rolle spielte, und kleinere Bünde gab es allenthalben. Es ist also sicher, dass zwar kleine Eifersüchteleien und Streitigkeiten unzweifelhaft bestanden und Zwietracht leicht zu säen war, dass aber die Städte dadurch nicht abgehalten wurden, sich zur gemeinsamen Verteidigung der Freiheit miteinander zu verbünden. Erst später, als einzelne Städte kleine Staaten geworden waren, brachen Kriege zwischen ihnen aus, wie es immer der Fall sein muss, wenn Staaten um die Vorherrschaft oder um Kolonien kämpfen.

Ähnliche Bünde bildeten sich zum selben Zweck in Deutschland. Als unter den Nachfolgern Konrads das Land unendlichen Fehden zwischen den Adligen zum Opfer fiel, schlossen die westfälischen Städte einen Bund gegen die Ritter, der eine Klausel enthielt, wonach die Städte sich verpflichteten, niemals einem Ritter Geld zu leihen, der fortführe, gestohlene Waren zu verstecken.[231] Als „die Ritter und Adligen vom Raube lebten und

229 Nur solche Städte, die der Sache der Adligen blind ergeben waren, wie Pisa und Verona, verloren durch die Kriege. Für viele Städte, die auf seiten des Adels gefochten hatten, war die Niederlage zugleich der Anfang zu Befreiung und Fortschritt.

230 Ferrari, Bd. 2, S. 18, 104 ff. Leo und Botta, Bd. 1, S. 432.

231 Joh. Falke, *Die Hansa als Deutsche See- und Handelsmacht*, Berlin 1863, S. 31, 35.

mordeten, wen sie zu morden beliebten", wie der Wormser Zorn klagt, traten die rheinischen Städte (Mainz, Köln, Speier, Straßburg und Basel) zu einem Bunde zusammen, der bald sechzig verbündete Städte zählte, die Räuber im Zaume hielt und für Frieden sorgte. Späterhin hatte der schwäbische Städtebund, der in drei „Friedensbezirke" geteilt war (Augsburg, Konstanz und Ulm), denselben Zweck. Und selbst als diese Bünde vernichtet waren[232], hatten sie lange genug gelebt, um zu zeigen, dass nicht die angeblichen Friedensgründer – Könige, Kaiser und Kirche –, die im Gegenteil die Zwietracht schürten und selbst gegen die Raubritter ohnmächtig waren –, sondern die Städte die Initiative zur Wiederherstellung des Friedens und zur Einigung ergriffen hatten. Die Städte – nicht die Kaiser – waren in Wirklichkeit die Begründer der nationalen Einheit.[233]

Ähnliche Föderationen wurden zum selben Zweck von kleinen Dörfern gebildet und jetzt, wo die Aufmerksamkeit von Luchaire auf diesen Gegenstand gelenkt worden ist, könnten wir erwarten, bald mehr darüber zu erfahren: Dörfer vereinigten sich im *contado* von Florenz, und ebenfalls in den zu Nowgorod und Pskow gehörigen Gebieten zu kleinen Bünden. Was Frankreich angeht, so haben wir positive Nachrichten über einen Bund von siebzehn Bauerndörfern, der im Laonnais fast hundert Jahre lang bestanden hat (bis 1256) und hart um seine Unabhängigkeit gekämpft hat. Drei weitere Bauernrepubliken, die beschworene Verfassungen ähnlich denen von Laon und Soissons hatten, bestanden in der Nachbarschaft von Laon, und da ihre Gebiete aneinander grenzten, unterstützten sie einander in ihren Freiheitskriegen. Alles in allem ist Luchaire der Meinung, dass viele solche Bünde in Frankreich im 12. und 13. Jahrhundert ins Leben getreten sein müssen, dass aber die darauf bezüglichen Dokumente meistens verlorengegangen sind. Natürlich konnten sie, da sie nicht von Mauern geschützt waren, leicht von den Königen und Herren bezwungen werden; aber unter bestimmten günstigen Umständen, wenn sie Beistand von einem Städtebund erhielten und in ihren Burgen Schutz fanden, wurden solche Bauernrepubliken unabhängige Mitglieder der Schweizer Eidgenossenschaft.[234]

232 Für Aachen und Köln haben wir direktes Zeugnis, dass die Bischöfe dieser Städte dem Feinde – einer von beiden von ihm bestochen – die Tore öffneten.

233 Siehe die Tatsachen, obschon nicht immer die Folgerungen von Nitzsch, Bd. 3, S. 133 ff.; auch Kallsen, Bd. 1. S. 458 usw.

234 Über die Kommune des Laonnais, die bis zu Mellevilles Forschungen (*Histoire de la Commune du Laonnais*, Paris 1853) mit der Kommune von Laon verwechselt wurde, siehe Luchaire, S. 75 ff. Für die früheren Bauerngilden

Die Verbände zwischen Städten um friedlicher Zwecke willen waren ganz allgemein anzutreffen. Der Verkehr, der während der Befreiungskämpfe eingeführt worden war, wurde später nicht abgebrochen. Wenn manchmal die Scabini einer deutschen Stadt in einem neuen oder schwierigen Falle Recht zu sprechen hatte und erklärten, „des Urteils nicht weise zu sein", schickten sie Boten in eine andere Stadt, um von dort den Spruch zu holen. Dasselbe kam auch in Frankreich vor;[235] und Forli und Ravenna sind dafür bekannt, dass sie ihre Bürger gegenseitig naturalisierten und ihnen in beiden Städten volle Rechte bewilligten. Einen Streit, der zwischen zwei Städten oder innerhalb einer Stadt ausgebrochen war, einer anderen Kommune zu unterbreiten, die aufgefordert wurde, Schiedsrichter zu sein, entsprach ebenfalls dem Zeitgeist.[236] Handelsverträge zwischen Städten waren ganz gewöhnlich.[237] Verbände zur Regelung der Produktion und der Größe von Fässern, die zum Weinhandel benutzt wurden, „Heringsvereine" usw. waren nur Vorläufer der großen Handelsbündnisse der Flämischen Hansa und später der großen Norddeutschen Hansa, deren Geschichte allein viele Seiten beanspruchen würde, um den Genossenschaftsgeist anschaulich zu machen, der die Menschen jener Zeit erfüllte. Es braucht kaum hinzugefügt zu werden, dass durch die Hansabünde die Städte des Mittelalters mehr zum Aufschwung des internationalen Verkehrs, der Schiffahrt und der Entdeckungen beigetragen haben, als sämtliche Staaten der ersten siebzehn Jahrhunderte unserer Zeitrechnung.

Mit einem Wort, Bündnisse zwischen kleinen Gebietseinheiten und Bündnisse zwischen Menschen, die gemeinsame Tätigkeit innerhalb ihrer Gilden geeinigt hatte, und Bündnisse zwischen Städten und Städtegruppen bildeten den wahren Inhalt des Lebens und Denkens während jener Periode. Das 11. bis 15. Jahrhundert kann so als ein ungeheurer Versuch beschrieben werden, die gegenseitige Hilfe in großem Umfang mit Hilfe der Prinzipien der Föderation und Genossenschaft durchzuführen, die durch alle Erscheinungen des Menschenlebens hindurch und in allen mög-

---

und die späteren Verbände siehe R. Wilman, „Die ländlichen Schutzgilden Westphalens", in der *Zeitschrift für Kulturgeschichte*, Neue Folge, Band 3, zitiert in Henne-am-Rhyns *Kulturgeschichte*, Bd. 3, S. 249.

235 Luchaire, S. 149.

236 Zwei bedeutende Städte, Worms und Mainz, erledigten einen politischen Streit durch Schiedsspruch. – Nachdem in Abbeville ein Bürgerkrieg ausgebrochen war, übernahm Amiens im Jahre 1231 das Schiedsrichteramt (Luchaire, S. 149) usw.

237 Siehe z. B. W. Stieda, *Hansische Vereinbarungen*, S. 114.

lichen Abstufungen zur Geltung kamen. Dieser Versuch war in sehr hohem Maße von Erfolg begleitet. Er schloss Menschen zusammen, die vorher getrennt gewesen waren; er verschaffte ihnen bis zu hohem Grade Freiheit und er verzehnfachte ihre Kräfte. In einer Zeit, wo der Partikularismus von so vielen Faktoren unterstützt wurde, und die Anlässe zu Zwietracht und Eifersucht so zahlreich gewesen sein mögen, ist es ein erfreulicher Anblick, dass Städte, die über einen so großen Kontinent zerstreut waren, so viel gemeinsam hatten und so bereit waren, sich zur Verfolgung so vieler gemeinsamer Ziele zu verbünden. Im Lauf der langen Zeit unterlagen sie mächtigen Feinden; da sie das Prinzip der gegenseitigen Hilfe nicht weit genug fassten, begingen sie selbst verhängnisvolle Fehler; aber sie gingen nicht durch ihre eigene Eifersucht zugrunde, und ihre Irrtümer waren nicht ein Mangel an Genossenschaftsgeist in ihren Beziehungen untereinander.

Die Erfolge dieser neuen Vorwärtsbewegung, die die Menschheit machte, waren ungeheuer. Im Anfang des 11. Jahrhunderts waren die Städte Europas kleine Nester mit elenden Hütten, die nur mit niedrigen plumpen Kirchen versehen waren, deren Erbauer kaum wussten, wie man einen Schwibbogen macht; die Handwerke, hauptsächlich etwas Weberei und das Schmiedehandwerk, standen in ihrer Kindheit; Bildung fand sich nur in ein paar Klöstern. 350 Jahre später war das Aussehen ganz Europas verändert. Das Land war mit reichen Städten übersät, die von gewaltigen dicken Mauern umschlossen waren, die durch Türen und Tore verschönert waren, von denen jedes Stück ein Kunstwerk für sich war. Die Münster, die in großem Stil entworfen und verschwenderisch geschmückt waren, hoben ihre Glockentürme gen Himmel und verrieten eine Reinheit der Form und eine Kühnheit der Phantasie, die wir jetzt vergebens zu erreichen streben. Die Handwerke und Künste hatten sich zu einer Höhe der Vollendung erhoben, die übertroffen zu haben wir uns nach verschiedenen Richtungen schwerlich rühmen können, wenn das erfindungsreiche Können des Arbeiters und die überlegene Vollkommenheit seiner Arbeit mehr gilt als die Geschwindigkeit der Fabrikation. Die Flotten der freien Städte durchfurchten nach allen Richtungen das nördliche und das südliche Mittelmeer; eine Anstrengung mehr, und sie fuhren quer über den Ozean. In weiten Länderstrecken war der Wohlstand an Stelle des Elends getreten; die Bildung war in die Tiefe und Breite gegangen. Die Methoden der Wissenschaft waren ausgebildet worden; der Grund zur Naturwissenschaft war gelegt worden; und der Weg war geebnet für alle die mechanischen Erfindungen, auf die unsere eigene Zeit so stolz ist. Das waren die zauberhaften Umwandlungen, die in weniger als 400 Jahren in Europa vor sich gegangen waren. Und der Verlust, den Europa durch den Untergang seiner freien Städte erlitt, kann nur verstanden werden, wenn wir das 17. Jahrhundert mit dem 14. oder 13. vergleichen. Der Wohlstand, der früher für Schottland, Deutschland, die Ebenen Italiens bezeichnend war, war vorüber. Die Straßen waren verwahrlost, die Städte waren entvölkert, die Arbeit war zur Sklaverei geworden, die Kunst war vernichtet, der Handel sogar war im Verfall.[238]

Wenn die mittelalterlichen Städte uns keine geschriebenen Zeugnisse hinterlassen hätten, die von ihrem Glanze reden, wenn von ihnen nichts geblieben wäre, als die Baudenkmäler, die wir jetzt in ganz Europa sehen, von Schottland bis Italien, und von Gerona in Spanien bis Breslau auf slavischem Gebiet, dann müssten wir doch zu dem Schlusse kommen, dass die Zeiten des unabhängigen Städtelebens Zeiten der höchsten Blüte des Menschengeistes waren seit dem Beginn der christlichen Zeitrechnung bis zum Ende des 18. Jahrhunderts hin. Wenn wir z. B. ein mittelalterliches Gemälde betrachten, das Nürnberg mit seinen Dutzenden von massigen oder himmelanstrebenden Türmen vorstellt, von denen jeder den Stempel freier, schöpferischer Kunst trug, dann können wir kaum begreifen, dass 300 Jahre früher die Stadt nur aus ein paar armseligen Hütten bestand. Und unsere Bewunderung wächst, wenn wir uns in die architektonischen Einzelheiten all der zahllosen Kirchen, Glockentürme, Tore und Rathäuser versenken, die über ganz Europa bis nach Böhmen und die jetzt toten Städte des polnischen Galiziens zerstreut sind. Nicht nur Italien, die Mutter der Kunst, sondern ganz Europa ist voller solcher Monumente. Schon die Tatsache, dass von allen Künsten die Architektur – vor allem eine soziale Kunst – die höchste Vollendung erreicht hat, ist bezeichnend. Um zu sein, was sie gewesen ist, musste sie aus einem eminent sozialen Leben entspringen.

Die Architektur des Mittelalters stieg zu solcher Höhe – nicht nur, weil sie eine natürliche Weiterbildung des Handwerks war; nicht nur, weil jedes Bauwerk, jeder Bildschmuck von Männern entworfen worden war, die aus der Erfahrung ihrer eigenen Hände wussten, was für künstlerische Wirkungen aus Stein, Eisen, Bronze oder auch nur aus einfachen Holzblöcken und Mörtel erreicht werden können; nicht nur, weil jedes Monument ein Erzeugnis gemeinsamer Erfahrung war, die in jedem geheimen Bund oder

238 Cosmo Innes, *Early Scottish History* und *Scotland in Middle Ages*, zitiert bei Rev. Denton, S. 68, 69; Lamprecht, *Deutsches Wirtschaftsleben im Mittelalter*, Referat Schmollers darüber in seinem Jahrbuch, Bd. 12; Sismondi, *Tableau de l'agriculture toscane*, S. 226 ff. Die Besitzungen von Florenz konnten auf den ersten Blick an ihrem Wohlstand erkannt werden.

jeder Zunft aufgehäuft war[239], sie war groß, weil sie aus einer großen Idee geboren war. Wie die griechische Kunst entsprang sie aus der von der Stadt geförderten Idee der Brüderlichkeit und der Einheit. Sie hatte eine Kühnheit, die nur durch kühne Kämpfe und Siege gewonnen werden konnte; sie hatte ihren Ausdruck von Stärke, weil Stärke all das Leben der Stadt erfüllte. Ein Münster oder ein Rathaus war das Symbol der Größe eines Organismus, dessen Erbauer jeder Maurer und jeder Steinmetz war, und ein mittelalterliches Bauwerk erscheint – nicht wie eine einsame Leistung, wo tausend Sklaven ihren Teil leisteten, den ihnen die Phantasie eines Einzigen anwies – sondern die ganze Stadt trug dazu bei. Der Glockenturm stieg aus einem Bau zum Himmel empor, der an sich groß war und in dem das Leben der Stadt verkörpert war, – nicht aus einem sinnlosen Gerüst, wie der Pariser Eisenturm, nicht aus einem lügenhaften Steinbau, der die Häßlichkeit des Eisengestells verbergen soll, wie man es in London mit der Towerbrücke gemacht hat. Wie die Akropolis von Athen hatte die Kathedrale einer mittelalterlichen Stadt die Bestimmung, die Größe der siegreichen Stadt zu verherrlichen, ein Symbol für die Einheit ihrer Handwerke zu sein, den Ruhm jedes Bürgers in einer Stadt, die er selbst hatte schaffen helfen, zu künden. Nach Vollendung ihrer Zunftrevolution begann die Stadt oft einen neuen Dom, um der neuen, breiteren, umfassenderen Einheit Ausdruck zu geben, die ins Leben gerufen worden war.

Die Mittel, die für diese gewaltigen Unternehmungen vorhanden waren, waren unverhältnismäßig gering. Der Kölner Dom wurde mit einer Jahresausgabe von nur 500 Mark begonnen; eine Gabe von 100 Mark wurde als großartige Schenkung verzeichnet[240]; und selbst als das Werk sich seiner

239 Mr. John J. Ennett (*Six Essays*, London 1891) schreibt vorzüglich über diese Seite der mittelalterlichen Architektur. Mr. Willis hat in seinem Anhang zu Whewells *History of Inductive Sciences* (Bd. I, S. 261-262) die Schönheit der mechanischen Verhältnisse in mittelalterlichen Gebäuden hervorgehoben. „Eine neue dekorative Konstruktion war heraufgekommen“, schreibt er, „die die mechanische Konstruktion nicht bestritt und störte, sondern ihr half und harmonisch machte. Jedes Glied, jeder Tragestein wird ein Träger der Last; und durch die Vielheit der Stützen, die einander Hilfe leisten, und die daraus folgende Verteilung des Gewichts war das Auge befriedigt von der Festigkeit der Struktur, trotz des sonderbar mageren Aussehens der einzelnen Teile.“ Eine Kunst, die dem *sozialen* Leben entsprang, konnte nicht treffender charakterisiert werden.

240 Dr. L. Ennen, *Der Dom zu Köln, seine Konstruktion und Anstaltung*, Köln 1871.

Vollendung näherte, und die Gaben entsprechend einliefen, betrugen die jährlichen Geldausgaben ungefähr 5000 Mark und gingen nie über 14.000 Mark hinaus. Der Münster von Basel wurde mit gleich geringen Mitteln erbaut. Aber jede Korporation steuerte ihren Teil Steine, Arbeit und dekorative Kunst zu ihrem gemeinsamen Monument bei. Jede Gilde drückte darin ihre politischen Anschauungen aus, erzählte in Stein oder Bronze die Geschichte der Stadt, verherrlichte die Prinzipien der „Freiheit, Gleichheit und Brüderlichkeit“[241], rühmte die Bundesgenossen der Stadt und schickte ihre Feinde in die ewige Verdammnis. Und jede Gilde bezeigte ihre *Liebe* zu dem Denkmal der Gemeinde dadurch, dass sie es reich mit Glasgemälden, Bildern, „Türen, die würdig wären, die Türen zum Paradies zu sein“, wie Michelangelo sagte, oder Steinverzierungen im kleinsten Winkel des Gebäudes schmückten.[242] Kleine Städte, selbst kleine Kirchspiele[243] nahmen es mit den großen Städten in diesen Werken auf, und die Kathedrale von Laon und St. Ouen stehen kaum hinter der von Rheims oder dem Rathaus von Bremen oder dem Glockenturm der Bürgerversammlung von Breslau zurück. „Keine Werke sollen von der Gemeinde begonnen werden als solche, die entworfen sind im Einklang mit dem großen Herzen der Gemeinde, gebildet aus den Herzen aller Bürger, vereinigt in einem gemeinsamen Willen“ – das waren die Worte des Rates von Florenz; und dieser Geist tritt in allen kommunalen Werken zu gemeinem Nutzen zutage, wie den Kanälen, Terrassen, Weingärten und Fruchtgärten in der Umgebung von Florenz, oder den Bewässerungskanälen, die die Ebenen der Lombardei durchschnitten, oder dem Hafen und der Wasserleitung von Genua oder in der Tat in allen Werken der Art, wie sie von fast jeder Stadt ausgeführt wurden.[244]

241 Die drei Statuen befinden sich unter dem äußeren Bildschmuck von Nôtre Dame de Paris.

242 Die mittelalterliche Kunst kannte so wenig wie die griechische die Kuriositätensammlungen, die wir Nationalgalerie oder Museum nennen. Ein Gemälde wurde gemalt, eine Statue wurde ausgehauen, ein Bronzestück wurde gegossen, um an ihrem richtigen Platz in einem Monument kommunaler Kunst zu stehen. Da lebte es, war ein Teil eines Ganzen und trug dazu bei, dem vom Ganzen erzeugten Eindruck Einheit zu geben.

243 Vergl. J. T. Ennets „Second Essay“, S. 36.

244 Sismondi, Bd. 4, S. 172; Bd. 16, S. 356. Der große Kanal, Naviglio Grande, der das Wasser vom Tessin bringt, wurde 1179 begonnen, das heißt, nach der Eroberung der Unabhängigkeit, und im 13. Jahrhundert beendet. Über den späteren Verfall siehe XVI, 355.

Alle Künste und Handwerke hatten sich in den mittelalterlichen Städten in dieser Weise entwickelt; die unserer eigenen Zeit sind nur eine Fortsetzung dessen, was damals erwachsen ist. Der Wohlstand der flämischen Städte gründete sich auf die feinen Wolltuche, die sie fabrizierten. Florenz fabrizierte im Anfang des 14. Jahrhunderts vor dem schwarzen Tod 70.000 bis 100.000 *panni* Wollstoffe, die auf 1.200.000 Goldgulden geschätzt wurden.[245] Das Ziselieren kostbarer Metalle, die Kunst des Gießens, das Kunstschmiedehandwerk, waren Schöpfungen der mittelalterlichen Innungen, denen es gelungen war, auf ihrem eigenen Gebiet alles zu erreichen, was mit der Hand, ohne Anwendung mächtiger mechanischer Kraftmotoren, gemacht werden konnte. Mit der Hand und mit Erfinderkraft, denn, um Whewells Worte zu gebrauchen, „Pergament und Papier, Druckerei und Metallstichkunst, verbessertes Glas und Stahl, Schießpulver, Uhren, Fernrohre, Kompass, der reformierte Kalender, das Dezimalsystem; Algebra, Trigonometrie, Chemie, Kontrapunkt (eine Erfindung, die eine Neuschöpfung der Musik bedeutete), all das sind Erfindungen, die uns aus der Zeit überkommen sind, die man so verächtlich die Periode der Stagnation genannt hat (*History of Inductive Sciences*, Bd. 1, S. 252).

Es ist wahr, wie Whewell sagt, dass in all diesen Entdeckungen kein neues Prinzip enthalten war; aber die mittelalterliche Wissenschaft hat etwas mehr getan, als die tatsächliche Entdeckung neuer Prinzipien. Sie hat die Entdeckung all der neuen Prinzipien vorbereitet, die wir gegenwärtig in den mechanischen Wissenschaften kennen: sie hat die Forscher daran gewöhnt, Tatsachen zu beobachten und aus ihnen Schlüsse zu ziehen. Es war induktive Wissenschaft, obwohl sie freilich die Bedeutung und die Macht der Induktion noch nicht völlig erfasst hatte; und sie legte die Grundlagen zur Mechanik und zur allgemeinen Naturwissenschaft. Francis Bacon, Galilei und Kopernikus waren die direkten Abkömmlinge eines Roger Bacon und Michael Scot, wie die Dampfmaschine ein direktes Erzeugnis der auf den italienischen Universitäten betriebenen Forschungen über den Luft-

245 1366 hatte es 8000 bis 10.000 Knaben und Mädchen in seinen Volksschulen, 1000 bis 1200 Knaben in seinen sieben Mittelschulen und 550–600 Studenten auf seinen vier Universitäten. Die dreißig Gemeindekrankenhäuser hatten über 1000 Betten für eine Bevölkerung von 90.000 Einwohnern (Capponi, Bd. 2, S. 249 ff.). Es ist mehr als einmal von sachverständigen Autoren versichert worden, dass die Erziehung in der Regel auf viel höherer Stufe stand, als gewöhnlich angenommen wird. Sicher war es so im demokratischen Nürnberg.

druck und der mathematischen und technischen Studien war, die in Nürnberg betrieben wurden.

Aber warum erst lange den Fortschritt von Wissenschaft und Kunst in der Stadt des Mittelalters beweisen wollen? Ist es nicht genug, für das Kunstwerk auf die Dome und Kathedralen hinzuweisen und für das geistige Leben auf die italienische Sprache und das Dichtwerk Dantes, um sofort den Maßstab für das zu geben, was die Stadt des Mittelalters während der vier Jahrhunderte, die sie lebte, *geschaffen* hat?

Die mittelalterlichen Städte haben ohne Zweifel der europäischen Zivilisation einen außerordentlichen Dienst erwiesen. Sie haben sie davor bewahrt, den Theokratien und despotischen Staaten der Vorzeit zu verfallen; sie haben ihr die Mannigfaltigkeit, das Selbstvertrauen, die Macht der Initiative und die ungeheuren geistigen und materiellen Kräfte gegeben, die sie jetzt besitzt und die die beste Bürgschaft sind, dass sie imstande ist, jedem neuen Vordringen des Orients zu widerstehen. Aber warum konnten diese Mittelpunkte der Kultur, die es unternahmen, so tiefgewurzelten Bedürfnissen der menschlichen Natur zu entsprechen und die so voller Leben waren, nicht weiterleben? Warum wurden sie im 16. Jahrhundert von der Altersschwäche ergriffen? Und warum, nachdem sie so viele Angriffe von außen zurückgeworfen und an ihren inneren Kämpfen nur neue Kraft gewonnen hatten, unterlagen sie schließlich den beiden?

Verschiedene Ursachen haben zu dieser Wirkung beigetragen, von denen einige in der fernen Vergangenheit wurzelten, während andere aus den Fehlern entsprangen, die die Städte selbst begingen. Gegen das Ende des 15. Jahrhunderts traten bereits mächtige Staaten, die nach dem alten römischen Muster gebildet waren, ins Dasein. In jedem Land und jedem Landesteil war es einem Lehnsherrn, der verschlagener war, mehr Schätze gesammelt hatte und oft skrupelloser war, als seine Nachbarn, geglückt, sich größere persönliche Besitztümer anzueignen, mehr Bauern auf seinen Ländern zu haben, mehr Ritter in seinem Gefolge, mehr Gelder in seiner Kasse. Er hatte sich eine Gruppe günstig gelegener Dörfer zum Sitz auserwählt, die noch nicht zum freien Munizipalleben gelangt waren – Paris, Madrid oder Moskau – und mit Hilfe seiner Leibeigenen hatte er daraus befestigte königliche Städte gemacht, wohin er Kriegsgenossen durch freigebige Verschenkung von Dörfern, und Kaufleute durch den Schutz zog, den er dem Handel bot. So war der Keim zu einem künftigen Staat gelegt, der allmählich andere ähnliche Zentren in sich aufnahm. Juristen, die des römischen Rechts kundig waren, zogen sich in solche Mittelpunkte; ein beharrlicher und hochmütiger Schlag Menschen ging aus diesen Bürgern hervor, die in gleicher Weise den Übermut der Herren und was sie die Zuchtlosigkeit der Bauern nannten, hassten. Die Formen der Markgenossenschaft, von denen ihr Gesetzbuch nichts wusste, und die „Prinzipien des Föderalismus" waren ihnen als „barbarische" Erbstücke widerwärtig. Der Cäsarismus, gestützt von der Fiktion der Zustimmung des Volkes und von Waffengewalt, war ihr Ideal, und sie traten leidenschaftlich für die ein, die versprachen, es zu verwirklichen.[246]

Die christliche Kirche, die sich einst gegen das römische Recht empört hatte und jetzt sein Bundesgenosse war, arbeitete in derselben Richtung. Nachdem der Versuch, das theokratische europäische Kaiserreich zu gründen, fehlgeschlagen war, leisteten die intelligenteren und ehrgeizigeren Bischöfe jetzt denen Beistand, von denen sie annahmen, dass sie die Macht der Könige von Israel oder der Kaiser von Konstantinopel wieder herstellen würden. Die Kirche verlieh den emporkommenden Herrschern ihre Majestät, sie krönte sie als Stellvertreter Gottes auf Erden, sie stellte die Bildung und staatsmännische Begabung ihrer Diener in ihre Dienste, ihren Segen und Bannstrahl, ihre Reichtümer und die Sympathien, die sie bei den Armen gefunden hatte. Die Bauern, die die Städter nicht hatten befreien können oder wollen, setzten nun, wo sie sahen, dass die Bürger unfähig seien, den unendlichen Kriegen zwischen den Rittern ein Ende zu machen – die sie so teuer bezahlen mussten – ihre Hoffnungen auf den König, den Kaiser oder den Großfürsten; und während sie ihnen halfen, die mächtigen Feudalherren niederzuzwingen, halfen sie ihnen, den zentralisierten Staat zu gründen. Und schließlich wirkten die Einfälle der Mongolen und Türken, der heilige Krieg gegen die Mauren in Spanien und ebenso die furchtbaren Kriege, die bald zwischen den wachsenden Souveränitätsgebilden ausbrachen – zwischen Ile-de-France und Burgund, Schottland und England, England und Frankreich, Litauen und Polen, Moskau und Twer usw. – auf dasselbe Ziel hin. Mächtige Staaten traten ins Leben; und die

246 Vergl. L. Rankes vorzügliche Betrachtungen über den Geist des römischen Rechts in seiner *Weltgeschichte*, Band 4, Abteil. 2, S. 20-31. Auch Sismondis Bemerkungen über die Rolle, die die *légistes* bei der Begründung der königlichen Gewalt spielten. *Histoire des Français*, Paris 1826, Bd. 8, S. 85-99. Der Hass des Volkes gegen diese „weise Doktoren und Beutelschneider des Volkes" brach mit voller Gewalt in den ersten Jahren des 16. Jahrhunderts in den Predigten der ersten Reformationsbewegung aus.

Städte hatten jetzt nicht mehr bloß lose Adelsbünde zu Feinden, sondern festgefügte Gebilde, die Armeen von Leibeigenen zur Verfügung hatten.

Das schlimmste war, dass die wachsenden Autokratien in den Zwiespalten, die unter den Städten selbst entstanden waren, Unterstützung fanden. Der Grundgedanke der mittelalterlichen Stadt war groß, aber er war nicht umfassend genug. Gegenseitige Hilfe kann nicht auf eine kleine Vereinigung beschränkt bleiben; sie muss sich auf ihre Umgebung erstrecken, wenn nicht die Umgebungen die Vereinigung aufsaugen sollen. Und in dieser Hinsicht hatte der mittelalterliche Städter von Anbeginn an einen furchtbaren Fehler begangen. Anstatt die Bauern und Handwerker, die sich unter den Schutz ihrer Mauern begaben, als lauter Hilfskräfte zu betrachten, die zum Ausbau der Stadt ihr Teil beitragen würden – wie sie es tatsächlich taten – wurde eine scharfe Trennung zwischen den Geschlechtern der alten Bürger und den Neugekommenen gemacht. Den ersteren waren alle Vorteile des Gemeindehandels und der Gemeindeländer vorbehalten, und den letzteren war nur das Recht gelassen, die Geschicklichkeit ihrer eigenen Hände frei zu benutzen. Die Stadt wurde so in die „Bürger" oder die „Gemeinde" und die „Einwohner" getrennt.[247] Der Handel, der früher der Gemeinde gehört hatte, wurde jetzt das Privileg der Kaufmanns- und Handwerksgeschlechter, und der nächste Schritt – individuell oder das Privileg von Ausbeutungsgesellschaften zu werden – war unvermeidlich.

Dieselbe Trennung trat zwischen der eigentlichen Stadt und den umgebenden Dörfern ein. Die Kommune hatte wohl versucht, die Bauern zu befreien, aber ihre Kriege gegen die Herren wurden, wie bereits erwähnt, zu Kriegen zur Befreiung der Stadt selbst von den Herren, aber kaum zur Befreiung der Bauern. Die Stadt ließ dem Adligen seine Rechte über die Leibeigenen; unter der Bedingung, dass er die Stadt nicht mehr belästigte und Stadtgenosse wurde. Aber die Adligen, die so von der Stadt „aufgenommen" waren und innerhalb ihrer Mauern wohnten, führten einfach innerhalb des Stadtbereiches den alten Kampf fort. Es passte ihnen nicht, sich einem Gericht einfacher Handwerker und Kaufleute zu unterwerfen, und die fochten ihre alten Fehden in den Straßen aus. Jede Stadt hatte jetzt ihre Colonnas und Orsinis, ihre Oberstolzen und Wisen. Da sie große Einnahmen aus den Besitzungen hatten, die ihnen noch geblieben waren, um-

247 Brentano hat die verhängnisvollen Wirkungen des Kampfes zwischen den alten Bürgern und den Zugekommenen sehr wohl eingesehen. Miaskowski hat in seinem Werk über die Markgenossenschaften der Schweiz dasselbe für die Dorfgemeinden gezeigt.

gaben sie sich mit zahlreichen Klienten und feudalisierten die Bräuche und Sitten der Stadt selbst. Und wenn sich unter den Handwerkerklassen der Stadt Unzufriedenheit bemerkbar machte, boten sie ihr Schwert und ihr Gefolge an, um die Differenzen in offener Schlacht zu erledigen, anstatt dass, wie in alten Zeiten, die Unzufriedenheit sich hätte einen Weg zur Abhilfe suchen können.

Der größte und verhängnisvollste Irrtum der meisten Städte bestand darin, ihre Macht auf Handel und Industrie zu gründen und die Landwirtschaft zu vernachlässigen. Sie wiederholten so den Irrtum, den einst die Städte des alten Griechenlands begangen hatten und sie kamen durch ihn zu denselben Verbrechen.[248] Die Entfremdung zwischen vielen Städten und dem Land brachte die Städte zu einer den Bauern feindlichen Politik, die in den Zeiten Eduards III.[249], den Jacqueries Frankreichs, den Hussitenkriegen und dem deutschen Bauernkrieg immer deutlicher hervortrat. Andererseits verwickelte sie ihre Handelspolitik in weitabführende Unternehmungen. Von den Italienern wurden im Südosten, von den deutschen Städten im Osten, von slawischen Städten im fernen Nordosten Kolonien gegründet. Man fing an, für Kolonialkriege Söldnerheere zu halten und bald auch für die Verteidigung der Stadt selbst. Es wurden in solchem Maße Darlehen aufgenommen, dass die Bürger völlig demoralisiert wurden; und die inneren Streitigkeiten wurden bei jeder Wahl schlimmer, bei der die Kolonialpolitik im Interesse weniger Geschlechter auf dem Spiele stand. Die Trennung in Reiche und Arme wurde tiefer, und im 16. Jahrhundert fand die königliche Gewalt in jeder Stadt willige Bundesgenossen unter den Armen.

Und es gibt noch einen weiteren Grund für den Verfall der kommunalen Einrichtungen, der höher reicht und tiefer dringt als alle bisher angeführten. Die Geschichte der mittelalterlichen Städte macht äußerst treffend die Macht der *Ideen und Prinzipien* über die Schicksale des Menschengeschlechts anschaulich, sie zeigt, wie ganz entgegengesetzte Resultate erreicht werden, wenn eine tiefgehende Umwandlung der führenden Gedanken Platz gegriffen hat. Selbstvertrauen und Föderalismus, die Souveränität

248 Der Handel mit Sklaven, die im Orient geraubt waren, hörte in den italienischen Republiken nicht vor dem 15. Jahrhundert auf. Schwache Spuren davon finden sich auch in Deutschland und anderswo. Siehe Cibrario, *Della schiavitù e del servaggio*, 2 Bände, Mailand 1868; Prof. Lutschitzkiy, „*Sklaverei und russische Sklaven in Florenz im 14. und 15. Jahrhundert*", in *Iswestia* der Universität Kiew, 1885.

249 J. R. Green, *History of the English People*, London 1878, Bd. 1, S. 455.

jeder Gruppe und der Aufbau der politischen Körperschaft vom Einfachen zum Zusammengesetzten, das waren die Grundgedanken im 11. Jahrhundert. Den Römischrechtsgelehrten und den Prälaten der Kirche, die seit den Zeiten Innocenz' III. eng verbunden waren, war es gelungen, die Idee – die alte griechische Idee – zu lähmen, die bei der Gründung der Städte gewaltet hatte. Zwei- oder dreihundert Jahre lang lehrten sie von der Kanzel, dem Katheder der Universität und dem Richterstuhl aus, dass das Heil in einem stark organisierten Staat, der unter einer halbgöttlichen Gewalt stehe, zu suchen sei;[250] dass ein Mann der Lenker der Gesellschaft sein kann und muss, und dass er im Namen des öffentlichen Wohles jede Gewalttat begehen darf, Männer und Frauen auf dem Scheiterhaufen verbrennen, sie unter unbeschreiblichen Qualen zu Tode martern, ganze Provinzen in das entsetzlichste Elend stürzen. Auch versäumten sie nicht, in dieser Hinsicht tatsächlichen Unterricht zu erteilen, und zwar in großem Maßstab und mit unerhörter Grausamkeit, soweit das Schwert des Königs und das Feuer der Kirche, oder beider zugleich, reichte. Durch diese fortwährend wiederholten und der öffentlichen Aufmerksamkeit aufgezwungenen Lehren und Beispiele nahm der Geist der Bürger geradezu eine neue Gestalt an. Sie fingen an, keine autoritative Gewalt zu weitgehend, kein zu Tode martern zu grausam zu finden, sowie es sich um „das allgemeine Wohl" handelte. Und mit dieser neuen Richtung des Geistes und diesem neuen Glauben an die Macht eines Menschen schwand das alte föderalistische Prinzip dahin und der Schöpfergeist der Massen ging verloren. Die römische Idee war siegreich und unter solchen Umständen fand der zentralisierte Staat in den Städten eine fertige Beute.

Das Florenz des 15. Jahrhunderts ist typisch für diese Umwandlung. Früher war eine Revolution des Volkes das Signal zu einem neuen Aufschwung gewesen. Jetzt hatte das Volk, wenn es sich erhob, keine konstruktiven Ideen mehr; keine frische Idee entsprang der Bewegung. Man schickte in den Gemeinderat 1000 Vertreter statt 400; 100 Männer bildeten die Signoria statt 80. Aber eine Revolution der Zahlen konnte von keinem Wert sein. Die Unzufriedenheit des Volkes wuchs, und es folgten neue Empörungen. Man berief einen Retter – den „Tyrannen" –; er ließ die Empörer niedermetzeln, aber der Verfall des Gemeinwesens wurde schlimmer als je. Und als nach einer neuen Erhebung das Volk von Florenz seinen volkstümlichsten Mann, Gieronimo Savonarola, um Rat anging, da lautete die

250 Siehe die schon beim Kongress von Roncaglia 1158 von den Juristen Bolognas ausgesprochenen Theorien.

Antwort des Mönchs: „Oh, mein Volk, du weißt, ich kann mich nicht auf Staatsdinge einlassen ... reinige deine Seele, und wenn du in solcher Verfassung des Geistes deine Stadt reformierst, dann, Volk von Florenz, wirst du die Reform in ganz Italien begonnen haben!“ Karnevalmasken und lasterhafte Bücher wurden verbrannt, ein Fürsorgegesetz und eins gegen die Wucherer wurden beschlossen – und die Demokratie von Florenz blieb, wo sie war. Der alte Geist war weg. Sie hatten sich zu viel auf die Regierung verlassen und hatten dadurch aufgehört, sich auf sich selbst zu verlassen; sie waren unfähig zu neuem Beginn. Der Staat brauchte nur zu kommen, um ihre letzten Freiheiten zu zerstören.

Und doch ging die Strömung zu gegenseitiger Hilfe in den Massen nicht verloren, sie floss auch nach dieser Niederlage weiter. Sie erhob sich wieder mit ungeheurer Gewalt als Antwort auf die kommunistischen Aufrufe der ersten Propagandisten der Reformation, und sie existierte auch dann immer noch, nachdem die Massen, denen es nicht gelungen war, das Leben zu verwirklichen, das sie unter dem begeisternden Einfluss einer reformierten Religion zu schaffen gehofft hatten, unter die Herrschaft autokratischer Gewalt gefallen waren. Sie fließt auch jetzt noch und geht ihren Weg auf der Suche nach einem neuen Gebilde, das nicht Staat und nicht mittelalterliche Stadt und nicht die Dorfmark der Barbaren und nicht der Clan der Wilden sein soll, aber doch aus diesen allen sich ergeben, ihnen jedoch überlegen sein soll in seinem umfassenderen und tiefer menschlichen Gehalt.

Siebentes Kapitel: Gegenseitige Hilfe in unserer Zeit

Volksaufstände zu Beginn der Staatsperiode. – Institutionen zu gegenseitiger Hilfe in unserer Zeit. – Die Markgenossenschaft: ihr Widerstand gegen die Abschaffung von Seiten des Staates. – Bräuche, die dem Leben der Dorfmark entspringen und in den Dörfern unserer Zeit erhalten geblieben sind. – Schweiz, Frankreich, Deutschland, Russland.

Der Trieb des Menschen zu gegenseitiger Hilfe hat einen so uralten Ursprung und ist so tief mit der ganzen vergangenen Entwicklung der Menschenrasse verbunden, dass er von dem Menschengeschlecht bis in unsere Zeit trotz aller Wechselfälle der Geschichte bewahrt worden ist. Er hat sich hauptsächlich in den Perioden des Friedens und Wohlstandes ausgebildet; aber selbst als die schlimmsten Schicksalsschläge über die Menschen gekommen waren – als ganze Länder von den Kriegen verwüstet worden waren und ganze Bevölkerungen vom Elend dezimiert waren oder unter dem Joch der Tyrannei stöhnten – auch da lebte diese Tendenz in den Dörfern und unter den ärmeren Klassen in den Städten weiter; sie hielt sie noch immer zusammen, und im Lauf der Zeit wirkte sie sogar auf die herrschenden, kämpfenden und zerstörenden Minderheiten zurück, die sie als sentimentalen Unsinn aufgegeben hatten. Und immer, wenn die Menschheit eine neue soziale Organisation auszuarbeiten hatte, die einer neuen Entwicklungsstufe sich anpassen sollte, nahm ihr konstruktiver Geist die Elemente und den großen Zug zu dem neuen Aufschwung aus dieser selben ewig lebendigen Tendenz. Neue ökonomische und soziale Einrichtungen, insofern sie eine Schöpfung der Massen waren, neue ethische Systeme und neue Religionen, sie sind alle von derselben Quelle ausgegangen, und der ethische Fortschritt unseres Geschlechtes erscheint im großen und ganzen betrachtet als die allmähliche Ausdehnung der Prinzipien gegenseitiger Hilfe vom Stamm aus zu immer umfassenderen Gebilden, so dass sie schließlich eines Tages die ganze Menschheit umfassen, ohne Unterschied der Glaubensbekenntnisse, Sprachen und Rassen.

Nachdem die Europäer durch den Stamm der Wilden und dann durch die Dorfmark hindurchgegangen waren, hatten sie in den Zeiten des Mittelalters eine neue Organisationsform ausgebildet, die den Vorteil bot, der individuellen Initiative weiten Spielraum zu lassen, während sie doch gleichzeitig den Bedürfnissen des Menschen nach gegenseitigem Beistand in hohem Maße Genüge tat. Eine Föderation von Dorfmarken, die von einem Netzwerk von Gilden und Brüderschaften durchzogen waren, trat in den Städten des Mittelalters ins Dasein. Die ungeheuren Fortschritte, die unter dieser neuen Form der Vereinigung erreicht wurden – im Wohlstand für alle, die in den Industrien, der Kunst, der Wissenschaft und dem Handel – sind in den beiden vorhergehenden Kapiteln einigermaßen ausführlich behandelt worden, und es ist auch der Versuch gemacht worden, zu zeigen, warum gegen das Ende des 15. Jahrhunderts die mittelalterlichen Republiken – von Gebieten umgeben, die feindlichen Feudalherren gehörten, unfähig, die Bauern aus der Leibeigenschaft zu befreien und allmählich durch die Ideen des römischen Cäsarismus verderbt – dazu verurteilt waren, den wachsenden Militärstaaten zum Opfer zu fallen.

Jedoch machten die Volksmassen, bevor sie sich für die drei folgenden Jahrhunderte der alles verzehrenden autoritären Gewalt des Staates unterwarfen, noch einen gewaltigen Versuch, die Gesellschaft auf der alten Grundlage der Gegenseitigkeit von neuem zu errichten. Es ist jetzt wohl bekannt, dass die große Reformationsbewegung nicht eine bloße Empörung gegen die Missbräuche der katholischen Kirche war. Sie hatte auch ihr konstruktives Ideal, und dieses Ideal war: Leben in freien, brüderlichen Gemeinschaften. Die ersten Schriften und Reden aus dieser Periode, die den meisten Anklang bei den Massen fanden, waren von den Ideen der ökonomischen und sozialen Brüderlichkeit der Menschen erfüllt. Die zwölf Artikel und ähnliche Glaubensbekenntnisse, die unter den deutschen und Schweizer Bauern und Handwerkern umliefen, betonten nicht nur das Recht jedes Menschen, die Bibel nach seiner eigenen Einsicht auszulegen, sondern schlossen auch die Forderung ein, dass der gemeinsame Landbesitz der Markgenossenschaften wieder hergestellt und die Feudallasten abgeschafft würden, und sie wiesen immer auf den „wahren" Glauben hin – den Glauben der Brüderschaft. Zur selben Zeit vereinigten sich Zehntausende von Männern und Frauen zu den kommunistischen mährischen Brüderschaften, denen sie all ihr Vermögen gaben und in denen sie – in zahlreichen, wohlhabenden Niederlassungen – gemäß den Prinzipien des

Kommunismus lebten.[251] Nur Massenschlächtereien von Tausenden und Abertausenden konnten dieser weitverbreiteten Volksbewegung ein Ende machen, und durch Feuer und Schwert und Folter gewannen die jungen Staaten ihren ersten und entscheidenden Sieg über die Volksmassen.[252]

In den nächsten drei Jahrhunderten rotteten die Staaten auf dem Kontinent wie auf den britischen Inseln – systematisch alle Institutionen aus, in denen früher die Tendenz zu gegenseitiger Hilfe ihren Ausdruck gefunden hatte. Die Dorfgemeinden wurden ihrer Volksversammlung, ihrer Gerichtshöfe und unabhängigen Verwaltung beraubt; ihre Länder wurden konfisziert. Die Gilden wurden ihrer Besitztümer und Freiheiten beraubt, und unter die Kontrolle, die Laune und die Bestechlichkeit der Staatsbürokratie gebracht. Die Städte wurden ihrer Souveränität entkleidet, und die Quellen ihres inneren Lebens – die Volksversammlungen, die erwählten Richter, die erwählte Verwaltung, das souveräne Kirchspiel und die souveräne Gilde – wurden vernichtet; der Staatsbeamte nahm Besitz von jedem Glied dessen, was früher ein organisches Ganzes gewesen war. Unter dieser mörderischen Politik und den Kriegen, die sie erzeugte, wurden ganze Länderstriche, die einst volkreich und wohlhabend gewesen, verödet; reiche Städte wurden unbedeutende Flecken; selbst die Straßen, die sie mit anderen Städten verbanden, wurden ungangbar. Industrie, Kunst und Bildung verfielen. Die politische Erziehung, Wissenschaft und Recht wurden der Idee der Staatszentralisation dienstbar gemacht. Es wurde

251 Eine umfangreiche Literatur über dieses früher sehr vernachlässigte Gebiet ist nun in Deutschland im Entstehen. Kellers Bücher *Ein Apostel der Wiedertäufer* und *Geschichte der Wiedertäufer*. Cornelius' *Geschichte des münsterischen Aufruhrs* und Janssens *Geschichte des deutschen Volkes* sind als die Hauptquellen zu nennen. Einen ersten Versuch, den englischen Leser mit den Resultaten dieser umfangreichen in Deutschland unternommenen Forschungen vertraut zu machen, bietet die ausgezeichnete Arbeit von Richard Heath: *Anabaptism from its Rise at Zwickau to its Fall at Münster, 1521-1536*, London 1895 (Baptist Manuals, Bd. 1). – Siehe auch K. Kautskys *Kommunismus zur Zeit der Reformation*.

252 Wenige unter unseren Zeitgenossen können sich von der Ausdehnung dieser Bewegung und den Mitteln, durch die sie unterdrückt wurde, ein rechtes Bild machen. Aber Leute, die unmittelbar nach dem großen Bauernkrieg geschrieben haben, schätzen die Zahl der nach ihrer Niederlage in Deutschland erschlagenen Bauern auf 100.000 bis 150.000. Siehe Zimmermanns *Allgemeine Geschichte des großen Bauernkrieges*. Über die in Holland ergriffenen Maßregeln zur Unterdrückung der Bewegung siehe Heath, *Anabaptism*, ebenda.

auf den Universitäten und von der Kanzel herunter gelehrt, dass die Einrichtungen, in denen die Menschen früher ihre Bedürfnisse gegenseitigen Beistandes verkörpert hatten, in einem wohlorganisierten Staate künftig nicht geduldet werden könnten; dass der Staat allein die Verbindung unter seinen Untertanen zu repräsentieren habe, dass der Föderalismus und der „Partikularismus" die Feinde des Fortschrittes seien und dass der Staat der einzig richtige Träger des Fortschritts sei. Am Ende des 18. Jahrhunderts stimmten die Könige des Kontinents, das englische Parlament und der Revolutionskonvent in Frankreich, obwohl sie miteinander im Kriege lagen, darin überein, dass sie behaupteten, besondere Bünde unter den Bürgern dürften im Staate nicht existieren; Zuchthaus und Todesstrafe waren die einzig richtigen Strafen für Arbeiter, die es wagten, „Koalitionen" zu bilden. „Kein Staat im Staate!" Der Staat allein und die Staatskirche dürfen sich um öffentliche Angelegenheiten kümmern, während die Untertanen lose Haufen von Individuen vorstellen müssen, die keine besondere Verbindung untereinander haben und verpflichtet sind, sich jederzeit, wenn sie eine gemeinsame Not empfinden, an die Regierung zu wenden. Bis zur Mitte des 19. Jahrhunderts war dies Theorie und Praxis in Europa. Auf jede Gesellschaft zu Zwecken des Handels oder der Industrie blickte man argwöhnisch. Was die Arbeiter angeht, so wurden ihre Vereine fast noch zu unseren Lebzeiten in England und noch in den letzten zwanzig Jahren auf dem Kontinent als ungesetzlich betrachtet. Das ganze System unserer Staatserziehung war so, dass bis zur gegenwärtigen Zeit selbst in England ein beträchtlicher Teil der Gesellschaft die Gewährung solcher Rechte, wie sie fünfhundert Jahre früher jedermann, ob frei oder leibeigen, in der dörflichen Volksversammlung, der Gilde, dem Sprengel und der Stadt ausübte, als revolutionäre Maßnahme behandeln würde.

Die Usurpation aller sozialen Funktionen durch den Staat musste die Entwicklung eines ungezügelten, geistig beschränkten Individualismus begünstigen. Je mehr die Verpflichtungen gegen den Staat sich häuften, um so mehr wurden offenbar die Bürger ihrer Verpflichtungen gegeneinander entledigt. In der Gilde – und im Mittelalter gehörte jedermann zu einer Gilde oder Brüderschaft – waren zwei „Brüder" verpflichtet, abwechselnd bei einem Bruder zu wachen, der krank geworden war; jetzt war es genügend, seinem Nächsten die Adresse des nächsten Armenspitales anzugeben. Wenn jemand in barbarischen Zeiten einem aus einem Zank hervorgegangenen Kampf zwischen zwei Männern beiwohnte und einen ernsthaften Ausgang nicht verhütete, so wurde er selbst als Mörder behandelt; aber nach der Theorie vom alles beschützenden Staat durfte der Unbeteiligte sich nicht einmischen; dazwischen zu treten oder nicht, ist das Amt des Polizisten. Und während es in einem wilden Land, bei den Hottentotten, eine Schande wäre, zu essen, ohne dreimal laut gerufen zu haben, ob nicht jemand da sei, der das Mahl zu teilen wünsche, besteht jetzt alles, was der achtbare Bürger zu tun hat, darin, seine Armensteuer zu zahlen und den Verhungernden verhungern zu lassen. Das Resultat ist, dass die Theorie, die behauptet, die Menschen könnten und müssten ihr eigenes Glück suchen, ohne sich um die Bedürfnisse anderer zu kümmern, jetzt allenthalben triumphiert – im Recht, in der Wissenschaft, in der Religion. Es ist die Religion des Tages, und an ihrer Geltung zu zweifeln, heißt ein gefährlicher Utopist sein. Die Wissenschaft verkündet laut, dass der Kampf aller gegen alle das Grundprinzip der Natur und ebenso jeder menschlichen Gesellschaft sei. Diesem Kampf schreibt die Biologie die fortschreitende Entwicklung des Tierreiches zu. Die Geschichte argumentiert ebenso; und die Nationalökonomen führen in ihrer naiven Ignoranz allen Fortschritt der modernen Industrie und des modernen Maschinenwesens auf die „wundervollen" Wirkungen eben dieses Prinzips zurück. Die eigentliche Religion der Kanzel ist eine Religion des Individualismus, der durch mehr oder weniger mitleidige Beziehungen zum Nächsten, besonders am Sonntag, gemildert wird. „Praktische" Männer und Theoretiker, Männer der Wissenschaft und religiöse Prediger, Juristen und Politiker, alle stimmen in einem Punkt überein – dass der Individualismus in seinen schneidendsten Wirkungen durch Wohltätigkeit mehr oder weniger gemildert werden kann, aber dass er die einzige sichere Grundlage für die Erhaltung der Gesellschaft und ihren weiteren Fortschritt ist.

Es scheint daher hoffnungslos, nach Institutionen und Bräuchen der Gegenseitigkeit in der modernen Gesellschaft Umschau zu halten. Was soll von ihnen übrig geblieben sein? Und doch, sowie wir uns vergewissern wollen, wie die Massen leben, und sowie wir ihre Alltagsbeziehungen zu erforschen beginnen, muss es uns auffallen, welch ungeheure Rolle die Gegenseitigkeit und die Hilfeleistung selbst heutzutage im Menschenleben spielen. Obwohl die Zerstörung der Gegenseitigkeitsinstitutionen in Praxis und Theorie volle hundert Jahre gewährt hat, fahren hunderte Millionen von Menschen fort, unter solchen Einrichtungen zu leben; sie bewahren sie pietätvoll und bemühen sich, sie wiederaufzubauen, wo sie verschwunden sind. In unseren gegenseitigen Beziehungen hat jeder unter uns seine Momente der Empörung gegen das modische individualistische Glaubensbekenntnis des Tages, und Handlungen, bei denen die Menschen durch ihre Neigungen zur Gegenseitigkeit bestimmt werden, bilden einen so großen

Teil unseres täglichen Verkehrs, dass in dem Augenblick, wo diese Handlungen gehemmt werden könnten, damit auch jeder weitere ethische Fortschritt gehemmt wäre. Die menschliche Gesellschaft könnte noch nicht einmal für die Dauer einer einzigen Generation bestehen bleiben. Diese Tatsachen, die meistens von den Soziologen vernachlässigt werden und die doch für das Leben und die Weiterentwicklung des Menschengeschlechtes von der größten Bedeutung sind, sollen jetzt untersucht werden, wobei wir mit den ständigen Einrichtungen zu gegenseitigem Beistand beginnen werden, um dann zu solchen Akten der gegenseitigen Hilfe überzugeben, die ihren Ursprung in persönlichen oder sozialen Sympathien haben.

Wenn wir unsere Blicke über die gegenwärtige Verfassung der europäischen Gesellschaft schweifen lassen, so überrascht uns sofort die Tatsache, dass die dörfliche Markgenossenschaft, obwohl so viel geschehen ist, um sie abzuschaffen, doch noch immer in der Ausdehnung weiterbesteht, die wir gleich kennen lernen werden, und dass jetzt viele Versuche gemacht werden, entweder sie in einer oder der anderen Form wiederherzustellen oder einen Ersatz für sie zu finden. Die allgemeine Meinung über die Dorfmark ist, dass sie in Westeuropa eines natürlichen Todes gestorben sei, weil das Gemeineigentum an Grund und Boden nicht zu den modernen Anforderungen der Landwirtschaft gepasst habe. Aber die Wahrheit ist, dass die Dorfmark nirgends mit eigener Zustimmung der Markgenossen verschwunden ist, im Gegenteil kostete es überall der herrschenden Klasse mehrere Jahrhunderte hartnäckiger und nicht immer erfolgreicher Anstrengungen, sie abzuschaffen und die Gemeindeländer zu konfiszieren.

In Frankreich begannen die Dorfgemeinden schon im 16. Jahrhundert ihrer Unabhängigkeit und ihrer Länder beraubt zu werden. Jedoch erst im nächsten Jahrhundert, als die Masse der Bauern durch Erpressungen und Kriege in den Zustand der Knechtung und des Elends gebracht worden war, der von allen Geschichtsschreibern in lebhaften Farben geschildert wird, wurde die Konfiskation ihrer Länder leicht und nahm schändliche Dimensionen an. „Jeder hat sie nach Kräften bestohlen . . . Erdichtete Schulden wurden eingetrieben, um ihnen ihr Land zu nehmen“, so lesen wir in einem von Ludwig XIV. 1667 erlassenen Edikt.[253] Natürlich bestand das Heilmit-

253 „Chacun s’en est accomodé selon sa bienséance ... on les a partagés ... pour dépouiller les communes, on s’est servi de dettes simulées“ (Edikt Ludwigs XIV. von 1667, von verschiedenen Autoren zitiert. Acht Jahre vor diesem Zeitpunkt waren die Gemeinden unter die Staatsverwaltung gekommen).

tel des Staates gegen solche Übel darin, die Gemeinden noch mehr unter die Botmäßigkeit des Staates zu bringen und sie selbst auszurauben. In der Tat wurden zwei Jahre später alle Geldeinnahmen der Gemeinden vom König konfisziert. Und die Wegnahme der Gemeindeländer wurde schlimmer und schlimmer, und im nächsten Jahrhundert hatten bereits der Adel und der Klerus ungeheure Ländergebiete an sich gerissen – nach zuverlässigen Schätzungen die Hälfte des kultivierten Landes – meistens um sie unbestellt liegen zu lassen.[254] Aber die Bauern wahrten immer noch ihre Gemeindeeinrichtungen, und bis zum Jahre 1787 pflegten die Gemeindeversammlungen, die aus allen Haushaltsvorständen gebildet waren, im Schatten des Kirchturmes oder eines Baumes zusammenzukommen, um das, was sie von ihren Feldern behalten hatten, den Einzelnen anzuweisen, die Abgaben festzusetzen, und ihre Exekutive zu wählen, gerade wie es der russische *mir* noch heutzutage tut. Diese Tatsachen haben Babeaus Forschungen erwiesen.[255]

Die Regierung fand jedoch die Volksversammlungen „zu lärmend“, zu ungehorsam, und 1787 wurden an ihrer Stelle Gemeinderäte, die aus einem Maire und drei bis sechs Vertretern bestanden, die aus den reicheren Bauern ausgewählt waren, eingeführt. Zwei Jahre später bestätigte die revolutionäre konstituierende Versammlung, die in diesem Punkte mit dem Ancien Régime einig war, dieses Gesetz vollständig (14. Dezember 1789), und der *bourgeois du village* kam nun an die Reihe, sich Gemeindeland anzueignen, welche Aneignung während der ganzen Revolutionsperiode weiterging. Erst am 16. August 1792 beschloss der Konvent unter dem Druck der Bauernaufstände, die eingehegten Landstücke im Prinzip den Gemeinden zurückzugeben[256], aber sie verordnete gleichzeitig, dass sie ausschließlich unter die reicheren Bauern zu gleichen Teilen verteilt werden sollten – welche Maßregel neue Aufstände hervorrief und im nächsten Jahr, 1793, wi-

254 „Auf dem Gute eines Großgrundbesitzers, auch wenn seine Einkünfte nach Millionen zählen, kann man sicher sein, das Land unbestellt zu finden“ (Arthur Voung). „Der vierte Teil des Bodens ging der Kultur verloren“: „in den letzten hundert Jahren ist das Land geworden wie zur Zeit der Wilden“; „die früher blühende Sologne ist jetzt eine ausgedehnte Heide“ usw. (Théron de Montaugé, zitiert bei Taine, *Origines de la France contemporaine*, Band 1, S. 441).

255 A. Babeau, *Le Village sous l'Ancien Regime*, 3. Aufl., Paris 1892.

256 Im östlichen Frankreich bestätigte das Gesetz nur, was die Bauern bereits selbst getan hatten; in anderen Teilen Frankreichs blieb es gewöhnlich ein toter Buchstabe.

derrufen wurde, als der Konvent beschloss, es sollten alle Ländereien, die die Grundherren usw. den Dorfgemeinden seit 1669 weggenommen hatten, den Bauern zurückgegeben werden, und zwar sollte das Gemeindeland, wenn es ein Drittel der Einwohner verlangte, unter alle Einwohner verteilt werden, gleichviel, ob sie reich oder arm, Aktiv- oder Inaktivbürger waren.

Diese zwei Gesetze jedoch gingen so sehr gegen die Anschauungsweise der Bauern, dass sie nicht befolgt wurden, und überall, wo die Bauern von einem Teil ihrer Länder wieder Besitz ergriffen hatten, behielten sie sie ungeteilt. Aber dann kamen die langen Kriegsjahre, und die Gemeindeländer wurden einfach (1794) vom Staat als Unterpfand für Staatsanleihen konfisziert, zum Verkauf gestellt und dergestalt geplündert, dann den Gemeinden zurückgegeben und (1813) wiederum konfisziert, und erst 1816 wurde, was von ihnen geblieben war, nämlich über sechs Millionen Hektar des schlechtesten Bodens, den Dorfgemeinden zurückgegeben.[257] Doch auch das war noch nicht das Ende der Leiden, die die Gemeinden auszuhalten hatten. Jedes neue Regime sah in den Gemeindeländern ein Mittel, seine Parteigänger zu belohnen, und drei Gesetze (das erste 1837 und das letzte unter Napoleon III.) wurden eingebracht, um die Dorfgemeinden dazu zu bringen, ihre Ländereien zu teilen. Dreimal mussten diese Gesetze infolge des Widerstandes, den ihnen die Gemeinden entgegensetzten, widerrufen werden, aber etwas wurde jedesmal erreicht, und Napoleon III. sprach unter dem Vorwand, vervollkommnete landwirtschaftliche Methoden zu unterstützen, einigen seiner Günstlinge große Güter aus den Gemeindeländern zu.

257 Nach dem Triumph der Bourgeoisreaktion wurden die Gemeindeländer (24. August 1794) zu Staatsdomänen erklärt und zusammen mit den dem Adel abgenommenen Ländereien zum Verkauf gestellt und von den *bandes noires* der Kleinbourgeoisie gekauft. Zwar wurde diesem Diebstahl im nächsten Jahr (Gesetz vom 2. Prairial des Jahres V) ein Ende gemacht und das oben erwähnte Gesetz widerrufen; aber da wurden die Dorfgemeinden einfach abgeschafft und an ihre Stelle Kantonalräte gesetzt. Erst sieben Jahre später (9. Prairial des Jahres XII), d. h. im Jahr 1801, wurden die Dorfgemeinden wieder eingeführt, aber erst nachdem sie aller ihrer Rechte beraubt waren, indem der Maire und seine Beisitzer in den 36.000 Gemeinden Frankreichs von der Regierung ernannt wurden! Dieses System wurde bis nach der Revolution von 1830 aufrecht erhalten, wo wieder nach dem Gesetz von 1787 gewählte Gemeinderäte eingeführt wurden. Was die Gemeindeländer angeht, so wurden sie 1813 vom Staate wiederum konfisziert, geplündert und 1816 nur teilweise den Gemeinden zurückgegeben. Siehe die klassische Sammlung französischer Gesetze von Dalloz, *Répertoire de Jurisprudence*; auch die Werke von Doniol, Dareste, Bonnemère, Babeau und vielen anderen.

Was konnte von der Selbständigkeit der Dorfgemeinden nach so vielen Schlägen erhalten geblieben sein? Der Maire und die Beisitzer wurden lediglich als unbezahlte Beamte der Staatsmaschinerie betrachtet. Selbst jetzt, in der dritten Republik, kann in einer Dorfgemeinde kaum etwas getan werden, ohne dass der riesenhafte Staatsmechanismus bis zum Präfekten und den Ministerien hinauf in Bewegung gesetzt wird. Es ist kaum zu glauben und ist doch wahr, dass, wenn zum Beispiel ein Bauer die Absicht hat, seinen Anteil an der Ausbesserung eines Gemeindeweges in Geld zu zahlen, anstatt selbst die nötige Menge Steine zu brechen, dass nicht weniger als zwölf verschiedene Staatsbeamte ihre Zustimmung geben müssen und zusammen zweiundfünfzig Verfügungen von ihnen getroffen und unter ihnen ausgetauscht werden müssen, ehe es dem Bauer gestattet ist, das Geld dem Gemeinderat zu zahlen. Alles andere trägt denselben Charakter.[258]

Was in Frankreich vor sich ging, ereignete sich überall in West-und Mitteleuropa. Selbst die Hauptmomente der großen Angriffe auf die Ländereien der Bauern sind dieselben. Für England ist der einzige Unterschied, dass die Beraubung nicht durch allgemeine durchgreifende Maßnahmen, sondern durch getrennte Akte ausgeführt wurde – weniger schnell, aber gründlicher als in Frankreich. Die Konfiskation der Gemeindeländereien durch die Herren begann ebenfalls im 15. Jahrhundert, nach der Niederlage des Bauernaufstandes von 1380 – wie aus Rossus' *Historia* und aus einem Statut Heinrichs VII. zu ersehen ist, in dem diese Konfiskation als „enormitees and myschefes as be hurtfull ... to the common wele" (als Freveltaten und unheilvoll und schweren Schaden für das Gemeinwohl) bezeichnet werden.[259] Später wurde bekanntlich die große Enquete unter Heinrich VII. begonnen, um der Einhegung der Gemeindeländer ein Ende zu setzen; aber sie endete mit einer Sanktionierung dessen, was geschehen war.[260] Die Gemeindeländer wurden fortgesetzt geplündert und die Bauern wurden vom

258 Dieser Vorgang ist so blödsinnig, dass man ihn nicht für möglich hielte, wenn nicht die zweiundfünfzig Verfügungen von einem sehr sachverständigen Autor, M. Tricoche, im *Journal des Economistes* (April 1893, S. 94) vollständig aufgezählt worden wären, und derselbe Autor nicht noch einige ähnliche Beispiele mitgeteilt hätte.

259 Dr. Ochenkowski, *Englands wirtschaftliche Entwicklung im Ausgange des Mittelalters* (Jena 1879, S. 35 ff.), wo die ganze Frage mit voller Kenntnis der Urkunden erörtert wird.

260 Nasse, *Über die mittelalterliche Feldgemeinschaft und die Einhegungen des 16. Jahrhunderts in England*, Bonn 1869, S. 4, 5; Winogradow, *Villainage in England*, Oxford 1892.

Lande getrieben. Aber besonders seit der Mitte des 18. Jahrhunderts war es in England wie anderswo zu einer systematischen Politik geworden, einfach alle Spuren des Gemeineigentums auszurotten; und das Wunder ist nicht, dass es verschwunden ist, sondern dass es selbst in England so weit erhalten bleiben konnte, dass es „noch zur Zeit der Großväter unserer Generation allgemein herrschte".[261] Das eigentliche Ziel der *Enclosure Acts* (der Einhegungsverfügungen) war, wie Seebohm gezeigt hat, das Gemeineigentum abzuschaffen,[262] und es wurde durch die nahezu viertausend Acts, die zwischen 1760 und 1844 ergingen, so gut entfernt, dass heute nur schwache Spuren davon zu finden sind. Das Land der Dorfgemeinden wurde von den Lords genommen, und die Aneignung wurde in jedem einzelnen Fall vom Parlament sanktioniert.[263]

In Deutschland, Österreich, Belgien wurde die alte Dorfmark ebenfalls vom Staat zerstört. Beispiele von Gemeineigentümern, die ihre Länder selbst unter sich teilten, sind selten,[264] während allenthalben der Staat sie zwang, die Teilung vorzunehmen, oder einfach die private Aneignung ihrer Ländereien begünstigte. Der letzte Schlag gegen das Gemeineigentum in Mitteleuropa datiert ebenfalls aus der Mitte des 18. Jahrhunderts. In Österreich wurde 1768 von der Regierung nackte Gewalt angewandt, um

261 Seebohm, *The English Village Community*, 3. Auflage, 1884, S. 13-15.

262 „Eine Prüfung der Einzelheiten einer Enclosure Act wird klarmachen, dass das oben beschriebene System [Gemeineigentum] das System ist, das zu entfernen das Ziel der Enclosure Act war" (Seebohm. ebenda, S. 13). Und weiterhin: „Sie waren im allgemeinen in derselben Form gehalten, begannen damit, zu berichten, dass die offenen und gemeinsamen Felder in kleinen Stücken zerstreut lägen, durcheinander und unbequem gelegen; dass verschiedenen Personen Teile davon gehörten und dass sie gemeinsame Rechte daran hätten ... und dass es erwünscht sei, sie zu teilen und einzuhegen, wobei ein besonderer Anteil außen bleiben und jedem Eigentümer verbleiben könne" (S. 14). Porters Liste enthielt 3867 solche Verfügungen, von denen die meisten auf die Jahrzehnte 1770-1780 und 1800-1820 fallen, ebenso wie in Frankreich.

263 Für die Ausdehnung, die die gemeinsamen *Felder* (bestelltes Land, nicht die unbestellten Gemeindeweiden) noch in unserer eigenen Zeit hatten (über 264.000 acres allein in England und Wales im Jahre 1873) und die Art, wie das Land in England noch gemeinsam bestellt wird, siehe das ausführliche Werk Dr. Gilbert Parkers: *The English Peasantry and the Enclosure of Common Fields*, London 1907, Kapitel IV, S. 36 ff.

264 In der Schweiz sehen wir eine Zahl Gemeinden, die, durch Kriege ruiniert, einen Teil ihrer Ländereien verkauft haben, und sich nun bemühen, sie zurückzukaufen.

die Gemeinden zu zwingen, ihre Länder zu teilen – und zwei Jahre später wurde zu diesem Zwecke eine besondere Kommission ernannt. In Preußen befahl Friedrich II. in verschiedenen Verfügungen (1752, 1763, 1765 und 1769) den Justizkollegien, die Teilung durchzusetzen. In Schlesien wurde zu diesem Zwecke 1771 ein besonderer Befehl erlassen. Dasselbe war in Belgien der Fall, und als die Gemeinden nicht gehorchten, wurde 1847 ein Gesetz erlassen, das die Regierung ermächtigte, Gemeindewiesen aufzukaufen, um sie einzeln wieder zu verkaufen, und einen Zwangsverkauf des Gemeindelandes zu veranstalten, wenn ein Käufer dafür da war.[265]

Kurz, davon zu sprechen, die Dorfmarken seien auf Grund wirtschaftlicher Gesetze eines natürlichen Todes gestorben, ist ein ebenso bitterer Scherz, wie wenn man von dem natürlichen Tod von Soldaten sprechen wollte, die auf dem Schlachtfeld geblieben sind. Die Tatsache war einfach die: die dörflichen Markgenossenschaften hatten über tausend Jahre lang gelebt; und immer und überall, wo die Bauern nicht durch Kriege und Erpressungen zugrunde gerichtet worden waren, verbesserten sie stetig die Kulturmethoden. Aber als der Bodenwert infolge des Wachstums der Industrien stieg und der Adel unter der Staatsorganisation eine Macht erlangt hatte, die er unter dem Feudalsystem nie gehabt hatte, nahm er die besten Teile der Gemeindeländereien in Besitz und tat sein Bestes, die Gemeindeinstitutionen zu zerstören.

Indessen entsprechen die Einrichtungen der Dorfmark so sehr den Bedürfnissen und dem Anschauungskreis der landwirtschaftlichen Bevölkerung, dass trotz alledem Europa bis zum heutigen Tag von *lebendigen* Überresten der Dorfmark erfüllt ist und das europäische Landleben voller Bräuche und Gewohnheiten ist, die aus der Periode der Markgenossenschaft stammen. Selbst in England herrschten sie trotz aller drastischen Maßnahmen, die gegen den alten Stand der Dinge ergriffen wurden, noch im Anfang des 19. Jahrhunderts. Mr. Gomme – einer der sehr wenigen englischen Gelehrten, die dem Gegenstand Aufmerksamkeit geschenkt haben – zeigt in seinem Buch, dass viele Spuren des Gemeineigentums am Grund und Boden in Schottland gefunden werden, wo das *runrig*-System des Grundbesitzes in Forfarshire bis 1813 erhalten blieb, während es in manchen Dörfern von Inverness bis 1801 Brauch war, das Land, ohne irgendwelche Besitzgrenzen zu lassen, für die ganze Gemeinde zu pflügen und es nach dem Pflügen

265 A. Buchenberger, „Agrarwesen und Agrarpolitik“, in A. Wagners *Handbuch der politischen Ökonomie*, 1892, Band 1, S. 280 ff.

in Losen zu verteilen. In Kilmorie war das Auslosen der Felder bis zu den letzten fünfundzwanzig Jahren in voller Kraft und die Crofters' Commission (Kommission zur Untersuchung der Lage der kleinen Pächter) fand es auf manchen Inseln noch in voller Kraft.[266] In Irland herrschte das System bis zur großen Hungersnot; und für England lassen Marshalls Arbeiten, die unbemerkt blieben, bis Nasse und Sir Henry Marne die Aufmerksamkeit darauf lenkten, keinen Zweifel, dass das System der Dorfmark am Anfang des 19. Jahrhunderts in fast allen englischen Grafschaften weit verbreitet gewesen ist.[267] Noch vor zwanzig Jahren war Sir Henry Maine „äußerst überrascht über die Zahl der Beispiele für ungewöhnliche Eigentumsrechte, die notwendigerweise das frühere Vorhandensein von Gesamteigentum und gemeinsamer Bestellung in sich schlossen", die ein verhältnismäßig kurzes Nachforschen zu seiner Kenntnis brachte.[268] Und da die Gemeindeeinrichtungen also bis in die jüngste Zeit hinein sich erhalten haben, würde ohne Zweifel eine große Zahl Gegenseitigkeitsbräuche und Sitten in englischen Dörfern entdeckt werden, wenn die Schriftsteller Englands nur auf das Dorfleben achten wollten.[269]

Was den Kontinent angeht, so finden wir die kommunalen Institutionen in vielen Teilen Frankreichs, der Schweiz, Deutschlands, der skandinavischen Länder und Spaniens völlig lebendig, nicht zu reden von Osteuropa; das Dorfleben in diesen Ländern ist mit kommunalen Bräuchen und Sit-

266 G. L. Gomme, „The Village Community with special reference to its Origin and Forms of Survival in Great Britain" (*Contemporary Science Series*), London 1890, S. 141-143; auch seine *Primitive Folkmoots*, London 1880, S. 98 ff.

267 „In fast allen Teilen des Landes, besonders in den mittelenglischen und östlichen Grafschaften, aber auch im Westen – in Wiltshire zum Beispiel – im Süden, wie in Surrey, im Norden, wie in Yorkshire, gibt es ausgedehnte, gemeinsame und offene Felder. Von 316 Sprengeln in Northampthonshire sind 89 in dieser Lage; mehr als 100 in Oxfordshire; etwa 20.000 Hektar in Warwickshire; in Berkshire die halbe Grafschaft; mehr als die Hälfte in Wiltshire; in Huntingdonshire waren von einer Gesamtfläche von etwa 96.000 Hektar etwa 52.000 Gemeindewiesen, -weiden und -felder" (Marshall, zitiert in Sir Henry Maines *Village Communities in the East and West*, NewYorker Ausgabe, 1876, S. 88, 89).

268 Ebd., S. 88; auch die fünfte Vorlesung. Die weite Ausdehnung von Gemeindeweiden in Surrey, auch jetzt noch, ist bekannt.

269 In einer ganzen Zahl Bücher, die sich mit englischem Landleben beschäftigen und die ich zu Rate gezogen habe, habe ich hübsche Landschaftsschilderungen und dergleichen gefunden, aber fast nichts über das tägliche Leben und die Bräuche der Landleute.

ten durchdrungen; und fast in jedem Jahr bereichert sich die Literatur des Kontinents um ernsthafte Bücher, die sich mit diesem und verwandten Gegenständen beschäftigen. Ich muss daher meine Belege auf die typischsten Beispiele beschränken. Die Schweiz ist ohne Zweifel ein solches. Nicht nur die fünf Republiken Uri, Schwyz, Appenzell, Glarus und Unterwalden halten beträchtliche Teile ihrer Länder als ungeteilte Besitzungen und werden von ihren Volksversammlungen regiert, sondern auch in allen anderen Kantonen sind die Dorfgemeinden im Besitz einer ausgedehnten Selbstverwaltung geblieben und besitzen große Teile des Bundesgebietes.[270] Zwei Drittel aller Alpenwiesen und zwei Drittel aller Wälder in der Schweiz sind bis zum heutigen Tag Gemeindeland; und eine beträchtliche Zahl Felder, Obstgärten, Weinberge, Torfmoore, Steinbrüche usw. sind Gemeineigentum. Im Waadtland, wo noch immer alle Familienväter an den Beratungen ihrer gewählten Gemeinderäte teilnehmen dürfen, ist der Gemeindegeist besonders lebendig. Gegen Ende des Winters begeben sich alle jungen Männer einiger Dörfer für ein paar Tage in die Wälder, um Bauholz zu fällen und mit ihm über die steilen Abhänge hinunterzurutschen, und dann wird das Bauholz und das Brennholz unter alle Haushaltungen verteilt oder zu ihrem Nutzen verkauft. Diese Ausflüge sind richtige Feste der Männerarbeit. An den Ufern des Genfer Sees wird noch ein Teil der Arbeit, die zum Instandhalten der Weinbergterrassen erforderlich ist, gemeinsam getan; und im Frühling, wenn das Thermometer vor Sonnenaufgang unter Null zu fallen droht, weckt der Nachtwächter alle Hausväter auf, die Stroh und Dung zusammenhäufen und Feuer machen, und so die Reben durch eine künstliche Wolke vor Frost bewahren. In fast allen Kantonen besitzen die Dorfgemeinden den sogenannten „Bürgernutzen" – d. h. sie halten eine Anzahl Kühe zusammen, um jede Familie mit Butter zu versorgen; oder sie halten gemeinsame Felder oder Weinberge, deren Erträge unter

270 In der Schweiz fielen die Bauern im offenen Land ebenfalls unter die Herrschaft des Adels, und große Teile ihrer Besitzungen wurden im 16. und 17. Jahrhundert von den Herren weggenommen. (Siehe z. B. Dr. A. Miaskowski, in Schmollers *Forschungen*, Bd. 2, 1879, S. 12 ff.). Aber der schweizerische Bauernkrieg endete nicht mit einer so vernichtenden Niederlage der Bauern wie in anderen Ländern, und ein großer Teil der Gemeinderechte und -länder blieb erhalten. Die Selbstregierung der Gemeinden ist in der Tat Recht eigentlich die Grundlage der Schweizer Freiheiten. Der „Ober-Allmig" von Schwyz umfasst 18 Kirchspiele und mehr als 30 einzelne Dörfer und Gehöfte (K. Bürkli, *Der Ursprung der Eidgenossenschaft aus der Markgenossenschaft*, Zürich 1891).

den Bürgern verteilt werden; oder sie verpachten ihr Land zum Nutzen der Gemeinde.[271]

Es kann als Regel gelten, dass die Gemeinden da, wo sie ein weites Tätigkeitsfeld behalten haben, so dass sie lebendige Glieder des Volkskörpers sind, und wo sie nicht in pures Elend verfallen sind, immer ihre Ländereien in guter Pflege halten. Dementsprechend stehen die Gemeindebesitzungen der Schweiz in einem auffallenden Gegensatz zu dem elenden Zustand der Gemeindeweiden in England. Die Gemeindewälder in Waadtland und Wallis sind vortrefflich gehalten, im Einklang mit den Regeln moderner Forstwirtschaft. Anderswo sind die Streifen der Gemeindefelder, die unter dem System der Auslosung die Eigentümer wechseln, sehr gut gedüngt, besonders wo es nicht an Wiesen und Vieh fehlt. Die vorzüglichen Wiesen sind in der Regel gut gehalten, und die ländlichen Wege sind vorzüglich.[272] Und wenn wir das Schweizer *châlet*, die Bergstraße, das Bauernvieh, die Terrassen der Weinberge oder das Schulhaus der Schweiz bewundern, müssen wir im Sinn behalten, dass das Bauholz für das *châlet* sehr oft aus den Gemeindeländern genommen wurde, und die Steine aus den Gemeindesteinbrüchen, dass die Kühe auf den Gemeindewiesen gehalten werden, und die Straßen und das Schulhaus mit gemeinsamer Arbeit gebaut worden sind. Natürlich hat in der Schweiz wie überall die Gemeinde außerordentlich viele ihrer Befugnisse verloren, und die „Korporation“, die auf eine kleine Zahl Familien beschränkt ist, ist an die Stelle der ehemaligen Dorfkommune getreten. Jedoch was geblieben ist, ist nach der Meinung derer, die die Sache erforscht haben, voller Lebenskraft.

Es braucht kaum gesagt zu werden, dass eine große Zahl Gegenseitigkeitsbräuche und Sitten noch in der Schweiz bestehen. Die Abendversammlungen zum Nüsseschälen, die abwechselnd in jedem Haushalt stattfinden, die Abendgesellschaften, um die Aussteuer einer Braut zu nähen, die Berufung von Hilfskräften, um ein Haus zu bauen oder die Ernte einzubringen

---

271 Miaskowski, in Schmollers *Forschungen*, Band 2, 1879, S. 15. Auch die Artikel Domänen und Allmend in Dr. Reichesbergs *Handwörterbuch der Schweizerischen Volkswirtschaft*, Bern 1903.

272 Siehe über diesen Gegenstand eine Reihe von Arbeiten über die in einem der vorzüglichen und unterrichtenden Kapitel referiert wird, die K. Bücher der deutschen Übersetzung von *Laveleye* (*Das Ureigentum*, Leipzig 1879) beigefügt hat. Auch Meitzen „Das Agrar- und Forstwesen, die Allmenden und die Landgemeinden der Deutschen Schweiz“ im *Jahrbuch für Staatswissenschaft*, 1880, IV (Untersuchung der Arbeiten Miaskowskis); O’Briem, „Notes in a Swiss village“, in *Macmillans Magazine* Oktober 1885.

oder für sonst irgendeine Arbeit, die ein Mitglied der Gemeinde verlangen kann, die Gewohnheit, Kinder unter verschiedenen Kantonen auszutauschen, damit sie zwei Sprachen, französisch und deutsch, lernen usw. – all das ist weitverbreitete Sitte;[273] und andererseits werden verschiedene moderne Erfordernisse im selben Geiste erledigt. So sind in Glarus während eines Notstandes die meisten Alpenwiesen verkauft worden; aber die Gemeinden kaufen noch immer Feldländereien, und nachdem die neugekauften Felder zehn, zwanzig oder dreißig Jahre einzelnen Gemeindeangehörigen in Besitz gegeben worden sind, kehren sie in den Gemeinbesitz zurück, der dann den Bedürfnissen aller entsprechend wieder verteilt wird. Eine große Zahl kleiner Vereinigungen bilden sich, um einige Lebensbedürfnisse – Brot, Käse und Wein – in gemeinsamer Arbeit herzustellen, wenn auch nur in kleinen Mengen, und landwirtschaftliche Genossenschaften breiten sich überhaupt in der Schweiz mit größter Leichtigkeit aus. Vereinigungen zwischen zehn bis dreißig Bauern, die Wiesen und Felder gemeinsam kaufen und sie als gemeinsame Besitzer bewirtschaften, trifft man häufig; und Molkereiverbände zum Verkauf von Milch, Butter und Käse werden allenthalben organisiert. In der Tat war die Schweiz das Geburtsland dieser Form der Genossenschaft. Sie gewährt außerdem reichlich Gelegenheit, alle Arten kleiner und großer Gesellschaften kennenzulernen, die zur Befriedigung aller möglichen Bedürfnisse unserer Zeit sich gebildet haben. In gewissen Teilen der Schweiz findet man in fast jedem Dorf eine Zahl Vereinigungen – zum Schutz gegen Feuer, zum Bootfahren, zur Erhaltung der Quais an den Seeufern, für die Wasserversorgung usw.; und das Land ist voll von Bogenschützen- und Scharfschützenvereinen, topographischen Gesellschaften, Vereinen zur Pflege von Fußwegen und dergleichen, die aus dem modernen Militarismus hervorgegangen sind.

Die Schweiz ist indessen durchaus keine Ausnahme in Europa, denn man findet dieselben Einrichtungen und Bräuche in den Dörfern Frankreichs, Italiens, Deutschlands, Dänemarks usw. Wir haben vorhin gesehen, was von seiten der französischen Regierungen geschehen ist, um die Dorfgemeinde zu zerstören und sich ihrer Länder zu bemächtigen, aber trotz alledem sind der zehnte Teil des ganzen der Kultur zugänglichen Gebietes, d. h. etwa 5.400.000 Hektar, einschließlich der Hälfte aller Naturwiesen und fast des fünften Teiles aller Wälder des Landes im Gemeindebesitz verblieben. Die Wälder versorgen die Gemeindeangehörigen mit Feuerung,

273 Die Hochzeitsgeschenke, die oft wesentlich zur Bequemlichkeit der jungen Haushaltungen beitragen, sind offenbar ein Überrest der Kommunalsitten.

und das Bauholz wird meistens durch Gemeindearbeit mit aller erwünschten Regelmäßigkeit gefällt und bearbeitet; die Weiden sind für das Vieh der Gemeindeangehörigen frei; und was von Gemeindefeldern übrig geblieben ist, wird in bestimmten Teilen Frankreichs – hauptsächlich in den Ardennen – in der üblichen Weise zu bestimmten Zeiten neu verteilt.[274]

Diese Vermehrung der sonstigen Mittel zur Versorgung mit Lebensmitteln, die den ärmeren Bauern hilft, ein Jahr mit schlechter Ernte zu überstehen, ohne ihre kleinen Grundstücke aufgeben zu müssen oder sich in Schulden zu stürzen, die sie nicht wieder heimzahlen können, hat gewiss ihre Bedeutung für die Landleute und besonders für die nahezu drei Millionen kleinen bäuerlichen Besitzer. Es ist sogar zweifelhaft, ob sich ohne diese Vermehrung seines Einkommens der kleine Bauernstand halten könnte. Aber die moralische Bedeutung des Gemeindebesitzes, so klein er auch sein mag, ist noch größer als sein wirtschaftlicher Wert. Er bewahrt in dem Dorfleben einen Kern von Gegenseitigkeitsbräuchen und -sitten, der ohne Zweifel der Entwicklung des rücksichtslosen Individualismus und der Habgier einen Damm entgegensetzt, der um so notwendiger ist, als der bäuerliche Kleinbesitz nur zu sehr zu solchen Charakterzügen geneigt macht. Die gegenseitige Hilfe in allen möglichen dörflichen Lebenslagen ist ein Teil des alltäglichen Lebens in allen Teilen des Landes. Überall treffen wir unter verschiedenen Namen den *charroi*, d. h. die freie Hilfe der Nachbarn beim Einbringen einer Ernte, bei der Weinlese oder beim Bau eines Hauses; überall finden wir dieselben Abendversammlungen, wie sie eben für die Schweiz erwähnt wurden; und überall vereinigen sich die Gemeindeangehörigen zu allen möglichen Arbeiten. Solche Bräuche werden von fast allen, die über das Leben in den französischen Dörfern geschrieben haben, erwähnt. Aber vielleicht ist es besser, wenn ich an dieser Stelle einige Auszüge aus Briefen mitteile, die ich von einem Freunde erhalten habe, den ich gebeten hatte, mir seine Beobachtungen über diese Dinge mitzuteilen. Sie stammen von einem bejahrten Manne, der jahrelang der Maire seiner Gemeinde in Südfrankreichgewesen ist (im Ariège); die Tatsachen, die er mitteilt, sind ihm in langen Jahren persönlicher Beobachtung bekannt geworden, und sie haben den Vorzug, aus *einer* Gegend zu kommen und nicht aus einem weiten Gebiet zusammengesucht zu sein. Einige

274 Den Gemeinden gehören etwa 1.821.640 Hektar Wälder von etwa 9.425.200 Hektar Wald im ganzen Land, und etwa 2.774.520 Hektar Naturwiesen unter etwa 4.556.000 Hektar in ganz Frankreich. Die übrigen 800.000 Hektar sind Felder, Obstgärten usw.

von ihnen mögen unbedeutend scheinen; aber als Ganzes geben sie ein Bild einer kleinen Welt des Dorflebens.

> „In mehreren Gemeinden in unserer Nachbarschaft“, so schreibt mein Freund, „ist der alte Brauch des *emprount* in Kraft. Wenn in einer métairie zu einer bestimmten Arbeit – Kartoffel buddeln oder Grasmähen – rasch viele Hände nötig sind, wird die Jugend der Nachbarschaft zusammengerufen; junge Burschen und Mädchen kommen zahlreich, machen die Arbeit umsonst und froh, und abends wird ein fröhliches Mahl abgehalten und dann getanzt.
> Wenn in denselben Gemeinden ein Mädchen kurz vor der Hochzeit steht, kommen die Mädchen aus der Nachbarschaft, um beim Nähen der Aussteuer zu helfen. In mehreren Gemeinden spinnen die Frauen noch ziemlich viel. Wenn das Aufwinden der Seide in einer Familie zu geschehen hat, wird es an einem Abend gemacht – alle Freunde werden nämlich zu dieser Arbeit berufen. In vielen Gemeinden des Ariège und in anderen Teilen des Südwestens wird das Aushülsen des Welschkornes ebenfalls von allen Nachbarn besorgt. Sie werden mit Kastanien und Wein traktiert, und die jungen Leute tanzen nach getaner Arbeit. Derselbe Brauch herrscht bei der Herstellung des Nußöls und beim Hanfbrechen. In der Gemeinde L. geschieht dasselbe beim Einbringen des Kornes. Diese Tage schwerer Arbeit werden Festtage, und der Eigentümer setzt seine Ehre darein, ein gutes Mahl zu rüsten. Entschädigung wird keine gegeben; alle tun es füreinander.[275]
> In der Gemeinde S. wird das gemeinsame Weideland jedes Jahr vermehrt, so dass fast das ganze Land der Gemeinde jetzt gemeinsam ist. Die Hirten werden von allen Viehbesitzern, auch Frauen, gewählt. Die Stiere werden von der Gemeinde gestellt.
> In der Gemeinde M. werden die vierzig bis fünfzig kleinen Schafherden der Gemeindeglieder zusammengebracht und in drei oder vier Herden geteilt, ehe sie zu den höher gelegenen Wiesen geschickt werden. Jeder Besitzer geht eine Woche lang dahin und dient als Schafhirt.

275 In Kaukasien unter den Georgiern ist der Brauch noch schöner. Da das Mahl etwas kostet, und ein armer Mann es sich nicht leisten kann, wird von denselben Nachbarn, die gekommen sind, ihm bei der Arbeit zu helfen, ein Schaf gekauft.

> In dem Gehöft C. war von mehreren Haushaltungen eine Dreschmaschine gemeinsam gekauft worden; die fünfzehn bis zwanzig Personen, die zum Bedienen der Maschine nötig waren, wurden von allen Familien gestellt. Drei weitere Dreschmaschinen sind gekauft worden und werden von ihren Besitzern ausgeliehen, aber die Arbeit wird von Hilfskräften aus der Nachbarschaft in der üblichen Weise verrichtet.
> In unserer Gemeinde R. hatten wir die Mauer unseres Friedhofes zu bauen. Die Hälfte des Geldes, das nötig war, um Kalk zu kaufen und die Löhne der gelernten Arbeiter zu zahlen, wurde vom Kreistag verschafft, die andere Hälfte durch freiwillige Beiträge aufgebracht. Die Arbeit, Sand und Wasser zu tragen, Mörtel zu machen und die Maurer zu bedienen, wurde gänzlich von Freiwilligen besorgt (wie in der kabylischen djemmâa). Die Landwege wurden auf dieselbe Weise ausgebessert, durch freiwillige Arbeitstage, die die Gemeindemitglieder spendeten. Andere Gemeinden haben auf dieselbe Weise ihre Brunnen gebaut. Die Weinpresse und andere kleinere Gerätschaften werden häufig von der Gemeinde gehalten.“

Zwei Bewohner derselben Gegend, die mein Freund befragte, fügen das Folgende hinzu:

> „In O. gab es vor wenigen Jahren keine Mühle. Die Gemeinde hat eine gebaut, indem sie von den Einwohnern eine Steuer erhob. Um Betrug und Parteilichkeit zu vermeiden, beschlossen sie, dass der Müller für jeden Brotesser zwei Francs erhalten und das Korn umsonst gemahlen werden solle.
> In St. G. sind wenig Bauern gegen Feuer versichert. Wenn ein Brand stattgefunden hat – so war es bis vor kurzem – gaben alle der Familie etwas, die darunter gelitten hat – Korn, Bettzeug, einen Stuhl usw. – und so wird ein bescheidener Haushalt wiederhergestellt. Alle Nachbarn helfen beim Aufbau des Hauses und mittlerweile wird die Familie von den Nachbarn umsonst beherbergt.“

Solche Bräuche zu gegenseitiger Hilfe – von denen viel mehr Beispiele angeführt werden könnten – erklären ohne Frage die Leichtigkeit, mit der die französischen Bauern sich vereinigen, um abwechselnd den Pflug mit dem Gespann Pferde, die Weinpresse und die Dreschmaschine zu benutzen, wenn sie nur von einem im Dorfe gehalten werden, und ebenso für die gemeinsame Verrichtung aller möglichen ländlichen Arbeiten. Seit unvordenklichen Zeiten wurden von den Dorfgemeinden Kanäle unterhalten, Wälder ausgerodet, Bäume gepflanzt und Sümpfe dräniert, und dasselbe ist noch jetzt der Fall. Ganz in letzter Zeit wurden in La Borne in Lozère öde Hügel durch Gemeindearbeit in reiche Gärten verwandelt. „Der Boden wurde von den Männern auf dem Rücken hinaufgetragen; Terrassen wurden angelegt und mit Kastanien, Pfirsichbäumen und anderem Obst bepflanzt, und das Wasser zur Bewässerung wurde drei bis vier Kilometer weit in Kanälen hergeleitet." Gerade jetzt haben sie einen neuen Kanal gegraben, der siebzehn Kilometer lang ist.[276]

Demselben Geist ist auch der bemerkenswerte Erfolg zu verdanken, der in letzter Zeit die *syndicats agricoles* oder Bauern- und Pächter-Vereinigungen errungen haben. Erst seit 1884 sind Assoziationen von mehr als neunzehn Personen in Frankreich erlaubt, und ich brauche nicht zu sagen, dass, als dies „gefährliche Experiment" gewagt wurde – so drückte man sich in der Kammer aus – alle „Vorsichtsmaßregeln", die Behörden erfinden können, angewandt wurden. Trotz alledem fängt Frankreich an, mit Syndikaten bedeckt zu sein. Im Anfang bildeten sie sich nur zum Ankauf von Dünger und Samen, da die Fälschung auf diesen beiden Gebieten außerordentliche Dimensionen angenommen hatte[277], aber allmählich dehnten sie ihren Machtbereich nach verschiedenen Richtungen hin aus, und beschäftigten sich auch mit dem Verkauf landwirtschaftlicher Produkte und dauernden Bodenverbesserungen. In Südfrankreich haben die Verheerungen der Reblaus eine große Zahl von Winzerverbänden ins Leben gerufen. Zehn bis dreißig Winzer bilden ein Syndikat, kaufen eine Dampfmaschine zum Wasserpumpen und treffen die nötigen Anstalten, um der Reihe nach ihre Weinberge unter Wasser zu setzen.[278] Neue Verbände zum Schutze des

---

276 Alfred Baudrillart, in H. Baudrillart, *Les populations rurales de la France*, dritte Serie, Paris 1893, S. 479.

277 Das *Journal des Economistes* (August 1892, Mai und August 1893) hat einige der Analysen mitgeteilt, die in den landwirtschaftlichen Laboratorien von Gent und Paris gemacht wurden. Die Fälschung übersteigt einfach alle Begriffe; und das gleiche gilt von den Kunstgriffen der „ehrbaren Kaufleute". Unter manchen Grassamen fand man 32 % Sandkörner, die so gefärbt waren, dass sie selbst ein erfahrenes Auge täuschten; andere Proben enthielten nur 52-22 % reinen Samen, das andere war Unkraut. Wickensamen enthielt 11 % eines giftigen Grases (*nielle*); ein Mehl zum Mästen des Viehs enthielt 36 % Sulphate usw. in infinitum.

278 A. Baudrillart, in H. Baudrillart, *Les populations rurales de la France*, dritte Serie, Paris 1893, S. 309. Ursprünglich unternahm es ein Weinbauer, das

Landes gegen Überschwemmungen, zu Bewässerungsanlagen und zur Erhaltung von Kanälen bilden sich fortwährend, und die Einstimmigkeit aller Bauern einer Gegend, die vom Gesetz gefordert wird, ist kein Hindernis. Anderswo haben wir die *fruitières* oder Molkereigenossenschaften, wo in einigen alle Butter und aller Käse in gleiche Teile geteilt werden, ohne Rücksicht darauf, wie viel von einer Kuh kommt. Im Ariège finden wir eine Vereinigung von acht einzelnen Gemeinden zur gemeinsamen Bestellung ihrer Ländereien, die sie zusammengeworfen haben; Syndikate zu unentgeltlicher ärztlicher Behandlung sind unter 357 Gemeinden eines Departements in 172 gebildet worden; in Verbindung mit den Syndikaten entstehen Konsumvereine usw.[279] „Eine förmliche Revolution geht in unsern Dörfern", schreibt Alfred Baudrillart, „durch diese Vereinigungen vor sich, die in jeder Provinz ihre besonderen Charakterzüge haben."

Durchaus Entsprechendes ist von Deutschland zu sagen. Überall, wo die Bauern der Ausraubung ihrer Ländereien widerstehen konnten, haben sie sie als Gemeineigentum erhalten, das in Württemberg, Baden, Hohenzollern und in der hessischen Provinz Starkenburg weit und breit herrscht.[280] Die Gemeindewaldungen sind in der Regel vorzüglich gehalten, und in Tausenden von Gemeinden wird jedes Jahr Bau- und Brennholz

---

Wasser zu beschaffen, und verschiedene andere machten mit ihm ab, es zu benutzen. „Was für solche Verbände besonders kennzeichnend ist", bemerkt A. Baudrillart, „ist das, dass keinerlei geschriebener Vertrag vorhanden ist. Alles wird mündlich erledigt. Aber nicht ein einziges Mal haben sich unter den Parteien Weiterungen ergeben."

279 A. Baudrillart, ebenda, S. 300, 341 usw. M. Terssac, Vorsitzender des Syndikats von St. Gironnais (Ariège) schrieb meinem Freund folgendermaßen: „Für die Ausstellung in Toulouse hat unser Verband die Viehbesitzer zusammengebracht, deren Vieh verdiente, ausgestellt zu werden. Die Gesellschaft nahm es auf sich, die Hälfte des Transports und der Ausstellungskosten zu zahlen; der vierte Teil wurde von jedem Besitzer gezahlt, und das letzte Viertel von den Ausstellern, die Preise erhalten hatten. Die Folge war, dass viele an der Ausstellung teilnahmen, die es sonst nie getan hätten. Die Besitzer, die höchste Preise (350 Franken) erhielten, haben 10 % ihrer Preise beigesteuert, während solche, die keine Preise erhielten, nur 6-7 Franken bezahlt haben."

280 In Württemberg haben von 1910 Gemeinden 1629 Gemeinbesitz. Sie besaßen 1863 über 200.000 Hektar Land. In Baden haben von 1582 Gemeinden 1256 Gemeindeland; 1884-88 hatten sie etwa 48.600 Hektar Felder in Gemeindekultur, und etwa 270.000 Hektar Wald, d. h. 46 % der gesamten badischen Wälder. In Sachsen sind 19 % des Gesamtgebiets im Gemeindebesitz (Schmollers *Jahrbuch*, 1886, S. 359). In Hohenzollern gehören fast zwei

unter alle Einwohner verteilt; selbst der alte Brauch des „Lesholztages" ist weit verbreitet; beim Läuten der Kirchturmglocke gehen alle in den Wald, um so viel Reisig zu holen, wie sie tragen können.[281] In Westfalen findet man Gemeinden, in denen alles Land wie eine einzige gemeinsame Besitzung bestellt wird, und zwar nach allen Anforderungen der modernen landwirtschaftlichen Kenntnisse. Und die alten Gemeindebräuche sind in den meisten Teilen Deutschlands in Kraft. Das Herbeirufen von Hilfskräften, das zu richtigen Festen führt, ist, wie bekannt, in Westfalen, Hessen und Nassau ganz üblich. In waldreichen Gegenden wird das Holz für ein neues Haus gewöhnlich aus dem Gemeindewald geholt, und alle Nachbarn beteiligen sich am Bau des Hauses. Selbst in den Vorstädten Frankfurts ist es regelrechter Brauch unter den Gärtnern, dass sie, im Falle, dass einer von ihnen krank ist, alle am Sonntag zusammenkommen, um seinen Garten zu bestellen.[282]

In Deutschland begannen ebenso wie in Frankreich, sobald die Regierungen ihre Gesetze gegen die Vereinigungen der Bauern aufhoben – was erst 1884-88 der Fall war – die Vereinigungen sich mit erstaunlicher Schnelligkeit zu entwickeln, trotz aller gesetzlichen Schwierigkeiten, die ihnen in den Weg gelegt wurden.[283] „Es ist eine Tatsache", sagt Buchenberger, „dass in *Tausenden* von Dorfgemeinden, in denen keine Art künstlicher Dünger oder rationelle Fütterung bekannt war, beide dank dieser Genossenschaften in ganz unerwartetem Maße gang und gäbe wurden." (Band 2, S. 507.) Alle Arten von arbeitsparenden Geräten und landwirtschaftlichen Maschinen, sowie besseren Viehrassen werden durch die Genossenschaften gekauft, und man fängt an, allerlei Anstalten zur Verbesserung der Qualität der Produkte zu treffen. Auch landwirtschaftliche Verkaufsgenossenschaften werden gebildet und desgleichen solche für dauernde Bodenverbesserung.[284]

Drittel aller Wiesen, und in Hohenzollern-Hechingen 41 % alles Grundbesitzes den Dorfgemeinden (Buchenberger, *Agrarwesen*, Band 1, S. 300).

281 Siehe K. Bücher, der in einem besonderen Kapitel, das er Laveleyes *Ureigentum* hinzufügte, alle Nachrichten über die Dorfgemeinde in Deutschland gesammelt hat.

282 K. Bücher, ebd., S. 89, 90.

283 Für diese Gesetzgebung und die zahlreichen Hindernisse, die in Gestalt von Bürokratismus und Überwachung den Genossenschaften in den Weg gelegt wurden, siehe Buchenbergers *Agrarwesen und Agrarpolitik*, Band 2, S. 342-363, und S. 506, Anmerkung.

284 Buchenberger, ebenda, Bd. 2, S. 510. Der Zentralverband landwirtschaftlicher Genossenschaften umfasst zusammen 1679 Vereine. In Schlesien ist vor

Vom Standpunkt der Sozialökonomie sind gewiss alle diese Bemühungen der Bauern von geringer Bedeutung. Sie können das Elend, zu dem die Landwirte in ganz Europa verurteilt sind, nicht wesentlich und vor allem nicht dauernd beheben. Aber vom ethischen Standpunkt aus, den wir jetzt einnehmen, kann ihre Bedeutung nicht überschätzt werden. Sie beweisen, dass selbst unter dem System des rücksichtslosen Individualismus, der jetzt herrschend ist, die Massen der Landwirte pietätvoll ihre Überlieferungen des gegenseitigen Beistandes beibehalten haben; und sowie die Staaten die eisernen Gesetze mildern, mittels derer sie alle Verbindung zwischen den Menschen zerrissen haben, wird diese Verbindung sofort wieder hergestellt, trotz allen politischen, wirtschaftlichen und sozialen Schwierigkeiten, deren es viele sind, und in solchen Formen hergestellt, wie sie am besten den Anforderungen der modernen Produktion entsprechen. Sie zeigen an, in welcher Richtung und in welcher Gestalt weiterer Fortschritt erwartet werden muss.

Ich könnte diese Beispiele leicht stark vermehren, wenn ich von Italien, Spanien, Dänemark usw. sprechen wollte und auf einige interessante Erscheinungen hinweisen wollte, deren jedes dieser Länder aufzuweisen hat.[285] Die slawischen Bevölkerungen Österreichs und der Balkanhalbinsel, unter denen man den „Familienverband oder ungeteilten Haushalt" noch lebendig findet, sollten auch erwähnt werden.[286] Aber ich eile, zu Russland zu kommen, wo diese Tendenz zu gegenseitigem Beistand einige neue und unerwartete Formen annimmt. Außerdem haben wir bei der Darstellung der russischen Dorfgemeinde den Vorteil, eine immense Masse Material zu besitzen, das während der kolossalen, von Haus zu Haus gehenden Enquete gesammelt wurde, die vor einiger Zeit von verschiedenen *zemstvos* (Kreistagen) veranstaltet wurde und die sich auf eine Bevölkerung von fast zwanzig Millionen Bauern in verschiedenen Landesteilen bezieht.[287]

---

kurzem ein Gesamtgebiet von etwa 12.800 Hektar durch 73 Genossenschaften dräniert worden; etwa 181.900 in Preußen von 516 Genossenschaften; in Bayern gibt es 1715 Dränierungs- und Bewässerungsverbände.

285 Siehe Anhang 12.

286 Für den Balkan siehe Laveleyes *Propriété primitive.*

287 Die Tatsache, die sich auf die Dorfgemeinde, oder besser: Dorfmarkgenossenschaft beziehen, und die in fast 100 Bänden dieser Enquete (die im ganzen 450 Bände umfasst) enthalten sind, sind in einem trefflichen russischen Buch von V. V., *Die Bauerngemeinde* (*Krestianskaya Obschina*), St. Petersburg 1892, geordnet und zusammengefasst worden. Diese Enquete hat auch sonst eine große Literatur erzeugt, in der die Frage der modernen Dorfgemeinde-

Zwei wichtige Folgerungen können aus den massenhaften Zeugnissen, die in den russischen Enqueten gesammelt vorliegen, gezogen werden. In Mittelrussland, wo ein volles Drittel der Bauern zum äußersten Elend gebracht worden ist (durch drückende Steuern, kleine Zuweisungen unergiebigen Landes, kaum erschwingliche Pacht, und sehr strenges Steuereintreiben nach vollständiger Vernichtung der Ernte), bestand während der ersten fünfundzwanzig Jahre nach der Befreiung der Leibeigenen eine entschiedene Tendenz nach der Errichtung individuellen Eigentums innerhalb der Dorfgemeinden. Viele verarmte Bauern „ohne Pferde" gaben ihre Anteile auf und dieses Land wurde das Eigentum solcher reicherer Bauern, die noch besondere Einnahmequellen aus einem Gewerbe haben, oder von auswärtigen Händlern, die das Land hauptsächlich kaufen, um von den Bauern unerschwingliche Pachten zu erpressen. Es muss auch hinzugefügt werden, dass ein Fehler in dem Landablösungsgesetz von 1861 es sehr leicht machte, Bauernland mit sehr geringen Kosten zu kaufen,[288] und dass die Staatsbeamten ihren gewichtigen Einfluss meistens zugunsten des individuellen und gegen den Gemeinbesitz geltend machten. Jedoch bläst während der letzten zwanzig Jahre wieder ein starker Oppositionswind gegen die individuelle Aneignung des Landes durch die mittelrussischen Dörfer, und von seiten der Masse der Bauern, die zwischen den Reichen und den sehr Armen stehen, werden gewaltige Anstrengungen gemacht, den Gemeindebesitz aufrechtzuerhalten. Was die fruchtbaren Steppen des Südens angeht, die jetzt der volkreichste und reichste Teil des europäischen Russland sind, so wurden sie meistens während dieses Jahrhunderts unter dem System des Privateigentums oder der Okkupation kolonisiert, die in dieser Form vom Staat sanktioniert wurden. Aber seit verbesserte landwirtschaftliche Methoden mit Hilfe des Maschinenwesens in die Gegend gebracht worden sind, haben die bäuerlichen Besitzer allmählich begonnen, von sich aus ihr Privateigentum in Gemeindebesitz umzuwandeln, und man findet jetzt in

genossenschaft zum erstenmal aus dem Reich der Allgemeinheiten emporsteigt und auf die solide Grundlage verlässlicher und genügend ins Einzelne gehender Tatsachen gestellt worden ist.

288 Die Ablösung war 49 Jahre lang in Annuitäten zu zahlen. Im Laufe der Jahre, als der größte Teil davon bezahlt war, wurde es immer leichter, den kleineren Rest zu tilgen, und da jeder Anteil für sich abgelöst werden konnte, wurde dieser Umstand von Händlern ausgenutzt, die den ruinierten Bauern das Land zur Hälfte des Wertes abkauften. Infolgedessen wurde ein Gesetz erlassen, um solchen Verkäufen ein Ende zu machen.

dieser Kornkammer Russlands eine sehr große Zahl spontan entstandener Markgenossenschaften neuen Ursprungs.[289]

Die Krim und der Teil des Landes, der im Norden der Halbinsel gelegen ist (die Provinz Taurida), für die wir genaue Angaben besitzen, veranschaulichen diese Bewegung vortrefflich. Dieses Gebiet begann nach seiner Annektierung im Jahre 1783 von Groß-, Klein- und Weißrussen besiedelt zu werden – Kosaken, Freien und weggelaufenen Leibeigenen – die einzeln oder in kleinen Gruppen aus allen Teilen Russlands gekommen waren. Sie verlegten sich zunächst auf die Viehzucht, und als sie späterhin anfingen, den Boden zu bestellen, pflügte jeder einzelne so viel, als er leisten konnte. Aber als die Einwanderung weiterging und vervollkommnete Pflüge eingeführt waren, fing eine starke Nachfrage nach Land an und es entstanden so unter den Ansiedlern heftige Streitigkeiten. Sie dauerten jahrelang, bis diese Menschen, die ursprünglich durch kein gemeinsames Band verknüpft waren, allmählich auf die Idee kämen, den Streitigkeiten müsse durch Einführung des Dorfgemeindebesitzes ein Ende gemacht werden. Sie trafen Verfügungen, die dahin gingen, dass das Land, das sie bisher in Privatbesitz gehabt hatten, künftighin ihr gemeinsames Eigentum sein solle, und sie fingen an, gemäß den üblichen Markgenossenschaftsbräuchen den Einzelnen Lose zuzuteilen, die immer wieder von neuem verteilt wurden. Die Bewegung nahm eine immer größere Ausdehnung an, und die Statistiker von Taurida fanden auf einem kleinen Gebiet 161 Dörfer, in denen das Gemeineigentum von den bäuerlichen Besitzern selbst an Stelle des Privateigentums, hauptsächlich in den Jahren 1855 bis 1885, eingeführt worden war. Eine ganze Reihe verschiedener Typen des Dorfgemeindeeigentums ist auf diese Weise von den Ansiedlern frei ausgearbeitet worden.[290] Was das Interesse an dieser Umwandlung erhöht, ist, dass sie nicht nur unter den Großrussen vor sich ging, die an das Leben des genossenschaftlichen

289 V. V. hat in seiner *Bauerngemeinde* alle Tatsachen, die sich auf diese Vorgänge beziehen, zusammengestellt. Über die außerordentlich schnelle landwirtschaftliche Entwicklung Südrusslands und die Verbreitung des Maschinenwesens kann man sich an Hand der englischen Konsularberichte unterrichten (Odessa, Taganrog).

290 In einigen Fällen gingen sie mit großer Vorsicht vor. In einem Dorf fingen sie damit an, alle Wiesen zusammenzuwerfen, aber nur ein kleiner Teil Felder (etwa 2 Hektar pro Person) wurden zum Gemeindebesitz gemacht; der Rest verblieb im Privatbesitz. Späterhin, 1862-64, wurde das System ausgedehnt, aber erst 1884 war der Gemeindebesitz völlig durchgeführt. – V.V., *Bauerngemeinde*, S. 1-14.

Dorfes gewöhnt sind, sondern auch unter Kleinrussen, die es seit langem unter dem polnischen Regiment vergessen hatten, unter Griechen und Bulgaren und selbst unter Deutschen, die in ihren wohlhabenden und halbindustriellen Wolgakolonien seit langem ihren eigenen Typus der genossenschaftlichen Dorfgemeinde ausgearbeitet haben.[291] Es ist natürlich, dass die mohammedanischen Tartaren von Taurida ihr Land nach dem muselmännischen Gewohnheitsrecht in Besitz haben, das beschränktes persönliches Eigentum ist; aber selbst bei ihnen ist in einigen Fällen der europäische Dorfgemeindebesitz eingeführt worden. Was andere Nationalitäten in Taurida angeht, so ist das Privateigentum in sechs estnischen, zwei griechischen, zwei bulgarischen, einem tschechischen und einem deutschen Dorf abgeschafft worden.

Diese Bewegung ist bezeichnend für die ganze fruchtbare Steppengegend des Südens. Aber verschiedene Fälle dieser Bewegung finden sich auch in Kleinrussland. So waren in einer Anzahl Dörfer der Provinz Czernigow die Bauern früher Privatbesitzer ihrer Grundstücke; sie hatten besondere Urkunden über ihre Grundstücke und pflegten ihr Land nach Gutdünken zu verpachten und zu verkaufen. Aber in den fünfziger Jahren des 19. Jahrhunderts begann unter ihnen eine Bewegung zugunsten des Gemeindebesitzes, wobei das Hauptargument die wachsende Zahl armer Familien war. Die Initiative zu der Reform ging von einem einzelnen Dorfe aus, und die anderen taten mit; der letzte bezeugte Fall datiert aus dem Jahre 1882. Natürlich gab es Kämpfe zwischen den Armen, die gewöhnlich für den Gemeindebesitz eintreten, und den Reichen, die das Privateigentum vorziehen; und die Kämpfe dauerten oft jahrelang. An manchen Plätzen, wo die vom Gesetz damals geforderte Einstimmigkeit nicht zu erreichen war, teilte sich das Dorf in zwei Dörfer, eines behielt das Privateigentum bei und das andere ging zum Gemeindebesitz über; und so blieben sie, bis die zwei zu einer Gemeinde zusammenwuchsen oder aber sie blieben immer noch geteilt. Für Mittelrussland ist es Tatsache, dass in vielen Dörfern, die dem Privateigentum zusteuerten, seit 1880 eine Massenbewegung zugunsten der Wiedererrichtung des Gemeindeeigentums begann. Selbst bäuerliche Besitzer, die jahrelang unter dem System des Privateigentums gelebt hatten, kehrten en masse zu den Kommunaleinrichtungen zurück. So gibt es eine beträchtliche Zahl ehemaliger Leibeigenen, die nur den vierten Teil der ihnen zukommenden Anteile erhalten haben,

291 Über die Dorfgemeinde der *Mennoniten* siehe A. Klaus, *Unsere Kolonien (Naschi Kolonii)*, St. Petersburg 1869.

diese aber frei von der Ablösungsverpflichtung und als Privateigentum. Da entstand 1890 eine ausgedehnte Bewegung unter ihnen (in Kursk, Ryazan, Tambow, Orel usw.), die darauf ausging, ihre Anteile zusammenzuwerfen und das Gemeindeeigentum einzuführen. Die „freien Ackerbauer“ (*volnye khlebopashtsy*), die nach dem Gesetz von 1803 von der Leibeigenschaft befreit waren und ihre Anteile – jede Familie besonders – gekauft hatten, leben jetzt fast alle nach dem System des Gemeindeeigentums, das sie von sich aus eingeführt haben. Alle diese Bewegungen sind neueren Ursprungs und auch Nichtrussen schließen sich ihnen an. So führten die Bulgaren im Distrikt Tiraspol, nachdem sie sechzig Jahre lang unter dem System des Privateigentums gewesen waren, in den Jahren 1876 bis 1882 das Gemeindeeigentum ein. Die deutschen Mennoniten von Berdyansk kämpften 1890 für die Einführung des Gemeindebesitzes, und die kleinen Besitzer unter den deutschen Baptisten mit ihrer Kleinwirtschaft („kleinwirtschaftliche“) agitierten in ihren Dörfern im selben Sinne. Ein weiteres Beispiel: In der Provinz Samara gründete in den vierziger Jahren die russische Regierung versuchsweise 103 Dörfer nach dem System des Privateigentums. Jeder Haushalt erhielt den stattlichen Besitz von 42 Hektar. Im Jahre 1890 hatten von den 103 Dörfern bereits die Bauern von 72 Dörfern den Wunsch kundgegeben, das Gemeindeeigentum einzuführen. Ich entnehme diese Tatsachen alle der ausgezeichneten Arbeit von V. V., der lediglich in geordneter Form die in der oben erwähnten Hausenquete enthaltenen Tatsachen mitteilt.

Diese Bewegung zugunsten des Gemeindebesitzes verstößt arg gegen die herrschenden Wirtschaftstheorien, nach denen die intensive Kultur mit dem Gemeindeeigentum unvereinbar ist. Aber das Wohlwollendste, was über diese Theorien gesagt werden kann, ist, dass sie nie der Probe des Versuches unterworfen worden sind: sie gehören zum Bereich politischer Metaphysik. Die Tatsachen, die wir vor uns haben, zeigen im Gegenteil, dass überall, wo die russischen Bauern dank einem Zusammentreffen von günstigen Umständen weniger elend daran sind, als sie es durchschnittlich sind, das Gemeindeeigentum recht eigentlich das Mittel wird, die verschiedensten Verbesserungen in die Landwirtschaft und das Dorfleben überhaupt einzuführen: Hier wie anderswo ist die gegenseitige Hilfe ein besserer Führer zum Fortschritt als der Krieg aller gegen alle, wie aus den folgenden Tatsachen ersehen werden mag.

Unter der Regierung Nikolaus I. pflegten viele Kronbeamten und Besitzer von Leibeigenen die Bauern zu zwingen, die Gemeindebestellung kleiner Stücke des Dorflandes einzuführen, um die Vorratshäuser der Gemeinden wieder zu füllen, aus denen den ärmsten Gemeindemitgliedern Korn geliehen worden war. Solche Kulturen, die im Geiste der Bauern mit den schlimmsten Erinnerungen an die Leibeigenschaft verknüpft waren, wurden aufgegeben, sowie die Leibeigenschaft abgeschafft war; aber jetzt fangen die Bauern an, sie zu ihrem eigenen Vorteil wieder einzuführen. In einem Distrikt (Ostrogozhsk in Kursk) war die Initiative eines Mannes genügend, um sie in vier Fünfteln aller Dörfer wieder ins Leben zu rufen. Dasselbe trifft man in verschiedenen anderen Gegenden an. An einem bestimmten Tage gehen die Gemeindeangehörigen hinaus, die reicheren mit einem Pflug oder einem Wagen, die ärmeren nur mit ihren Händen, und es wird kein Versuch gemacht, zwischen dem Anteil der einzelnen an der Arbeit einen Unterschied zu machen. Die Ernte wird später dazu benutzt, den armen Gemeindeangehörigen Korn usw. zu leihen, meistens unentgeltlich, oder für die Witwen und Waisen oder für die Dorfkirche oder die Schule oder zur Heimzahlung einer Gemeindeschuld.[292]

Dass alle Art Arbeit, die zum alltäglichen Dorfleben gehört (Ausbesserung von Wegen und Brücken, Dämmen, Dränage, Wasserversorgung für die Bevölkerung, Holzfällen, Bäumepflanzen usw.), von ganzen Gemeinden verrichtet werden – dass die Arbeit von Alt und Jung, Männern und Frauen in der von Tolstoi beschriebenen Weise getan wird – das ist nichts anderes, als was man von Leuten, die nach der Weise der genossenschaftlichen Dorfgemeinde leben, erwarten kann. Man trifft sie allenthalben im ganzen Land. Aber die Dorfmarkgenossenschaft ist auch keineswegs modernen landwirtschaftlichen Verbesserungen abgeneigt, wenn sie die Ausgaben aufbringen kann und wenn das Wissen, die bisher den Reichen vorbehalten blieb, seinen Weg ins Bauernhaus findet.[293]

Es ist eben gesagt worden, dass verbesserte Pflüge in Südrussland schnell aufkamen. In vielen Fällen waren die Dorfgemeinden dazu behilflich, ihre Benutzung zu verbreiten. Ein Pflug wurde von der Gemeinde gekauft, auf einem Teil des Gemeindelandes ausprobiert und den Fabri-

292 Von der Existenz solcher Gemeindekulturen wissen wir aus 159 Dörfern unter 195 im Distrikt von Ostrogozhsk; aus 150 unter 187 in Slavyanoserbsk; in 107 Dorfgemeinden in Alexandrowsk, 93 in Nikolayewsk, 35 in Elisabethgrad. In einer deutschen Kolonie dient die Gemeindekultur zur Rückzahlung einer Gemeindeschuld. Alle beteiligten sich an der Arbeit, obwohl die Schuld nur von 94 Familienvätern unter 155 aufgenommen worden war.

293 Listen solcher Arbeiten, die zur Kenntnis der Semstwo-Statistiker kamen, findet man in V. V.'s *Bauerngemeinde,* S. 459-460.

kanten angezeigt, welche Verbesserungen notwendig seien; oft trugen die Gemeinden dazu bei, die Herstellung billiger Pflüge als Dorfindustrie einzuführen. Im Distrikt Moskau, wo in einem Zeitraum von fünf Jahren vor kurzem 1560 Pflüge von den Bauern gekauft worden sind, kam der Anstoß von solchen Gemeinden, die als Körperschaft zu dem besonderen Zweck, verbesserte Kulturen einzuführen, Land pachteten.

Im Nordosten (Wyatka) haben kleine Bauerngenossenschaften, die mit ihren Worfelmaschinen arbeiten (hergestellt sind sie als Dorfindustrie in einem von den Eisendistrikten), den Gebrauch solcher Maschinen in den benachbarten Verwaltungsbezirken verbreitet. Die sehr weite Verbreitung von Dreschmaschinen in Samara, Saratow und Therson ist den Bauerngenossenschaften zu verdanken, die die Kosten einer so teueren Maschine aufbringen können, während es der einzelne Bauer nicht kann. Und während wir fast in allen ökonomischen Abhandlungen lesen, das Gemeindeeigentum sei zum Verschwinden verurteilt worden, als die Dreifelderwirtschaft durch die Wechselwirtschaft ersetzt wurde, sehen wir, wie in Russland viele Dorfmarkgenossenschaften die Initiative ergreifen, die Wechselwirtschaft einzuführen. Ehe die Bauern sie ganz durchführen, wählen sie gewöhnlich einen besonderen Teil der Gemeindefelder, um die künstlichen Wiesen auszuprobieren, wobei die Gemeinde den Samen kauft.[294] Wenn der Versuch glückt, dann finden sie nicht die geringste Schwierigkeit darin, ihre Felder neu einzuteilen, so dass sie dem Fünf- oder Sechsfeldersystem angepasst sind.

Dieses System wird jetzt in Hunderten von Dörfern in den Provinzen Moskau, Twer, Smolensk, Wyatka und Pskow angewandt.[295] Und wo die

294 Im Verwaltungsbezirk Moskau wurde der Versuch gewöhnlich auf dem Felde gemacht, das für die oben genannte Gemeindekultur bestimmt war. Über den Weg, auf dem die Dorfgemeinde von der Dreifelderwirtschaft zur Vierfelderwirtschaft mit gesäten Wiesen übergeht, und über die Erleichterungen, die der Gemeindebesitz an Grund und Boden dieser Umwandlung gewährt, siehe die jüngsten Veröffentlichungen des Semstwo von Moskau. Im Jahre 1907 hatten von 22.000 Dorfgemeinden dieser Provinz schon 1600 die Aussaat von Gras eingeführt.

295 Mehrere Beispiele für diese und ähnliche Verbesserungen wurden im Regierungsboten 1894, Nr. 256-258 mitgeteilt. Vereinigungen unter armen Bauern ohne Pferde fangen auch an in Südrussland vorzukommen. Eine andere äußerst interessante Tatsache ist die rasche Entwicklung sehr zahlreicher Molkereigenossenschaften in Westsibirien zur Herstellung von Butter. Hunderte davon verbreiteten sich in Tobolsk und Tomsk, ohne dass jemand wusste,

Gemeinden Land erübrigen können, geben sie auch einen Teil ihres Gebietes zu Obstpflanzungen her. Schließlich wäre noch die rasche Ausdehnung zu nennen, die in Russland die kleinen Musterwirtschaften, Obstschulen, Gemüsegärten und Seidenwurmzüchtereien nahmen – diese werden bei den Dorfschulhäusern unter der Leitung des Lehrers und eines Freiwilligen aus dem Dorfe angelegt –; auch all das ist der Unterstützung der Dorfgemeinden zu danken.

Außerdem trifft man dauernde Bodenverbesserung wie Dränage und Bewässerung sehr häufig. Zum Beispiel trifft man in drei Distrikten der Provinz Moskau – die zu großem Teil industrialisiert sind – Dränierungsarbeiten, die innerhalb der letzten zehn Jahre in großem Maßstab in nicht weniger als 180 von 200 verschiedenen Dörfern ausgeführt worden sind – wobei die Gemeindeangehörigen selbst die Arbeit mit dem Spaten in der Hand getan haben. In einem anderen Winkel Russlands, in den trockenen Steppen von Nowouzen, wurden von den Gemeinden mehr als tausend Teichdämme gebaut und mehrere hundert tiefe Brunnen gebohrt; und in einer reichen deutschen Kolonie im Südosten arbeiteten die Gemeindeangehörigen, Männer und Frauen, fünf Wochen hintereinander, um einen drei Kilometer langen Damm zu Bewässerungszwecken zu bauen. Was hätten isolierte Menschen in diesem Kampf gegen das trockene Klima tun können? Was konnten sie durch individuelle Anstrengungen erreichen, als Südrussland von der Murmeltierplage heimgesucht war, und alle, die auf dem Lande lebten, Reiche und Arme, Glieder der dörflichen Genossenschaften und Privatbesitzer, mit eigenen Händen arbeiten mussten, um die Plage loszuwerden? Den Schutzmann herbeizurufen, hätte nichts genützt; Vereinigung war die einzig wirksame Hilfe.

Und nun sehe ich, nachdem ich so viel über die gegenseitige Hilfe, die von den Landwirten „zivilisierter" Länder geübt wird, geredet habe, dass ich einen stattlichen Band mit Beispielen füllen könnte, die aus dem Leben der mehrere hundert Millionen Menschen genommen wären, die ebenfalls unter der Vormundschaft mehr oder weniger zentralisierter Staaten leben, aber nicht von moderner Zivilisation und modernen Ideen berührt werden.

---

woher die Anregung zu der Bewegung kam. Sie kam von den dänischen Genossenschaftsbauern, die ihre eigene Butter bester Qualität zu exponieren pflegten und dafür Butter einer geringeren Qualität für ihren eigenen Bedarf in Sibirien kauften. Nach einem mehrjährigen Verkehr führten sie die Molkerei ein. Jetzt ist aus ihren Bemühungen ein großes Exportgewerbe entstanden.

Ich könnte das Innenleben eines türkischen Dorfes und sein Netzwerk bewundernswerter Gegenseitigkeitsbräuche und Sitten schildern. Beim Durchblättern meiner Notizen stoße ich auf rührende Tatsachen gegenseitigen Beistandes aus dem Bauernleben in Kaukasien. Ich verzeichne dieselben Bräuche in der arabischen Djemmâa und afghanischen Purra, in den Dörfern Persiens, Indiens und Javas, im Familienverband der Chinesen, in den Lagern der Halbnomaden Zentralasiens und bei den Nomaden des hohen Nordens. Und in Notizen, die aufs Geratewohl der Literatur über Afrika entnommen sind, finde ich immer dieselben entsprechenden Tatsachen – die Berufung von Hilfskräften für das Einbringen der Ernte, Häuser, die von allen Dorfbewohnern gebaut werden – manchmal zur Herstellung des Schadens, den zivilisierte Freibeuter getan haben – Leute, die einander in Unglücksfällen helfen, den Reisenden beschützen usw. Und wenn ich Werke wie Posts Kompendium des afrikanischen Gewohnheitsrechts lese, dann verstehe ich, warum diese Bevölkerungen trotz aller Tyrannei, Unterdrückung, Beraubung und Fehden, Stammeskriegen, unersättlichen Königen, betrügerischen Zauberern und Priestern, Sklavenjägern und dergleichen sich nicht in die Wälder verloren haben, warum sie eine gewisse Zivilisation bewahrt haben und Menschen geblieben sind, anstatt auf die Stufe der umherschweifenden Familien der dem Untergang geweihten Orang-Utans zu fallen. Die Sache ist die, dass die Sklavenjäger, die Elfenbeinräuber, die kämpfenden Könige, die Matabele-und Madagaskar-„Helden“ vorübergehen und nur ihre Spuren, die durch Blut und Feuer bezeichnet werden, hinterlassen; aber der Kern der Einrichtungen, Bräuche und Sitten zu gegenseitiger Hilfe, die im Stamm und der Dorfmarkgenossenschaft erwachsen sind, bleibt; und er hält die Menschen in Gesellschaften vereinigt, dem Fortschritt der Zivilisation zugänglich und bereit, sie an dem Tag zu empfangen, wo man ihnen Zivilisation statt Pulver und Blei schicken will.

Dasselbe gilt für unsere Kulturwelt. Die natürlichen und sozialen Schicksalsschläge gehen vorüber. Ganze Bevölkerungen werden von Zeit zu Zeit dem Elend und der Hungersnot überliefert; Millionen von Menschen werden recht eigentlich die Quellen des Lebens verschüttet, wenn sie der Großstadtarmut verfallen; das Verständnis und das Gefühl der Massen sind durch Lehren verderbt worden, die im Interesse der Wenigen ausgebildet worden sind. All das ist gewiss ein Teil unserer Existenz. Aber der Kern der Einrichtungen, Sitten und Bräuche zu gegenseitiger Hilfe bleibt in den Massen lebendig; er hält sie zusammen, und sie klammern sich lieber an ihre Bräuche, ihren Glauben und ihre Überlieferungen, als dass sie die

Lehren von einem Krieg aller gegen alle annehmen, die ihnen unter dem Namen der Wissenschaft angeboten werden, aber durchaus keine Wissenschaft sind.

Achtes Kapitel: Gegenseitige Hilfe in unserer Zeit (Fortsetzung)

Entstehen der Arbeitsverbände nach der Zerstörung der Gilden durch den Staat. – Ihre Kämpfe. – Gegenseitige Hilfe bei Streiks. – Genossenschaft. – Freie Vereinigungen zu verschiedenen Zwecken. – Aufopferung. – Zahllose Vereine zu vereinigter Tätigkeit auf allen möglichen Gebieten. – Gegenseitige Hilfe in den Arbeitervierteln. – Persönliche Hilfe.

Wenn wir das Alltagsleben der ländlichen Bevölkerungen Europas betrachten, so finden wir, dass trotz allem, was in den modernen Staaten zur Zerstörung der genossenschaftlichen Dorfgemeinde getan worden ist, das Leben der Bauern doch mit Gegenseitigkeitsbräuchen und -sitten durchzogen bleibt; dass bedeutende Überreste des Gemeindebesitzes an Grund und Boden noch erhalten geblieben sind, und dass in dem Augenblick, wo die gesetzlichen Hindernisse, die den ländlichen Vereinigungen in den Weg gelegt waren, entfernt worden waren, ein Netzwerk freier Verbände zu allen möglichen wirtschaftlichen Zwecken sich schnell unter den Bauern verbreitete, und dass die Tendenz dieser jungen Bewegung dahin geht, eine Art Verbindung wieder aufzurichten, die der Markgenossenschaft von ehedem ähnlich ist. Zu diesen Ergebnissen sind wir im vorigen Kapitel gelangt, und nun haben wir zu untersuchen, was für Einrichtungen zu gegenseitigem Beistand in unserer Zeit unter den Industriebevölkerungen gefunden werden können.

In den letzten dreihundert Jahren sind die Bedingungen für das Wachstum solcher Einrichtungen in den Städten ebenso ungünstig gewesen wie in den Dörfern. Es ist in der Tat bekannt, dass im 16. Jahrhundert, als die mittelalterlichen Städte von den wachsenden Militärstaaten unterjocht wurden, alle Einrichtungen, die die Handwerker, die Meister und die Kaufleute in den Gilden und Städten zusammenhielten, gewaltsam zerstört wurden. Die Selbstverwaltung und die eigene Gerichtsbarkeit der Gilde wie der Stadt wurden abgeschafft; der Treueid der Gildebrüder wurde ein Akt des Hochverrats gegen den Staat; die Besitztümer der Gilden wurden in derselben Weise konfisziert wie die Ländereien der Dorfgemeinden, und die innere und technische Organisation jedes Gewerbes wurde vom Staat in die Hand genommen. Gesetze, die allmählich immer strenger wurden, wurden erlassen, um die Handwerker von jeglicher Verbindung fernzuhalten. Eine Zeitlang wurden ein paar Reste der alten Gilden geduldet: Kaufmannsgilden waren unter der Bedingung gestattet, dass sie den Königen Darlehen gewährten, und manche Zünfte wurden als Verwaltungsorgane beibehalten. Einige von ihnen schleppen ihr bedeutungsloses Dasein heute noch weiter. Aber was früher die Lebenskräfte im Leben und in der Industrie des Mittelalters gewesen war, ist unter der erdrückenden Gewalt des zentralisierten Staates längst zugrunde gegangen.

In Großbritannien, das man am besten zum Beispiel der Industriepolitik der modernen Staaten nehmen kann, sehen wir das Parlament mit der Zerstörung der Gilden schon im 15. Jahrhundert beginnen; hauptsächlich aber im nächsten Jahrhundert traf man die entscheidenden Maßnahmen. Heinrich VIII. vernichtete nicht nur die Organisation der Gilden, sondern konfiszierte auch ihre Besitztümer, und zwar, wie Toulmin Smith schreibt, machte er dabei noch weniger Floskeln und Umstände, als bei der Konfiskation der Klostergüter.[296] Eduard VI. vollendete sein Werk[297], und schon in der zweiten Hälfte des 16. Jahrhunderts sehen wir, wie das Parlament alle Streitigkeiten zwischen Handwerkern und Kaufleuten, die früher in jeder einzelnen Stadt erledigt wurden, verhandelte. Das Parlament und der König gaben nicht nur für all diese Streitigkeiten Gesetze, sondern sie behielten auch die Interessen der Krone am Export im Auge und fingen bald an, die Zahl der Gesellen in jedem Gewerbe zu bestimmen und geradezu jede einzelne Fabrikationstechnik bis in alle Einzelheiten zu regeln – das Gewicht der Stoffe, die Fadenzahl in einem Meter Stoff und dergleichen. Allerdings mit wenig Erfolg; denn Uneinigkeiten und technische Schwierigkeiten, die seit Jahrhunderten durch Verabredungen zwischen engverbundenen Gilden und verbündeten Städten geordnet worden waren, lagen

296 Toulmin Smith, *English Guilds*, London 1870, Einleitung S. 44.

297 Die Verfügung Eduards VI. – die erste unter seiner Regierung – bestimmte, dass „alle Brüderschaften und Gilden innerhalb des Bereichs von England und Wales und anderen Besitzungen des Königs, und alle Landgüter, Grundstücke und andere Erbgüter, die ihnen oder einem Teil von ihnen gehörten", der Krone anheimfallen sollten (*English Guilds*, Einleitung, S. 43). Siehe auch Ochenkowski, *Englands wirtschaftliche Entwicklung im Ausgange des Mittelalters,* Jena 1879, Kap. III–V.

völlig außerhalb der Machtsphäre des zentralisierten Staates. Die fortwährende Einmischung seiner Behörden lähmte die Gewerbe und brachte die meisten völlig in Verfall; und als die Nationalökonomen des 18. Jahrhunderts sich gegen die staatliche Reglementierung der Industrien erhoben, gaben sie nur einer überall gefühlten Unzufriedenheit Ausdruck. Die Abschaffung dieser Einmischung durch die französische Revolution wurde als befreiende Tat begrüßt, und das Beispiel Frankreichs wurde bald in anderen Ländern nachgeahmt.

Mit der Ordnung der Lohnverhältnisse hatte der Staat nicht mehr Glück. Als im 15. Jahrhundert in den mittelalterlichen Städten die Trennung zwischen Meistern und Gesellen oder Lohnarbeitern immer deutlicher zutage trat, wurden den Verbänden der Meister und Kaufleute „Gesellenverbände“ entgegengestellt, die manchmal international waren. Jetzt war es der Staat, der es unternahm, ihre Beschwerden zu erledigen, und unter der Geltung des Statutes der Elisabeth von 1563 hatten die Friedensrichter die Löhne festzusetzen, so dass den Lohnarbeitern und Gesellen eine „geziemende“ Lebenshaltung gesichert war. Die Friedensrichter indessen erwiesen sich als machtlos, die widerstreitenden Interessen zu versöhnen, und noch weniger konnten sie die Meister zwingen, ihren Entscheidungen sich zu fügen. Das Gesetz wurde mehr und mehr ein toter Buchstabe und wurde am Ende des 18. Jahrhunderts aufgehoben. Aber während der Staat so die Aufgabe, die Löhne festzusetzen, fallen ließ, fuhr er fort, alle Verbindungen aufs strengste zu verbieten, die von Lohnarbeitern und Gesellen zur Erhöhung ihrer Löhne oder zur Aufrechterhaltung einer gewissen Lohnstufe eingegangen wurden. Das ganze 18. Jahrhundert hindurch machte er Gesetze gegen die Arbeitervereine, und im Jahre 1799 verbot er endgültig jede Art Verbindung, unter Androhung schwerer Strafen. In der Tat folgte das britische Parlament in diesem Fall nur dem Beispiel des französischen Revolutionskonvents, der ein drakonisches Gesetz gegen alle Arbeiterkoalitionen erlassen hatte – Koalitionen unter einer Anzahl Bürger betrachtete man nämlich als Attentate gegen die Souveränität des Staates, dem man die Rolle zuschrieb, in gleicher Weise alle Untertanen zu beschützen. Das Werk der Zerstörung der mittelalterlichen Verbände war nun vollendet. In Stadt und Land regierte der Staat über unzusammenhängende Summen von Individuen und stand gerüstet, mit den schärfsten Maßregeln den Wiederaufbau irgendwelcher besonderer Bünde unter ihnen zu verhüten. So also waren die Verhältnisse, unter denen die Tendenz zu gegenseitiger Hilfe im 19. Jahrhundert ihren Weg zu suchen hatte.

Braucht erst gesagt zu werden, dass keinerlei Maßregeln der Art diese Tendenz vernichten konnten? Während des ganzen 18. Jahrhunderts waren die Handwerker- und Arbeiterverbände fortgesetzt wieder errichtet worden.[298] Auch hörten sie trotz den grausamen Verfolgungen, die unter der Geltung der Gesetze von 1797 und 1799 stattfanden, nicht auf. Jedes Versehen in der Aufsicht, jedes Zögern der Meister, die Vereine zur Anzeige zu bringen, wurde ausgenutzt. Unter der Maske von Unterstützungsvereinen, Beerdigungsgesellschaften oder als geheime Brüderschaften verbreiteten sich die Gewerkschaften in den Textilindustrien, unter den Messerschmieden Sheffields, den Bergarbeitern, und starke Föderativorganisationen bildeten sich, um die einzelnen Abteilungen während Streiks und Verfolgungen zu unterstützen.[299]

Die Aufhebung der Verbindungsgesetze im Jahre 1825 gab der Bewegung einen neuen Anstoß. Gewerkschaften und Gesamtverbände wurden in allen Gewerben gebildet;[300] und als Robert Owen seine „Grand National Consolidated Trades' Union" gegründet hatte, zählte sie in wenigen Monaten eine halbe Million Mitglieder. Allerdings dauerte diese Periode verhältnismäßiger Freiheit nicht lange. Die Verfolgung begann in den dreißiger Jahren von neuem, und es folgten die bekannten grausamen Verurteilungen von 1832 bis 1844. Die „Grand National Union" wurde aufgelöst, und im ganzen Land fingen die Privatunternehmer und die Regierung in ihren eigenen Werkstellen an, die Arbeiter zu zwingen, alle Verbindung mit Gewerkschaften aufzugeben und das in diesem Sinne abgefasste „Dokument" zu unterschreiben. Gewerkschaftsmitglieder wurden in großer Zahl unter der *Master and Servant Act* verfolgt – die Arbeiter wurden summarisch verhaftet und verurteilt, wenn der Meister nur eine Klage wegen schlechten Betragens angestrengt hatte.[301] Ausstände wurden in autokratischer Weise

298 Siehe Sidney und Beatrice Webb, *History of Trade-Unionism*, London 1894, S. 21-38.

299 Siehe in Sidney Webbs Buch die Vereine, die zu jener Zeit existierten. Man nimmt an, dass die Londoner Handwerker nie besser organisiert waren als in den Jahren 1810-20.

300 „The National Association for the Protection of Labour" (Der Gesamtverband zum Schutz der Arbeiter) umfasste ungefähr 150 besondere Gewerkschaften, die hohe Abgaben zahlten und ungefähr 100.000 Mitglieder hatten. Die Bauarbeiter- und Bergarbeitergewerkschaft waren ebenfalls starke Vereine (Webb. ebenda, S. 107).

301 Ich folge darin dem Buch Webbs, das von Dokumenten voll ist, die diese Behauptungen bestätigen.

unterdrückt, und die erstaunlichsten Verurteilungen traten ein, wenn ein Streik nur angekündigt wurde oder jemand in ihm als Vertreter gehandelt hatte – nicht zu reden von der militärischen Unterdrückung von Streikaufständen oder von den Verurteilungen, die den häufigen Ausbrüchen der Gewalttätigkeit folgten. Unter solchen Umständen gegenseitigen Beistand zu üben, war gewiss keine leichte Aufgabe. Und doch begann trotz allen Hindernissen, von denen unsere eigene Generation (in England) sich kaum ein Bild machen kann, die Wiederbelebung der Gewerkschaften bereits 1841, und der Zusammenschluss der Arbeiter ist seitdem stetig weitergegangen. Nach langem Kampf, der über hundert Jahre gedauert hatte, war das Recht, sich zu verbinden, erobert worden, und zur Zeit gehört fast der vierte Teil der regelmäßig beschäftigten Arbeiter, d. h. etwa 1.500.000 Arbeiter, zu den Trade-Unions.[302]

Was die anderen europäischen Staaten angeht, so genügt es, zu sagen, dass bis in die allerletzte Zeit alle Arten von Vereinen als Geheimbünde verfolgt wurden, und dass sie trotzdem existieren, obwohl sie oft die Form geheimer Gesellschaften annehmen müssen; und die Ausdehnung und Stärke der Arbeiterorganisationen, insbesondere der „Ritter der Arbeit“, in den Vereinigten Staaten und in Belgien, sind durch Streiks in den neunziger Jahren zur Genüge gezeigt worden. Es darf jedoch nicht übersehen werden, dass, abgesehen von der Verfolgung, die bloße Tatsache, zu einer Gewerkschaft zu gehören, beträchtliche Opfer an Geld, Zeit und unbezahlter Arbeit in sich schließt, und außerdem fortwährend die Gefahr mit sich bringt, dass um der Tatsache der Mitgliedschaft willen die Arbeit zu verlieren.[303] Da

---

302 Große Veränderungen sind seit den vierziger Jahren in der Haltung der reicheren Klassen gegen die Gewerkschaften vor sich gegangen. Indessen machten die Unternehmer noch in den sechziger Jahren einen wohlgeplanten Versuch, sie durch Aussperrungen großer Massen zu vernichten. Bis 1869 wurde oft die einfache Verabredung zu streiken und die Ankündigung eines Streiks durch Maueranschläge, erst recht natürlich das Postenstehen, als Einschüchterung bestraft. Erst 1875 wurde die *Master and Servant Act* aufgehoben, friedliches Postenstehen wurde erlaubt, und „Gewalt und Einschüchterung“ wahrend eines Streiks fielen unter den Bereich des gemeinen Rechts. Aber noch 1887 während des Dockarbeiterstreiks mussten Unterstützungsgelder dazu verwendet werden, vor Gericht um das Recht des Postenstehens zu kämpfen, und die Verfolgungen der letzten paar Jahre drohen noch einmal, die erkämpften Rechte illusorisch zu machen.

303 Ein wöchentlicher Beitrag von 50 Pfg. bei einem Lohn von 18 Mk., oder von 1 Mk. bei einem Lohn von 25 Mk. bedeutet viel mehr als etwa 180 Mk. bei

ist außerdem der Streik, auf den der Gewerkschaftler immer gefasst sein muss; und die bittere Wirklichkeit eines Streiks ist, dass der kleine Kredit einer Arbeiterfamilie beim Bäcker und Pfandleiher bald erschöpft ist, das Streikgeld reicht nicht weit, auch nur für die Nahrungsmittel ist es zu knapp, und auf dem Gesicht der Kinder ist bald Hunger zu lesen. Für einen, der in enger Berührung mit Arbeitern lebt, ist ein Streik, der sich in die Länge zieht, das herzzerreißendste Erlebnis; und was ein Streik vor vierzig Jahren in England bedeutete, und was er noch in den meisten Ländern des Kontinents bedeutet, kann man sich leicht vorstellen. Fortwährend, auch heute noch, enden Streiks mit dem vollständigen Ruin und der notgedrungenen Auswanderung ganzer Bevölkerungen, und das Niederschießen von Streikenden bei der kleinsten Provokation oder selbst ohne jede Provokation[304] ist auf dem Kontinent noch ganz gewöhnlich.

Und doch finden jedes Jahr Tausende Streiks und Aussperrungen in Europa und Amerika statt – und die heftigsten und längsten Kämpfe sind in der Regel die sogenannten „Sympathieausstände“, die angefangen werden, um ausgesperrte Genossen zu unterstützen oder die Rechte der Gewerkschaften zu schützen. Und während ein Teil der Presse geneigt ist, Streiks mit „Einschüchterung“ zu erklären, sprechen solche, die unter Streikenden gelebt haben, voller Bewunderung von der gegenseitigen Hilfe und dem Beistand, die fortwährend von ihnen geleistet werden. Jeder hat von der ungeheuren Arbeitsleistung gehört, die von freiwilligen Arbeitern getan wurde, um die Unterstützung während des Londoner Dockarbeiterausstandes zu organisieren; von den Bergarbeitern, die, nachdem sie viele Wochen lang selbst arbeitslos gewesen waren, sowie sie die Arbeit wieder aufnahmen, pro Woche vier Mark in den Streikfonds zahlten; von der Bergarbeiterswitwe, die während des Arbeitskrieges in Yorkshire 1894 die Ersparnisse ihres Mannes zum Streikfonds beisteuerte; von dem letzten Laib Brot, der immer mit den Nachbarn geteilt wurde; von den Bergarbeitern in Radstock, die größere Gärtchen bei ihren Häusern hatten und 400 Bergarbeiter

einem Einkommen von 6000 Mk., er wird meistens an den Lebensmitteln gespart; und der Beitrag wird oft verdoppelt, wenn in einer Brudergewerkschaft ein Streik ausgebrochen ist. Die anschauliche Schilderung des Gewerkschaftslebens, von einem Arbeiter, die die Webbs veröffentlicht haben (S. 431 ff.), gibt ein vorzügliches Bild von der Arbeitsleistung, die von einem Gewerkschaftler verlangt wird.

304 Siehe die Debatten über die Streiks von Falkenau in Österreich im österreichischen Reichsrat vom 10. Mai 1894, wo die Tatsache vom Ministerium und dem Besitzer der Kohlengrube völlig anerkannt wurde.

in Bristol einluden, ihren Anteil Kohl und Kartoffeln zu nehmen usw. Alle Berichterstatter der Zeitungen während des großen Bergarbeiterausstandes in Yorkshire wussten eine Menge solcher Tatsachen, obwohl freilich nicht alle so „unwesentliche“ Dinge ihren Blättern berichten durften.[305]

Die Gewerkschaft ist jedoch nicht die einzige Form, worin das Bedürfnis des Arbeiters nach gegenseitigem Beistand seinen Ausdruck findet. Da gibt es außerdem die politischen Vereine, deren Betätigung viele Arbeiter als wertvoller fürs allgemeine Wohl ansehen als die Gewerkschaften, so beschränkt wie die Ziele der letzteren jetzt sind. Natürlich kann die bloße Tatsache, zu einer politischen Partei zu gehören, nicht als Äußerung der Gegenseitigkeitstendenz gelten. Wir wissen alle, dass die Politik das Feld ist, wo die rein egoistischen Triebe der Gesellschaft die verwickeltsten Verbindungen mit altruistischen Bestrebungen eingehen. Aber jeder erfahrene Politiker weiß, dass alle großen politischen Bewegungen um große und oft entfernte Ziele gingen, und dass die unter ihnen die stärksten waren, die die uneigennützigste Begeisterung hervorriefen. Alle großen historischen Bewegungen haben diesen Charakter gehabt und für unsere eigene Generation ist der Sozialismus in diesem Fall. „Bezahlte Agitatoren“, das ist ohne Zweifel der Lieblingsrefrain derer, die nichts von ihm wissen. Die Wahrheit aber ist, dass – um nur von dem zu sprechen, was ich aus persönlicher Kenntnis weiß – wenn ich in den letzten vierundzwanzig Jahren ein Tagebuch geführt hätte und darin all die Hingebung und Aufopferung gebucht hätte, die ich in der sozialistischen Bewegung erlebt habe, der Leser eines solchen Tagebuches das Wort „Heroismus“ fortwährend auf den Lippen hätte. Aber die Männer, von denen ich gesprochen hätte, waren keine Helden; es waren Durchschnittsmenschen, die von einer großen Idee entflammt waren. Jede sozialistische Zeitung – und es gibt Hunderte in Europa allein – hat dieselbe Geschichte von jahrelanger Aufopferung ohne Hoffnung auf Entschädigung, und in der überwältigenden Mehrheit der Fälle sogar ohne persönlichen Ehrgeiz. Ich habe Familien gesehen, die nicht wussten, wovon sie morgen leben sollten, der Mann in der ganzen kleinen Stadt wegen seiner Mitarbeit an der Zeitung boykottiert, und die Frau erhielt die Familie durch Nähen; und diese Situation dauerte jahrelang, bis die Familie sich ohne ein Wort des Vorwurfs zurückzog, etwa mit den Worten: „Macht ihr weiter, wir können nicht mehr.“ Ich habe Männer gesehen, die die Schwindsucht hatten und es wussten, und doch in Schnee und Nebel

305 Viele solcher Tatsachen findet man im *Daily Chronicle* und teilweise in den *Daily News*, Oktober und November 1894.

sich umhertrieben, um Versammlungen vorzubereiten; die ein paar Wochen vor ihrem Tode noch in Versammlungen sprachen und erst dann ins Spital gingen, etwa mit den Worten: „Freunde, mit mir ist's aus; die Ärzte sagen, ich habe nur noch ein paar Wochen zu leben. Sagt den Genossen, ich werde mich freuen, wenn sie mich besuchen kommen." Ich habe Tatsachen gesehen, wo man von „Idealisierung" sprechen würde, wenn ich an dieser Stelle davon berichten wollte; und selbst die Namen dieser Männer, die jenseits eines engen Freundeskreises kaum bekannt sind, werden bald vergessen sein, wenn auch die Freunde nicht mehr am Leben sind. In der Tat weiß ich selbst nicht, was am meisten zu bewundern ist: die unbegrenzte Hingebung dieser wenigen oder die Gesamtsumme kleiner Akte der Hingebung von seiten der großen Masse. Jeder verkaufte Stoß Zeitungen, jede Versammlung, jede hundert Stimmen, die bei einer sozialistischen Wahl gewonnen werden, stellen eine Menge Energie und Opfer dar, von denen kein Außenstehender die geringste Vorstellung hat. Und was jetzt von Sozialisten getan wird, ist in der Vergangenheit in jeder politischen und religiösen fortschrittlichen Volkspartei geschehen. Aller Fortschritt der Vergangenheit ist durch solche Männer und solche Hingebung hervorgebracht worden.

Das Genossenschaftswesen, besonders das englische, ist oft als „Privatunternehmertum auf Aktien" bezeichnet worden; und so wie es jetzt ist, hat es ohne Zweifel die Tendenz, einen Genossenschaftsegoismus zu erzeugen, nicht nur gegen die Gemeinschaft als Ganzes, sondern auch unter den Genossenschaftern selbst. Es ist aber trotzdem gewiss, dass die Bewegung in ihrem Ursprung vorwiegend den Charakter der gegenseitigen Hilfe hatte. Auch jetzt haben ihre eifrigsten Verfechter die Überzeugung, dass die Genossenschaft die Menschheit zu einer höheren harmonischen Stufe der wirtschaftlichen Beziehungen führt, und es ist nicht möglich, sich in einer der Hochburgen des Genossenschaftswesens im Norden Englands aufzuhalten, ohne zu bemerken, dass die große Zahl in Reih und Glied dieselbe Meinung hat. Die meisten von ihnen würden das Interesse an der Bewegung verlieren, wenn dieser Glaube nicht wäre, und es muss zugegeben werden, dass in den letzten zwei Jahren umfassendere Ideale für das allgemeine Wohl und die Solidarität der Arbeitenden in den Genossenschaften herrschend geworden sind. Es besteht ohne Zweifel jetzt eine Tendenz zur Herstellung besserer Beziehungen zwischen den Besitzern der genossenschaftlichen Werkstätten und den Arbeitern.

Die Bedeutung der Genossenschaften in England, Holland und Dänemark ist bekannt, und in Deutschland sind die Genossenschaften bereits ein wichtiger Faktor des industriellen Lebens.[306] Russland ist es indessen, das vielleicht die beste Möglichkeit gibt, die Genossenschaft von den verschiedensten Seiten kennenzulernen. In Russland ist sie ein natürliches Gewächs, eine Erbschaft aus dem Mittelalter, und während eine formell errichtete Kooperativgesellschaft mit vielen gesetzlichen Schwierigkeiten und dem Argwohn der Behörden zu tun hätte, bildet die formlose Genossenschaft – der Artel – den eigentlichen Inhalt des russischen Bauernlebens. Die Geschichte der Erschaffung Russlands und der Kolonisation Sibiriens ist eine Geschichte der Jagd- und Gewerbeartels oder Gilden, denen die genossenschaftliche Dorfgemeinde folgte, und zur Zeit finden wir den Artel überall; in jeder Gruppe von zehn bis fünfzig Bauern, die aus demselben Dorf kommen, um in einer Fabrik zu arbeiten, in allen Baugewerken, unter Fischern und Jägern, unter Sträflingen auf ihrem Wege nach und in Sibirien, unter Eisenbahngepäckträgern, Börsenboten, Zollhausarbeitern, überall in den Dorfindustrien, die sieben Millionen Menschen Beschäftigung geben – von Kopf zu Fuß in der Welt der Arbeit, dauernd und zeitweise, zu Produktion und Konsum unter den verschiedensten Umständen. Bis zum heutigen Tag gehören viele Fischereiplätze an den Zuflüssen des Kaspischen Meeres sehr großen Artel, der Uralfluss gehört der Gesamtheit der Uralkosaken, die die Fischereiplätze – vielleicht die reichsten der Welt – ohne irgendwelche Einmischung der Behörden unter die einzelnen Dörfer verteilen und zu bestimmten Zeiten neu verteilen. Die Fischerei wird im Ural, der Wolga und auf allen Seen Nordrusslands in Artels betrieben. Außer diesen dauernden Organisationen gibt es nun noch die einfach zahllosen vorübergehenden Artels, die sich zu jedem bestimmten Zweck bilden. Wenn zehn oder zwanzig Bauern aus einem Dorf in eine große Stadt kommen, um als Weber, Zimmerer, Maurer, Schiffbauer usw. zu arbeiten, gründen sie immer einen Artel. Sie mieten Räume, stellen eine Köchin an (oft ist es die Frau von einem der Arbeiter), wählen einen Ältesten und nehmen ihre Mahlzeiten gemeinsam ein, wobei jeder dem Artel zahlt, was für Essen und Wohnung auf ihn kommt. Ein Trupp Gefangener auf seinem Weg nach Sibirien macht es immer so, und ihr erwählter Ältester ist der offiziell anerkannte Vermittler zwischen den Sträflingen und dem militärischen Vorgesetzten des Zuges. In den Zuchthäusern haben sie dieselbe Organisation. Die Gepäckträger, die Boten an der Börse, die Arbeiter im Zollamt, die Dienstleute in den Großstädten, die in corpore für jedes Mitglied

306 [Kropotkin weist auf die 31.473 Produktions- und Konsumgenossenschaften am Mittelrhein um das Jahr 1890 hin.]

verantwortlich sind, genießen einen solchen Ruf, dass jeder Betrag in Geld oder Banknoten dem Artelmitglied von den Kaufleuten anvertraut wird. In den Baugewerken werden Artels von zehn bis zweihundert Mitgliedern gebildet; und die vernünftigen Baumeister und Eisenbahnunternehmer haben immer lieber mit einem Artel zu tun als mit einzeln eingestellten Arbeitern. Die letzten Versuche des Kriegsministeriums, direkt mit Produktiv-Artels in Beziehungen zu treten, die sich zu dem bestimmten Zweck in den Hausindustrien gebildet hatten, und ihnen Stiefel und alle Arten Messing- und Eisenwaren in Auftrag zu geben, werden als sehr zufriedenstellend geschildert, und die Verpachtung eines Eisenwerkes, das der Krone gehört (Votkinsk), an einen Arbeiter-Artel, die vor sieben oder acht Jahren stattfand, war ein entschiedener Erfolg.

Wir können also in Russland sehen, wie die alte mittelalterliche Einrichtung, die (in ihren formlosen Erscheinungen) vom Staat nicht gestört worden ist, bis in die Gegenwart völlig lebendig geblieben ist, und je nach den Erfordernissen der modernen Industrie und des modernen Handels die mannigfaltigsten Formen annimmt. Auf dem Balkan, in der Türkei und Kaukasien haben sich die alten Gilden ebenfalls vollständig erhalten. Die Esnafs in Serbien haben ihren mittelalterlichen Charakter völlig bewahrt, sie umschließen Meister und Lohnarbeiter, regeln die Gewerbe und sind Einrichtungen zu gegenseitiger Unterstützung bei der Arbeit und in Krankheitsfällen;[307] während die Amkari Kaukasiens, und insbesondere in Tiflis, außer diesen Funktionen noch einen beträchtlichen Einfluss im Gemeindeleben haben.[308]

In Verbindung mit den Genossenschaften müsste ich vielleicht auch erwähnen: die Unterstützungsvereine, die Oddfellowlogen, die Dorf- und Stadtvereine zur Bezahlung der Arztrechnungen, die Bekleidungs- und Beerdigungsvereine, die kleinen sehr häufigen Vereinigungen unter Fabrikmädchen, zu denen sie zwanzig oder dreißig Pfennig in der Woche beitragen, um später zwanzig Mark zu verlosen, mit denen wenigstens etwas Rechtes gekauft werden kann usw. Ein nicht unbeträchtliches Stück sozialen oder humanen Geistes lebt in diesen Vereinen, auch wenn das „Kredit und Debet“ jedes Mitgliedes genau gebucht wird. Aber es gibt so

307 *Britischer Konsularbericht*, April 1899.

308 Eine wertvolle Forschung über diesen Gegenstand ist in russischer Sprache in den *Zapiski* (*Denkschriften*) der Kaukasischen Geographischen Gesellschaft, Bd. VI, 2, Tiflis 1891, von C. Egiazaroff veröffentlicht worden.

viele Gesellschaften, die sich auf die Bereitschaft gründen, Zeit, Gesundheit, und, wenn nötig, das Leben zu opfern, dass wir eine große Zahl Beispiele für gegenseitige Unterstützung der besten Art ausführen können.

Die Rettungsbootgesellschaft in Großbritannien und ähnliche Einrichtungen auf dem Kontinent müssen an erster Stelle genannt werden. Die erstgenannte hat jetzt über dreihundert Boote an den Küsten des Insellandes, und sie würde doppelt so viele haben, wenn nicht die Armut der Fischer wäre, die nicht imstande sind, Rettungsboote zu kaufen. Die Mannschaften bestehen indessen aus Freiwilligen, deren Bereitschaft, ihr Leben für die Rettung von Menschen zu wagen, die ihnen völlig fremd sind, jedes Jahr ernsthaft auf die Probe gestellt wird; in jedem Winter ist der Verlust einiger der Wackersten von ihnen zu verzeichnen. Und wenn wir diese Männer fragen, was sie dazu bringt, ihr Leben aufs Spiel zu setzen, selbst wenn keine vernünftige Aussicht auf Erfolg besteht, dann bewegt sich ihre Antwort etwa auf den folgenden Linien. Ein fürchterlicher Schneesturm, der über den Kanal jagte, tobte an der flachen, sandigen Küste eines armseligen Dorfes in Kent, und eine kleine Schmacke, die Orangen geladen hatte, strandete an den nahe gelegenen Sandbänken. In diesem seichten Gewässer kann nur ein flaches Rettungsboot eines sehr einfachen Typs gehalten werden, und es während eines solchen Sturmes hinauszulassen, hieß, dem fast sicheren Untergang entgegengehen. Und doch fuhren die Männer hinaus, kämpften stundenlang gegen den Wind und das Boot schlug zweimal um. Ein Mann ertrank, die andern wurden ans Ufer geworfen. Einer von diesen, ein intelligenter Strandwächter, wurde am nächsten Morgen fürchterlich zugerichtet und halb erfroren im Schnee gefunden. Ich fragte ihn, wie sie dazu gekommen seien, diesen verzweifelten Versuch zu machen. „Ich weiß es selbst nicht“, war seine Antwort. „Da war das Wrack, alle Leute aus dem Dorf standen am Strand, und alle sagten, es wäre wahnsinnig, hinauszufahren, wir könnten uns nie durch diese Brandung durchbringen. Wir sahen fünf oder sechs Männer, die sich an den Mast klammerten und verzweifelte Zeichen machten. Wir fühlten alle, dass etwas geschehen müsse, aber was konnten wir tun? Eine Stunde, zwei Stunden vergingen, und wir alle standen da. Wir fühlten uns alle sehr niedergeschlagen. Dann war es uns plötzlich, als ob wir durch den Sturm hindurch ihr Rufen hörten – sie hatten einen Knaben bei sich. Das konnten wir nicht länger aushalten. Alle auf einmal sagten wir: ‘Wir müssen gehen.’ Die Frauen sagten es auch, sie hätten uns als Feiglinge behandelt, wenn wir nicht gegangen wären, obwohl sie am nächsten Tag sagten, wir seien verrückt gewesen. Wie ein Mann rannten wir zu dem Boot und fuhren los. Das Boot schlug um – aber wir konnten es festhalten. Das Schlimmste war zu sehen, wie der arme N. N. neben dem Boot ertrank, und wir konnten nichts tun, ihn zu retten. Dann kam eine fürchterliche Welle, wir schlugen wieder um und wurden ans Ufer geworfen Die Leute wurden von dem Boot aus D. noch gerettet, unseres wurde meilenweit weggeführt. Am nächsten Morgen fand man es im Schnee."

Dieses Gefühl trieb auch die Bergleute von Rbondda Valley, als sie an der Rettung ihrer Kameraden aus der überschwemmten Grube arbeiteten. Sie hatten fast dreißig Meter Kohle durchbohrt, um ihre verschütteten Kameraden zu erreichen; aber als kaum mehr drei Meter fehlten, schlugen ihnen Grubengase entgegen. Die Lampen gingen aus; und die Retter zogen sich zurück. Unter solchen Bedingungen zu arbeiten, hieß riskieren, jeden Augenblick in die Luft zu fliegen. Aber das Klopfen der begrabenen Bergleute wurde noch gehört, die Männer waren noch am Leben und riefen um Hilfe, und mehrere Bergleute gingen freiwillig auf jede Gefahr hin ans Werk, und als sie in die Gruben hinabstiegen, hatten ihre Frauen nur stille Tränen – kein Wort, sie aufzuhalten.

Das ist der entscheidende Punkt der menschlichen Psychologie. Wenn die Menschen nicht auf dem Schlachtfeld zum Rasen gebracht werden, „können sie es nicht aushalten", Hilferufe zu hören, ohne Hilfe zu leisten. Der Held geht, und was der Held tut, das fühlen alle, dass sie es ebensogut hätten tun sollen. Die Sophismen des Hirns können der Hilfsbereitschaft zwischen den Menschen keinen Widerstand entgegensetzen, weil dieses Gefühl während vieler tausend Jahre menschlichen Gesellschaftslebens und Hunderttausenden von Jahren des vormenschlichen Gesellschaftslebens großgezogen worden ist.

„Aber wie steht es um die Menschen, die im Serpentineteich im Hydepark ertranken, wo eine große Menschenmenge zusah, von denen keiner sich rührte, sie zu retten? Wie steht es um das Kind, das in den Regents Park-Kanal fiel – auch in Gegenwart einer Feiertagsmenge und nur durch die Geistesgegenwart eines Mädchens gerettet wurde, die ihren Neufundländer ins Wasser ließ?" So könnte gefragt werden. Die Antwort ist einfach genug. Der Mensch ist ein Produkt sowohl seiner ererbten Instinkte wie seiner Erziehung. Unter den Bergleuten und Seeleuten erzeugen ihre gemeinsamen Beschäftigungen und ihr tägliches enges Zusammenleben ein Gefühl der Solidarität, und die Gefahren, in denen sie leben, erhalten die Tapferkeit. In den Städten dagegen zieht der Mangel an gemeinsamen Interessen Gleichgültigkeit groß; die Tapferkeit, die selten Gelegenheit zur Betätigung findet, verschwindet oder schlägt eine andere Richtung ein.

Überdies lebt die Tradition des heldenhaften Bergmanns oder Fischers in den Bergmanns- und Fischerdörfern fort und wird von poetischem Schimmer verklärt. Was aber sind die Traditionen einer zusammengewürfelten Londoner Menge? Die einzige Überlieferung, die sie gemeinsam haben können, hätte von der Literatur geschaffen werden sollen, aber eine Literatur, die den Dorfepen entspräche, existiert kaum. Die Geistlichen sind so eifrig darauf bedacht, zu beweisen, dass alles, was aus der Menschennatur kommt, sündhaft ist, und dass alles Gute im Menschen übernatürlichen Ursprungs ist, dass sie von den Tatsachen, die nicht als Beispiel höherer Eingebung oder Gnade, die von oben kommt, angeführt werden können, meistens nichts wissen. Und was die weltlichen Schriftsteller sind – sie interessieren sich hauptsächlich nur für eine Art Heroismus – den, der die Staatsidee fördert. Daher bewundern sie den römischen Helden, oder den Soldaten in der Schlacht, aber sie gehen an dem Heroismus des Fischers vorüber und achten kaum darauf. Der Dichter und der Maler könnten natürlich von der Schönheit des Menschenherzens an sich ergriffen werden; aber beide kennen das Leben der ärmeren Klassen selten; sie können zwar den Römer oder den Kriegshelden in der konventionellen Umgebung besingen oder malen, aber die eindrucksvolle Darstellung des Helden, der in dieser bescheidenen Umgebung, die sie nicht kennen, handelte, gelingt ihnen nicht. Wenn sie wagen, es zu tun, wird es bloß ein Stück Rhetorik.[309]

309 Die Flucht aus einem französischen Gefängnis ist äußerst schwierig; trotzdem entkam 1884 oder 1885 ein Gefangener aus einem französischen Gefängnis. Er brachte es auch zuwege, sich während des ganzen Tages zu verstecken, obwohl Alarm geschlagen war und die Bauern der Gegend nach ihm auf der Suche waren. Als der Morgen anbrach, war er nahe bei einem kleinen Dorf in einem Graben versteckt. Vielleicht beabsichtigte er, etwas Nahrung oder Kleidung zu stehlen, um seine Gefängnisuniform ablegen zu können. Während er in dem Graben lag, brach in dem Dorf Feuer aus. Er sah, wie eine Frau aus einem der brennenden Häuser herausstürzte und hörte ihre verzweifelten Rufe, ihr Kind zu retten, das im oberen Stockwerke des brennenden Hauses war. Niemand rührte sich. Da stürzte der entronnene Sträfling aus seinem Versteck hervor, brach sich einen Weg durch das Feuer und brachte – mit verbrannten Kleidern und Brandwunden im Gesicht – das gerettete Kind aus dem Feuer und übergab es der Mutter. Natürlich wurde er auf der Stelle von dem Gendarmen des Dorfes festgenommen, der jetzt auf die Bildfläche trat. Er wurde ins Gefängnis zurückgebracht. Der Vorfall wurde in allen französischen Blättern berichtet, aber keines rührte sich, um seine Freilassung zu verlangen. Hätte er einen Wärter vor dem Hieb eines Kameraden beschützt, so wäre ein Held aus ihm gemacht worden. Aber seine Tat war lediglich menschlich, sie war

Die unzähligen Vereine, Klubs und Gesellschaften zur Lebensfreude, zum Studium und zur Forschung, zur Erziehung usw., die in letzter Zeit so massenhaft emporgekommen sind, dass man Jahre dazu brauchte, sie nur zu registrieren, sind eine andere Äußerung derselben immer wachen Tendenz zur Vereinigung und gegenseitigen Unterstützung. Einige von ihnen widmen sich, wie die jungen Vögel verschiedener Arten, die im Herbst zusammenkommen, völlig den gemeinsamen Freuden des Lebens. Jedes Dorf in England, Deutschland, der Schweiz usw. hat seine Klubs und Vereine: Kricket-, Fußball-, Tennis-, Kegel-, Taubenklubs, Musik- und Gesangvereine. Andere Vereine sind viel umfangreicher, und einige davon, wie der Radfahrerbund, haben rasch einen ungeheuren Aufschwung genommen. Obwohl die Mitglieder dieses Bundes nichts als die Liebe zum Radfahren gemein haben, gibt es doch bereits unter ihnen eine Art Freimaurerei zu gegenseitiger Hilfe, besonders in den entfernten Ecken und Winkeln, die nicht von Radfahrern überflutet sind; sie erblicken in dem C. A. C. – Cyclists' Alliance Club – in England oder D. R.-B. in Deutschland – Deutscher Radfahrer-Bund – in einem Dorfe eine Art Heimat; und das jährliche Bundesfest hat manche dauernde Freundschaft gestiftet. Die „Kegelbrüder" in Deutschland haben eine ähnliche Vereinsorganisation; desgleichen die Turnvereine (300.000 Mitglieder in Deutschland), die formlose Brüderschaft der Ruderer in Frankreich, die Jachtklubs usw. Solche Vereine ändern gewiss nichts an der wirtschaftlichen Schichtung der Gesellschaft, aber besonders in den kleinen Städten tragen sie dazu bei, die sozialen Unterschiede zu mildern, und da sie alle die Tendenz haben, sich zu großen nationalen und internationalen Bünden zusammenzuschließen, unterstützen sie sicherlich das Entstehen persönlichen freundschaftlichen Verkehres zwischen allerlei Menschen, die in verschiedenen Teilen des Erdballs zerstreut sind.

Die Alpenvereine, der Jagdschutzverein in Deutschland, der über 100.000 Mitglieder hat – Jäger, studierte Forstleute, Zoologen und einfache Naturfreunde – und die Internationale Ornithologische Gesellschaft, die Zoologen, Züchter und einfache deutsche Bauern zu Mitgliedern hat, haben den selben Charakter. Sie haben nicht nur in ein paar Jahren eine Menge sehr nützliche Arbeit getan, die nur große Gesellschaften richtig tun

---

dem Staatsideal von keinem Nutzen; er selbst führte sie nicht auf eine plötzliche Ergießung göttlicher Gnade zurück; und das war genug, dass der Mann vergessen wurde. Vielleicht wurde seine Strafe um sechs oder zwölf Monate erhöht, weil er „Staatseigentum" gestohlen hatte – die Sträflingskleidung.

konnten (Karten, Schutzhütten, Bergwege, Forschungen über das Tierleben, über schädliche Insekten, über Wanderungen von Vögeln usw.), sondern sie schaffen auch neue Verbindungen zwischen den Menschen. Zwei Bergsteiger verschiedener Nationalität, die sich in einer Schutzhütte im Kaukasus treffen, oder der Professor und der Bauer, beide Ornithologen, die im selben Hause weilen, sind füreinander keine Fremden mehr; und die Uncle Toby's Society in Newcastle, die bereits über 260.000 Knaben und Mädchen dazu gebracht hat, nie Vogelnester zu zerstören und zu allen Tieren gütig zu sein, hat sicher mehr für die Entwicklung menschlicher Gefühle und der Lust zur Naturwissenschaft getan, als Dutzende Moralisten und unsere meisten Schulen.

Wir dürfen in dieser raschen Übersicht nicht an den Tausenden wissenschaftlichen, literarischen, pädagogischen und Kunstvereinen vorübergehen. Bis jetzt haben sich die wissenschaftlichen Körperschaften, die vom Staat beaufsichtigt und oft mit Geld unterstützt wurden, im allgemeinen in sehr engen Kreisen bewegt, und sie wurden oft nur als Gelegenheiten betrachtet, eine Staatsanstellung zu erlangen, und die Enge ihrer Kreise hat ohne Frage oft zu kleinen Eifersuchtsstreitigkeiten geführt. Aber doch werden die Unterschiede der Geburt, der politischen Parteien und Glaubensbekenntnisse durch diese Gesellschaften bis zu gewissem Grade gemildert; und in den kleineren und abgelegenen Städten werden die wissenschaftlichen, geographischen oder Musikvereine, besonders solche, die sich an einen größeren Kreis von Liebhabern wenden, kleine Mittelpunkte geistigen Lebens, eine Art Bindeglied zwischen dem kleinen Fleck und der weiten Welt, und ein Ort, wo Menschen recht verschiedener Lebenslagen sich auf dem Fuße der Gleichheit begegnen. Um den Wert solcher Mittelpunkte recht zu würdigen, sollte man etwa die Sibiriens kennenlernen. Die zahllosen Erziehungs- und Bildungsvereine, die erst jetzt anfangen, das Erziehungsmonopol des Staates und der Kirche zu durchbrechen, werden gewiss einmal die führende Macht auf diesem Gebiet werden. Den Fröbelvereinen und dergleichen verdankt man bereits – nicht nur in Deutschland, auch in England – das System der Kindergärten; und einer Reihe formeller und formloser Erziehungsgesellschaften verdanken wir die hohe Stufe der Frauenerziehung in Russland, obwohl während der ganzen Zeit diese Gesellschaften und Gruppen in starkem Gegensatz zu einer mächtigen Regierung vorgehen mussten.[310] Von den verschiedenen pädagogischen Ge-

310 Die medizinische Akademie für Frauen (die Russland einen großen Teil ihrer 700 geprüften weiblichen Ärzte gegeben hat), die vier Frauenuniversitäten

sellschaften und Lehrervereinen in Deutschland ist es bekannt, dass ihnen hauptsächlich die Ausarbeitung der modernen Methoden des wissenschaftlichen Unterrichts in den Volksschulen zu verdanken ist. In diesen Vereinen findet auch der Lehrer seine beste Unterstützung. Wie elend wäre der überarbeitete und schlechtbezahlte Dorfschullehrer ohne ihre Hilfe daran gewesen![311]

Alle diese Vereine, Gesellschaften, Brüderschaften, Bünde, Institute usw., die jetzt in Europa allein nach Zehntausenden zählen, und von denen jeder einzelne Verein eine große Menge freiwillige, uneigennützige, unbezahlte oder schlechtbezahlte Arbeit darstellt – was sind sie anders als lauter mannigfaltige Offenbarungen derselben immer lebendigen Tendenz des Menschen zu gegenseitiger Hilfe und Unterstützung? Beinahe drei Jahrhunderte lang hat man die Menschen verhindert, sich auch nur zu literarischen, künstlerischen und Bildungszwecken zu verbinden. Man konnte nur unter dem Schutz des Staates oder der Kirche oder als geheime Brüderschaften, wie die Freimaurerei, Gesellschaften bilden. Aber jetzt, wo der Widerstand gebrochen ist, schießen sie auf allen Gebieten empor, dehnen sich auf alle mannigfaltigen Bereiche der menschlichen Betätigung aus, werden international und tragen ohne Zweifel, in einem Maße, das jetzt noch nicht völlig übersehen werden kann, dazu bei, die Wälle niederzureißen, die von den Staaten zwischen den verschiedenen Völkern aufgerichtet worden sind. Trotz den Feindschaften, die durch die Handelskonkurrenz erzeugt werden, und den Hassausbrüchen, die die Gespenster einer dem Untergang geweihten Vergangenheit hervorrufen, gibt es ein Bewusstsein internationaler Solidarität, das unter den geistigen Führern der Welt wie unter den Massen der Arbeiter heraufkommt, seit auch sie das Recht zu internationalen Beziehungen erobert haben; und zur Verhütung eines euro-

(etwa 1000 Schülerinnen im Jahre 1887; in diesem Jahre geschlossen und 1895 wieder eröffnet) und die Handelshochschule für Frauen sind *völlig* das Werk solcher privater Gesellschaften. Denselben Gesellschaften verdanken wir die hohe Stufe, die die Mädchengymnasien einnehmen, seit sie in den sechziger Jahren eröffnet wurden. Die 100 Gymnasien, die jetzt über Russland zerstreut sind (über 70.000 Schülerinnen), entsprechen den englischen Hochschulen für Mädchen; aber alle Lehrer haben ihr Universitätsexamen gemacht.

311 Der Verein für Verbreitung gemeinnütziger Kenntnisse hat bereits, obwohl er nur 5500 Mitglieder hat, mehr als 1000 Volks- und Schulbibliotheken gegründet, Tausende von Vorträgen veranstaltet und sehr wertvolle Bücher veröffentlicht.

päischen Krieges während des letzten Viertels eines Jahrhunderts hat dieser Geist ohne Zweifel zu seinem Teil beigetragen.

Die religiösen Wohltätigkeitsvereine und frommen Stiftungen, die wiederum eine Welt für sich vorstellen, müssen ohne Frage an dieser Stelle genannt werden. Es besteht nicht der leiseste Zweifel, dass die große Masse ihrer Mitglieder von denselben hilfreichen Gefühlen bewegt wird, die der ganzen Menschheit gemein sind. Leider ziehen es die religiösen Unterweiser der Menschen vor, diese Gefühle einem übernatürlichen Ursprung zuzuschreiben. Viele von ihnen behaupten, der Mensch gehorche in seinem Gewissen der Stimme nicht, die nach gegenseitiger Hilfe ruft, solange er nicht von den Lehren der Spezialreligion erfüllt sei, deren Vertreter sie sind, und mit St. Augustin erkennen sie meistens solche Gefühle bei dem „heidnischen Wilden“ nicht an. Während überdies das erste Christentum wie alle anderen Religionen ein Appell an das allgemein menschliche Gefühl für gegenseitige Hilfe, an das Mitgefühl war, hat die christliche Kirche den Staat darin unterstützt, alle bestehenden Institutionen zu gegenseitiger Hilfe und Unterstützung zu vernichten, die früher als sie da waren oder sich unabhängig von ihr entwickelt hatten; und an Stelle der *gegenseitigen Hilfe*, die jeder Wilde seinem Stammesbruder schuldig zu sein glaubt, hat sie die christliche Liebe gepredigt, die die Marke der Eingebung von oben und demgemäß eine gewisse Überlegenheit des Gebers über den Empfänger an sich trägt. Mit dieser Einschränkung und ohne irgendeine Absicht, denen Ärgernis zu geben, die sich als auserwählte Gemeinde betrachten, wenn sie einfach menschliche Werke tun, können wir sicher die ungeheure Zahl religiöser Wohltätigkeitsvereine als ein Produkt derselben Tendenz zu gegenseitiger Hilfe betrachten.

All diese Tatsachen zeigen, dass eine rücksichtslose Verfolgung persönlicher Interessen, ohne sich um die Bedürfnisse anderer Menschen zu kümmern, nicht das einzige Kennzeichen des modernen Lebens ist. Neben dieser Strömung, die stolz die Führung der menschlichen Angelegenheiten beansprucht, gewahren wir einen harten Kampf der ländlichen und der Industriebevölkerung, um wieder stehende Einrichtungen zu gegenseitiger Hilfe und Unterstützung einzuführen; und wir finden in allen Klassen der Gesellschaft eine weitverbreitete Bewegung, die auf die Errichtung unendlich verschiedenartiger mehr oder weniger dauernder Institutionen zum selben Zweck abzielt. Aber wenn wir von dem öffentlichen Leben zum Privatleben des Individuums unserer Zeit übergehen, finden wir außerdem noch eine äußerst weite Welt der gegenseitigen Hilfe und Unterstützung, die nur darum der Beachtung der meisten Soziologen entgeht, weil sie auf den engen Kreis der Familie und persönlichen Freundschaft beschränkt ist.[312]

Unter der Herrschaft des gegenwärtigen sozialen Systems sind alle einigenden Bande zwischen den Einwohnern derselben Straße oder Gegend zerrissen worden. In den reicheren Vierteln der großen Städte leben die Menschen, ohne zu wissen, wer ihre nächsten Nachbarn sind. Aber in den Gassen, wo die Massen wohnen, kennen die Leute einander sehr gut und kommen fortwährend in gegenseitige Berührung. Natürlich – kleine Streitigkeiten kommen vor, in den Gassen wie anderswo; aber es entstehen persönliche Zuneigungen und im Anschluss daran Gruppierungen, und innerhalb dieser Kreise wird die gegenseitige Hilfe in einem Umfang geübt, von dem die reicheren Klassen keine Ahnung haben. Wenn wir z. B. die Kinder einer armen Gegend nehmen, die auf der Straße oder dem Kirchhof oder einem Rasen spielen, so bemerken wir sofort, dass trotz den manchmal vorkommenden Kämpfen eine enge Verbindung zwischen ihnen besteht, und dass diese Verbindung sie vor allerlei Unglücksfällen beschützt. Sowie eins von den Kindern sich neugierig über eine Öffnung der Kanalisation biegt, ruft etwa ein Spielkamerad: „Geh da fort! Die Luft in dem Loch ist ungesund!“ „Nicht auf die Mauer dort klettern! Wenn du hinunterfällst, kannst du vom Zug überfahren werden! Geh nicht so nah an den Graben! Iß diese Beeren nicht – sie sind giftig! Du musst sterben!“ Das sind die ersten

312 Sehr wenige soziologische Schriftsteller haben ihre Aufmerksamkeit darauf gerichtet. Rudolf von Ihering ist einer von ihnen, und sein Fall ist sehr lehrreich. Als der große deutsche Rechtsgelehrte sein philosophisches Werk *Der Zweck im Recht* [1877] begann, beabsichtigte er die Triebkräfte zu untersuchen, die den Fortschritt der Gesellschaft hervorrufen und erhalten, und so die Theorie der Gesellschaftsmenschen zu finden. Er untersuchte zuerst die egoistischen Mächte, einschließlich des gegenwärtigen Lohnsystems und der Beschränkungen in ihren mannigfaltigen politischen und sozialen Gesetzen; und nach einem sorgfältig ausgearbeiteten Plan seines Werkes beabsichtigte er, den letzten Paragraphen den ethnischen Mächten – dem Pflichtgefühl und der Menschenliebe – zu widmen, die demselben Zwecke dienen. Als er jedoch daran ging, die sozialen Funktionen dieser beiden Faktoren zu untersuchen, musste er einen zweiten Band schreiben, der doppelt so dick wurde als der erste, und doch behandelte er nur die persönlichen Beziehungen, die in den folgenden Seiten nur wenige Zeilen beanspruchen werden. L. Dargun nahm in *Egoismus und Altruismus in der Nationalökonomie*, Leipzig 1885, dieselbe Idee auf und fügte einige neue Tatsachen hinzu. Büchners *Liebe* und die verschiedenen Paraphrasen des Buches, die in England und Deutschland veröffentlicht wurden, behandeln denselben Gegenstand.

Lehren, die dem Knirps eingeprägt werden, wenn er zu anderen Kindern ins Freie kommt. Wie viele Kinder, deren Spielplatz das Straßenpflaster bei den „Musterarbeiterhäusern“ ist oder die Quais und Brücken der Kanäle, würden totgefahren werden oder ertränken in dem schmutzigen Wasser, wenn diese Art Beistand nicht wäre! Und wenn Karlchen im Hof in eine offene Grube oder Lieschen schließlich doch in den Kanal gefallen ist, dann erheben die Kinder ein solches Geschrei, dass die Nachbarn herbeistürzen und zu Hilfe kommen.

Nun kommen wir an den Bund der Mütter. „Sie können sich keinen Begriff machen“, so erzählte mir jüngst eine Ärztin, die sich in einem Armenviertel niedergelassen hat, „wie sehr sie einander helfen. Wenn eine Frau für das Kind, das sie erwartet, nichts in Bereitschaft hat oder nichts haben kann – und wie oft kommt das vor! – dann bringen alle Nachbarinnen etwas für das Neugeborene. Eine Nachbarin sorgt immer für die Kinder, und andere sehen immer schnell nach der Wirtschaft, solange die Mutter zu Bett liegt.“ Das ist ein allgemeiner Brauch. Er wird von all denen berichtet, die unter den Armen gelebt haben. Mit tausenderlei Kleinigkeiten unterstützen die Mütter einander und sorgen für Kinder, die nicht ihre eigenen sind. Einige Erziehung – ob gut oder schlecht, mögen sie selbst entscheiden – ist erforderlich, damit eine Dame der reicheren Klassen imstande ist, an einem frierenden und hungernden Kind auf der Straße vorbeizugehen, ohne es zu bemerken. Aber die Mütter der ärmeren Klassen haben keine solche Erziehung. Sie können den Anblick eines hungrigen Kindes nicht aushalten; sie *müssen* ihm etwas zu essen geben und sie tun es. „Wenn die Schulkinder um Brot bitten, so werden sie selten oder eigentlich nie zurückgewiesen“ – so schreibt mir eine Freundin, die mehrere Jahre in Verbindung mit einem Arbeiterklub in Whitechapel gewirkt hat. Aber vielleicht ist es angezeigt, einige weitere Stellen aus ihrem Brief hierherzusetzen:

> „Erkrankte Nachbarn ohne die geringste Entschädigung zu pflegen, ist unter den Arbeitern ganz allgemein üblich. Und wenn eine Frau kleine Kinder hat und zur Arbeit geht, sorgt eine andere Mutter immer für die Kinder.
>
> Wenn die Leute in den Arbeiterklassen einander nicht helfen würden, könnten sie nicht bestehen. Ich kenne Familien, die fortwährend einander helfen – mit Geld, Nahrung, Feuerung, mit der Sorge für die Kinder, in Krankheits- und Todesfällen.
>
> Mein und Dein wird unter den Armen viel weniger scharf unterschieden als unter den Reichen. Stiefel, Kleider, Hüte usw. – was

> sofort gebraucht wird – leihen sie fortwährend voneinander, und ebenso alle möglichen Wirtschaftsgegenstände.
> Im letzten Winter hatten die Mitglieder des United Radical Club etwas Geld aufgebracht und nach Weihnachten fingen sie an, unter die Schulkinder unentgeltlich Suppe und Brot zu verteilen. Allmählich waren es 1800 Kinder, mit denen sie zu tun hatten. Das Geld kam von Außenstehenden, aber alle Arbeit taten die Klubmitglieder. Einige von ihnen, die keine Arbeit hatten, kamen um vier Uhr morgens, um die Gemüse zu waschen und zu schälen; fünf Frauen kamen um neun oder zehn Uhr (nachdem sie ihre eigene Wirtschaft besorgt hatten), um zu kochen, und blieben bis sechs oder sieben Uhr, um das Geschirr abzuwaschen. Und zur Essenszeit, zwischen zwölf und halb zwei Uhr, kamen zwanzig bis dreißig Arbeiter herzu, um beim Austeilen der Suppe zu helfen, und jeder blieb so lang als er von seiner Tischzeit erübrigen konnte. So ging es zwei Monate lang. Bezahlt wurde niemand."

Meine Freundin berichtet auch einige Einzelfälle, von denen die folgenden typisch sind:

> „Annie W. wurde von ihrer Mutter bei einer alten Frau in Wilmot Street in Pension gegeben. Als ihre Mutter starb, behielt die alte Frau, die selbst sehr arm war, das Kind, ohne einen Pfennig dafür zu erhalten, Als die alte Frau auch in ihrer Todeskrankheit lag, wurde das Kind, das fünf Jahre alt war, natürlich vernachlässigt und war recht zerlumpt: aber eines Tages nahm Frau S. es mit sich, die Frau eines Schuhmachers, die selbst sechs Kinder hat.
> Jüngst pflegte Frau M., eine Mutter von sechs Kindern, Frau M-g während ihrer Krankheit, und nahm das älteste Kind mit sich nach Hause ... Aber brauchen Sie solche Tatsachen? Sie sind ganz allgemein ... Ich kenne auch Frau W. (Oval, Hackney Road), die eine Nähmaschine hat und fortwährend für andere näht, ohne je die geringste Entschädigung zu nehmen, obwohl sie selbst für fünf Kinder und ihren Mann zu sorgen hat ... usw."

Für jeden, der das Arbeiterleben kennt, ist es klar, dass sie, wenn nicht in großem Maße unter ihnen gegenseitige Hilfe geübt würde, sich niemals durch alle Schwierigkeiten durchschlagen könnten. Es ist nur glücklicher Zufall, wenn eine Arbeiterfamilie ihr Leben verbringen kann, ohne in Lagen zu kommen, wie die Krise, die der Bandweber Joseph Gutteridge in seiner Selbstbiographie beschreibt.[313] Und wenn nicht alle in solchen Fällen zugrunde gehen, so verdanken sie es gegenseitiger Hilfe. In Gutteridges Fall war es eine alte Kinderfrau, die selbst jämmerlich arm war und die in dem Augenblick auftauchte, wo die Familie vor der letzten Katastrophe stand, und ihnen Brot, Kohlen und Betten brachte, die man ihr auf Kredit gegeben hatte. In anderen Fällen ist es sonst jemand, oder die Nachbarn tun Schritte, die Familie zu retten. Aber wie viele wären ohne die Hilfe anderer Armen alljährlich völlig zugrunde gegangen.[314]

Nachdem Mr. Plimsoll einige Zeit mit 7,50 Mark in der Woche unter den Armen gelebt hatte, war er genötigt, anzuerkennen, dass die freundlichen Gefühle, die er zu Beginn dieses Lebens gehegt hatte, „in herzliche Hochachtung und Bewunderung" umschlugen, als er sah, wie die Beziehungen unter den Armen von gegenseitiger Hilfe und Unterstützung erfüllt sind, und die einfachen Wege kennenlernte, auf denen diese Unterstützung gegeben wird. Nach einer Erfahrung vieler Jahre kam er zu dem Schluss: „Wenn man darüber nachdenkt, findet man: so wie diese Menschen waren, so sind die meisten in der Arbeiterklasse."[315] Das Aufziehen von Waisen, selbst in den ärmsten Familien, ist eine so weitverbreitete Sitte, dass man

313 *Light and Shadows in the Life of an Artisan*, Coventry 1893.

314 Viele reiche Leute können nicht verstehen, wie die Armen einander helfen *können*, weil sie sich nicht vorstellen können, von was für winzigen Mengen Lebensmittel oder Geld oft das Leben eines Angehörigen der ärmsten Klassen abhängt. Lord Shaftesbury hatte diese schreckliche Wahrheit verstanden, als er seinen Flowers and Watercress Girls' Fund (Stiftung für Blumen- und Brunnenkresse-Mädchen) gründete, aus der Darlehen von 20 und nur selten von 40 Mark gewährt wurden, um die Mädchen instand zu setzen, wenn der Winter begann und sie in grässlichem Elend waren, einen Korb und Blumen zu kaufen. Die Darlehen wurden an Mädchen gegeben, die „nicht fünfzig Pfennig" hatten, aber stets irgendwelche andere Armen hatten, die für sie bürgten.
„Von allen Bewegungen, mit denen ich je verbunden war", schrieb Lord Shaftesbury, „halte ich diese Watercress Girls-Bewegung für die erfolgreichste ... Sie wurde 1872 angefangen, und wir hatten 800 bis 1000 Darlehen ausstehen und haben während der ganzen Zeit keine 2000 Mark verloren ... Was verlorenging – und es war den Umständen nach sehr wenig – ist durch Todesfall oder Krankheit verlorengegangen, nicht durch Betrug." (*The Life and Work of the Seventh Earl of Shaftesbury*, von Edwin Hodder, Bd. 3, S. 322, London 1885-86.) Einige weitere hierher gehörige Tatsachen in Ch. Booths *Leben und Arbeit in London*, Bd. 1; in Miss Beatrice Potters „Pages from a Work Girl's Diary" (*Nineteenth Century*, September 1888, S. 310) usw.

315 Samuel Plimsoll, *Our Seamen*, London 1870, S. 110.

es als allgemein herrschende Regel schildern kann; so zeigte es sich bei den Bergleuten nach den zwei Explosionen von Warren Vale und Lund Hill, dass „fast ein Drittel der getöteten Männer, wie die betreffenden Komitees bezeugen können, in dieser Weise außer für Weib und Kind noch Verpflichtungen für Verwandte auf sich genommen hatten." „Hat man darüber nachgedacht", fügte Mr. Plimsoll hinzu, „was das bedeutet? Reiche, auch bloß wohlhabende Leute tun das, ohne Zweifel. Aber man bedenke den Unterschied." Man bedenke, was die Summe von einer Mark, die jeder Arbeiter zeichnet, um der Witwe eines Kameraden zu helfen, oder von fünfzig Pfennig, um einem Kollegen zu helfen, die Mehrkosten eines Begräbnisses zu bestreiten, für jemanden bedeutet, der sechzehn Mark in der Woche verdient und eine Frau und oft fünf oder sechs Kinder zu erhalten hat.[316] Aber solche Unterstützungen durch Zeichnen von Beiträgen sind ein allgemeiner Brauch der Arbeiter in aller Welt, selbst in viel gewöhnlicheren Fällen als bei einem Todesfall in der Familie, und Hilfe bei der Arbeit ist das häufigste Vorkommnis ihres Lebens.

Nun fehlen dieselben Bräuche gegenseitiger Hilfe nicht in den reicheren Klassen. Wenn man natürlich an die Härte denkt, die oft von den reicheren Unternehmern gegen ihre Angestellten an den Tag gelegt wird, dann wird man geneigt sein, von der menschlichen Natur sehr pessimistisch zu denken. Viele werden sich der Entrüstung erinnern, die während des großen Streiks in Yorkshire 1894 erregt wurde, als alte Bergleute, die in einem verlassenen Schacht Kohlen gehauen hatten, von den Bergwerksbesitzern gerichtlich verfolgt wurden. Und selbst wenn wir die Gräuel des Kampfes und sozialen Krieges, wie die Ermordung von Tausenden gefangener Arbeiter nach dem Fall der Pariser Kommune, beiseite lassen – wer kann z. B.

316 *Our Seamen*, S. 110. Mr. Plimsoll fügte hinzu: „Ich wünsche nicht, die Reichen herabzusetzen, aber ich denke, der Zweifel wird begründet sein, ob diese Eigenschaften unter ihnen so völlig entwickelt sind; denn diese Eigenschaften, obschon nicht wenige unter ihnen mit den – begründeten oder unbegründeten – Klagen und Ansprüchen armer Verwandter vertraut sind, sind doch nicht in so fortwährender Übung. Der Reichtum scheint in gar vielen Fällen die Menschlichkeit ihrer Besitzer zu ersticken, und ihr Mitgefühl wird nicht so sehr verengt als – sozusagen – geschichtet: es bleibt den Leiden ihrer eigenen Klasse vorbehalten, und auch den Schmerzen derer, die über ihnen stehen. Es wendet sich selten recht nach unten, und sie sind viel geneigter, eine mutige Tat zu bewundern ... als die ständig geübte Tapferkeit und Güte, die die alltäglichen Züge im Lehen eines englischen Arbeiters sind" – und ebenso der Arbeiter aller Welt.

Enthüllungen der Arbeiterenquete, die in England in den vierziger Jahren veranstaltet wurde, oder was Lord Shaftesbury über die „entsetzliche Verwüstung des Menschenlebens in den Fabriken“ schrieb, „zu der Kinder, die man aus den Arbeitshäusern nahm oder einfach im ganzen Lande kaufte, um sie als Fabriksklaven wieder zu verkaufen, verurteilt waren“[317] – wer, frage ich, kann das lesen, ohne den lebhaften Eindruck zu bekommen, welcher Niedrigkeit der Mensch fähig ist, wenn seine Habgier im Spiele ist? Aber es muss auch gesagt werden, dass man nicht alle Schuld für diese Behandlung auf die verbrecherische menschliche Natur schieben darf. Waren nicht die Lehren von Männern der Wissenschaft, ja auch eines beträchtlichen Teiles der Geistlichkeit, bis in die neueste Zeit Lehren des Misstrauens, der Verachtung und fast des Hasses gegen die ärmeren Klassen? Lehrte nicht die Wissenschaft, dass seit der Aufhebung der Leibeigenschaft niemand arm zu sein brauche, es sei denn infolge seiner eigenen Lasterhaftigkeit? Und wie wenige in der Kirche hatten den Mut, die Kindermörder zu tadeln, während die meisten lehrten, die Leiden der Armen und selbst die Sklaverei der Neger seien von Gottes Vorsehung so gewollt! War nicht der Nonkonformismus an sich schon bis zu hohem Grade ein Protest des Volkes gegen die harte Behandlung der Armen von Seiten der offiziellen Kirche?

Mit solchen geistigen Führern wurden die Gefühle der reicheren Klassen notwendigerweise, wie Mr. Plimsoll bemerkte, nicht so sehr abgestumpft als „geschichtet“. Sie gingen selten zu den Armen hinab, von denen die Wohlhabenden durch ihre Lebensweise getrennt sind und die sie nicht von den besten Seiten, in ihrem Alltagsleben, kennen. Aber unter sich selbst – wenn man die Wirkungen der durch die Anhäufung der Reichtümer erzeugten Leidenschaften und die sinnlosen Ausgaben, die der Reichtum mit sich bringt, außer acht lässt – unter sich, im Kreis der Familie der Freunde, üben die Reichen dieselbe gegenseitige Hilfe und Unterstützung wie die Armen. Ihering und L. Dargun haben vollständig recht, wenn sie sagen, eine Statistik über all das Geld, das in Form freundschaftlicher Darlehen und Unterstützungen von Hand zu Hand geht, würde, wenn sie veranstaltet werden könnte, eine enorme Summe ergeben, selbst wenn man sie mit den Geschäften des Welthandels vergleichen wollte. Und wenn wir, was wir ohne Frage sollten, hinzuzählen könnten, was an Gastfreundschaft, kleinen gegenseitigen Diensten, der Regelung der Angelegenheiten anderer, Schenkungen und Wohltätigkeitsgaben aufgewandt wird, so wä-

317 Edwin Hodder, *Life of the Seventh Earl of Shaftesbury*, Bd. 1, S. 137-138.

ren wir ohne Zweifel erstaunt über die Bedeutung solcher Beziehungen für die Volkswirtschaft. Selbst in der Welt, die vom Handelsegoismus geregelt wird, zeigt die häufige Wendung „Wir sind von der und der Firma hart behandelt worden“, dass es auch eine freundliche Behandlung gibt, die der harten, d. h. der gesetzlich zulässigen entgegengesetzt ist; und jeder Kaufmann weiß, wie viele Firmen jedes Jahr durch die freundschaftliche Unterstützung anderer Firmen vor dem Zusammenbruch gerettet werden.

Was die Wohltätigkeit angeht und die Arbeitsleistung für das allgemeine Wohl, die von so vielen Wohlhabenden ebenso wie von Arbeitern, und ganz besonders von Gewerbetreibenden getan wird, so kennt jeder die Rolle, die diese zwei Arten der Milde im modernen Leben spielen. Wenn auch der Wunsch, Berühmtheit, politische Macht oder gesellschaftliche Auszeichnung zu erlangen, den wahren Charakter dieser Art oft trübt, so ist doch kein Zweifel möglich, dass in der Mehrheit der Fälle der Antrieb eben von denselben hilfreichen Gegenseitigkeitsgefühlen kommt. Menschen, die Reichtümer gesammelt haben, finden in ihnen sehr oft nicht die erwartete Befriedigung. Andere fangen an zu empfinden, dass – die Nationalökonomen mögen noch so sehr sagen, der Reichtum sei Lohn für besondere Fähigkeit – ihr eigener Lohn übertrieben groß ist. Das Bewusstsein der Solidarität der Menschen beginnt sich einzustellen; und obschon das Gesellschaftsleben so eingerichtet ist, dass dieses Gefühl durch tausend künstliche Mittel unterdrückt wird, bekommt es doch oft die Oberhand; und dann versuchen sie, diesem tiefgewurzelten menschlichen Verlangen Luft zu machen und geben ihr Vermögen oder ihre Kraft für eine Sache, die nach ihrer Meinung dem allgemeinen Wohle förderlich ist.

Kurz, weder die zermalmende Macht des zentralisierten Staates noch die Lehren von gegenseitigem Hass und erbarmungslosem Kampf, die mit den Abzeichen der Wissenschaft angetan von dienstfertigen Philosophen und Soziologen kamen, konnten das Gefühl für die Solidarität der Menschen ausrotten, das im Geist und im Herzen der Menschen tiefe Wurzeln geschlagen hat, weil es von unserer ganzen bisherigen Entwicklung großgezogen worden ist. Was das Ergebnis der Entwicklung von ihren ersten Stufen an ist, kann nicht von *einer* Erscheinung eben dieser Entwicklung überwältigt werden. Und das Bedürfnis nach gegenseitiger Hilfe und Unterstützung, das sich zuletzt in den engen Kreis der Familie oder der Nachbarn in den Mietskasernen, in das Dorf oder den Geheimbund der Arbeiter geflüchtet hatte, richtet sich nun auch in unserer modernen Gesellschaft wieder auf und beansprucht sein Recht, zu sein, was es immer gewesen ist: der Hauptführer zum weiteren Fortschritt. Das sind die Anschauungen, zu denen wir mit Notwendigkeit gelangen, wenn wir über all die Gruppen von Tatsachen gründlich nachdenken, die in den letzten beiden Kapiteln kurz aufgezählt worden sind.

Schluss

Wenn wir nun die Lehren, die sich aus der Untersuchung der modernen Gesellschaft ergeben, in Verbindung mit der Beweismasse für die Wichtigkeit der gegenseitigen Hilfe in der Entwicklung des Tierreichs und der Menschheit betrachten, so können wir unsere Untersuchung folgendermaßen zusammenfassen.

Im Tierreich haben wir gesehen, dass die übergroße Mehrheit der Arten in Gesellschaften leben, und dass sie in der Vereinigung die besten Waffen für den Kampf ums Dasein finden: dies Wort natürlich in seinem weiten Darwinistischen Sinne genommen – nicht als ein Kampf um die nackten Existenzmittel, sondern als Kampf gegen alle natürlichen Umstände, die der Art ungünstig sind. Die Tierarten, in denen der Kampf zwischen Individuen auf sein engstes Gebiet beschränkt ist, und wo die Betätigung gegenseitiger Hilfe den größten Umfang angenommen hat, sind unweigerlich die zahlreichsten, die bestgestellten und zum Fortschritt geeignetsten. Der gegenseitige Schutz, der in diesem Fall erreicht wird, die Möglichkeit, ein hohes Alter zu erreichen und Erfahrung zu sammeln, die höhere Entwicklung des Intellekts und das Weiterwachsen der geselligen Sitten sichern die Erhaltung der Art, ihre Ausdehnung und ihre weitere fortschreitende Entwicklung. Die ungeselligen Arten dagegen sind zum Untergang verurteilt.

Wir gingen dann zum Menschen über und fanden, dass er im allerersten Anfang der Steinzeit in Clans und Stämmen lebte; wir sahen, wie sich eine umfassende Reihe sozialer Einrichtungen bereits auf den niedereren Stufen des Lebens der Wilden ausbildete, im Clan und im Stamm, und wir fanden, dass die frühesten Stammesbräuche und Sitten der Menschheit den Embryo aller Institutionen gaben, die späterhin die Hauptformen weiteren Fortschritts waren. Aus dem Stamm der Wilden erwuchs die barbarische Dorfmark, und ein neuer, noch weitergreifender Kreis sozialer Bräuche, Sitten und Einrichtungen, von denen eine Menge noch heute unter uns leben, bildete sich unter der Geltung der Prinzipien des Gemeinbesitzes eines bestimmten Gebietes und seiner gemeinsamen Verteidigung, unter der Gerichtsbarkeit der dörflichen Volksversammlung, und in dem Bunde der Dörfer, die – wie man wenigstens glaubte – derselben Völkerschaft angehörten. Und als neue Erfordernisse die Menschen dazu brachten, einen neuen Weg zu suchen, fanden sie ihn in der Stadt, die ein doppeltes Netzwerk vorstellten: Gebietseinheiten (Dorfmarkgenossenschaften) in Verbindung mit Gilden; diese letzteren entstanden aus der gemeinsamen Betätigung in einem bestimmten Handwerk oder einer bestimmten Kunst, oder zu gegenseitiger Unterstützung und Verteidigung.

Und schließlich haben wir in den letzten beiden Kapiteln Tatsachen vorgeführt, die zeigten, dass trotz dem Heraufkommen des nach dem Muster des kaiserlichen Rom gebildeten Staates, der allen mittelalterlichen Einrichtungen zu gegenseitiger Unterstützung ein gewalttätiges Ende machte, diese neue Form der Zivilisation nicht von Dauer sein konnte. Der Staat, der sich auf unverbundene Summen von Individuen, deren einzige Verbindung er sein wollte, gründete, entsprach nicht seinem Zweck. Die Tendenz, gegenseitige Hilfe zu üben, zwang schließlich seine eisernen Gesetze nieder; sie erschien von neuem und behauptete sich wieder in einer unendlichen Zahl von Vereinigungen, die jetzt darauf hinzielen, alle Erscheinungsformen des Lebens zu umfassen und von allem Besitz zu ergreifen, was der Mensch zum Leben und zur Wiedererzeugung dessen, was das Leben verzehrt hat, braucht.

Es wird wahrscheinlich eingewandt werden, die gegenseitige Hilfe, auch wenn sie einen Faktor der Entwicklung darstellen möge, decke sich trotzdem nur mit einer einzigen Erscheinungsform der menschlichen Beziehungen; neben dieser Strömung, so mächtig sie auch sein möge, gebe es, und habe es immer gegeben, eine andere Strömung – die Selbstbehauptung des Individuums, nicht nur in seinen Anstrengungen, für seine Person oder Kaste ökonomische, politische und geistige Oberherrschaft zu gewinnen, sondern auch in seiner viel wichtigeren, wennschon weniger deutlichen Aufgabe, die Bande zu durchbrechen, mit denen der Stamm, die Dorfgemeinde, die Stadt und der Staat das Individuum umspannen, und die immer in Gefahr sind, zu verknöchern. Mit anderen Worten, die Selbstbehauptung des Individuums sei auch ein Element des Fortschritts.

Es ist klar, dass keine Übersicht über die Entwicklung vollständig sein kann, wenn nicht diese beiden beherrschenden Strömungen untersucht werden. Indessen sind die Selbstbehauptung des Individuums oder von Gruppen von Individuen, ihre Kämpfe um die Herrschaft, und die Konflikte, die sich daraus ergeben, schon seit unvordenklichen Zeiten untersucht, beschrieben und verherrlicht worden. In der Tat hat bis in die Gegenwart diese Strömung allein die Aufmerksamkeit des epischen Dichters, des Chronisten, des Historikers und des Soziologen gefunden. Die Geschichte, so wie sie bisher geschrieben worden ist, ist fast gänzlich eine Schilderung der Mittel und Wege, auf denen die Theokratie, die Militärgewalt, die Autokratie und späterhin die Herrschaft der reicheren Klassen angebahnt, errichtet und behauptet worden ist. Die Kämpfe zwischen diesen Mächten bilden in der Tat den Inhalt der Geschichte. Wir können also die Kenntnis des individuellen Faktors in der Menschengeschichte als gegeben ansehen – obwohl für eine neue Untersuchung des Gegenstandes in dem oben angedeuteten Sinne noch Raum genug ist; andererseits aber ist der Faktor gegenseitige Hilfe bisher gänzlich übersehen worden; er wurde von den Schriftstellern unserer und der vorhergehenden Generationen einfach geleugnet oder gar verhöhnt. Es war daher vor allem notwendig, zu zeigen, welche ungeheure Rolle dieser Faktor in der Entwicklung des Tierreiches und der menschlichen Gesellschaften spielt. Erst nachdem dies völlig erkannt und anerkannt worden ist, kann es möglich sein, zu einer Vergleichung der beiden Faktoren vorzuschreiten.

Auch nur eine ganz rohe Schätzung ihrer Bedeutung mit Hilfe irgendeiner mehr oder weniger statistischen Methode vorzunehmen, ist offenbar unmöglich. Ein einziger Krieg – wir wissen es alle – kann unmittelbar und mittelbar mehr Schlimmes hervorbringen als hundert Jahre ungestörter Wirksamkeit des Prinzips der gegenseitigen Hilfe Gutes erzeugen können. Aber wenn wir sehen, dass in der Tierwelt fortschreitende Entwicklung und gegenseitige Hilfe Hand in Hand gehen, während der innere Kampf innerhalb der Art mit rückschreitender Entwicklung zusammengeht, wenn wir darauf achten, dass beim Menschen sogar der Erfolg im Kampf und Krieg sich nach dem Entwicklungsgrad der gegenseitigen Hilfe bei jedem der beiden streitenden Völker, Städte, Parteien oder Stämme richtet, und dass im Lauf der Entwicklung der Krieg selbst (soweit ihm das möglich ist) den Zwecken des Fortschritts in gegenseitiger Hilfe innerhalb der Nation, der Stadt oder dem Clan dienstbar gemacht worden ist – dann erlangen wir bereits einen Begriff von dem überwiegenden Einfluss des Faktors gegenseitige Hilfe als Element des Fortschritts. Aber wir sehen auch, dass die Betätigung der gegenseitigen Hilfe und ihre Entwicklungsstufen recht eigentlich die Zustände des Gesellschaftslebens geschaffen haben, worin der Mensch imstande war, seine Künste, sein Wissen und seinen Geist auszubilden; und dass die Perioden, wo die auf Tendenz gegenseitiger Hilfe gegründeten Einrichtungen ihren größten Aufschwung nahmen, auch die Perioden des größten Fortschritts in den Künsten, der Industrie und Wissenschaft waren. In der Tat enthüllt die Erforschung des Innenlebens der mittelalterlichen Stadt und der alten griechischen Städte die Tatsache, dass die Verbindung der gegenseitigen Hilfe, wie sie innerhalb der Gilde und des griechischen Clans geübt wurde, mit einer reichen Initiative, die dem Individuum und der Gruppe mittels des Föderativprinzips eingeräumt war, der Menschheit die zwei größten Perioden ihrer Geschichte gegeben hat – die Perioden der alten griechischen Stadt und der Stadt des Mittelalters; und die Vernichtung solcher Einrichtungen während der Staatsperioden der Geschichte, die folgen, entsprach in beiden Fällen einem raschen Verfall.

Der ungemeine industrielle Fortschritt, der während unseres eigenen Jahrhunderts erreicht worden ist und der gewöhnlich dem Triumph der Konkurrenz zugeschrieben wird, hat ohne Frage einen viel tieferliegenden Ursprung. Nachdem erst die großen Entdeckungen des fünfzehnten Jahrhunderts gemacht waren, vor allem die Entdeckung des Luftdrucks, die von einer Reihe von Fortschritten in der Physik begleitet war – und sie wurden zur Zeit der mittelalterlichen Stadtorganisation gemacht – nachdem diese Entdeckungen erst vorlagen, mussten die Erfindung der Dampfmaschine und die ganze Umwälzung, die die Eroberung einer neuen Naturkraft bedingt, notwendig folgen. Wenn die mittelalterlichen Städte so lange gelebt hätten, bis ihre Entdeckungen an diesen Punkt gelangt waren, wären die ethischen Folgen der vom Dampf bewirkten Umwälzungen wohl andere gewesen; aber die Umwälzung selbst, in den Wissenschaften und der Technik, wäre unweigerlich eingetreten. Es bleibt in der Tat eine offene Frage, ob nicht der allgemeine Niedergang der Industrien, der dem Untergang der freien Städte folgte, und der vor allem in der ersten Hälfte des 18. Jahrhunderts bemerkbar war, das Auftreten der Dampfmaschine und die folgende Umwälzung der Industrien beträchtlich verzögert hat. Wenn wir die erstaunliche Schnelligkeit des industriellen Fortschritts vom 12. bis 15. Jahrhundert bedenken – in der Weberei, der Metallbearbeitung, der Architektur und Schiffahrt – und wenn wir die wissenschaftlichen Entdeckungen erwägen, zu denen dieser industrielle Fortschritt am Ende des 15. Jahrhunderts geführt hat – dann müssen wir uns fragen, ob die Menschheit nicht durch den allgemeinen Niedergang in Handwerk und Industrie, der in Europa nach dem Fall der mittelalterlichen Kultur eintrat, davon abgehalten wurde, aus diesen Eroberungen gleich den vollen Vorteil zu ziehen. Gewiss konnte das Verschwinden des Kunsthandwerkers oder der Verfall großer Städte und die Vernichtung des Verkehrs zwischen ihnen die industrielle Umwälzung nicht begünstigen; wissen wir doch, dass James Watt zwanzig oder mehr Jahre seines Lebens damit zubrachte, seine Erfindung brauchbar zu machen, weil er im 18. Jahrhundert nicht finden konnte, was er im mittelalterlichen Florenz oder Brügge leicht gefunden hätte, nämlich die Handwerker, die imstande waren, seine Entwürfe in Metall auszuführen und ihnen die künstlerische Vollendung und die Genauigkeit zu geben, die die Dampfmaschine verlangt

Den industriellen Fortschritt des 19. Jahrhunderts also dem Krieg aller gegen alle zuzuschreiben, den es proklamiert hat, das ist die Logik des Mannes, der die Ursachen des Regens nicht kennt und ihn auf das Opfer zurückführt, das er seinem Lehmgötzen dargebracht hat. Für den industriellen Fortschritt wie für jeden anderen Sieg über die Natur ist die gegenseitige Hilfe und enge Verbindung gewiss, wie sie es immer gewesen ist, von viel größerem Wert als der gegenseitige Kampf.

Indessen tritt die überwiegende Bedeutung des Prinzips der gegenseitigen Hilfe hauptsächlich auf dem Gebiet der Ethik zutage. Dass gegenseitige Hilfe die tatsächliche Grundlage unserer Moralbegriffe ist, ist augenscheinlich genug. Aber was für Anschauungen man auch über den ersten Ursprung des Gefühls oder Instinkts für gegenseitige Hilfe haben mag – ob man sie auf eine biologische oder überirdische Ursache zurückführen will – jedenfalls müssen wir ihr Vorhandensein bis zu den niedrigsten Stufen des Tierreichs zurück verfolgen; und von diesen Anfangsstadien aus können wir ihre ununterbrochene Entwicklung verfolgen, im Widerstreit zu einer Zahl entgegengesetzter Triebkräfte, durch alle Stufen der menschlichen Entwicklung, bis in unsere Zeiten hinein. Selbst die neuen Religionen, die von Zeit zu Zeit entstanden – immer in Epochen, wo das Prinzip der gegenseitigen Hilfe in den Theokratien und despotischen Staaten des Ostens in Verfall geraten war oder beim Niedergang des Römischen Reichs – selbst sie haben dieses Prinzip nur neu befestigt. Sie fanden ihre ersten Anhänger unter den Armen und Niedrigen, in den untersten und unterdrücktesten Schichten der Gesellschaft, wo die gegenseitige Hilfe die notwendige Grundlage des Alltagslebens ist; und die neuen Formen der Vereinigung, die in die ersten buddhistischen und christlichen Gemeinschaften, in die mährischen Brüderschaften usw. eingeführt wurden, hatten den Charakter einer Rückkehr zu den besten Erscheinungsformen der gegenseitigen Hilfe im primitiven Stammesleben.

Jedesmal indessen, wo man daran ging, zu diesem alten Prinzip zurückzukehren, wurde seine Grundidee erweitert. Vom Clan dehnte es sich zur Völkerschaft aus, zum Bund der Völkerschaften, zum Volk und schließlich – wenigstens im Ideal – zur ganzen Menschheit. Zugleich wurde es auch veredelt. Im ursprünglichen Buddhismus, im Urchristentum, in den Schriften mancher muselmännischen Lehrer, in den ersten Schritten der Reformation und besonders in den ethischen und philosophischen Bewegungen des letzten Jahrhunderts und unserer eigenen Zeit, setzt sich der völlige Verzicht auf die Idee der Rache oder Vergeltung – Gut um Gut und Übel um Übel – immer kräftiger durch. Die höhere Vorstellung: „Keine Rache für Übeltaten", und freiwillig mehr zu geben, als man von seinen Nächsten zu erhalten erwartet, wird als das wahre Moralprinzip verkündigt – als ein Prinzip, das wertvoller ist als der Grundsatz des gleichen Maßes oder die Gerechtigkeit, und das geeigneter ist, Glück zu schaffen. Und der Mensch wird aufgefordert, sich in seinen Handlungen nicht bloß durch die Liebe leiten zu lassen, die sich immer nur auf Personen, bestenfalls auf den Stamm bezieht, sondern durch das Bewusstsein seiner Einheit mit jedem Menschen. In der Betätigung gegenseitiger Hilfe, die wir bis in die ersten Anfänge der Entwicklung verfolgen können, finden wir also den positiven und unzweifelhaften Ursprung unserer Moralvorstellungen; und wir können behaupten, dass in dem ethischen Fortschritt des Menschen der gegenseitige Beistand – nicht gegenseitiger Kampf – den Hauptanteil gehabt hat. In seiner umfassenden Betätigung – auch in unserer Zeit – erblicken wir die beste Bürgschaft für eine noch stolzere Entwicklung des Menschengeschlechts.

Anhang

1. Schwärme von Schmetterlingen, Libellen usw. (Zu Seite 36)

M. C. Piepers hat in *Natuurkundig Tijdschrift voor Neederlandsch Indië*, 1891, Deel L., S. 198 (Referat darüber in der *Naturwissenschaftlichen Rundschau* 1891, Band 6, S. 573) interessante Forschungen über die Massenflüge von Schmetterlingen veröffentlicht, die in Holländisch-Ostindien vorkommen, anscheinend unter dem Einfluss der vom Westmonsun erzeugten großen Trockenheiten. Solche Massenflüge finden gewöhnlich in den ersten Monaten nach dem Beginn des Monsun statt, und gewöhnlich nehmen Exemplare von beiden Geschlechtern von Catopsilia (Callidryas) crocale, Cr., daran teil, manchmal aber bestehen die Schwärme aus Schmetterlingen, die zu drei verschiedenen Arten der Gattung Euphoea gehören. Die Begattung scheint auch der Zweck solcher Flüge zu sein. Dass diese Flüge nicht als überlegte Handlung, sondern eher als Nachahmung oder als Befriedigung des Wunsches, allen anderen zu folgen, aufzufassen sind, ist natürlich leicht möglich.

Bates sah am Amazonenstrom die gelbe und orangefarbene Callidryas „sich in dichtgeballten Massen versammeln, manchmal im Umfang von zwei oder drei Metern, alle mit hochgeklappten Flügeln, so dass das Ufer aussah, als sei es mit Krokusbeeten geziert.“ Ihre Wandertruppen, die von Norden nach Süden über den Strom flogen, „folgten einander ohne Unterbrechung, von frühmorgens bis Sonnenuntergang“. (*Naturalist on the Amazon*, S. 131.)

Libellen kommen auf ihren langen Wanderflügen über die Pampas in unzähligen Scharen zusammen, und ihre ungeheuren Schwärme setzen sich aus verschiedenen Arten zusammen (Hudson, *Naturalist on the La Plata*, S. 130 ff.).

Die Heuschrecken (Zoniopoda tarsata) sind ebenfalls äußerst gesellig (Hudson, ebenda, S. 125).

2. Die Ameisen. (Zu Seite 39)

Pierre Hubers *Recherches sur les mœurs des formis* (Genf 1810), von dem 1861 in der *Bibliothèque Genevoise* von Cherbuliez eine billige Ausgabe veranstaltet wurde, und das in billigen Ausgaben in jeder Sprache verbreitet sein sollte, ist nicht nur das beste Werk über den Gegenstand, sondern überhaupt ein Muster echt wissenschaftlicher Forschung. Darwin hatte ganz recht, als er Pierre Huber als einen noch größeren Naturforscher bezeichnete, als sein Vater war. Dieses Buch sollte von jedem jungen Naturforscher gelesen werden, nicht nur wegen der Tatsachen, die es enthält, sondern als Beispiel für methodische Forschung. Das Halten der Ameisen in künstlichen Glasnestern, und die von späteren Forschern, Lubbock eingeschlossen, angestellten Versuche findet man schon alle in dem wundervollen kleinen Buche Hubers. Die Leser der Bücher von Forel und Lubbock bemerken ohne Frage, dass sowohl der Schweizer Professor wie der englische Autor ihre Arbeit in kritischer Stimmung begannen, mit der Absicht, Hubers Behauptungen über die wundervollen Gegenseitigkeitsinstinkte der Ameisen zu widerlegen, aber dass beide sie nach sorgfältiger Prüfung nur bestätigen konnten. Es ist indessen leider charakteristisch für die Natur des Menschen, dass er gern jeder Behauptung Glauben schenkt, wonach der Mensch imstande sei, die Wirksamkeit der Naturkräfte nach Belieben zu ändern, dass er es aber ablehnt, erwiesene wissenschaftliche Tatsachen anzuerkennen, die darauf abzielen, den Unterschied zwischen dem Menschen und seinen Brüdern, den Tieren, zu verringern.

Sutherland (*Origin and Growth of Moral Instinct*) begann sein Buch offenbar in der Absicht, zu beweisen, dass alle Moralgefühle aus der Fürsorge der Eltern und der Familienliebe entsprungen seien, die beide nur bei den warmblütigen Tieren vorkämen; infolgedessen versucht er die Bedeutung der Sympathie und des Zusammenarbeitens bei den Ameisen auf das kleinste Maß zurückzuführen. Er zitiert Büchners Buch (*Das Geistesleben der Tiere* [1876]) und kennt Lubbocks Versuche. Was die Werke Hubers und Forels angeht, so tut er sie mit dem folgenden Satze ab: „aber sie (Büchners Bespiele für die Sympathie bei den Ameisen) leiden alle unter einem gewissen sentimentalen Zug ... durch den sie sich besser für Schulbücher als für vorsichtige Werke der Wissenschaft eignen, und *dasselbe gilt*“ (die Hervorhebung stammt von mir) „von einigen der bekanntesten Anekdoten Hubers und Forels“ (Bd. 1, S. 298).

Herr Sutherland gibt nicht an, welche „Anekdoten“ er meint, aber mir scheint, er kann nie Gelegenheit gehabt haben, die Bücher Hubers und Forels zu lesen. Naturforscher, die diese Werke kennen, finden keine „Anekdoten“ in ihnen.

Ein Werk von Professor Gottfried Adlerz über die in Schweden vorkommenden Ameisen (*Myrmecologiska Studier: Svenska Myror och des Lefnadsförhallanden,* in *Bihang till Svenska Akademiens Handlingar*, Band 11, Nr. 18, 1886) mag an dieser Stelle erwähnt werden. Es braucht kaum gesagt zu werden, dass alle Beobachtungen Hubers und Forels über die gegenseitige Hilfe im Leben der Ameisen, einschließlich der einen, die sich auf das Teilen der Nahrung bezieht und die denen so erstaunlich vorkam, die der Sache früher keine Aufmerksamkeit geschenkt hatten, von dem schwedischen Professor vollständig bestätigt werden (S. 136-137).

Professor G. Adlerz teilt auch sehr interessante Versuche mit, die beweisen, was Huber schon beobachtet hatte: dass nämlich Ameisen aus zwei verschiedenen Haufen einander nicht immer angreifen. Einen seiner Versuche hat er mit *Tapinoma erraticum* gemacht. Ein anderer wurde mit der gemeinen *Rufa*-Ameise angestellt. Er steckte einen ganzen Haufen in einen Sack und leerte ihn nicht ganz zwei Meter von dem anderen Haufen entfernt aus. Es gab keinen Kampf, aber die Ameisen des zweiten Haufens begannen die Puppen des ersten wegzutragen. In der Regel gab es, wenn Professor Adlerz Arbeiter mit ihren Puppen zusammenbrachte, die beide aus verschiedenen Haufen genommen waren, keinen Kampf; wenn aber die Arbeiter ohne ihre Puppen waren, entspann sich ein Kampf (S. 185-186).

Er ergänzt auch Forels und MacCooks Beobachtungen über die „Völker“ der Ameisen, die aus vielen Haufen zusammengesetzt sind, und an Hand seiner eigenen Schätzungen, nach denen er durchschnittlich 300.000 Exemplare der *Formica exsecta* in jedem Nest annahm, schließt er, dass solche „Völker“ Dutzende und sogar Hunderte von Millionen Einwohner haben können.

Maeterlincks wundervoll geschriebenes Buch über die Bienen könnte, obwohl es keine neuen Beobachtungen enthält, sehr wertvoll sein, wenn es weniger unter metaphysischen „Worten“ litte.

3. Nistvereinigungen. (Zu Seite 55)

Audubons Tagebücher (*Audubon and his Journals*, New York 1898), besonders die, die sich auf sein Leben an den Küsten von Labrador und dem St. Lorenzstrom in den dreißiger Jahren beziehen, enthalten treffliche Schilderungen der Nistvereinigungen der Wasservögel. Hinsichtlich der

Insel „The Rock“, einer von den Magdalenen- oder Amherstinseln, schrieb er: „Um elf Uhr konnte ich von Deck aus ihre Höhen deutlich unterscheiden und glaubte, sie seien wohl metertief mit Schnee bedeckt; diese Erscheinung war an jeder Stelle der Felsenvorsprünge zu sehen.“ Aber es war kein Schnee, es waren weiße Tölpelvögel, die alle ruhig auf ihren Eiern oder ihren eben ausgebrüteten Jungen saßen – ihre Köpfe drehten sie alle nach der Windseite und berührten einander beinahe, wie sie so in regelmäßigen Linien dasaßen. Die Luft darüber, hundert Meter hoch und in einiger Entfernung rund um den Felsen herum „war mit fliegenden Tölpeln gefüllt, als ob ein heftiger Schneefall unmittelbar über uns wäre“. Stummelmöwen und Lummen brüteten auf demselben Felsen (*Journals*, Bd. 1, S. 360-363).

Gegenüber der Anticosti-Insel war das Meer „buchstäblich mit Lummen und Tord-Alken (*Alca torda*) bedeckt“. Weiterhin war die Luft voller Sammetenten. Auf den Felsen der Bucht brüteten die Silbermöwen, die Seeschwalben (die große, die arktische und wahrscheinlich Fosters), die *Tringa pusilla*, die Seemöwen, die Alken, die Trauerenten, die Wildgänse (*Anser canadensis*), die rotbrüstigen großen Säger, die Kormorane usw. – alle miteinander. Seemöwen gab es da in ungeheuren Mengen; „sie verjagen jeden anderen Vogel, trinken seine Eier aus und fressen seine Jungen“; „sie nehmen hier die Stelle der Adler und Habichte ein“.

Am Missouri, oberhalb Saint Louis, sah Audubon 1843 Geier und Adler, die in Kolonien nisteten. So erwähnte er „lange Linien erhöhten Ufers, das von ungeheuren Kalksteinfelsen überragt war, in denen viele seltsame Löcher waren, wo wir zur Zeit der Dämmerung Geier und Adler hineinfliegen sahen“ – und zwar, wie E. Touës in einer Fußnote bemerkt (Bd. 1, S. 458), waren es *Cathartes aura* und *Haliaëtus leucocephalus.*

Zu den besten Brutstätten an den britischen Küsten gehören die Faröer-Inseln, und man findet in Charles Dixons Buch *Among the Birds in Northern Shires* eine eindrucksvolle Beschreibung dieser Plätze, wo Zehntausende von Möwen, Seeschwalben, Eiderenten, Kormoranen, Regenpfeifern, Austernfischern, Lummen und Lunden jedes Jahr zusammenkommen. „Wenn man sich einer der Inseln nähert, hat man zuerst den Eindruck, diese Möwe (die kleinere schwarze Möwe) hätte den ganzen Platz für sich allein beansprucht, in solchen Mengen trifft man sie. Die Luft scheint von ihnen zu wimmeln, der Platz und die kahlen Felsen sind mit ihnen übersät; und als unser Boot schließlich auf dem rauhen Strand knirschend landet, und wir schnell ans Ufer springen, erhebt sich ein aufgeregter Lärm – ein vollständiges Babel ärgerliche Schreier, die unaufhörlich andauern, bis wir den Platz verlassen“ (S. 219).

4. Geselligkeit der Tiere. (Zu Seite 60)

Dass die Geselligkeit der Tiere größer war, als sie vom Menschen weniger gejagt wurden, wird durch viele Tatsachen bestätigt, die zeigen, dass solche Tiere, die jetzt in Ländern, die von Menschen bewohnt werden, isoliert leben, in unbewohnten Gegenden fortfahren, in Herden zu leben. So fand Przewalsky auf den wasserlosen Plateau-Wüsten des nördlichen Tibet Bären, die in Gesellschaften lebten. Er erwähnt zahlreiche Herden von Grunzochsen, Thulans, Antilopen und selbst Bären. Die letzteren, sagt er, nähren sich von den äußerst zahlreichen kleinen Nagetieren und sind so zahlreich, dass „die Eingeborenen, wie sie mir versicherten, hundert oder hundertfünfzig von ihnen in einer Höhle schlafend gefunden haben" (Jahresbericht der Russischen Geographischen Gesellschaft für 1885, S. 11; russisch). Hasen (*Lepus Lehmani*) leben auf transkaspischem Gebiet in großen Gesellschaften (N. Zarudnyi, *Recherches zoologiques dans la contrée Transcaspienne* in *Bull. Soc. Natur*, Moscou, 1889. 1. 4.) Die kleinen kalifornischen Füchse, die nach E. S. Holden in der Gegend der Licksternwarte „von einer gemischten Kost, die aus Manzanitabeeren und Astronomenhühnern besteht", leben (*Nature,* 5. Nov. 1891), scheinen auch sehr gesellig zu sein. In den Zeiten Scoresbys im Anfang des 19. Jahrhunderts, waren die Polarbären so zahlreich und lebten in so zahlreichen Herden, dass Scoresby sie mit Schafherden verglich.

Einige sehr interessante Beispiele für die Liebe zum geselligen Beisammensein bei Tieren sind vor kurzem von T. J. Cornish gegeben worden (*Animals at Work and Play*, London 1896). Alle Tiere, so bemerkt er sehr richtig, hassen die Einsamkeit. Er gibt auch ein lustiges Beispiel für die Gewohnheit der Präriehunde, Schildwachen auszustellen. Diese Gewohnheit ist so stark, dass sie selbst im Londoner Zoologischen Garten und im Pariser Jardin d'Acclimation immer einen Posten auf Wache haben (S. 46).

Professor Kessler hatte ganz recht, als er darauf hinwies, dass die jungen Vögel, die sich im Herbst zusammenhalten, zur Entwicklung der Geselligkeitsgefühle beitragen. Mr. Comish (*Animals at Work and Play*) hat verschiedene Beispiele für die Spiele der jungen Säugetiere gegeben, die er z. B. bei den Lämmern durch Namen englischer Kinderspiele bezeichnen konnte, und hat ihre Liebe zu Wettrennen hervorgehoben; auch die Rehkälber spielen eine Art von Haschen, wobei an die Stelle des Schlags ein Berühren mit der Nase tritt. Für das alles haben wir überdies das treffliche Werk von Karl Gross, *Die Spiele der Tiere.*

5. Hemmungen gegen die Übervermehrung. (Zu Seite 84)

Hudson gibt in seinem *Naturalist on the La Plata* (Kapitel 3) einen sehr interessanten Bericht über die plötzliche Vermehrung einer Mäuseart und über die Folgen dieser plötzlichen „Überschwemmung mit Leben".

„Im Sommer 1872-73", schreibt er, „hatten wir sehr viel Sonnenschein und häufige Regenfälle, so dass die heißen Monate keinen Mangel an wilden Blumen brachten, wie in den meisten Jahren." Die Jahreszeit war den Mäusen sehr günstig und „diese fruchtbaren kleinen Geschöpfe waren bald so überaus zahlreich, dass die Hunde und Katzen fast ausschließlich von ihnen lebten. Füchse, Wiesel und Opossums ließen sich's wohl sein; selbst der Insektenfressende Armadillo begab sich auf die Mäusejagd". Die Hühner wurden richtig zu Raubtieren und „die schwefelgelben Thrannen (*Pitangus*) und die *Guira*-Kuckucke gingen nur noch auf die Mäusejagd". Im Herbst erschienen zahllose Scharen Störche und Eulen auf der Bildfläche, die auch an dem allgemeinen Fest teilnehmen wollten. Dann kam ein Winter mit anhaltender Trockenheit; das trockene Gras verschwand oder wurde zu Pulver verwandelt; und die Mäuse, die der Nahrung und des Schutzes beraubt waren, starben aus. Die Katzen schlichen in die Häuser zurück; die kurzohrigen Eulen – eine Wanderart – zogen weg; und die kleine amerikanische Eule wurde so elend, dass sie kaum mehr fliegen konnte „und trieb sich den ganzen Tag an den Häusern umher, in der Hoffnung, einen verlorenen Bissen zu finden". Unglaubliche Zahlen von Schafen und Rindern gingen in diesem Winter, während eines kalten Monats, der der Trockenheit folgte, zugrunde. Über die Mäuse bemerkt Hudson, dass „kaum ein hartbedrängter Rest nach dem großen Rückgang übrig geblieben ist, um die Art am Leben zu halten".

Dieses Beispiel hat außerdem noch das Interesse, dass es zeigt, wie in Ebenen und auf Plateaus die plötzliche Vermehrung einer Art sofort Feinde aus anderen Teilen der Ebenen anzieht und wie Arten, die von ihrer sozialen Organisation nicht geschützt werden, ihnen notwendig erliegen müssen.

Ein anderer vorzüglicher Beleg, der hierher gehört, wird vom selben Verfasser aus der Republik Argentinien mitgeteilt. Der Coypù (*Myopotamus coypù*) ist dort ein sehr verbreitetes Nagetier – der Gestalt nach eine Ratte, aber so groß wie eine Otter. Seinen Gewohnheiten nach ist er ein Wassertier und sehr gesellig. „Am Abend"", schreibt Hudson, „schwimmen sie alle hinaus und spielen im Wasser, wobei sie sich in sonderbaren Tönen miteinander unterhalten, die klingen wie das Stöhnen und Schreien verwundeter und leidender Menschen. Der Coypù, der ein schönes Fell mit langen, rauhen Haaren hat, ist früher in großen Mengen nach Europa exportiert worden, aber vor einigen sechzig Jahren erließ der Diktator Rosas ein Dekret, das die Jagd auf dieses Tier verbot. Die Folge war, dass die Tiere sich maßlos vermehrten, ihre Wassergewohnheiten aufgaben und Land- und Wandertiere wurden, die überall auf der Suche nach Nahrung umherschweiften. Plötzlich überfiel sie eine rätselhafte Krankheit, infolge deren sie rasch dahinstarben, so dass sie jetzt fast vernichtet wurden" (S. 12).

Vertilgung durch den Menschen einerseits und ansteckende Krankheiten andererseits sind also die Haupthemmnisse, die die Art daniederhalten – nicht Konkurrenz um die Existenzmittel, die vielleicht überhaupt nicht existiert, oder wenn sie existiert, durch Wanderung oder Veränderung der Nahrung vermindert werden kann.

Tatsachen, die beweisen, dass Gegenden, die ein viel geeigneteres Klima haben als Sibirien, ebenfalls Untervölkerung aufweisen, könnten in Mengen angeführt werden. Aber wir finden in Bates' bekanntem Buch dieselbe Bemerkung sogar in bezug auf die Ufer des Amazonenstroms.

„Es gibt hier in der Tat", schreibt Bates, „viele und sehr verschiedene Säugetiere, Vögel und Reptilien, aber sie sind weit verstreut und haben alle eine außerordentlich große Scheu vor dem Menschen. Das Gebiet ist so ausgedehnt und in dem Waldgewand, mit dem es bekleidet ist, so gleichmäßig, dass nur in langen Zwischenräumen Tiere in großen Mengen gesehen werden, wo irgendein besonderer Fleck gefunden wurde, der anziehender ist als die anderen (*Naturalist on the Amazon*, 6. Auflage, S. 31). Dasselbe schrieb ich, in fast denselben Worten, in meinem Reisebericht über das Olekma- und Witim-Gebiet.

Diese Tatsache ist um so auffallender, als die Fauna Brasiliens, die an Säugetieren arm ist, durchaus nicht arm an Vögeln ist, und die brasilianischen Wälder den Vögeln reichlich Nahrung geben, wie aus einem bereits früher mitgeteilten Zitat über Vogelgesellschaften zu ersehen ist. Und doch sind die Wälder Brasiliens, ebenso wie die Asiens und Afrikas, nicht übervölkert, sondern eher im Gegenteil. Dasselbe trifft auf die Pampas Südamerikas zu, von denen W. H. Hudson bemerkt, dass es wirklich erstaunlich ist, dass nur ein einziger kleiner Wiederkäuer auf dieser ungeheuren Grasfläche gefunden wird, die für grasfressende Vierfüßler wundervoll geeignet ist. Millionen Schafe, Rinder und Pferde, die vom Menschen eingeführt worden sind, weiden jetzt bekanntlich auf einem Teil dieser Prärien. Landvögel sind auf den Pampas nach Arten und Exemplaren ebenfalls spärlich vertreten.

6. Anpassung zur Vermeidung der Konkurrenz. (Zu Seite 86)

Zahlreiche Beispiele solcher Anpassungen können in den Werken aller Naturbeobachter gefunden werden. Eines davon, das sehr interessant ist, mag hier angeführt werden: der behaarte Armadillo, von dem W. H. Hudson sagt: „Er hat sich selbst den Weg vorgezeichnet und gedeiht infolgedessen, während seine Verwandten schnell verschwinden. Seine Nahrung ist sehr mannigfaltig. Er jagt auf die verschiedensten Insekten, wobei er Würmer und Larven über zehn Zentimeter unter der Oberfläche aufspürt. Er liebt Eier und kleine Vögelchen; Aas frisst er so gern wie ein Geier; und wenn er keine tierische Nahrung findet, lebt er vegetarisch – frißt Klee und selbst Maiskörner. Daher ist, wenn andere Tiere Hungers sterben, der Armadillo immer fett und kräftig.“ (*Naturalist on the La Plata*, S. 71.)

Die Anpassungsfähigkeit des Kiebitz macht ihn zu einer Art, dessen Ausdehnungsgebiet sehr weit ist. In England „siedelt er sich auf urbarem Land ebenso gern an wie in unbebauten Gegenden“. Ch. Dixon sagt in seinen *Birds of Northern Shires* (S. 67), „Mannigfaltigkeit der Nahrung kommt bei den Raubvögeln noch häufiger vor.“ So erfahren wir zum Beispiel von demselben Autor (S. 60, 65), „dass die Kornweihe der britischen Moore nicht nur kleine Vögel frisst, sondern auch Maulwürfe und Mäuse, Frösche, Eidechsen und Insekten, und die meisten kleineren Falken leben vielfach von Insekten“.

Das sehr lehrreiche Kapitel, das W. H. Hudson der Familie der südamerikanischen Baumläufer widmet, ist ein weiteres vortreffliches Beispiel für die Wege, auf denen große Teile der Tierbevölkerung die Konkurrenz vermeiden, während es ihnen zugleich gelingt, in einer bestimmten Gegend sehr zahlreich zu werden, ohne dass sie irgendeine der Waffen besitzen, die man gewöhnlich für wesentlich im Kampf ums Dasein hält. Die genannte Familie nimmt ein außerordentlich großes Gebiet ein, von Südmexiko bis Patagonien, und nicht weniger als 290 Arten, die zu etwa 46 Gattungen gehören, sind von dieser Familie bereits bekannt, wobei es eine sehr auffallende Erscheinung ist, dass die Glieder dieser Familie äußerst verschiedene Gewohnheiten haben. Nicht nur die verschiedenen Gattungen und die verschiedenen Arten besitzen Gewohnheiten, die ihnen besonders eigen sind, sondern selbst die nämliche Art unterscheidet sich in verschiedenen Landstrichen in ihrer Lebensführung. „Einige Arten von *Xenops* und

Magarornis klettern wie die Spechte senkrecht die Baumstämme hinauf, um Insekten zu suchen, aber sie suchen auch wie Meisen die kleineren Zweige und das Blattwerk an den Spitzen der Zweige ab, so dass der ganze Baum von der Wurzel bis zu den Blättern der Krone von ihnen abgesucht wird. Der *Sclerurus* ist zwar ein Bewohner des dunkelsten Waldes und ist mit scharfgebogenen Klauen versehen, aber er sucht seine Nahrung nie auf den Bäumen, sondern nur auf dem Waldboden, unter den verfaulenden Blättern; aber sonderbarerweise fliegt er, wenn er geängstigt wird, an den Stamm des nächsten Baumes, an dem er sich senkrecht anklammert, und so entgeht er dadurch, dass er still und reglos bleibt, dank seiner dunklen Schutzfarbe der Entdeckung“ usw. In ihren Nistgewohnheiten variieren sie auch außerordentlich. So bauen in einer einzigen Gattung drei Arten ein ofenförmiges Lehmnest, die vierte baut ein Nest aus Zweigen auf den Bäumen, und eine fünfte baut sich wie ein Eisvogel in einen Erdwall ein.

Diese äußerst große Familie nun, von der Hudson sagt: „Jeder Teil des südamerikanischen Festlandes ist von ihnen besetzt; denn es gibt tatsächlich kein Klima und keine Bodenbeschaffenheit oder Vegetation, die nicht ihre eigene Art besäßen“, gehört – ich gebrauche seine eigenen Worte – „zu den wehrlosesten Vögeln“. Ebenso wie die Enten, die Syewertsoff erwähnte (siehe im Text), haben sie keinen mächtigen Schnabel oder Klauen; „sie sind furchtsame Geschöpfe, die keinen Widerstand leisten können, ohne Stärke oder Waffen; ihre Bewegungen sind weniger schnell und kräftig als die anderer Arten, und ihr Flug ist äußerst schwach“. Aber sie besitzen – Hudson und Asara bemerken es – „die soziale Anlage in ungewöhnlichem Maß“, obwohl „die sozialen Gewohnheiten bei ihnen durch ihre Lebensbedingungen niedergehalten werden, die die Einsamkeit notwendig machen“. Sie können nicht die großen Brutvereine bilden, die wir bei den Seevögeln sehen, weil sie von den Bauminsekten leben und sorgsam jeden einzelnen Baum absuchen müssen – was sie in äußerst geschäftsmäßiger Weise verrichten; aber sie rufen einander fortwährend in den Wäldern, „und unterhalten sich auf große Entfernungen miteinander“; sie vereinigen sich auf große Entfernungen miteinander“; sie vereinigen sich auch in den „Wandergesellschaften“, die aus Bates malerischer Beschreibung bekannt sind; und Hudson sah sich zu der Überzeugung veranlaßt, „dass überall in Südamerika die Dendrocolaptidae die ersten sind, die sich zu planmäßigem Vorgehen vereinigen, und dass die Vögel aus anderen Familien ihrem Zug folgen und sich ihnen anschließen, weil sie aus Erfahrung wissen, dass ihnen reiche Ernte winkt“. Es braucht kaum hinzugefügt zu werden, dass

Hudson auch ihrer Intelligenz ein vortreffliches Zeugnis ausstellt. Geselligkeit und Intelligenz gehen immer Hand in Hand.

7. Der Ursprung der Familie. (Zu Seite 95)

Zu der Zeit, wo ich das Kapitel im Text schrieb, schien unter den Anthropologen eine gewisse Übereinstimmung über das verhältnismäßig späte Auftreten der patriarchalischen Familie – wie wir sie unter den Hebräern oder im Römischen Reich finden – in den menschlichen Einrichtungen hergestellt worden zu sein. Indessen sind seitdem Arbeiten veröffentlicht worden, in denen die von Bachofen und MacLennan vorgebrachten Anschauungen, die besonders von Morgan in ein System gebracht worden und von Post, Maxim Kowalewsky und Lubbock weiter entwickelt und bestätigt worden waren, bestritten wurden. Die bedeutendsten dieser Werke rühren von dem dänischen Professor C. N. Starcke (*Primitive Family*, 1889) und von dem Professor in Helsingsfors Eduard Westermarck her (*The History of Human Marriage* 1891; 2. Ausgabe, 1894). Es ereignete sich mit dieser Frage der primitiven Eheeinrichtungen dasselbe, was sich mit der Frage der primitiven Landbesitzeinrichtungen ereignet hatte. Als die Anschauungen Maurers und Nasses über die Dorfmark, die von einer ganzen Schule begabter Forscher weiterentwickelt worden waren, und die aller Anthropologen unserer Zeit über die primitiv kommunistische Verfassung des Clans fast allgemeine Zustimmung gefunden hatten – da riefen sie das Erscheinen von Büchern hervor, wie die von Fustel de Coulanges in Frankreich, von Frederic Seebohm in England und verschiedenen anderen, in denen der Versuch gemacht wurde – in einer mehr glänzenden als wirklich tiefgehenden Darstellung – diese Anschauungen zu untergraben und auf die Ergebnisse, zu denen die moderne Forschung gelangt war, einen Zweifel zu werfen (siehe Prof. Winogradows Vorrede zu seiner bemerkenswerten Arbeit *Villainage in England*). So ähnlich riefen die Anschauungen über das Nichtvorhandensein der Familie in dem frühen Stammesstadium der Menschheit, als sie anfingen, von den meisten Anthropologen und Erforschern der alten Rechtsverhältnisse anerkannt zu werden, notwendigerweise Werke wie die von Starcke und Westermarck hervor, in denen die Sache im Einklang mit der jüdischen Tradition so dargestellt wurde, dass der Mensch mit der offenbar patriarchalischen Familie begonnen habe, und nie durch die Entwicklungsstufen durchgegangen sei, die MacLennan, Bachofen und Morgan beschrieben hatten. Diese Werke, von denen die glänzend geschriebene Geschichte der menschlichen Ehe besonders weite Verbreitung gefunden hat, haben ohne Zweifel eine gewisse Wirkung ausgeübt; wer nicht Gelegenheit hatte, die dicken Bände zu lesen, auf die sich die Kontroverse bezog, wurde zweifelhaft; und einige Anthropologen, die die Materie wohl kannten, wie der französische Professor Durkheim, nahmen eine vermittelnde, etwas unbestimmte Haltung ein.

Für den besonderen Zweck eines Werkes über gegenseitige Hilfe mag dieser Streit nicht in Betracht kommen. Die Tatsache, dass die Menschen auf den ersten Stufen der Menschheit in Stämmen gelebt haben, wird nicht bestritten, auch nicht von denen, die sich über den Gedanken empören, der Mensch könne durch ein Stadium hindurchgegangen sein, wo die Familie, wie wir sie verstehen, nicht existierte. Indessen hat der Gegenstand sein eigenes Interesse und verdient besprochen zu werden, obwohl beachtet werden muss, dass ein ganzes Buch erforderlich wäre, um ihm völlig gerecht zu werden.

Wenn wir daran arbeiten, den Schleier zu heben, der alte Institutionen vor uns verbirgt, und besonders solche Institutionen, die beim ersten Auftreten der Menschengeschöpfe in Geltung waren, so sind wir genötigt – da es natürlich direkte Zeugnisse nicht geben kann –, die sehr mühevolle Arbeit zu vollbringen, jede Institution nach rückwärts zu verfolgen und ihre leisesten Spuren in Sitten, Bräuchen, Überlieferungen, Gesängen, Folklore usw. sorgsam zu beachten; und dann müssen wir die getrennten Ergebnisse aller dieser getrennten Forschungen miteinander verbinden und im Geiste die Gesellschaft rekonstruieren, die dem Nebeneinanderbestehen all dieser Einrichtungen entsprechen kann. Man kann also verstehen, was für eine ungeheure Menge Tatsachen und was für eine große Zahl eingehender Studien über besondere Punkte erforderlich sind, um zu irgend sicheren Ergebnissen zu kommen. Und genau das findet man in dem monumentalen Werk Bachofens und seiner Nachfolger, vermisst man aber in den Werken der anderen Schule. Die Masse von Tatsachen, die Professor Westermarck durchwühlt hat, ist ohne Zweifel groß genug, und nach der kritischen Seite ist sein Werk sicher sehr wertvoll; aber es dürfte kaum die, denen die Werke Bachofens, Morgans MacLennans, Posts, Kowalewskys usw. in den Originalen bekannt und die mit den Forschungen über die Markgenossenschaft vertraut sind, dazu bringen, ihre Meinungen zu ändern und sich der Theorie von der ursprünglichen patriarchalischen Familie anzuschließen.

So haben die Argumente, die Westermarck den Familiengewohnheiten der Primaten entnimmt, wie ich getrost behaupte, nicht den Wert, den er ihnen zuschreibt. Unsere Kenntnisse von den Familienbeziehungen unter den geselligen Arten der Affen unserer eigenen Zeit sind äußerst unsicher, und die beiden ungeselligen Arten der Orang-Utan und Gorilla, müssen aus der Erörterung ausgeschlossen bleiben, weil beide offenbar, wie ich im Text gezeigt habe, im Niedergang begriffene Arten sind. Noch weniger wissen wir von den Beziehungen, die zwischen Männchen und Weibchen der Primaten gegen das Ende der Tertiärzeit bestanden. Die Arten, die damals lebten, sind wahrscheinlich alle untergegangen, und wir haben nicht die leiseste Ahnung, welche von ihnen die Ahnenform war, aus der der Mensch hervorgegangen ist. Alles, was wir mit einiger Wahrscheinlichkeit sagen können ist, dass verschiedene Familien- und Stammesbeziehungen bei den verschiedenen Affenarten bestanden haben müssen, die zu jener Zeit äußerst zahlreich waren; und dass große Wandlungen seitdem in den Gewohnheiten der Primaten eingetreten sein müssen, ähnlich den Wandlungen, die sogar in den letzten zwei Jahrhunderten in den Gewohnheiten vieler anderen Säugetierarten vor sich gegangen sind.

Die Untersuchung muss sich demnach lediglich auf menschliche Einrichtungen beschränken; und in der genauen Untersuchung jedes einzelnen Zuges jeder frühen Institution, *in Verbindung mit alledem, was wir über jede andere Institution des nämlichen Volkes oder nämlichen Stammes wissen*, liegt die Hauptstärke der Beweisführung der Richtung, die behauptet, die patriarchalische Familie sei eine Institution von verhältnismäßig spätem Ursprung.

Es gibt in der Tat einen ganzen *Kreis von Institutionen* unter den primitiven Menschen, die völlig verständlich werden, wenn wir uns den Anschauungen Bachofens und Morgans anschließen, anderenfalls aber aufs äußerste unverständlich sind. Dahin gehören: das kommunistische Leben des Clans, solange er sich nicht in einzelne Vaterschaftsfamilien getrennt hatte; das Leben in „langen Häusern" und in Klassen, die dem Alter und dem Stadium der Mündigkeit der jungen Leute entsprechend besondere lange Häuser bewohnten (M. Maclay, H. Schurtz); die Einschränkungen der persönlichen Anhäufung von Eigentum, von denen oben im Text mehrere Beispiele gegeben wurden; die Tatsache, dass Frauen, die einem anderen Stamm abgenommen waren, dem ganzen Stamm gehörten, ehe sie Privateigentum wurden; und viele ähnliche Institutionen, die Lubbock untersucht hat. Dieser weite Kreis von Institutionen, die in dem Markgenossenschaftsstadium der menschlichen Entwicklung in Verfall gerieten und schließlich verschwanden, stehen im völligen Einklang mit der Theorie der Stammesehe; aber sie sind meistens von den Anhängern der Theorie von der ursprünglichen patriarchalischen Familie unberücksichtigt geblieben. Das ist gewiss nicht der richtige Weg, das Problem zu erörtern. Primitive

Menschen haben nicht mehrere über- oder nebeneinander gelagerte Institutionen, wie wir sie jetzt haben. Sie haben nur eine Institution, den Clan, der *alle* gegenseitigen Beziehungen der Clanangehörigen umfasst. Eheverhältnisse und Besitzverhältnisse sind Clanverhältnisse. Und das mindeste, was wir von den Verteidigern der Theorie von der Ursprünglichkeit der patriarchalischen Familie erwarten könnten, wäre, dass sie uns zeigten, wie der eben erwähnte Kreis von Institutionen (die später verschwinden) in einer Ansammlung von Menschen bestehen konnte, die unter der Geltung eines Systems lebten, das solchen Einrichtungen entgegengesetzt war – des Systems von Einzelfamilien, die vom pater familias geleitet wurden. Ferner kann man der Methode keinen wissenschaftlichen Wert beimessen, mit der gewisse ernsthafte Schwierigkeiten von den Vertretern der Familientheorie beiseitegeschoben werden. So hat Morgan durch eine beträchtliche Zahl Zeugnisse bewiesen, dass bei vielen primitiven Stämmen ein „klassenbildendes Gruppensystem" besteht, das streng innegehalten wird, und dass alle Individuen derselben Kategorie einander anreden, als ob sie Brüder und Schwestern wären, während die Individuen einer jüngeren Kategorie die Schwestern ihrer Mütter als Mütter anreden usw. Zu sagen, dies müsse lediglich eine façon de parler sein – eine Art, den Respekt vor dem Alter auszudrücken, ist sicher eine leichte Methode, der Schwierigkeit aus dem Wege zu gehen, zu erklären, warum gerade diese und keine andere Art, den Respekt zu bezeigen, bei so vielen Völkern verschiedenen Ursprungs geherrscht hat, dass sie bei vielen Völkern bis auf den heutigen Tag am Leben geblieben ist? Man kann gewiss zugeben, dass *ma* und *pa* die Silben sind, die für ein kleines Kind am leichtesten auszusprechen sind, aber die Frage ist: Warum wird dieser Teil der Kindersprache von Erwachsenen angewandt, und warum auf eine bestimmte Kategorie Personen bezogen? Warum wird bei so vielen Stämmen, bei denen die Mutter und ihre Schwester *ma* genannt werden, der Vater mit *tiatia* (ähnlich lautend wie *diadia* – Oheim), *dad, da* oder *pa* bezeichnet? Warum wird späterhin die Bezeichnung Mutter in ihrer Anwendung auf die Tanten mütterlicherseits von einem besonderen Namen verdrängt? Und so weiter. Wenn wir aber erfahren, dass bei vielen Wilden die Schwester der Mutter ebenso verantwortlich für die Wartung des Kindes ist wie die Mutter selbst, und dass, wenn der Tod ein geliebtes Kind raubt, die andere „Mutter" (die Schwester der Mutter) sich selbst opfert, um das Kind auf seiner Reise in die andere Welt zu begleiten – dann sehen wir gewiss in diesen Namen etwas viel Tieferes als eine façon de parler oder eine Art, den Respekt zu bezeigen. Und das um so mehr, wenn wir von dem Vorhandensein einer ganzen Gruppe von Überresten hören (Lubbock, Kowalewsky, Post haben sie gründlich untersucht), die alle in die nämliche Richtung weisen. Natürlich kann gesagt werden, die Verwandtschaft werde nach der mütterlichen Seite gerechnet, „weil das Kind mehr bei seiner Mutter bleibt", oder wir können die Tatsache, dass die Kinder eines Mannes von verschiedenen Frauen verschiedener Stämme zu den Clanen ihrer Mütter gehören, mit der „Unwissenheit der Wilden im Punkte der Physiologie" erklären: aber das sind keine Argumente, die auch nur annähernd dem Ernst der aufgeworfenen Fragen entsprächen – besonders wenn bekannt ist, dass die Verpflichtung, den Namen der Mutter zu tragen, die Zugehörigkeit zum Clan der Mutter in jeder Hinsicht in sich schließt: das heißt, das Recht auf alles, was dem mütterlichen Clan gehört, und ebenso das Recht, von ihm beschützt zu werden, niemals von einem Angehörigen dieses Clans angegriffen zu werden, und die Pflicht, um des Clans willen Rache zu üben.

Selbst wenn wir für einen Augenblick zugeben wollten, Erklärungen der Art seien zufriedenstellend, so würden wir bald herausfinden, dass eine besondere Erklärung für jede Kategorie solcher Tatsachen gegeben werden muss – und sie sind sehr zahlreich. Nur ein paar davon seien aufgezählt: die Teilung der Clane in Klassen, zu einer Zeit, wo es keine Teilung in bezug auf Eigentum und soziale Stellung gibt; Exogamie und alle damit zusammenhängenden Bräuche, wie Lubbock sie aufzählt: die Blutbrüderschaft und eine Reihe ähnlicher Bräuche, die die Einheit der Abstammung bezeugen sollen; das Auftauchen von Familiengöttern erst nach dem Vorhandensein von Clangöttern; der Tausch von Frauen, der nicht nur bei den Eskimos in Zeiten der Not besteht, sondern auch bei vielen anderen Stämmen von ganz anderem Ursprung weit verbreitet ist; die Lockerheit der ehelichen Bande, je tiefer wir in der Zivilisation hinabsteigen; die Einrichtung, dass mehrere Männer eine Frau heiraten, die ihnen abwechselnd gehört; die Abschaffung der Ehebeschränkungen während der Dauer von Festlichkeiten oder an jedem fünften, sechsten usw. Tag; das Zusammenwohnen von Familien in „langen Häusern"; der Umstand, dass die Verpflichtung, für ein verwaistes Kind zu sorgen, selbst in einer späteren Periode auf den Oheim mütterlicherseits fiel; die beträchtliche Zahl von Übergangsformen, die den stufenweisen Übergang von der Mutterabstammung zur Vaterabstammung zeigen; die Einschränkung der Kinderzahl durch den Clan – nicht durch die Familie – und die Aufhebung dieser harten Bestimmung in Zeiten des Wohlstandes; der Umstand, dass Familienbeschränkungen nach den Clanbeschränkungen kamen; die *lex talionis* des Stammes und viele andere Bräuche, die erst dann zur „Familienangelegenheit" werden, wenn wir die

Familie im modernen Sinn des Wortes endgültig konstituiert finden; die Bräuche vor und während der Hochzeit, für die man mehrere überraschende Beispiele in den Arbeiten Sir John Lubbocks und mehrerer russischer Forscher unserer Zeit findet; das Fehlen von Hochzeitsfeierlichkeiten, wo die mütterliche Abstammung gilt, und das Vorhandensein solcher Feierlichkeiten bei Stämmen, die der Vaterschaftsabstammung anhängen – all das und vieles andere[318] zeigt, dass, wie Durkheim bemerkt, „die eigentliche Ehe nur durch feindliche Mächte geduldet und verhindert wird" –; die Vernichtung des persönlichen Eigentums nach dem Tode des Inhabers; und schließlich die ganze ungeheure Menge von Überresten[319], Mythen (Bachofen und seine vielen Nachfolger), Folklore usw., die alle nach derselben Richtung weisen.

Natürlich beweist das alles nicht, dass es eine Periode gegeben hat, wo die Frau mehr galt als der Mann, oder das „Haupt" des Clans war; das ist eine ganz andere Frage, und meine persönliche Meinung ist, dass es eine solche Periode niemals gegeben hat; auch beweist das nicht, dass es eine Zeit gegeben habe, wo der Stamm die Vereinigung der Geschlechter nicht beschränkt und geregelt habe – das wäre im Gegensatz zu allen Zeugnissen, die uns bekannt sind. Aber wenn man alle Tatsachen, die jetzt ans Licht gekommen sind, in ihrer Abhängigkeit voneinander in Betracht zieht, dann ist es unmöglich, sich der Erkenntnis zu verschließen: wenn es möglicherweise isolierte Paare mit ihren Kindern schon im primitiven Clan gegeben hat, dann waren diese beginnenden Familien *nur geduldete Ausnahmen*, aber nicht die Institutionen der Zeit.

8. Zerstörung des Privateigentums auf dem Grabe. (Zu Seite 93)

In einem bemerkenswerten Buch, *Die Religionssysteme Chinas*, das in den Jahren 1892 bis 1897 J. M. de Groot in Leyden veröffentlicht hat, finden wir die Bestätigung dieser Anschauung. Es gab in China (wie anderswo) eine Zeit, wo aller persönliche Besitz eines Toten auf seinem Grab vernichtet wurde – seine beweglichen Sachen, sein Vieh, seine Sklaven und selbst Freunde und Vasallen, und natürlich seine Witwe. Es war eine starke Auflehnung der Moralisten gegen diesen Brauch nötig, um ihm ein Ende zu

318 Siehe *Marriage Customs in many Lands,* von H. N. Hutchinson, London 1897.

319 Viele neue und interessante Formen solcher Überreste sind von Wilhelm Rieck in *Geschichte der öffentlichen Sittlichkeit in Deutschland* gesammelt worden. Referat darüber von Durkheim in *L'Année Sociologique*, Bd. 2, S 312.

setzen. Bei den Zigeunern in England lebt der Brauch, alles Vieh auf dem Grabe umzubringen, noch heutzutage. Alles persönliche Eigentum der Zigeunerkönigin, die 1896 in der Nachbarschaft des Städtchens Slough gestorben ist, wurde auf ihrem Grab zerstört. Zuerst wurde das Pferd erschossen und beerdigt. Dann wurde der Wagen, in dem die alte Frau gewohnt hatte, eingerissen und verbrannt, und ebenso das Geschirr des Pferdes und noch ein paar kleinere Gegenstände. Verschiedene Zeitungen berichteten damals darüber.

9. Der Familienverband [*Undivided Family*]. (Zu Seite 126)

Eine Anzahl wertvoller Arbeiten über die südslawische Zadruga oder den „Familienverband", im Vergleich mit anderen Formen der Familienorganisation, sind veröffentlicht worden, seit der Text geschrieben war; nämlich von Ernst Miler (*Jahrbuch der Internationalen Vereinigung für vergleichende Rechtswissenschaft und Volkswirtschaftslehre*, 1897) und J. E. Geszow, *Zadruga in Bulgarien* und *Zadruga-Eigentum und Arbeit in Bulgarien* (beides bulgarisch). Ich muss auch die bekannte Studie von Bogisic erwähnen (*De la forme dite 'inokosna' de la famille rurale chez les Serbes et les Croates*, Paris 1884), die im Text übersehen wurde.

10. Der Ursprung der Gilden. (Zu Seite 167)

Der Ursprung der Gilden ist Gegenstand vieler Kontroversen gewesen. Es ist nicht der geringste Zweifel, dass es Zünfte oder „Kollegien" von Handwerkern im alten Rom gegeben hat. Es geht in der Tat aus einer Stelle bei Plutarch hervor, dass Numa über sie Gesetze gegeben hat. „Er teilte das Volk", so lesen wir, „in Gewerbe ... und befahl ihnen, Brüderschaften, Feste und Versammlungen zu haben, und wies an, welchen Kultus sie den Göttern zu widmen hätten, je nach der Würdigung jedes Gewerbes." Es ist indessen fast sicher, dass es nicht der römische König war, der die Gewerbekollegien erfunden oder eingesetzt hat – sie hatten schon im alten Griechenland bestanden; aller Wahrscheinlichkeit nach unterwarf er sie nur der königlichen Gesetzgebung; gerade wie fünfzehn Jahrhunderte später Philipp der Schöne die Gewerbe Frankreichs sehr zu ihrem Schaden der königlichen Kontrolle und Gesetzgebung unterwarf. Von einem der Nachfolger Numas, Servius Tullius, wird auch berichtet, er habe hinsichtlich der Kollegien Gesetze gegeben.[320]

Es war also ganz natürlich, dass die Historiker sich die Frage stellten, ob nicht die Gilden, die im 12. und sogar schon im 10. und 11. Jahrhundert eine solche Entwicklung nahmen, ein Wiederaufleben der alten römischen „Kollegien" vorstellten – und dies um so mehr, als die letzteren, wie aus dem obigen Zitat zu ersehen, der Gilde des Mittelalters völlig entsprachen.[321] Es ist in der Tat bekannt, dass Körperschaften des römischen Typs in Südgallien bis ins 5. Jahrhundert hinein bestanden. Außerdem zeigt eine im Gefolge von Erdarbeiten in Paris gefundene Inschrift, dass unter Tiberius eine Korporation der *nautae* von Lutetia bestand, und in dem Freibrief, der den Pariser „Wasserkaufleuten" 1170 gegeben wurde, wird von ihren Rechten gesagt, sie hätten *ab antiquo* bestanden. (Derselbe Autor, S. 51.) Es wäre also nichts Außerordentliches, wenn in Frankreich des frühen Mittelalters nach den Einfällen der Barbaren sich Korporationen erhalten hätten.

Selbst wenn indessen so viel zugegeben werden muss, besteht kein Grund zu der Behauptung, die niederländischen Korporationen, die normannischen Gilden, die russischen Artels, die georgischen Amkari usw. hätten notwendigerweise auch einen römischen oder gar byzantinischen Ursprung. Gewiss war der Verkehr zwischen den Normannen und der Hauptstadt des oströmischen Reiches sehr lebhaft, und die Slawen (wie von russischen Historikern und besonders von Rambaud bewiesen wurde) nahmen an diesem Verkehr lebhaften Anteil. So könnten die Normannen und die Russen die römische Organisation der Gewerbekorporationen in ihre Länder eingeführt haben. Aber wenn wir sehen, dass der Artel recht eigentlich den Kern des Alltagslebens aller Russen schon im 10. Jahrhundert bildete, und dass dieser Artel, obwohl keinerlei Gesetzgebung sein Leben bis in unsere Zeiten jemals geregelt hat, genau dieselben Grundzüge hatte, wie das römische Kollegium und die Gilde Westeuropas, dann sind wir noch mehr zu der Anschauung geneigt, dass die östliche Gilde einen noch älteren Ursprung hat als das römische Kollegium. Die Römer wussten in

320 A Servio Tullio populus romanus relatus in censum, digestus iu classes curii atque collegiis distributus (E. Martin-Saint-Léon, *Histoire des corporations de métiers depuis leurs origines jusqu'à leur suppression en 1791 etc.*, Paris 1897).

321 Die römischen *sodalitia* entsprachen, so weit wir urteilen können (derselbe Autor, S. 9) den kabylischen *çof.*

der Tat wohl, dass ihre *sodalitia* und *collegia* das waren, „was die Griechen *hetairiai* nannten“ (Martin-Saint-Léon, S. 2), und aus dem, was wir von der Geschichte des Orients wissen, können wir wahrscheinlich, ohne uns zu irren, schließen, dass die großen Nationen des Orients und ebenso Ägypten dieselbe Gildorganisation gehabt haben. Die wesentlichen Grundzüge dieser Organisation bleiben überall dieselben, wo wir sie finden. Sie ist eine Vereinigung von Menschen, die denselben Beruf oder dasselbe Gewerbe treiben. Die Vereinigung hat wie der primitive Clan seine eigenen Götter und seinen eigenen Kultus, der immer einige Mysterien enthält, die jeder besonderen Vereinigung besonders eigen sind; sie betrachtet alle ihre Mitglieder als *Brüder und Schwestern* – möglicherweise (anfangs) mit all den Folgeerscheinungen, die eine solche Verwandtschaft in der Gens mit sich brachte, oder wenigstens mit Zeremonien, die ein Zeichen oder Symbol für die Clanverwandtschaft zwischen Bruder und Schwester waren; und schließlich sind alle die Verpflichtungen zu gegenseitiger Unterstützung, die es im Clan gab, in dieser Vereinigung in Geltung; nämlich die völlige Unmöglichkeit eines Mordes innerhalb der Brüderschaft, die Clanverantwortlichkeit vor der Justiz, und die Verpflichtung, im Fall eines geringfügigen Zwistes die Sache vor die Richter oder besser: die Schiedsrichter der Gildbrüderschaft zu bringen. Die Gilde – kann man sagen – ist so nach dem Muster des Clans gebaut.

Dieselben Bemerkungen, die im Text über den Ursprung der Dorfmarkgenossenschaft gemacht wurden, gelten also, meine ich, in gleicher Weise für die Gilde, den Artel und die Handwerks- oder Nachbarschaftsbrüderschaften. Als die Verbindung, die früher die Menschen in ihren Clans verbunden hatte, infolge der Wanderungen, der Entstehung der Vaterschaftsfamilie und der wachsenden Verschiedenartigkeit der Beschäftigungen gelockert worden war, wurde eine neue *Territorialverbindung* von der Menschheit in Gestalt der Dorfmark ausgearbeitet; und eine andere Verbindung – eine *Berufsverbindung* – wurde in einer geistigen Brüderschaft ausgearbeitet – *der geistige Clan*, der repräsentiert war: zwischen zwei oder ein paar Männern durch das „Schließen der Blutbrüderschaft“ (der slawische *pobratimstwo*), und zwischen einer größeren Zahl Menschen verschiedenen Ursprungs, d. h. die aus verschiedenen Clanen stammten und dasselbe Dorf oder dieselbe Stadt (oder auch verschiedene Dörfer oder

Städte) bewohnten – die Phratrie, die Hetairiai, der Amkari, der Artel, die Gilde.[322]

Was die Idee und Form einer solchen Organisation angeht, so hatten sich ihre Elemente bereits in der frühen Periode der Wilden angezeigt. Wir wissen in der Tat, dass es in den Clanen aller Wilden besondere Geheimorganisationen von Kriegern, Zauberern, jungen Männern usw. gab – Handwerksmysterien, in denen die Kenntnisse im Jagen und Kriegführen überliefert wurden; mit einem Wort „Klubs", wie Miklucho-Maclay sie bezeichnete. Diese „Mysterien", Geheimbünde, waren aller Wahrscheinlichkeit nach die Vorstufen der späteren Gilden.[323]

---

322 Es ist überraschend, wie genau gerade diese Anschauung in der bekannten Stelle Plutarchs über Numas Gesetzgebung betr. die Gewerbekollegien ausgedrückt ist: „Und dadurch", schreibt Plutarch, „war er der erste, der aus der Stadt den Geist verbannte, der die Leute dazu brachte, zu sagen: 'Ich bin ein Sabiner' oder 'Ich bin ein Römer' oder 'Ich bin ein Untertan des Tatius' und ein anderer: 'Ich bin Untertan des Romulus'" – mit anderen Worten, der die Idee der verschiedenen Abstammung entfernte.

323 Das Werk von H. Schurtz, das den Altersklassen und geheimen Männerverbänden während der barbarischen Civilisationsstufen gewidmet ist *(Altersklassen und Männerverbände: eine Darstellung der Grundformen der Gesellschaft*, Berlin 1902), das ich erhalten habe, während ich die Korrekturen dieser Seiten las, enthält eine ganze Reihe Tatsachen, die diese Hypothese über den Ursprung der Gilden stützen. Die Kunst, ein großes Gemeindehaus zu bauen, ohne die Geister der gefällten Bäume zu kränken; die Kunst, Metall so zu schmieden, dass die feindlichen Geister versöhnt werden; die Geheimnisse der Jagd und der Zeremonien und Maskentänze, die sie erfolgreich machen; die Kunst, den Knaben die Künste der Wilden zu lehren: die geheimen Wege, die Zauberkraft der Feinde abzuwehren und demnach die Kunst der Kriegführung; das Verfertigen von Booten, Fischnetzen, Tierfallen und Vogelschlingen, und schließlich die Kunst der Frauen zu weben und färben – all diese Tätigkeiten waren in alter Zeit lauter verschiedene Kunstgriffe und Fertigkeiten, die geheim sein mussten, um wirksam zu sein. Infolgedessen wurden sie von den frühesten Zeiten an in geheimen Gesellschaften oder „Mysterien" nur denen überliefert, die sich einer peinlichen Prüfung unterzogen hatten, bevor sie eingeweiht wurden. H. Schurtz zeigt nun, dass das Leben der Wilden mit geheimen Gesellschaften und „Klubs" (von Kriegern und Jägern) durchzogen ist, die einen ebenso alten Ursprung haben wie die Ehe-„Klassen" in den Clanen, und bereits alle Elemente der künftigen Gilden enthalten: Geheimnis, Unabhängigkeit von der Familie und manchmal vom Clan, gemeinsame Verehrung besonderer Götter, gemeinsame Mahlzeiten, Gerichtsbarkeit innerhalb der Gesellschaft und Brüderschaft. Die Schmiede

Hinsichtlich des oben genannten Werkes von E. Martin-Saint-Léon sei bemerkt, dass es sehr wertvolle Tatsachen über die Gewerbeorganisation in Paris mitteilt – wie sie aus dem *Livre des métiers* Boileaus hervorgehen – und eine gute Zusammenfassung der Nachrichten über die Kommunen in verschiedenen Teilen Frankreichs mit allen bibliographischen Nachweisen gibt. Es muss jedoch in Erinnerung behalten werden, dass Paris (wie Moskau oder Westminster) eine „königliche Stadt" war, und dass daher die freien Institutionen der Stadt des Mittelalters dort nie die Entwicklung wie in freien Städten genommen haben. Weit entfernt, „das Bild einer typischen Korporation" aufzuweisen, konnten vielmehr die Korporationen von Paris, „die unter der unmittelbaren Obhut der königlichen Gewalt geboren waren und sich entwickelten" (was der Autor für einen besonderen Vorzug hält, während es ein besonderer Nachteil war – er selbst zeigt an verschiedenen Stellen seines Buches deutlich genug, wie die Einmischung der kaiserlichen Gewalt in Rom und der königlichen Gewalt in Frankreich die Zünfte vernichtet und gelähmt habe), niemals die wundervolle Blüte und den Einfluss auf das ganze Leben der Stadt erlangen, den sie im nordöstlichen Frankreich, in Lyon, Montpellier, Nîmes usw., oder in den freien Städten Italiens, Flanderns, Deutschlands usw. erlangten.

11. Der Markt und die Stadt des Mittelalters. (Zu Seite 179)

In einer Arbeit über die Stadt des Mittelalters (*Markt und Stadt in ihrem rechtlichen Verhältnis*, Leipzig 1896) hat Rietschel die Anschauung entwickelt, der Ursprung der deutschen mittelalterlichen Kommunen müsse im *Markt* gesucht werden. Der lokale Markt, der unter den Schutz eines Bischofs, eines Klosters oder eines Fürsten gestellt war, sammelte eine Bevölkerung von Handelsleuten und Handwerkern um sich, jedoch keine landwirtschaftliche Bevölkerung. Die Sektionen, in die die Stadt geteilt wurde, deren Mittelpunkt der Marktplatz war, und von denen jede von Handwerkern bestimmter Gewerbe bewohnt war, sind ein Beweis dafür: sie bildeten gewöhnlich die Altstadt, während die Neustadt gewöhnlich ein ländliches Dorf war, das dem Fürsten oder dem König gehörte. In den beiden galten verschiedene Rechtseinrichtungen.

und das Bootshaus sind in der Tat gewöhnlich zum Männerklub gehörig; und die „langen Häuser" oder „Palawers" werden von besonderen Handwerkern gebaut, die die Geister der gefällten Bäume zu beschwören verstehen.

Es ist gewiss wahr, dass der Markt in der früheren Entwicklung aller mittelalterlichen Städte eine wichtige Rolle gespielt hat und dazu beitrug, den Reichtum der Bürger zu vermehren und ihnen das Gefühl der Unabhängigkeit zu geben; indessen ist, wie von Karl Hegel, dem bekannten Verfasser einer sehr guten umfassenden Arbeit über die deutschen Städte des Mittelalters (*Die Entstehung des deutschen Städtewesens*, Leipzig 1898), bemerkt worden ist, das Stadtrecht kein Marktrecht, und Hegel vertritt (was die in diesem Buch vertretenen Ansichten noch weiter stützt) die Auffassung, dass die mittelalterliche Stadt einen doppelten Ursprung gehabt hat. Es gibt in ihr „zwei Bevölkerungen, nebeneinander: die eine ländlich, und die andere rein städtisch“; die ländliche Bevölkerung, die früher als Almende oder Marktgenossenschaft organisiert war, wurde in die Stadt inkorporiert.

Hinsichtlich der Kaufmannsgilden verdient die Arbeit Hermanns von den Linden (*Les Gildes marchandes dans les Pays Bas au Moyen Age*, Gent 1896 in *Recueil de travaux publiés par la Faculté de Philosophie et Lettres*) besondere Erwähnung. Der Autor verfolgt die allmähliche Entwicklung ihrer politischen Macht und der Gewalt, die sie allmählich über die industrielle Bevölkerung, besonders die Tuchmacher, erlangte, und schildert das Bündnis, das die Handwerker eingingen, um ihrer wachsenden Macht entgegenzutreten. Die Anschauung die in vorliegendem Buch entwickelt ist, wonach die Kaufmannsgilde in einer späteren Periode auftrat, die zu großem Teil eine Periode des Verfalls der Stadtfreiheiten war, scheint so in H. van den Lindens Forschungen Bestätigung zu finden.

12. Einrichtungen zu gegenseitiger Hilfe in den Dörfern der Niederlande zu unserer Zeit. (Zu Seite 226)

Der Bericht der Landwirtschaftlichen Kommission der Niederlande enthält viele hierauf bezügliche Beispiele, und mein Freund Christian Cornelissen war so liebenswürdig, die entsprechenden Stellen aus diesen dicken Bänden (*Uitkomsten van het Onderzoek naar den Toestand van den Landbouw in Nederland*, 2 Bände, 1890) für mich auszusuchen.

Die Gewohnheit, eine Dreschmaschine zu haben, die in vielen Höfen die Runde macht, die sie der Reihe nach leihen, ist sehr weit verbreitet, wie es jetzt in fast allen Ländern der Fall ist. Aber hie und da findet sich eine Gemeinde, die eine Dreschmaschine für die Gemeinschaft hält (Band 1, XVIII, S. 31).

Die Bauern, die nicht die nötige Zahl Pferde für den Pflug haben, leihen die Pferde von ihren Nachbarn. Die Gewohnheit, einen Gemeindestier oder einen Gemeindehengst zu halten, ist sehr allgemein.

Wenn das Dorf Erdarbeiten zu machen hat, um eine neue Schule zu bauen, oder für einen Bauern, der ein neues Haus bauen will, wird gewöhnlich eine *bede* veranstaltet. Dasselbe geschieht für die Pächter, die auszuziehen haben. Die *bede* ist überhaupt ein weitverbreiteter Brauch, und niemand, ob reich oder arm, versäumt, mit Pferd und Wagen zu kommen.

Die gemeinsame Pacht einer Wiese von seiten mehrerer Landarbeiter, um ihre Kühe zu halten, wird in mehreren Teilen des Landes gefunden; es kommt auch häufig vor, dass der Pächter, der Pflug und Pferde hat, das Land für seine Tagelöhner pflügt (Band l, XXII, S. 18 usw.).

Landwirtschaftliche Gesellschaften zum Ankauf von Samen, zur Ausfuhr von Gemüsen nach England usw. trifft man allenthalben. Dasselbe gilt für Belgien. Im Jahre 1896, sieben Jahre, nachdem die Bauerngilden, zuerst im vlämischen Teil des Landes, ins Leben getreten waren, und nur vier Jahre, nachdem sie in dem wallonischen Teil Belgien aufgekommen waren, gab es bereits 207 solche Gilden mit 10.000 Mitgliedern (*Annuaire de la Science Agronomique*, Band 1 (2), 1896, S. 148 und 149).

Peter Kropotkin

Ethik

Ursprung und Entwicklung der Sitten
Mit einem Vorwort von Michael Schmidt-Salomon
334 Seiten, kartoniert, Euro 18.-
ISBN 978-3-86569-160-6

Der Anarchist und Evolutionstheoretiker Peter Kropotkin (1842–1921) zeigt in seinem Spätwerk auf, wie eine Ethik zu begründen ist, die auf einer naturalistischen Basis beruht und ohne metaphysische, transzendente bzw. religiöse Fundierung auskommt. Ausgehend von seinen Untersuchungen zur gegenseitigen Hilfe bei Tieren und Menschen beschreibt Kropotkin, dass „sittliches" Verhalten selbst in der Natur angelegt ist bzw. zu ihr nicht im Widerspruch steht. In einer großen historischen Perspektive geht Kropotkin dem Ursprung der Sitten nach und untersucht, wie durch die Jahrhunderte und Jahrtausende ethisches Denken von den Naturvölkern über die Antike bis in unsere Zeit sich entfaltet. Dabei kommt Kropotkin zu Einsichten, die als Vorläufer zum modernen „evolutionären Humanismus" verstanden werden können.

Peter Kropotkin

Die Eroberung des Brotes

Herausgegeben von Jürgen Mümken
237 Seiten, kartoniert, Euro 15.-
ISBN 978-3-86569-163-7

In *Die Eroberung des Brotes* umreißt Kropotkin seine Vorstellungen einer libertären Gesellschaft. Ausgehend von der Kritik der Verhältnisse am Ende des 19. Jahrhunderts entwickelt er die Utopie einer Gesellschaft, in der andere Eigentums- und Arbeitsverhältnisse existieren als im Kapitalismus. Durch die Neugestaltung sollte eine Aufhebung der Arbeitsteilung auf volkswirtschaftlicher und internationaler Basis stattfinden. Kropotkin kritisierte nicht nur die Trennung von Hand- und Kopfarbeit, sondern auch die Zerstückelung des Wissens über die Gesamtheit der Produktion. Dazu gehörte für ihn die Dezentralisierung der Industrie. Ein zentraler Punkt bei Kropotkin ist die Ablehnung jedwedes Lohnsystems. Kropotkins Werk ist insofern nicht nur ein „Klassiker", der einen grundlegenden Beitrag zur Theorie des Anarchismus liefert, sondern enthält auch für aktuelle Debatten noch Denkanstöße.

Alibri Verlag, Postfach 100 361, 63703 Aschaffenburg
Fon (06021) 62 62 560, www.alibri.de

Leo Tolstoi

Kirche und Gesellschaft

Religionskritische Schriften, Briefe und Tagebuchaufzeichnungen
Klassiker der Religionskritik, Bd. 11
Herausgegeben und mit einem Vorwort von Ulrich Klemm
ISBN 978-3-86569-131-6, 137 Seiten, kartoniert, Euro 13.-

Leo Tolstoi (1828–1910) gilt als einer der wichtigsten Religions- und Kirchenkritiker des 19. Jahrhunderts. Mit seiner libertären und pazifistischen Ethik beeinflusste er maßgeblich befreiungstheologische Ansätze im 20. Jahrhundert und prägte ein neues Verständnis vom „Reich Gottes" als einen politischen Weg zur Befreiung aus Tyrannei und Herrschaft. Vier Grundsätze prägten sein ethisches und politisches Denken und Handeln: Religion ist eine Angelegenheit der Vernunft. Daraus folgt das „Gesetz der Liebe" und der „gegenseitigen Hilfe" als anthropologische Grundannahmen: Gewaltfreiheit wird zum dominanten sozialen Imperativ. Statt Revolution steht die Selbstvervollkommnung im Mittelpunkt einer politischen Strategie.

Étienne de La Boétie

Von der freiwilligen Knechtschaft

Herausgegeben und mit einem Vorwort versehen von Ulrich Klemm, begleitet durch ein Essay von Siegbert Wolf zu Gustav Landauers La Boétie-Rezeption
ISBN 978-3-86569-903-9, 92 Seiten, kartoniert, Euro 10.-

Die kleine Schrift des französischen Renaissance-Humanisten aus dem 16. Jahrhundert gilt heute als wegweisender Meilenstein in der Entwicklung und Formulierung des europäischen Freiheitsgedankens und der politischen Ideenbildung. Anfang des 20. Jahrhundert durch Gustav Landauer wieder entdeckt, stellte er La Boéties Herrschaftsanalyse, dessen Darlegung gewaltsamer Unterdrückung und freiwilliger Unterwerfung, in eine Reihe mit dem, was in anderen Sprachen später Godwin und Stirner, Proudhon, Bakunin und Tolstoi aufnehmen werden. La Boéties Knechtschaft ist ein demokratischer Urtext des Abendlandes und hat die Neuzeit mit den Leitideen Partizipation, Gleichheit und Gerechtigkeit eingeläutet.

Paul Lafargue

Das Recht auf Faulheit

Widerlegung des „Rechts auf Arbeit" von 1848
Herausgegeben von Gerald Grüneklee und Michael Wilk
ISBN 978-3-86569-907-7, 97 Seiten, Abbildungen, kartoniert, Euro 10.-

In seiner erstmals 1883 erschienenen Polemik kritisiert Paul Lafargue die Vorstellung von Arbeit als Selbstzweck. Angesichts der zunehmenden Zwangsverpflichtung von Arbeitslosen zu vorgeblich gemeinnütziger Arbeit, sinkender Reallöhne und immer schlechter werdenden Arbeitsbedingungen kommt seiner Vision von Muße und Freiheit große Aktualität zu. Wer nicht länger einsieht, für die Profite der Konzerne den Buckel krumm zu machen, findet im Recht auf Faulheit Ansätze, den tradierten Denkmuster zu entkommen. Obschon bereits im 19. Jahrhundert geschrieben, hat der Text auch in der aktuellen Diskussion um die Arbeit und ihre Bedingungen noch immer eine grundlegende Bedeutung.

Leo N. Tolstoi

Die Sklaverei unserer Zeit

Ausgewählte Texte
Mit einem Vorwort von Ulrich Klemm und einem Essay von Erich Mühsam
ISBN 978-3-86569-901-5, 121 Seiten, kartoniert, Euro 12.-

Mit „Die Sklaverei unserer Zeit", „Patriotismus und Regierung" und „Aufruf an die Menschheit" finden sich in diesem Band drei zentrale Texte Tolstois. „Die Sklaverei unserer Zeit" (1900) gehört zu den weltweit bekanntesten politischen Texte und ist grundlegend für ein Verständnis des christlichen und antietatistischen Anarchismus Tolstois. „Patriotismus und Regierung" (1900) entwickelt seine Kritik am Staat, der nach Tolstoi immer ein Gegner der Freiheit und zugleich Ursache von Gewalt und Sklaverei ist. „Aufruf an die Menschheit" (1901) richtet sich gegen das kirchliche Christentum, dem Tolstoi Verrat an seinen Ursprüngen vorwirft.

Reinhold Lewin

Luthers Stellung zu den Juden

Ein Beitrag zur Geschichte der Juden in Deutschland
während des Reformationszeitalters
Hrsg. von Karsten Krampitz
ISBN 978-3-86569-279-5, 182 Seiten, kartoniert, Euro 16.-

1911 erschien Reinhold Lewins Buch mit dem Untertitel „Ein Beitrag zur Geschichte der Juden in Deutschland während des Reformationszeitalters". Darin setzte sich der Rabbiner mit Luthers wechselnder Haltung zu den Juden auseinander. Die Arbeit war nicht nur die erste wissenschaftlich fundierte Monographie, welche die prinzipielle Verneinung des Judentum als grundlegendes Element in Luthers Theologie darstellte, sie reflektierte auch die historischen Folgen von Luthers Verbalattacken. Der von Karsten Krampitz neu herausgegebene Text ist ein wichtiges Dokument für die Debatte um den Reformator und seine historische Bedeutung.

Paul Henri Thiry d'Holbach

Der gesunde Menschenverstand

Aufklärerische Streitschrift und grundlegendes Dokument der Religionskritik
Nach einer Übersetzung von Samuel Ludvigh,
neu herausgegeben und kommentiert von Gottfried Beyvers
und Angelika Penzkofer-Beyvers
ISBN 978-3-86569-234-4, 246 Seiten, kartoniert, Euro 16.-

Die beißende Streitschrift erschien erstmals anonym im Jahr 1772. Sie inspirierte die französischen Revolutionäre und bereitete die in Frankreich bis heute bestehende Trennung von Staat und Kirche vor. Doch Holbachs Argumente sind zeitlos gültig und sein naturalistisches, lebensbejahendes Weltbild wirkt bis heute nach.
Paul Henri Thiry d'Holbach (1723–1789) gehört zum radikalen Flügel der französischen Aufklärung. Er vertrat einen dezidiert materialistischen und atheistischen Standpunkt, seine religionskritischen Werke erschienen aber anonym. Auch sein bekanntestes Werk, *System der Natur*, publizierte er nicht unter seinem Namen. *Der gesunde Menschenverstand* fasst die Grundthesen dieses Werkes prägnant zusammen.

Franz M. Wuketits

Evolution ohne Fortschritt

Aufstieg oder Niedergang in Natur und Gesellschaft
Erweiterte Neuauflage
ISBN 978-3-86569-040-1, 269 Seiten, kartoniert, Euro 18,50

Evolution, gleich ob die biologische oder die soziokulturelle gemeint ist, wird oft mit „Fortschritt" ineinsgesetzt. Lebewesen entwickeln sich im Laufe der Jahrmillionen scheinbar „höher", von Kulturen hört man die Behauptung, die Moderne etwa sei weiter entwickelt als das Mittelalter oder gar die Antike. Franz Wuketits widerspricht diesen Vorstellungen vehement. Evolution ist kein geradliniger Prozess, kein gerichteter Pfeil, der vom Einzeller zum Homo sapiens führt, oder von der Barbarei zur sozialen Utopie. Vielmehr gleicht Evolution einem Zickzackkurs.

Franz M. Wuketits

Darwins Kosmos

Sinnvolles Leben in einer sinnlosen Welt
ISBN 978-3-86569-052-1, 159 Seiten, kartoniert, Euro 14.-

Was lässt sich auf die „Sinnfrage" antworten, wenn der Lauf der Welt von Anpassungserfolg und Zufall bestimmt wird? Nach einer knappen Darstellung der Darwinschen Evolutionstheorie zeigt Franz Wuketits zunächst, dass der Evolution selbst kein Sinn innewohnt, dass sie nicht zielgerichtet verläuft. Trotzdem bedeutet das nicht, dass es in Darwins Kosmos unmöglich wäre, sich und seinem Leben einen Sinn zu geben.

Andreas Kilian

Die Logik der Nicht-Logik

Wie Wissenschaft das Phänomen Religion heute biologisch definieren kann
ISBN 978-3-86569-062-3, 230 Seiten, kartoniert, Euro 17.-

Wer Religion mit Biologie in Verbindung bringt, kann sich auf Widerspruch gefasst machen. Versuche, das Phänomen Religion evolutionsbiologisch zu erklären, werden geradezu als Sakrileg gewertet. In Die Logik der Nicht-Logik zeigt Andreas Kilian, was deren Vertreter lauthals bestreiten: Religion ist evolutiv nicht notwendig, aber ein sehr effektives Mittel zu rein biologischen Zwecken.

Annett Schulze / Thorsten Schäfer (Hrsg.)

Zur Re-Biologisierung der Gesellschaft

Menschenfeindliche Konstruktionen im Ökologischen und im Sozialen
Mit einem Vorwort von Alex Demirović
ISBN 978-3-86569-088-3, 209 Seiten, kartoniert, Euro 16.-

Die Beiträge setzen sich mit unterschiedlichen Aspekten von Biopolitik und Ökologie auseinander. Es geht vor allem um die (vermeintlich biologisch begründete) Kategorisierung von Menschen und um ökologische Diskurse, die nach rechts anschlussfähig sind. Die AutorInnen setzen sich in ihren unterschiedlichen wissenschaftlichen Disziplinen mit der Herstellung von Wissen auseinander, das soziale Verhältnisse biologisch festschreibt.